中国政法大学案例研习系列教材

宪法学 案例研习
XIANFAXUE ANLIYANXI

姚国建　秦奥蕾◎编著

中国政法大学出版社

2013·北京

图书在版编目（CIP）数据

宪法学案例研习 / 姚国建，秦奥蕾编著. —北京：中国政法大学出版社，2013.8
（2024.6 重印）

ISBN 978-7-5620-4928-9

Ⅰ.①宪… Ⅱ.①姚…②秦… Ⅲ.①宪法学-案例-教材 Ⅳ.①D911.01

中国版本图书馆CIP数据核字(2013)第182787号

书　　名	宪法学案例研习 XIANFAXUE ANLI YANXI
出版发行	中国政法大学出版社（北京市海淀区西土城路 25 号） 北京 100088 信箱 8034 分箱　　邮政编码 100088 邮箱 fada.jc@sohu.com http://www.cuplpress.com（网络实名：中国政法大学出版社） (010)58908435(编辑室) 58908285(总编室) 58908334(邮购部)
承　　印	固安华明印业有限公司
规　　格	720mm×960mm　　16 开本　　23.00 印张　　425 千字
版　　本	2013 年 8 月第 1 版　　2024 年 6 月第 4 次印刷
书　　号	ISBN 978-7-5620-4928-9/D·4888
印　　数	10 001~12 000
定　　价	36.00 元

声　　明　　1. 版权所有，侵权必究。
　　　　　　2. 如有缺页、倒装问题，由印刷厂负责退换。

作者简介

姚国建 法学博士、中国政法大学副教授、美国 LL.M，硕士生导师，中国宪法学研究会理事、副秘书长。先后在《法学研究》、《政法论坛》、《比较法研究》、《法商研究》上发表宪法学专题论文二十余篇。

秦奥蕾 法学博士、中国政法大学副教授、硕士生导师。代表作有《基本权利体系研究》（独著）、《论德国基本法上的公法人的基本权利主体地位》（论文）、《论公民作为基本权利主体的内涵——兼论公民与个人的基本权利主体内涵》（论文）等。2007年获北京市高校青年教师教学基本功大赛一等奖。

编写说明

中国政法大学是一所以法学为特色和优势的大学,培养应用型、复合型、创新型和国际化的法律职业人才是我校长期以来的人才培养目标。高度重视学生法律实务技能培养,提高学生运用法学与其他学科知识方法解决实际法律问题的能力,是我校长期以来人才培养的优良传统。

开展案例教学是实现应用型法律职业人才培养目标的重要措施之一。中国政法大学具有案例教学的优良传统,建校之初就非常重视案例教学,开设了一系列的案例课程,多次组织编写案例教材。2005年,法学专业本科培养方案开始设置系统、独立的案例课组,明确要求学生必须选修一定数量的案例课程。2008年,法学人才培养模式改革实验班开始招生,在必修课程中开设了15门案例课程。2012年,实验班案例课程设置进一步优化,在必修课程中设置11门案例课程的同时,还开设了一定数量的案例课程供学生选修。经过长期的教学实践,案例课程已经成为我校课程体系的重要组成部分,成为推动教学方法改革的重要抓手,深受学生欢迎。

2012年,国家实施"卓越法律人才教育培养计划",我校同时获批应用型复合型、涉外型和西部基层型全部三个卓越法律人才教育培养基地。为了做好卓越法律人才教育培养基地建设工作,全面深化法学专业综合改革,培养卓越法律人才,学校决定启动"中国政法大学案例研习系列教材"的编写工作。本套案例研习教材的建设理念是:在宏观思路上,强调理论性与实践性相结合,在重视基础理论的同时,根据法律职业人才培养需要,突出实践性的要求,一方面案例内容来自于实践,另一方面理论与实践相结合,培养学生解决实际问题的能力。在架构设计上,强调体系性与专题性相结合,既要基本涵盖对应课程的全部教学内容,符合体系要求,又要突出个别重点专题。在教材体例上,强调规范性与灵活性相结合,在符合基本体例规范要求的同时，可以根据不同课程实际情况有所变通。

本套案例研习教材的作者们长期在教学一线工作，法学知识渊博，教学经验丰富，因此，本套教材格外强调教学适用性，能够充分满足课程教学需要，能够充分发挥教师和学生两个主体的积极性，满足应用型法律职业人才培养的需要。

中国政法大学
2013 年 8 月

前 言

本书是中国政法大学法学案例系列教材的一种，也是两位作者长期的教学经验和教材编写经验的总结，其目的是：通过对精选案例的分析和研讨，培养学生的宪法观念和宪法思维，让学生领悟现实生活中的宪法精神和价值。为了达到这一目的，本教材的编写具有以下几个特点：

1. 在章节设置上，按宪法的基本原理、公民基本权利、国家权力和宪法保障设置了四章内容，力图提炼出宪法学最核心的内容，凸显宪法的价值。

2. 在问题结构上，每一主题包括"经典案例"和"拓展案例"，其中"经典案例"部分多择取国外的经典成案，通过对外国违宪审查机关判决的分析让学生掌握相关的宪法原理；而在"拓展案例"部分，多择取国内的宪法事例或案例，让学生尝试以经典案例中彰显的宪法原理和规则分析我国的宪法事例。同时，在"拓展案例"部分，本书尝试按两位作者不同的风格设置了不同的体例：一是只设置案例，没有分析；二是对拓展案例略加分析。这一安排的目的在于希望通过不同的设置探讨哪种体制更有利于教学以及更有利于培养学生对宪法问题的分析。

3. 对于那些经典案例，作者在不同主题上重复使用，其目的在于：一方面，表明这些经典案例的重要价值，因为它说明了不同的宪法原理或价值；另一方面，也让学生认识到，一个宪法案例可能蕴含着多重的宪法原理或问题，对于宪法案例的分析应该是多维度的。

正是基于以上独特的考虑，本书在体例的设计上似乎有点不太统一，而这恰是作者的一点"良苦用心"，希望在教材使用中能够探寻最适于中国宪法案例教学的教材体例。

本书第一、三、四章由姚国建编写，第二章由秦奥蕾编写。

编　者

2013 年 6 月

目 录

第一章　宪法基本理论 …………………………………………… 1
　第一节　宪法的效力 …………………………………………… 1
　　一、宪法的最高法律效力 ………………………………………… 1
　　　　经典案例
　　　　　　美国马伯里诉麦迪逊案 ……………………………… 1
　　　　拓展案例
　　　　　　案例一：北京市拆迁案 …………………………………… 8
　　　　　　案例二：加州宪法效力案 ………………………………… 9
　　二、宪法序言的效力 ……………………………………………… 9
　　　　经典案例
　　　　　　法国"结社法"案 ……………………………………… 9
　　　　拓展案例
　　　　　　案例一：我国《反分裂国家法》的合宪性争议 ……… 16
　　　　　　案例二：日本宪法序言 …………………………………… 16
　　三、宪法原则与宪法规范 ………………………………………… 17
　　　　经典案例
　　　　　　西南重组案 ……………………………………………… 17
　　　　拓展案例 …………………………………………………… 20
　　四、国际条约与宪法效力 ………………………………………… 21
　　　　经典案例
　　　　　　欧盟宪法条约案 ………………………………………… 21
　　　　拓展案例
　　　　　　案例一：英国安德森案 …………………………………… 24
　　　　　　案例二：我国《公民权利和政治权利国际公约》
　　　　　　　　　　批准案 …………………………………………… 24

五、宪法在私人间的效力 ·· 25
　　　　经典案例
　　　　　案例一：德国吕特案 ·· 25
　　　　　案例二：美国谢利诉克瑞默案 ································ 26
　　　　拓展案例
　　　　　案例一：德国单身条款案 ······································ 32
　　　　　案例二：中国的齐玉苓案 ······································ 33
第二节　宪法的修正与变迁 ·· 34
　　一、宪法修正 ·· 34
　　　　经典案例
　　　　　法国有关总统选举方式宪法修正案合宪性争议 ········· 34
　　　　拓展案例
　　　　　案例一：Coleman v. Miller ································· 35
　　　　　案例二：印度的 I. C. Gplak Nath and Ors. vs. State of
　　　　　　　　　Punjab and Anr. ······································ 36
　　二、宪法变迁 ·· 37
　　　　经典案例
　　　　　案例一：普莱西诉弗格森案 ·································· 37
　　　　　案例二：布朗诉教育委员会案 ······························· 39
　　　　拓展案例
　　　　　案例一：Lochner v. New York ······························ 44
　　　　　案例二：西岸旅馆诉帕里什案 ······························· 44
　　　　　案例三：我国《物权法》合宪性的争议 ··················· 45
第三节　宪法解释方法 ·· 46
　　一、文本解释与原意解释 ·· 46
　　　　经典案例
　　　　　案例一：庄丰源案 ··· 46
　　　　　案例二：吴嘉玲案和全国人大常委会的解释 ············ 48
　　　　拓展案例
　　　　　案例一：菲佣居港权案 ·· 56
　　　　　案例二：补选行政长官任期案 ······························· 56
　　二、原意解释 ··· 58
　　　　经典案例
　　　　　罕默迪诉拉姆斯菲尔德案 ···································· 58

　　　　拓展案例
　　　　　　Toyosaburo Korematsu v. United States ……………… 62
　　三、社会学解释方法 ………………………………………… 63
　　　　经典案例
　　　　　　马勒诉俄勒冈州案 ………………………………………… 63
　　　　拓展案例 …………………………………………………… 65
　第四节　宪法惯例 ………………………………………………… 66
　　　　经典案例
　　　　　　韩国《新行政首都特别法》违宪案 ……………………… 66
　　　　拓展案例
　　　　　　案例一：英国宪法惯例 …………………………………… 69
　　　　　　案例二：美国总统的连任问题 …………………………… 69
第二章　公民基本权利 ………………………………………………… 70
　第一节　平等权 …………………………………………………… 70
　　　　经典案例
　　　　　　案例一：普莱西诉弗格森案 ……………………………… 70
　　　　　　案例二：布朗诉皮卡托教育委员会案 …………………… 73
　　　　拓展案例
　　　　　　案例一：男女领导干部不同龄退休案 …………………… 76
　　　　　　案例二：青岛三考生状告教育部侵犯公民平等
　　　　　　　　　　受教育权案 …………………………………………… 79
　第二节　言论自由 ………………………………………………… 81
　　　　经典案例
　　　　　　案例一：《纽约时报》诉沙利文案 ………………………… 81
　　　　　　案例二：德国吕特案 ………………………………………… 85
　　　　拓展案例
　　　　　　案例一：德国镜报泄密案 ………………………………… 90
　　　　　　案例二：申克诉美国案 ……………………………………… 91
　　　　　　案例三：任建宇因言论被劳教事件 ……………………… 93
　　　　　　案例四：电影《苹果》遭禁事件 …………………………… 94
　第三节　个人性基本权利 ………………………………………… 97
　　　　经典案例
　　　　　　案例一：罗伊诉韦德案 ……………………………………… 97
　　　　　　案例二：终身自由刑案 ……………………………………… 102

　　　　拓展案例
　　　　　案例一：美国安息日休息解雇案 …………………… 105
　　　　　案例二：法国车辆搜查法案的合宪性 ……………… 108
　　　　　案例三：深圳驱逐"治安高危人员"事件 …………… 109
　　　　　案例四："呼死你"的街头小广告治理方式是否侵犯
　　　　　　　　　公民的通信自由 …………………………… 112
　第四节　政治性基本权利 ………………………………………… 114
　　　　经典案例
　　　　　小布什诉艾尔案 ……………………………………… 114
　　　　拓展案例
　　　　　案例一：梁广镇身兼两地人大代表事件 …………… 118
　　　　　案例二：乌坎村民因土地问题向政府抗议 ………… 120
　　　　　案例三：王春立等诉北京民族饭店案 ……………… 123
　第五节　社会性基本权利 ………………………………………… 125
　　　　经典案例
　　　　　案例一：德国药店案 ………………………………… 125
　　　　　案例二：奥巴马《医改法案》合宪案 ……………… 129
　　　　拓展案例
　　　　　案例一：穆尔诉东克利夫兰市案 …………………… 134
　　　　　案例二：凯洛诉新伦敦市案 ………………………… 136
　　　　　案例三：上海"孟母堂"叫停事件 ………………… 139
　　　　　案例四：上海和重庆实行房产税改革试点 ………… 140
　　　　　案例五：重庆、海南等地出租车停运事件 ………… 143

第三章　国家权力结构 …………………………………………………… 145
　第一节　立法机关的组织与职权 ………………………………… 145
　　一、立法机关的自由裁量权和立法不作为 ………………… 145
　　　　经典案例
　　　　　案例一：韩国征收补偿立法不作为案 ……………… 145
　　　　　案例二：日本工资税金案 …………………………… 146
　　　　拓展案例
　　　　　案例一：我国《国有土地上房屋征收与补偿条例》的
　　　　　　　　　合法性 ……………………………………… 153
　　　　　案例二：日本麻风病人补偿案 ……………………… 154
　　二、立法机关的议事规则 …………………………………… 154

　　　　经典案例

　　　　　　全国人大常委会不通过《公路法》草案 …………… 154

　　　　拓展案例

　　　　　　案例一：全国人大常委会人事任免案 ………………… 160

　　　　　　案例二：香港特区立法会的表决规则 ………………… 160

第二节　行政机关的组织与职权 ……………………………… 161

　　　　经典案例

　　　　　　四川步云直接选举案 …………………………………… 161

　　　　拓展案例

　　　　　　案例一：深圳市大鹏镇镇长选举案 …………………… 163

　　　　　　案例二：四川绵阳乡（镇）长选举案 ………………… 164

第三节　司法机关的组织与职权 ……………………………… 165

　一、人民法院的法官任免 …………………………………… 165

　　　　经典案例

　　　　　　案例一：某地人大常委会随届任命法官案 …………… 165

　　　　　　案例二：吉林省磐石市法官弹劾案 …………………… 168

　　　　拓展案例

　　　　　　案例一：最高人民法院发布《地方各级人民法院及专门

　　　　　　　　　　人民法院院长、副院长引咎辞职规定（试行）》…… 173

　　　　　　案例二：北京市第三中级人民法院的组建 …………… 174

　二、人民法院的职权 ………………………………………… 174

　　　　经典案例

　　　　　　最高人民法院关于军事法院管辖权批复案 …………… 174

　　　　拓展案例

　　　　　　案例一：华东某省高级人民法院制定司法解释 ……… 178

　　　　　　案例二：河南高院制定《关于在刑事审判工作中实行

　　　　　　　　　　人民陪审团制度的试点议案（试行）》 ………… 179

　三、公安、检察院和法院在办理刑事案件中的关系 ……… 180

　　　　经典案例

　　　　　　佘祥林案 ………………………………………………… 180

　　　　拓展案例

　　　　　　案例一：聂树斌案 ……………………………………… 182

　　　　　　案例二：赵作海案 ……………………………………… 182

第四节　人民代表大会与司法机关的关系 …………………… 183
一、人民法院向人民代表大会报告工作 …………………… 183
经典案例
沈阳市人民代表大会不通过人民法院工作案 ……… 183
拓展案例
衡阳中级人民法院工作报告否决案 ……………… 196
二、人民法院审理地方性法规职权 …………………………… 197
经典案例
河南洛阳种子案 ………………………………… 197
拓展案例
甘肃酒泉中级人民法院案 ……………………… 200
三、人民代表大会对人民法院的监督 ………………………… 201
经典案例
全国人大常委会制定"个案监督条例" …………… 201
拓展案例
案例一：某市人民代表大会对法院的质询案 ……… 204
案例二：四川夹江打假案 ……………………… 205

第五节　中央与地方的关系 ………………………………… 205
一、联邦制国家联邦中央与州的关系 ………………………… 205
经典案例
美国英民地产充公案 ……………………………… 205
拓展案例
美国麦卡洛克诉马里兰州案 …………………… 209
二、我国地方单位的建立与行政区划的变更 ………………… 211
经典案例
北京市行政区域调整 ……………………………… 211
拓展案例
案例一：海南省三沙市的组建 ………………… 213
案例二：天津市行政区划调整 ………………… 213
三、我国中央政府与特区的关系 ……………………………… 214
经典案例
案例一：香港特别行政区诉马维昆案 …………… 214
案例二：香港特别行政区诉吴恭劭案 …………… 223

　　　　拓展案例
　　　　　　案例一：全国人大常委会授权澳门管辖横琴岛
　　　　　　　　　　澳大校区 ………………………………………… 227
　　　　　　案例二：全国人大常委会因"刚果（金）案"解释
　　　　　　　　　　香港基本法 …………………………………… 228
　　四、刑事案件管辖中的中央与特区关系 ………………………… 229
　　　　经典案例
　　　　　　张子强案 …………………………………………………… 229
　　　　拓展案例
　　　　　　李育辉案 …………………………………………………… 231
　　五、基本法解释中的中央与特区关系 …………………………… 232
　　　　经典案例
　　　　　　案例一：吴嘉玲案 ………………………………………… 232
　　　　　　案例二：庄丰源案 ………………………………………… 235
　　　　拓展案例
　　　　　　谈雅然等诉入境事务处长案 …………………………… 247

第六节　选举制度 …………………………………………………… 248
　　一、我国人民代表大会代表的选举 ……………………………… 248
　　　　经典案例
　　　　　　2003 年深圳人大代表竞选案 …………………………… 248
　　　　拓展案例
　　　　　　媒体人李某参选案 ………………………………………… 251
　　二、人民代表大会选举的效力 …………………………………… 252
　　　　经典案例
　　　　　　岳阳市长选举案 …………………………………………… 252
　　　　拓展案例
　　　　　　独立候选人参选案 ………………………………………… 253
　　三、选举争议与司法审查 ………………………………………… 254
　　　　经典案例
　　　　　　布什诉戈尔案 ……………………………………………… 254
　　　　拓展案例
　　　　　　律师程某参加人大代表选举纠纷案 …………………… 259

第七节　政党与国家权力 …………………………………………… 259
　　一、政党的地位与功能 …………………………………………… 259

经典案例
　　德国政党财政补贴案 ················· 259
拓展案例
　　美国党禁初选案 ··················· 265
二、政党与选举 ····················· 265
经典案例
　　石荷州《县乡选举法》违宪争议 ············ 265
拓展案例
　　巴伐利亚州党案 ··················· 267
三、我国政府组成人员的任免与党委的领导 ········· 267
经典案例
　　甘肃某地任命行政官员案 ··············· 267
拓展案例
　　案例一：河北省委免除行政官员案 ··········· 269
　　案例二：三鹿奶粉事件与石家庄市长的免职 ······· 269

第四章 宪法保障制度 ···················· 271
第一节 违宪审查体制 ·················· 271
一、普通法院的司法审查 ················· 271
经典案例
　　案例一：美国马伯里诉麦迪逊案 ············ 271
　　案例二：日本的杀害尊亲属加重处罚案 ········· 277
拓展案例
　　案例一：美国的麦卡洛克案 ·············· 282
　　案例二：日本的《国籍法》违宪案 ··········· 283
二、宪法法院审查体制 ·················· 283
经典案例
　　案例一：1958 年吕特案 ················ 283
　　案例二：俄罗斯的格里扎克诉讼案 ··········· 288
拓展案例 ························ 291
三、宪法委员会审查体制 ················· 291
经典案例
　　案例一：法国结社案 ················· 291
　　案例二：法国禁止同性婚姻违宪 ············ 295

拓展案例
　　案例一：《数据储存法》违宪案 ································· 296
　　案例二：《里斯本条约》合宪性案 ······························· 297
四、英国的弱司法审查 ·· 298
　经典案例
　　Bellinger v. Bellinger 案 ··· 298
　拓展案例
　　阿奴福里加瓦诉英国入境署秘书长案 ························· 300
五、我国的立法机关审查 ··· 301
　经典案例
　　孙志刚案 ·· 301
　拓展案例
　　唐福珍自焚案 ··· 321
第二节　违宪审查的方式 ··· 321
一、法律、法规的事先审查与事后审查 ······························ 321
　经典案例
　　案例一：法国法官独立与终身制法案审查案 ················ 321
　　案例二：奥巴马医疗改革法案合宪性案 ······················· 322
　拓展案例 ·· 323
二、法律、法规的附带性审查与专门审查 ··························· 324
　经典案例
　　日本社会党提起宪法诉讼案 ····································· 324
　拓展案例
　　德国国家民主党违宪案 ·· 325
三、对国家公职人员弹劾制度 ·· 326
　经典案例
　　美国总统克林顿弹劾案 ·· 326
　拓展案例
　　案例一：韩国总统卢武铉弹劾案 ······························· 329
　　案例二：美国法官蔡斯弹劾案 ··································· 329
第三节　违宪判断的技术 ··· 330
一、合宪性推定原则 ·· 330
　经典案例
　　案例一：洛克纳诉纽约州案 ······································ 330

　　　　案例二：西岸旅馆诉帕里什案 …………………………… 330
　　　　案例三：United States v. Carolene Products Co. …… 331
　　拓展案例 ………………………………………………………… 334
二、政治行为回避理论 ……………………………………………… 335
　　经典案例
　　　　案例一：美国的贝克诉卡尔案 …………………………… 335
　　　　案例二：日本砂川案 ……………………………………… 336
　　拓展案例
　　　　案例一：美国古德沃特诉卡特案 ………………………… 341
　　　　案例二：日本的苫米地案件 ……………………………… 342
三、违宪判决的各种变通方式 ……………………………………… 342
　　经典案例
　　　　案例一：韩国《道路交通安全法》合宪性争议：
　　　　限定合宪的判决方式 ……………………………………… 342
　　　　案例二：德国禁止吸烟案：违宪暂时不失效 …………… 343
　　　　案例三：日本邮政人员处罚违宪案：法津适用
　　　　违宪 ………………………………………………………… 344
　　拓展案例
　　　　案例一：表兄妹禁止结婚案 ……………………………… 346
　　　　案例二：《民事诉讼法》第 65 条合宪性争议 …………… 347
　　　　案例三：德国《难民收留法》合宪性争议 ……………… 347

第一章

宪法基本理论

第一节 宪法的效力

一、宪法的最高法律效力

经典案例

美国马伯里诉麦迪逊案
[Marbury v. Madison, 5U. S. (1 Cranch) 137 (1803)]

[基本案情]

美国建国之初形成了以托马斯·杰弗逊（Thomas Jefferson）为首的（民主）共和党和以约翰·亚当斯（John Adams）为首的联邦党，两党矛盾尖锐。1797年亚当斯当选为美国第二任总统。1800年是新的总统选举年，亚当斯为追求连任，任命约翰·马歇尔（John Marshall）出任国务卿，协助他展开与（民主）共和党候选人杰弗逊的竞争。结果杰弗逊获胜。联邦党人不仅在总统选举中遭受失败，而且失去了国会的控制权，因而想方设法控制司法部门。1801年1月20日，即将下台的亚当斯任命上任不久的国务卿马歇尔出任联邦最高法院首席大法官。

联邦党人不仅希望控制最高法院，还试图控制下级法院。1801年2月13日，国会通过了新的《巡回法院法案》（Circuit Court Bill），将联邦巡回法院的数量从3个增加到6个，从而新设了16名巡回法院法官；同时，在首都华盛顿这一对政治可能产生重大影响的特区增加了5个地区法院。1801年2月27日，国会通过了一项《哥伦比亚特区组织法》（the District of Columbia Act），规定总统可以任命特区42名任期5年的治安法官（Justice of Peace），这一任期将跨越下一届总统选举，新当选的杰弗逊总统除了修改这一项立法外将无法替换。以上两个法案对美国当时的法院系统作了重大调整，亚当斯借机任命联邦党人士作为联邦法官，以使联邦党人对联邦政治的影响长期化。1801 年 3 月 2 日，亚当斯任命了 42 名哥伦比亚特区治安法官，3 月 3 日午夜以前参议院同意了这些任命，亚当斯旋即签署任命状并经国务卿马歇尔盖章后生效，这些人被称为"午夜法官"（Midnight Justice）。但这些任命状只有一部分在 3 月 3 日晚上送达，其他人的任命状由于交通条件所限，没有及时发出。

当选总统杰弗逊对联邦党人这种不择手段强占政治地盘的做法深为恼火。第二天，即 1801 年 3 月 4 日，当上任后的杰弗逊得知还有 17 份治安法官的任命状没有送出时，立即指令他的国务卿詹姆斯·麦迪逊（James Madison）拒绝发送这些任命状。与此同时，（民主）共和党人控制的新国会通过决议废除了《巡回法院法案》，但没有撤销《哥伦比亚特区组织法》。

由于麦迪逊拒发任命状，那些已得到法官任命却未接到任命状的人无法上任，被任命为华盛顿郡的治安法官威廉·马伯里（William Marbury）便是其中一个。于是，他以 1789 年《司法法》（Judiciary Act of 1789）第 13 条[1]为依据，向联邦最高法院提起诉讼，要求法院发出命令状（writ of mandamus），令杰弗逊及国务卿麦迪逊交出任命状，从而形成了美国历史上有名的马伯里诉麦迪逊案（Marbury v. Madison）。

马伯里案对于联邦最高法院来说是一个棘手的案件，但同时也给最高法院树立自己权威提供了一个良好的契机。抓住这一契机的是联邦最高法院首席大法官马歇尔。马歇尔凭借在该案中写下的判决书确立了自己在美国宪政史中不可动摇的地位。

马歇尔的判决书分为三个部分：

1. 法院在本案所要查明的三个问题。马歇尔认为在本案中要查明的问题有三个：①申请人是否有权利得到他所要求的任命状？②如果他有这个权利并且这一权利受到了侵犯，那么美国的法律能否为他提供法律上的救济？③如果法律确实应当为申请人提供救济，那么是否应由法院发出强制执行令？

马歇尔认为："任命状一经总统签署，任命即为作出，一经国务卿加盖合众国国玺，任命状即为完成。既然马伯里先生的任命状已由总统签署，并且由国务卿加盖了国玺，那么，他就已经被任命了。因为创设该职位的法律赋予该官员任期 5 年，有不受行政机关干预的权利，所以这项任命是不可撤销的，而且赋予该官员各项法律上的权利应受国家法律的保护；阻碍任命马伯里的行为是没有法律依据的，而且是侵犯法律权利的行为。"

马伯里的权利确实受到侵害，那么法律是否应当为他提供救济呢？马歇尔

---

[1] 该条规定，联邦最高法院有权对合众国公职人员发布职务执行令状。

认为，美国的政府是法治政府，而非人治政府，如果法律对于其所赋予的法律权利不提供救济，它就不能算是法治政府。所以，马伯里有权得到任命状，拒发任命状侵犯了他的权利，国家的法律为此应对他提供救济。

既然应予救济，是否应当由最高法院向国务卿麦迪逊发出强制执行令？马歇尔认为它取决于马伯里所申请的强制执行令的性质和法院的权力。

马歇尔认为，行政首脑行为的合法性是否可以在法院受到审查，应以行为的性质而定。根据宪法，总统被授予某些重要的政治权力，在行使其权力时，他运用其自由裁量权，并且仅仅以其政治品质对他的国家及他的良心负责。为有助于总统履行这些职责，总统有权任命官员，这些官员根据总统的授权行事，并执行总统的命令。此时，官员们的行为就是总统的行为。由于国务卿的职责是该法案规定的，该官员就具体执行总统的意志。"在马歇尔看来，国务卿麦迪逊的行为是执行总统指示的行为，这些问题是政治问题，它们与国家有关，应由行政首脑负责处理，而不能由法院审查。而法院的唯一职责就是裁决个人权利，不应调查行政部门或行政官员是如何运用自由裁量权履行其职责的问题。

2. 违宪的法律无效。马伯里的诉求依据是1789年《司法法》第13条。它规定，联邦最高法院有权针对政府官员下达强制执行令。根据这一规定，联邦最高法院应根据马伯里的请求发布强制令，而这与马歇尔的推论有矛盾之处。马歇尔的解决办法是认定《司法法》的相关规定违反了美国宪法，因为《宪法》第3条第2款规定："……在一切有关大使、公使、领事以及州为一方当事人的案件，最高法院有初审管辖权。在上述所有其他案件中，最高法院有关于法律和事实的上诉管辖权……"马歇尔认为，马伯里的请求属于宪法所指的"其他案件"，最高法院对此只有上诉管辖权，没有初审管辖权，所以，由法律赋予最高法院向政府官员发出强制执行令的权力没有得到宪法的授权，违反了宪法。

违反宪法的法律还是法律吗？马歇尔认为，立法机关的权力是被限定的和有限制的，并且这些限制不得被误解或忘却……假如这些限制随时有可能被所限制者超越，假如这些限制没有约束所限制的人，假如所禁止的行为和允许的行为同样被遵守，则有限政府和无限权力之间的区别就消失了。要么宪法制约任何与之相抵触的立法机关制定的法律，要么立法机关可以以普通法律改变宪法。宪法要么是优先的至高无上的法律，不得以普通立法改变；要么与普通立法法案处于同等的地位，像其他法律一样，立法机关可以随意加以修改。所有制定成文宪法的人们都是要想制定国家的根本的和最高的法律，因此，一切这种政府的理论必定是：与宪法相抵触的立法机关的法案是无效的。

3. 阐明法律的意义是司法机关的职责。既然违宪的法律无效，法官就不能适用它。但谁有权认定法律因违宪而无效呢？马歇尔认为："确定法律是什么是司法机关的权限和职责。那些把规则适用于具体案件的人们，必定有必要对规则进行阐释和解释。假如两个法律相互冲突，法院必须决定哪一个适用。如果一部法律是违宪的，而该法与宪法都适用于同一案件，那么，法院要么无视宪法，适用该法；要么无视该法，适用宪法。法院必须决定这些相互冲突的规则中哪一个适用于该案，这就是司法职责的本质。假如法院认为应适用宪法，认为宪法高于任何立法机关的普通立法，那么，管辖该案的应是宪法而不是立法机关的普通法案。"

根据以上推论，马歇尔认为，尽管马伯里的权利受到侵害并应得到法律救济，但最高法院对这一属于政治性的问题没有管辖权；马伯里所依据的《司法法》相关规定是违宪的、无效的，不能适用于本案。据此法院驳回了马伯里的请求。

[法律问题]
1. 美国宪法是如何规定自身的法律效力的？
2. 宪法为什么具有最高法律效力？

[参考结论及法理精析]
（一）马伯里诉麦迪逊案的背景

在马歇尔长达35年的联邦最高法院首席大法官任期内，马伯里诉麦迪逊案是对美国宪政体制影响最大的一个案件。

本案起源于美国建国之初的党派之争。马歇尔面临的是一个进退两难的局面。他如果受理该案并依据1789年的《司法法》的规定发布强制令命令国务卿麦迪逊交出任命状，麦迪逊不会遵从法院的命令，因为当时最高法院的权威很有限，用汉密尔顿的话来说就是"既无钱又无剑"，根本无法强迫政府和国会服从法院的判决。如果法院发出了命令状而麦迪逊不服从法院的命令，将会严重影响法院的权威。而如果让马伯里撤回这一诉讼，正好让（民主）共和党人达到其目的；况且马伯里之所以向联邦最高法院告状，就是指望联邦党人控制的法院站在他们的立场上维护自己的权利。所以，不受理案件或受理案件而不确认马伯里的权利受到侵犯将意味着联邦党人在这场政治斗争中不战而败，也表明法院这一政府分支在面临另外两大分支——行政和立法机关的政治压力时的软弱和无能。

马歇尔既要顾及联邦党人的尊严，同时也要维护联邦最高法院的权威，富有政治经验的他采取了一个相当有策略的处理措施，即既要避免与立法机关、行政机关直接交锋，又要实现对立法权和行政权的有效遏制，树立司法的权威。在判决中，他首先肯定了马伯里的权利受到了侵犯并且有权得到法律救济，但他又否认这一救济应由最高法院提供，其原因在于马伯里所依据的法律是违宪而无效的。不仅如此，马歇尔还以此案为契机，为最高法院争取到了宪法并未明确授权的权力，即审查国会制定的法律是否违宪并宣布违宪法律无效的权力。他巧妙地利用了一个法律技术在判决的最后驳回了马伯里的诉讼请求，避免了与行政机关的正面冲突。然而，一旦行政机关接受了这一结果，那就意味着同时也默认了这样一个原则：联邦最高法院有权解释宪法并判断国会的立法是否违反宪法。这一判决使得最高法院真正获得了对立法机关、行政机关制衡的方法，从而使宪法所遵循的三权分立和制衡的原则真正完整地得以体现，对此后美国宪政体制的定型和巩固具有极为深远的影响。

（二）宪法的最高效力

马歇尔在判决中指出：如果一个法官对同一个事实不得不适用两个不同的法律规定，而这两个法律规定之间互相冲突，如果其中一个是宪法，而另一个不是宪法而是普通法律，那么宪法应该优先于普通的法律规定予以适用。这一判断确立了美国宪法的最高法律效力，或称宪法的至上性。

早在美国联邦宪法制定之前，各州法院的司法审查实践就确立了各州的宪法在其本州内所具有的至上性，[1]而本案最终确立了联邦宪法的至上性。更重要的是，美国人将宪法至上性理念贯穿于整个国家的法律秩序中。但是，美国宪法的至上性并非是从其制宪时就获得的，或者准确地说，美国宪法制定时所称的宪法"至上性"与我们今天所理解的"至上性"存在内涵上的差异。

1787年制定的《美国宪法》第6条规定，联邦宪法和法律在整个联邦法律体系内居于最高地位。[2]但从其产生过程而言，这一立法的本意更多的是强调包括宪法在内的联邦法律在国家中的最高地位，即联邦法律相对于各州的立法（包括宪法与法律）居于最高地位，而这是为保证联邦政府的力量所必要的。在费城制宪会议的过程中，汉密尔顿的草案首先提及了联邦宪法与法律的最高地位。在1787年6月18日的全体会议上，汉氏宣读了自己的宪法草案，其中第10条规定："各邦所有法律，若与宪法或联邦法律抵触，无条件作废；为了更好地防止此类法律被通过，每邦邦长（Governour）或主席（president），由总体政

---

[1] 如1780年新泽西州最高法院宣布过法律违宪无效的原则；1782年弗吉尼亚州最高法院判决州议会通过的法律违宪无效；1786年罗得岛州最高法院宣布该州纸币法因抵触宪法而无效；1787年北卡罗莱州最高法院宣布该州集会法无效等。

[2]《美国宪法》第6条规定："……本宪法与依照本宪法所制定的合众国法律，及以合众国的权力所缔结或将缔结的条约，均为全国的最高法律。即使与任何州的宪法或法律有抵触，各州法官均应遵守……"

府任命，并对他担任邦长或主席的邦准备通过的立法拥有否决权。"[1]考虑到汉氏浓厚的联邦主义思想，这一草案所针对的显然不是联邦宪法对联邦法律的至上性，而是联邦法律对州法律所拥有的至上性。这一思想贯穿了美国宪法制定的过程。在制宪会议第三阶段开始前形成的宪法初稿所规定的类似条文更清晰地表明了这一点。《宪法草案》第8条规定："联邦议会为实行这部宪法而制定的立法，联邦授权缔结的所有条约，为各邦及其公民和居民的最高法律；各邦法官判案时，受最高法律的约束；各邦宪法和法律不得违背最高法律。"[2]此处的"最高法律"并非指联邦宪法，而是指根据宪法所制定的联邦法律和联邦缔结的条约。在讨论中，拉特里奇代表提议将此条改为："宪法、联邦议会为实施宪法所制定的一切立法、联邦授权缔结的所有条约，为各邦及其公民和居民的最高法律；为此，各邦法官判案时，应受宪法、联邦议会立法中每一条款的约束，不得违反。"此修改虽然将宪法列入"最高法律"的范畴，但宪法最高性显然不是针对联邦立法而言，而是针对州立法的。亦即：联邦宪法作为联邦法律的组成部分，相对于州的立法而言，具有更高的法律效力，而没有涉及联邦宪法对联邦法律的更高效力问题。强调联邦法律的至上性是为了强调各州立法不能突破联邦的权威，保证整个联邦的宪法秩序，从而避免未来的联邦政府如同以前的邦联政府那样软弱无力。也正是基于美国宪法的这一特征，英国宪法学家戴雪指出，宪法本身成为全国的至尊性法律，是联邦主义的要旨，在英国无人能够理解。[3]

与上述思想相适应的是司法审查权在宪法草案中的受阻。在制宪过程中，确实存在对联邦议会立法的担心，如来自于宾夕法尼亚州的制宪代表古文诺·莫里斯曾经明确指出："控制议会不容易。放纵议会也危险。"[4]这种对议会的担忧显然是受到了殖民历史期间来自于英国议会暴政体验的影响。[5]但是，他们在寻求破解议会暴政的途径时，对法院的司法审查权是持否定立场的，而将主要希望寄托于行政机关。另一位制宪会议代表墨塞即表示，他不同意这样的信条：法官作为宪法的解释者，有权宣布一项立法无效。在对法官是否有权参与法律的复审问题上，参加制宪会议的11个州代表的表决结果是3个州赞同，8

---

[1] [美]麦迪逊著，尹宣译：《辩论》（上），辽宁教育出版社2003年版，第150页。
[2] [美]麦迪逊著，尹宣译：《辩论》（下），辽宁教育出版社2003年版，第449页。
[3] [英]戴雪著，雷宾南译：《英宪精义》，中国法制出版社2001年版，第197页。
[4] [美]麦迪逊著，尹宣译：《辩论》（下），辽宁教育出版社2003年版，第532页。
[5] 胡锦光："宪法监督制度成因研究"，载张庆福主编：《宪政论丛》（第2卷），法律出版社1999年版，第71页。

个州反对。[1]

美国宪法至上性含义的演变是通过马伯里诉麦迪逊案以及其他相关案件得以确立的。当然，这里不能脱离美国法律所生存的普通法环境。正如有些学者所指出的，在美国，这一法律被潘恩称为国王的国家，一旦以成文宪法的形式确认联邦架构并附上权利法案后，司法审查将是不可避免的。[2]

在马伯里案中，马歇尔为了解决联邦最高法院和他自己所面临的政治困境，赋予了联邦宪法针对联邦立法的至上性，并以此为依据否定了《司法法》第13条的效力，从而使联邦最高法院和自己摆脱了政治窘境。马歇尔在该案判决中指出，虽然《司法法》第13条规定：“依据法律原则和惯例，对任何在合众国的权威下受到委任的法庭或担任公职的个人颁发强制令。"但这一规定与美国宪法第3条有关联邦最高法院的管辖权的规定相抵触，所以无效。而对于为什么《司法法》与宪法不相一致即属无效亦是马歇尔重点论述的问题之一，也正是在此过程中，马歇尔论证了联邦宪法对联邦立法的至上性。马歇尔指出，宪法第3条明确规定了联邦最高法院的初始管辖权，但《司法法》第13条所列举的管辖权并不在其范围之内。与宪法相抵触的法案能否成为国家法律的问题对于国家而言，具有极其重要的意义。而要决定这一问题，似乎只需要承认某些被认为已经长久确立的原则，这些原则是：人民拥有原始权利为其未来政府创立对他们最有利的政府形式，这种原始权利不能也不应该被经常重复。作为原始权利行使的结果，宪法给根据宪法所产生的权力（包括立法权）以实质性的限制，所以，若非宪法控制任何与之相悖的法律，即是立法机构可以通过寻常法律来改变宪法。如果后者是正确的，那么人民通过成文宪法限制权力就成为了荒谬的企图。无疑，所有那些设计成文宪法的人们将宪法设想为形成民族的基本与首要的法律，因而这些政府的理论一定是：一项和宪法抵触的立法行为是无效的。在司法实践中，那些反对将宪法视为首要法律的人即是要求法院只看法律而对宪法视而不见，这将破坏所有成文宪法的基础，因为在此情形下，如果立法要做明确受到禁止的事情，虽然它在理论上无效，却在实际上有效，这将使立法机构获得真正无限的权力。

马歇尔在这里花费大量的篇幅论述宪法对联邦立法的至上性，并且试图在宪法文本中寻找出直接的根据，他在判决中指出："值得注意的是，在宣布什么是国土的最高法律时，宪法首先提到了宪法本身；并且不是合众国的一般法律，而是根据宪法制定的法律，才具有那样的地位。"从前面对宪法第6条文本形成过程的考察可以看出，马歇尔显然对宪法文本作出了原本并未包含的内涵的诠

---

[1] [美]麦迪逊著，尹宣译：《辩论》（下），辽宁教育出版社2003年版，第531页。
[2] David M. Betty, *the Ultimate Rule of Law*, Cambridge University Press, 2004, p. 9.

释。相对于宪法文本本身或有或无的依据，构成马歇尔判决根本性的根据在于美国的法律制度与传统。在宪法制定以后，《联邦党人文集》中亦有相关的论述。该文集第78篇指出："代议机关的立法如违反委任其行使代议权的根本法，自当归于无效，此乃十分明确的一条原则。因此，违宪的立法自然不能使之生效。如否认此理，则无异于说：代表的地位反而高于所代表的主体，仆役反高于主人，人民的代表反高于人民本身。如是，则行使授予的权力的人不仅可以越出其被授予的权力，而且可以违反授权时明确规定禁止的事。"[1]

从马歇尔的推论可以看出，他将宪法至上性的理论建立于人民主权的理论上，因为宪法是人民意志的直接产物。所以，在马歇尔的世界里，人民主权理论导引出的是宪法的至上性（值得关注的是，在二战之前的欧洲，同样根据人民主权理论，导引出的是法律至上的理论，而否定宪法的至上性，这是值得思考的现象）。这是美国人理解宪法至上性的一种思路，即将宪法归结于人民的产物，这一思路得到了美国宪法序言的支持。[2]通过马伯里案，马歇尔不仅确立了宪法对立法的至上性，而且确立了保证宪法至上性的实施机制——司法审查制度。但是，正如美国考文教授所指出的，仅仅因为宪法植根于人民的意志就赋予其至上性只是宪法理论的一种，美国宪法的至上性奠基于一个共同的、已经确立的基础之上，即人们深信有一种法代表了人间统治者的意志，即上文我们所阐述的孕育于自然法和普通法中的高级法观念。

拓展案例

案例一： **北京市拆迁案**

我国现行宪法序言规定："本宪法以法律的形式确认了中国各族人民奋斗的成果，规定了国家的根本制度和根本任务，是国家的根本法，具有最高的法律效力。"1954年宪法、1975年宪法和1978年宪法并没有类似的规定。2004年3月北京市有关部门贴出布告称要对崇文区花市一带的胡同进行危旧房改造。黄某的房子位于改造区域内，但他认为自己的房子尚可居住，反对拆迁。4月1日上午，当强制搬迁的人员来到他家，黄某拿着《宪法》进行抵制，对拆迁人员说，《宪法》第13条第1款明确规定："公民的合法的私有财产不受侵犯。"第33条第3款规定："国家尊重和保障人权。"并强调强制拆迁属于侵犯公民的人

---

[1] [美]汉密尔顿等著，程逢如等译：《联邦党人文集》，商务印书馆1980年版，第392页。
[2] 美国宪法序言规定："我国美国人民，……制定本宪法。"

权和私有财产权,是违宪行为。拆迁人员基于对自己行为可能违宪以及由此需要承担责任的担忧,暂时停止了强制拆迁。据称,这是修宪后北京市第一例依据宪法抵制强制拆迁的事件。

案例二:　　　　　　　　加州宪法效力案

在美国,同性恋一直是充满争议的话题。受宗教等因素的影响,相当长时间里美国社会对于同性恋并不宽容。20世纪中期之后,同性恋逐渐为社会所接受,但其权利维护也多有曲折,反对的声音一直存在,一些州在保守势力的推动下通过立法甚至修改宪法确认同性婚姻违法。2008年11月4日,加利福尼亚州8号宪法提案的通过就是一个典型例证。根据8号提案,加州宪法第1条将增加一款,该款内容为:"在加利福尼亚州,只有一男与一女的婚姻是合法和受到认可的"。8号提案的提起和通过引起了同性恋及其同情者的不满,一些针对该提案的诉讼陆续被提起,但加州最高法院在2009年裁定8号提案是一项有效法令。2009年5月,阿拉米达县的登记员帕特里克·O. 康奈尔拒绝给克丽丝汀·佩里和桑德拉·施蒂尔颁发结婚证,因为她们是同性。于是她们将两名职员和一些政府官员告上法庭。

[问题与思考]
1. 公民黄某可以以宪法阻止政府对其房屋进行拆迁吗?
2. 联邦法院是否可以以州宪法违反联邦宪法而裁决其无效?

二、宪法序言的效力

经典案例

法国"结社法"案

[基本案情]

追求个人自由是1789年法国大革命的一面旗帜,这其中就包括结社自由。《人权宣言》取消了对开设报社的事前限制,但1808年的《法国刑法典》对结社自由作了新的规定,即只有获得政府同意才能组成超过20人的社团。到19世纪末期,议会开始制定法律来保护结社自由。1884年,法律承认工会和贸易组织的活动;1898年承认合作社自由;1901年制定了专门的《结社契约法》,该法取消了刑法典的事前限制,允许通过递交简单的申请表而组织社团。该法第五章规定了结社程序:所有社团都必须通过其创始人的努力使其自身公开。社团应由省政府通告。第六章规定了社团的诉讼资格，每一个作出正常通告的社团，皆无须任何特殊批准，可在法院诉讼并可获得财产。第三章规定了对结社自由的限制，即如果结社是基于非法目的、违背法律或良好道德，或其目标是为了削弱国家的领土完整或政府的共和形式，那么社团不得成立；根据任何相关个人的请求或公共检察官的动议，民事审判庭应宣布社团解散。

可以看出，在20世纪初期以前，法国政府对结社的基本立场是禁止事前限制，政府只能在事后进行追惩。但在30年代法西斯所制造的紧张社会气氛中，法国议会采取了一系列的措施以保障社会治安。1936年法国议会制定了《武装集团和私人民兵法》。该法规定，下列社团应予以解散：在街上煽动武装游行；以军事组织形式展示其武装集团或私人民兵之特征，但为军事训练而获得政府批准的协会除外；其目标是削弱国家的领土完整，或武力攻击政府的共和形式；基于祖籍、种族或国籍针对某人或团体而煽动歧视、仇恨或暴力。

以上这些法律直至第五共和国时期仍然有效。1968年，法国因阿尔及利亚问题发生学生暴乱，总统戴高乐援引1936年的《武装集团和私人民兵法》，禁止了16个左派组织。1970年，蓬皮杜内阁根据1936年的《武装集团和私人民兵法》解散了一个发表左派言论的社会团体。作为对右派政府的抗议，法国著名存在主义哲学家萨特等左派知识分子成立了一个新的名为"人民之友"的组织，而该名称恰与以前被解散组织的报纸名称相同。根据1901年法律的第五章，新组织向巴黎市警察局发出通告，以获得该组织的法人地位。但巴黎警察局长认为新组织乃是刚被禁止的旧组织的翻版，因而在内政部长的批示下，拒绝向该组织传递承认通告的收据。新组织的发起人向巴黎的行政法院起诉警察局长。经审理后，行政法院认为传送收据以承认社会团体的法人地位是警察局长必须履行的义务，因而推翻了局长的决定。内政部长向议会寻求支持。根据内政部的建议，内阁提议以立法的形式修改1901年议会立法，规定结社需要事前获得司法部的批准。对于那些看起来违反1901年法律第三章或第八章的结社，修改后的法律规定检察官须把社团的事先通告提交地方普通法院。只有检察官未提交法院或法院未在规定时限内判决该结社违法或是以前组织的翻版，行政机关才能传送通告收据，以承认该组织的法人地位。由于不能保证该法律修改案在参议院获得通过，内阁根据《宪法》第45条使众议院对法律具备最终的决定权。1971年参议院议长把这项法律提交给宪法委员会，要求宪法对此作出合宪性判断。

[法律问题]

1. 宪法序言的效力如何？
2. 1971年宪法委员会的裁决有何意义？

[**参考结论与法理精析**]

（一）宪法委员会的意见

宪法委员会经过审理后作出裁决，指出：根据宪法前言、1958年制定的《宪法委员会组织法》、1901年《结社法》的修正案以及1936年的《武装民兵和私人组织法》的规定，可以得知，受共和国法律承认和宪法前言肯定的基本原则包括结社自由。据此，结社可以自由形成，并通过简单事先通告而公开化。因此，除了可针对特殊类型的结社所采取的行动，即使他们看起来可能无效或具有非法目标，社团之形成不得受制于事前行政或司法的限制。但被提交到宪法委员会的法律修正案的立法目的在于规定一种程序，使社团在公开以前在实质上受制于行政或司法的审查，以决定其是否合法。这一法律在本质上影响了社团的创立。所以，该法律必须被宣布违宪。另外，由于从其起草和采纳的有关条文及议会辩论的情况看，都看不出以上所引用的条款与法律的其他部分不可分割，因此，法律的其他部分并不与宪法相抵触。

在宪法委员会作出这一裁决后，内阁重新制定法律以取消第三部分的提议，并向"人民之友"颁发了通告收据。

（二）宪法序言的价值

与普通法律不同的是，一般各国的宪法在正文前都有一个序言，其基本内容在于阐述本国的历史、制定宪法的背景、立国的指导思想、宪法的保障等内容。宪法序言的表达方式与正文不同，一般是采取叙述的方式，而非如正文那样采用条款的方式。在理论和实践中，包括以上所述内容和特殊表达方式的宪法序言是否具有如正文同样的效力一直是个有争议的问题，在各国的违宪审查实践中也有不同。

在理论上，学界对于宪法序言有无效力大体可分为肯定说和否定说两种。肯定说认为，宪法序言具有如同宪法正文一样的法律效力和裁判规范力。我国台湾地区的学者认为，宪法前言在整个宪法中可以作为宪法解释与适用时的依据，亦是宪法本文的一部分，且具宪法效力与拘束力的性质。宪法具有高度政治性，所以宪法序言亦有政治宣示的意义，但此并不影响其作为具有最高效力的宪法规范的本质。但由于宪法序言的高度抽象化，使其在本质上应仅是适用与解释宪法时的基准，而无法直接以序言作为违宪审查的唯一检验标准，亦须辅之以其他宪法条文。[1]

日本学者持肯定说的根据包括：①《日本国宪法》是由序言与本文构成的。序言被置于"日本国宪法"的题名之后，作为宪法典的一部分而存在。所以宪

---

[1] 陈慈阳：《宪法学》，元照出版公司2004年版，第63页。

法序言具有法的规范性是没有疑义的。[1]不仅如此，宪法序言中，一些规定甚至被视为"宪法的宪法"（Constitution of the Constitution）的根本规范，如日本宪法序言中的国民主权、基本人权、和平主义等宪法的基本原则即被视为"宪法的宪法"。②虽然序言的内容是抽象的，正文各条款的内容是具体的，但序言的抽象性和正文之间的具体性之间的差异是相对的。从这一点出发，不能得出一概地否定序言的裁判规范性的结论。③宪法规定中非裁判规范的内容虽然很多，但这一点并未改变宪法的法规性质，也不能相反地，而从这一事实出发否定序言的裁判规范性。④不能因为宪法序言是最高地位的规范，就据此否认序言的裁判规范性。⑤宪法正文中各条款并非不存在缺陷，所以不能以正文条款完善而否认序言直接适用的余地。例如序言中"在和平中生存的权利"就是正文第三章所没有规定的基本人权。因而对于侵害这一所谓和平生存权的法律和行为就应该直接适用这一序言中的规定作出违宪的判断。[2]

否认说认为宪法序言虽然对宪法正文的解释具有指导性的作用，但其本身并不具有如同正文一样的效力。在美国，1840年约瑟夫·斯托里在《美国宪法释义》一书中指出："宪法序言十分重要，它不仅阐明了制宪者的动机和目的，而且还提供了解释宪法的最佳指南。"但多数学者认为，宪法序言可以作为解释宪法的指南，但是不得被用来作为授予权力和权利的解释，因为序言本身不能授予权力和权利。日本学者持否定论的理由包括：①序言的内容，如国民主权、基本人权、和平主义等，都是抽象的原理乃至观念，缺乏具体性。它的具体内容由正文的各条款加以规定。因此，总是以正文各条款的规定作为裁判规范，而不能直接适用序言。②一般而言，并不是所有的法规都是直接裁判规范，尤其是宪法，由其性质所决定，一般都包含有非裁判规范的规定，但并未因此就否定了宪法的法规性质。③序言是在宪法结构中处于最高地位的规范，其内容是由正文各条款加以具体化的，因此，成为裁判规范的是正文各条款，而不是序言，只是在正文各条款的含义内容发生问题时，序言才作为解释准则加以适用。④在宪法正文各条款有缺陷的情况下，能否直接适用序言的问题，在理论上虽然存在，但不能具体地认为正文各条款有欠缺。[3]

法国宪法委员会在本案中的判决赋予宪法序言约束力，从而在事实上确立了宪法对议会立法的至上性。相应地，宪法取代法律成为人权保障的首要法律。因为法国自大革命到第三共和时期，一直是"根据议会的法律实行人权保障"

---

[1]［日］三浦隆著，李力、白云海译：《实践宪法学》，中国人民公安大学出版社2002年版，第28页。

[2]［日］佐藤功著，于敏译："日本宪法序言的法律效力"，载《法学译丛》1983年第3期。

[3]［日］佐藤功著，于敏译："日本宪法序言的法律效力"，载《法学译丛》1983年第3期。

理念在法国占支配地位，而与之相对应确立的"基于法院的判决依法实行人权保障"的模式得到制度化。[1]宪法委员会在20世纪70年代后的相关判决也使宪法委员会成为保障人权的最主要机构。

法国自1946年第四共和国宪法实施以来，宪法序言的法律价值一直是个争论不休的"经典"问题。1958年宪法的序言很短，由于序言中的表述不够明确，有人怀疑某些规定的必要性或精确性。但有人认为宪法序言有自己独立的价值。其理由是：①宪法不应只是始于有编号的条文；②虽然在1946年宪法体制下，宪法委员会在进行合宪性审查时是排除审查是否符合宪法序言的，但根据1958年宪法成立的宪法委员会在进行违宪审查时所适用的标准则不应受到1946年宪法体制和宪政实践的任何限制；③宪法中很少有关于权利与自由的实质性规定，如果将宪法序言从"合宪性体系"中排除出去，那么行政机关的自主立法权将不会受到任何实际上的限制。[2]

在法国第五共和国早期，宪法委员会没有什么机会去裁决法律是否合乎宪法序言的问题，或者说宪法委员会不敢这样做从而主动放弃这种机会。在"穆斯林教的法官"一案的裁决中，宪法委员会拒绝采用"平等原则"审查某部法律，并放弃审查该法律是否符合宪法序言。第一次提交给宪法委员会的非常重要的问题是"欧洲联盟条约"的案件。当有人提出欧盟条约不符合宪法序言时，宪法委员会表示极大的认同。1971年7月16日关于结社自由的决定虽然不是宪法委员会首次根据序言的"规范和宪法价值"所作出的决定，但该案被称为法国的"马伯里诉麦迪逊案"，因为它特别明确了序言的宪法效力。法国批准《欧洲人权公约》以后，1958年宪法序言在更普遍的意义上得到应用。

1958年宪法序言宣布"热爱1789年的《人和公民权利宣言》所规定的，并由1946年宪法序言所确认和补允的人权和国家主权原则"。但宪法正文中并没有正式的公民权利条款，因此如果不承认宪法序言的效力，则宪法无法向公民提供权利保障。20世纪中叶以前，在法国等大陆法系国家，公民的权利主要由法律提供保障，宪法中的权利只是一种政治性的宣示，因而在法国存在《人权宣言》这一政治性宣言的前提下，宪法只要宣示性地表示其尊重公民的权利就可以了（即宪法序言中有关热爱《人权宣言》所规定的人权原则的陈述），而没有必要在宪法正文中设置详细的权利条款。但20世纪70年代以后，在世界各个发达国家已普遍以宪法作为人权第一保障法的潮流下，法国无法回避这一趋

---

〔1〕［日］中村义孝编，莫纪宏译："法国的'法治国家论'与宪法法院——路易·法布奥罗与多米尼克·卢梭的理论"，载张庆福主编：《宪政论丛》（第1卷），法律出版社1998年版，第348页。

〔2〕刘育喆："法国宪法委员会关于结社自由决定（44DC）的介绍与评析"，载中国人民大学宪政与行政法治中心编：《宪政与行政法治研究》，中国人民大学出版社2003年版，第364页。

势。宪法委员会显然意识到这一点，因此在经过若干年的运作以后，当自己的权威和自信积累到一定程度时，抓住了1971年审理"结社法案"的时机，赋予宪法序言直接的法律效力，从而有效地为公民的权利提供宪法层面上的保障。而法国序言的模式在其他国家并不多见，所以抽象地脱离序言内容去判断一般意义上宪法序言有无法律效力的价值并不明显。如果说美国宪法序言无法成为违宪审查的直接依据，那么法国宪法序言就不得不成为违宪审查的依据。这其中根本性的决定因素是各国宪法典的具体结构和宪法序言的具体内容，而不是一般意义上的宪法序言有无效力的问题。另外，宪法序言的内容是否具有规范性也是决定其是否能够成为违宪判断依据的因素之一，即如果宪法序言的某一论述具有规范性，可以为宪法关系的主体提供可遵循的行为规则，则可以成为违宪审查机关的裁判依据；如果宪法序言不具有这样的内容，而仅是一些本国历史和制宪背景的陈述，则其自然无法成为违宪判断的直接依据。

（三）1971年法国宪法委员会判决的意义

1958年，由于法国的立宪者希望构造一个可行的政府，现行宪法并未系统地设计关于公民权利和自由条款。但宪法序言宣布："法国人民在此庄严宣告其对人权和国家主权原则之归附；这些原则定义于1789年的《人权宣言》，并获得1946年宪法前言的肯定和补充。"而1946年第四共和国的宪法序言则规定："在自由人民战胜试图奴役并使人类堕落的专制之时，法国人民再次宣布，不论种族、宗教或信仰，每个人都具有不可剥夺的神圣权利。它庄严肯定1789年《人权宣言》所尊重的人类和公民的权利与自由，以及共和国法律所承认的基本原则。"但是，第四共和国宪法和第五共和国宪法都未明确这些规定是否有法律效力，亦即《人权宣言》所规定的关于人的各项权利和自由条款在第四和第五共和国之下能否被司法机关所适用。

在法国大革命前后，法国的司法机关一直为封建贵族所把持，对社会进步力量形成制约，法院被看做维护既得利益的工具。所以，资产阶级政治体制完全确立以后，司法机关一直未能在宪政体制中取得与议会和行政机关同等重要的地位。法国独立的行政法院系统的产生即是例证。[1]1958年，各方一致反对"法官政府"（Government by Judges）。在历史上，也曾经有学者主张宪法授权法院审查议会的立法，如1852年宪法曾规定"承认、肯定并保障1789年的伟大原则；后者构成法国公法的基础"。法国宪法学者杜吉特认为它具备宪法效力。另一学者豪利奥认为宪法超越所有国家机构，包括议会。但是，由于议会主义盛行，这些观点都没有被普遍接受。根据议会主义观点，既然《人权宣言》只

---

〔1〕 参阅王名扬：《法国行政法》，中国政法大学出版社1997年版。

是被规定在前言中，就不应具备正式效力；如果人权宣言被包括于宪法正文中，则其也将随着这些正式条款的采用而被取代。但是，1971年的判决显然对此理论成功地进行了突破。它表明，《人权宣言》所宣示的权利和自由具有宪法价值，构成宪法的一部分，任何国家公共机构和人民的行动或行为都不能置于这些具有宪法效力的原则之上。所以，它的价值在于：扩大了合宪性概念范围，赋予宪法序言正式的法律效力；应用了由共和国法律确认的原则；肯定了宪法委员会作为人的基本权利保护人的角色；就本案所直接涉及的结社自由而言，将结社自由肯定为宪法意义上的自由。

宪法委员会在后来的判例中坚持了1971年的立场。1977年《搜查汽车法》允许司法警察在一定条件下对私人汽车进行搜查。左派议员向宪法委员会提出申请，要求对其合宪性进行审查。理由是，该法律侵犯了公民住宅不可侵犯的权利以及《人权宣言》第7条规定的公民不受非法逮捕和公民思想交流的自由。宪法委员会直接援引"由共和国法律确认并由1946年宪法序言宣布的，同时得到1958年宪法序言肯定的基本原则"，认为该法律与之相抵触，所以判定违宪。

整个社会，对1971年宪法委员会的判决刚开始是毁誉参半，但该判决很快就获得了普遍接受，这也标志着法国在司法审查方面态度的实质性改变。1972年，原本坚决反对违宪审查的法国社会党和共产党发表了《联合声明》，宣布完全放弃以前的立场，甚至提出更为激进的司法审查原则：成立最高法院，"最高法院将保证对宪法规则的尊重、全国选举的正常进行，以及公共、个人和集体自由。……最高法院的决定不得受到任何上诉"。而法国的右翼势力原本就支持司法审查的原则，现在更是予以支持："可以想象，我们国家可以存在一个真正的最高法院，以作为自由的最终保障者。宪法委员会可以承担这一角色。其案例法的发展和1971年扩展权能的改革，为这类演化开辟了道路。"1974年，法国宪法进行修改，规定参众两院的议员60人以上联名，可以将议会通过的法律提交宪法委员会予以审议，以确定其合宪性。这一改革的直接效果是使议会的反对派议员有了新的挑战议会多数派决定合宪性的权力，其间接效果是使宪法委员会审查议会立法合宪性案件的数量显著增加，这就给宪法委员会坚持和发展1971年判例，从而系统地为保障《人权宣言》所确立的公民各项权利和自由而建立一整套系统连贯的案例法提供了契机。正如法国前总理巴尔所称："我们在法国最经常持有的观点是，世上只有议会法律。议会法律可根据多数而变化。但我们在近年来理解到，还存在着比议会法律更高的宪法。让我们不要丧失这一基本收获，因为对民主和公民权利的保障就基于对法律秩序的承认。这项秩序来自宪法委员会，并比议会秩序要高。"

拓展案例

案例一：　　　我国《反分裂国家法》的合宪性争议

十届全国人大第三次会议于 2005 年 3 月 14 日表决通过了《反分裂国家法》。国家主席签署主席令，公布了这部法律，并自公布之日起施行。这部法律紧紧围绕反对和遏制"台独"分裂、促进祖国和平统一这一主题，该法通过和公布后，有效地遏制了台湾的台独势力。但有学者认为，我国宪法序言规定，"台湾是中华人民共和国的神圣领土的一部分"，但《反分裂国家法》只是强调台湾是中国的一部分，这与宪法序言规定不同的，有违宪的嫌疑。

案例二：　　　　　日本宪法序言

在日本北海道长沼町，为防止水土流失和预防洪水泛滥，该地修建了一片"马迢山国有森林"并被农林省大臣指定为"水源养保安林"。1958 年 5 月，日本防卫厅计划在该地修建航空自卫队的导弹发射基地，并要求农林大臣解除该地"保安林"的指定。1969 年农林大臣根据防卫厅建设"高射教育训练设置用地"的需要，并依据《森林法》第 26 条第 2 款的规定解除了对该地"保安林"的指定。

针对农林大臣的这一决定，当地 173 名居民鉴于多年水害的痛苦经历，坚决反对基地的建设，并以农林大臣解除指定"保安林"的处分有可能侵害自己生活上的利益和安全为由，于同年 7 月 7 日向札幌地方法院提起诉讼，要求取消该处分。他们指出，日本《森林法》第 26 条第 2 款规定，解除保安林的指定要以"因公益上之必要"为要件，政府的行为不符合上述要件，因为自卫队的存在违反了宪法序言有关和平生存权的规定和第 9 条关于禁止维持军队、战斗力的规定，所以为了建设自卫队的设施而作出的解除"保安林"的处理决定也是违宪的行为，是无效的。札幌高级法院在 1973 年的长沼案中比较完整地提出了宪法序言不可作为直接裁判依据的理由。就政府的保安林处分是否侵犯了宪法序言中的所谓和平生存权的规定，法院指出：①序言从形式上说是宪法典的一部分，具有法律性质，但序言中所论述的和平主义原则只是崇高的观念乃至目的。第二段中的"在和平中生存的权利"也不具有作为任何裁判规范都应具有的现实的内容，是未加具体化的规定。②宪法第 9 条是秉承宪法序言的和平主义原则而加以规定的。同序言的和平主义原则相比，虽然为达到和平的目的更加具体地列举了禁止规定，但那是针对国家机关行为的一般性禁止命令，因而尚未依据这一规定具体地照顾到对特定的国民的特定利益加以保障的问题。[1]

[问题与思考]

1. 我国宪法序言具有法律效力吗？如有，宪法序言效力与宪法条款的效力相同吗？
2. 为什么日本法院和法国宪法委员会对各自宪法序言的效力的立场不同？

三、宪法原则与宪法规范

经典案例

西南重组案

[基本案情]

1945年，德国在第二次世界大战中战败，其领土被英国、法国、美国和苏联占领。1949年，在英国、法国和美国占领的德国领土上成立了联邦德国，并制定了《基本法》，作为在德国完全统一以前过渡时期的宪法。《基本法》为联邦德国确立的国家结构形式是联邦制，分为10个州和具有特殊法律地位的柏林区。由于当时德国在同盟国占领之下，州界的划分主要体现了军事与行政便利，而较少地考虑德国各州的历史延续性。尤其是在西南地区，两个重要而具有长达150年历史的巴登州和符滕堡两州分割为巴登、符滕堡—巴登和符滕堡—霍亨索伦三个州。同时，《基本法》还对各州边界的变动权力及程序作了规定。第29条授权联邦政府在地区多数选民的支持下，通过制定法律来改变州界。任何地区都可以通过多数选民的反对而否决联邦政府对州界的变动；但如果其中一个特定地区以2/3的多数投票赞成联邦政府的决定，那么除非整个受到影响的地区以2/3多数推翻该特定地区的赞成，任何其他地区反对都即告无效。但针对西南地区，基本法的临时条款特地改变了第29条的规定：允许被分解的三个州通过互相协商而进行合并，如果三个州之间不能达到协议，那么联邦政府就有权通过立法对它们进行重组。

由于这三个州的形成是二战以后占领军意志的产物，违背了当地人民的意愿，当地居民一直希望对此进行合并重组。但三州之间的合并谈判一直未能达成协议。在此情况下，联邦政府两次制定重组法案，对三个州进行合并。第一

---

[1] See Lawrence W. Beer and Hiroshi Itoh, *The Constitutional Case Law of Japan, 1970 through 1990*, University of Washington Press, 1996, pp. 94~95.

重组法案的内容是为了避免州议会的重复选举,把现有州议会的任期延长到重组完成、新州成立以后。第二重组法案则是根据《基本法》第118条的规定,具体确定了三州合并的详细步骤。对联邦政府的这两个重组法案,巴登州政府认为其违反了联邦《基本法》所确立的民主和联邦主义原则,遂向联邦宪法法院提出申诉,要求其审查重组法案的合宪性。

德国联邦宪法法院经过审查后,裁定联邦政府的第一重组法案因违反联邦宪法的民主原则和州的主权而违宪,应属无效;第二重组法案符合联邦基本法的联邦主义原则和《基本法》第118条的具体规定,判定其合宪。

关于第一重组法案,联邦宪法法院指出:一项宪法条款不能被考虑为独立的段落,或受到孤立解释。宪法具有内在统一性,任何部分都与其他部分相联系。作为一个整体,宪法反映了某种控制个别条款的首要原则。第79条第3款表明了这一点。所以,并不能因为宪法某些条款是宪法的一部分就一定有效。某些宪法原则是如此根本,并表达了超越宪法的法律原理,以至它们也约束宪法的缔造者,其他次级宪法条款,可能因抵触这些原则而无效。对宪法条款的解释必须符合这项规则。根据基本法的规定,民主是政府体制的基础。州的宪政秩序必须符合法治下的民主国体。民主不仅要求议会控制政府,而且要求不得以任何方式去消除或破坏选民的选举权。所以要求延长州议会任期就必须经过宪法规定的程序或人民的同意。如果未经州选民的同意即延长了州议会的任期,则公民的选举权就受到了联邦的侵犯。

另一方面,联邦主义也是宪法的基本原则。作为联邦成员,各州具有主权。虽然主权的内容范围是有限的,但其并不是来自联邦,而是受到联邦之承认。各州的专有权力范围包括确定各州的宪法机构、职能和权力之规则。这项权力还包括调节选民表决的时机与场合,以及州议会延期的时间和条件。为了实现州的重组,联邦政府有权缩减州的议会任期,但只要这些州仍然存在,联邦就不能扰乱它们的宪政秩序。联邦政府主张自己既然可通过重组而缩短州议会任期,则也就可以在过渡时期延长其任期,这样的论点在法律上是错误的。州议会的取消是取消这些州的必然结果,这并未构成缩短其任期;但延长任期却会对现存州议会发生作用。这种延长需要通过州的特殊立法,但联邦政府无权通过这类立法。各州也不能放弃这些权力。联邦不能经由州的同意去获得《基本法》未授予的权力。《基本法》第118条仅授权联邦立法调控三州的重组,这是联邦权力的极限。要通过联邦立法延长州议会的任期,就必须要证明这一事项属于"一州立法不能有效调节的事务"。但此事项显非《基本法》该条所指之事项。所以,联邦立法侵犯了州的主权。

关于第二重组法案。联邦宪法法院指出:每当联邦法律成为争论主题时,即使参与者并未提出，联邦宪法法院也必须从所有的法律角度，去审查整个法律和其每项个别条款的有效性。巴登州宣称，如果成员州的人民反对合并，那么该州就不得被取消。但实际上，联邦宪法只保障联邦被分解为州，对现存各州及其州界，《基本法》并未提供任何保障。相反，《基本法》允许单个州的边界改变及联邦领土之重组，这类重组可能导致取消一个或现存的几个州。所以联邦政府的立法并不违宪，巴登州的诉求无效。

巴登州政府还主张，《基本法》第20条和第28条规定了民主原则。民主意味着人民自决。但联邦政府的第二重组法案剥夺了巴登人民的这项权利，因为这项法案迫使他们放弃其意志，去成为西南州的一部分。但联邦宪法法院认为，虽然人民在原则上自己决定其基本秩序是民主原则的必然含义，作为联邦成员，巴登州属于该州人民，人民有自决的权利。但同时，巴登州是联邦的一部分，并不是自主的或独立的，而是联邦秩序的一部分，其主权受到联邦秩序的限制。所以在此，民主和联邦主义是相互冲突的，只有两者同时受某些限制才能达成调和。对于联邦各州的重组案件，为了一项更为广泛的整体利益，一州人民的自决权应受到限制。

1951年，西南三州公民举行了全民公决，并以压倒性多数通过了合并议案。三州遂合并成功，组成新的巴登—符腾堡州。

[法律问题]

宪法原则的效力高于宪法的普通规范吗？

[参考结论与法理精析]

在本案的裁决中，联邦宪法法院表示同意巴登州法院的论点："并不因为它们是宪法的一部分，宪法条款就一定有效。某些宪法原则是如此根本，并表达了超越宪法的法律原理，以至它们也约束宪法的缔造者；其他次级宪法条款，可能因抵触这些原则而无效。"这就提出一个问题：宪法条款的效力有高低之分吗？宪法中存在"超级规范条款"吗？

德国联邦宪法法院承认了这一点。《基本法》被认为是包含了权利和责任的实体价值，从而形成一整套"客观的价值秩序"（Objective Order of Values）。在《基本法》的价值体系等级中，占据首要地位的是第1条所确定的人格权利和第20条所确定的国体。第1条规定：①人的尊严不可侵犯。一切国家权力均有责任去尊敬与保护之。②德国人民承认，不可侵犯与不可剥夺之人权，既是每个社团，也是世界和平与正义之基石。③下列基本权利应作为可直接实施之法律，而约束立法、执法与司法机构……第20条规定：①联邦德国是民主和社会联邦国体。②所有国家权力来自人民。它应通过人民投票选举，以及立法、执法与司法的具体机构而予以实施。③立法机构应服从宪政秩序；执法和司法机构应受到法律与正义之约束。这些规范构成了《基本法》中的"超级规范条款",其效力不仅高于一般的议会制定的法律,而且高于宪法的其他条款。在适用与解释《基本法》的其他条款时,这些条款是参照标准。

根据《基本法》第79条第3款的规定,如果《基本法》的修改将影响联邦分解为各州,或各州参与立法之原则,或影响第1条与第20条所建立的基本原则,那么这类修改是不容许的。

宪法作为国家的根本法,具有最高法律效力,这是基本的宪法原理。但是在宪法规范里,能否将宪法规范本身区分为效力层次不同的规范呢?

二战以后,为了保证宪法的稳定性,维持宪法所确立的基本宪政秩序应有的连续性,以免宪政秩序的频繁变动给社会、经济秩序带来负面影响,也防止现代宪法所普遍确立的民主机构为少数如法西斯那样的社会破坏势力所利用,很多国家宪法在规定宪法修改的程序时,或是规定某些条文不可修改,如法国宪法,或是规定某些条款的修改程序比其他条款的修改程序更为严格,如俄罗斯宪法。有学者统计,世界上很多国家的宪法都规定了不可修改条款。从立法原意看,这些条款不能被修改或不能轻易被修改。这种规定的积极意义无疑是值得肯定的。但是,相关的理论问题也是值得研究的:①关于超级规范条款的认定问题:宪法规范超级条款应由宪法明文规定,还是由宪法监督机构认定?②它与某些国家宪法规定的某些不可修改条款有无区别?在德国"西南重组案"中,联邦宪法法院即是根据《基本法》第79条有关《基本法》第1、20条不可修改的规定来认定的。但是,这种认定是否有足够的根据?③宪法中条款效力的不同是否影响宪法的根本法与最高法性质?④按照德国联邦宪法法院的意见,超级规范条款的价值在整个宪法规范体系中居最高地位,其他宪法规范均不得与之相抵触,所以,并不因为某一条款在宪法中就当然有效。这就产生了一个理论上的悖论:宪法法院作为宪法的监督者与守护人,它产生于宪法,以监督宪法的完全实施为己任。但在适用宪法过程中,实际上审查了宪法内部的和谐一致,这种维护与审查的双重角色是矛盾的。

拓展案例

我国宪法序言规定我国坚持四项基本原则;第1条规定我国是社会主义国家;第2条规定我国实行人民代表大会制度;第6条规定我国实行以公有制为主体,多种所有制并存的经济制度。同时,《宪法》第31条规定,国家在必要时得设立特别行政区,在特区实行的制度由全国人民代表大会以法律规定。据此,全国人民代表大会制定了《香港特别行政区基本法》和《澳门特别行政区基本法》,两部《基本法》规定在香港和澳门实行资本主义制度。

[问题与思考]

《宪法》第 31 条授权全国人民代表大会制定法律来规定在特区不实行社会主义制度,这与宪法序言及其他有关规定所规定的我国实行社会主义制度的条款矛盾吗?

四、国际条约与宪法效力

经典案例

欧盟宪法条约案[1]

[基本案情]

2004 年 10 月 29 日,欧盟成员国及其未来成员国的元首和首脑在罗马签署了欧盟宪法条约,因此它也被称为第二罗马条约,或 2004 年罗马条约。这一宪法条约既对欧盟既有的法律制度进行了梳理,也对欧盟未来法律制度的框架作出了重大的发展。如果该条约被其 25 个成员国批准,则该条约本来应于 2006 年 11 月 1 日生效。在条约签署的当天,法国总统希拉克根据《宪法》第 54 条的规定,向宪法委员会提交了合宪性审查的申请,即要求宪法委员会审查该条约与法国宪法是否存在不一致的内容,以确定在授权批准该条约之前是否应该先启动一个宪法修改程序。宪法委员会在 2004 年 11 月 19 日作出了裁决。

宪法委员会指出,《欧盟宪法条约》的诸多条款,特别是那些关于其生效和修改的条款,以及缔约国可以退出的条款,要提交宪法委员会进行审查,这表明,通过缔约国签署的建立欧共体和欧盟条约具有国际条约的本质。新条约的名称并不能宣告其具有合宪性;而且,条约的名称并没有对法国宪法的存在及其在国内法律体系中的最高地位产生任何影响。根据《宪法》第 88-1 条的规定,"共和国参加欧洲共同体和欧盟。欧洲共同体和欧盟由国家自由加入,并依据创立条约自愿而共同地行使其权力",制宪者要确认一个共同体法律体系的存在,并将其引入到国内法律体系之中,同时又与国际法律体系相区别。根据第 1-6 条的规定,"欧盟机构行使其成员国所授予的权力而通过的宪法和法律优先于各成员国的法律",这意味着对于条约的一个附带的宣告,即此条款并没有赋予优先原则一个比先前所谓的更宽泛的范围。如果条约以一个独一无二的机构——欧盟,取代了通过以前的条约建立的组织,那么,则赋予了其法律人格,第 1-5 条和第 1-6 条则表明其并没有修改欧盟的性质,也没有改变宪法所规定

---

[1] 李晓兵:《法国第五共和宪法与宪法委员会》,知识产权出版社 2008 年版,第 194 页。

的欧盟法优先原则的范围,同时,这已经由上面提到的宪法委员会的裁决所确认;提交给宪法委员会进行审查的条约的第1—6条并不导致宪法的修改。

[法律问题]

国际条约和宪法的关系如何?

[参考结论与法理精析]

一般认为,宪法是一个国家的最高法。但当今时代是一个全球化的时代,国家间的交往与互动日益频繁,几乎各国都参与了或多或少的世界性或区域性的国际条约,也会与不同国家签订双边条约。按照"立约必须履行"的国际法原则,各缔约国必须接受对其发生法律效力的国际条约的约束。因而,各国都必须要解决的一个问题是,国际条约与本国法律的关系如何,尤其是与本国的最高法宪法的关系如何。

理论上,学者们对宪法与条约的关系的观点不尽一致。实践中,大部分国家的宪法都明确地或暗含地、直接地或间接地涉及包括宪法在内的本国法与国际条约的关系,但具体内容也不相同。可以概括为以下两种模式:

(一)宪法的效力优于国际条约

理论上认为宪法效力优于国际条约的理由主要包括:从规范的实效性看,宪法是具有法律效力的实定法,而条约只是国际社会的合意,不具有实定法的效力;从效力等级上看,宪法是宪法文本明确规定的最高法律规范,具有最高效力,而条约不具有国内法上的最高效力;从程序上看,宪法是通过特定程序制定或修改的,条约的批准权应该遵循宪法规定的程序;如承认条约优位说,有可能导致宪法修改程序的软化和随意化,导致宪法秩序的破坏。[1]

实践中,这一模式以美国为代表。《美国宪法》第6条规定:"……本宪法与依照本宪法所制定的合众国法律,及以合众国的权力所缔结或将缔结的条约,均为全国的最高法律。即使与任何州的宪法或法律有抵触,各州法官均应遵守……"从这一规定可以看出,国际条约与美国宪法是处于同等地位的,但实际并非如此。美国联邦最高法院1957年在Reid诉Covert一案中裁决:"与外国签订的任何协定不得赋予国会或任何其他政府机构以权力,使他们摆脱宪法的约束……宪法的禁止性规定适用于政府的各分支机构,他们不得被行政机关或被行政机关、参议院共同减损。"宪法的效力高于条约在美国已成为确定的规则。[2]法国现行《宪法》第54条规定:"如果经共和国总统、总理或者议会任

---

[1] 韩大元:《宪法学基础理论》,中国政法大学出版社2008年版,第115~116页。

[2] [美]约翰·H.杰克逊著,张玉卿等译,《GATT/WTO法理与实践》,新华出版社2002年版,第352页。

何一院议长或60名众议员或60名参议员的要求，宪法法院宣告了一个国际协议含有违反本宪法的条款，在本宪法予以修改之前，不得授权批准或者认可该国际协议。"该《宪法》第55条规定："依法批准或认可的条约或协议，自公布后即具有高于法律的效力，但就每一协议或条约而言，以其他缔约方予以适用为限。"上述规定表明，在法国，条约的效力高于法律但低于宪法。

（二）国际条约的效力优于宪法

理论上认为国际条约的效力优于宪法的理由是：条约是国家间的合意，是各国必须遵循的原则，如国际条约因与宪法冲突而不遵守，将破坏国际秩序；另外，从国际人权保护的角度看也应持此观点。[1]

实践中，《荷兰宪法》第94条规定："在荷兰王国，现行有效的法律规定，如果其适用与对所有个人具有约束力的条约规定或国际机构的决议相抵触，应不予适用。"该条规定沿袭了荷兰1953年修正的《宪法》第65条的规定。荷兰议会当时对第65条的辩论表明，该条中的"法律规定"包括荷兰宪法的规定在内。我国有学者指出："这样，可以说荷兰是承认条约优于宪法的先驱者。"荷兰宪法在条约与国内法的关系上规定了最先进的制度，如果在实践上得到贯彻，将积极影响国际法的发展。"[2] 1978年《西班牙宪法》第95条第1款规定："缔结含有与本宪法相抵触的内容的国际条约需事先修改宪法。"第96条第1款规定："有效缔结的国际条约在西班牙一经正式公布，即构成国内法律秩序的一部分。条约条款的废除、修改或暂停施行只能依照条约本身规定的方式或根据国际法的一般规范进行。"为缔结有违反宪法规定的条约而事先修改宪法，而不是拒绝缔结这种条约，避免了宪法与条约的冲突，而且按照条约本身的规定或根据国际法的一般规范来决定条约条款的废除、修改或暂停施行，这就可以保证不会因为宪法的原因而使条约的规定得不到履行，也可以解释为国际条约的效力优于宪法。

在国际条约中，国际人权条约占有重要地位。与其他条约不同的是，国际人权主要是为缔约国创设义务，而少有缔约国权利的规定。缔约国有义务采取各种措施保障本国公民享有国际人权条约所规定的各项权利。有少数国家的宪法专门针对国际人权法与宪法的效力关系的特别规定，几乎都呈现出了国际人权条约的效力优于宪法的倾向。《俄罗斯宪法》第17条第1款规定："符合公认的国际法原则和规范的基本权利和自由，在俄罗斯联邦根据本宪法予以承认和保障。"俄罗斯宪法的这一规定表明，有关基本权利和自由的公认的国际法原则

---

[1] 韩大元：《宪法学基础理论》，中国政法大学出版社2008年版，第115~116页。
[2] 李浩培：《条约法概论》，法律出版社1987年版，第401页。

和规范具有优于俄罗斯宪法的效力,并认为该规定相对于《俄罗斯宪法》第 15 条第 4 款有关国际法与国内法关系的一般规定来说属特别规定。

我国 1982 年宪法没有直接规定中国宪法或法律与国际法的效力关系,但某些普通法律明确规定,当该法律的条款与我国参加的国际条约不一致性时以国际条约为准。在理论上,国际条约应予遵守,只要经法定程序对我国生效的国际条约,从国际信用的角度看,也不可以其与我国宪法不相一致而不予适用。所以,当我国决定是否加入某一国际条约以及全国人大常委会决定是否批准某一条约时,自应考量其与我国法律尤其是宪法的关系问题。在国际人权保护方面,我国宪法在 2004 年修改时也写入了"国家尊重和保障人权",这表明我国在一定程度上接受了人权保障的普遍性原则。因此,对于国际人权条约,我国更应给予足够的尊重。一旦我国签署和批准了某项国际人权条约,即应以条约为基准,通过修宪和解释宪法的方法消除条约与宪法的紧张关系,从而既维护宪法的权威,又使国际人权条约得到切实遵守。

拓展案例

案例一:　　　　　　　英国安德森案

由于两项谋杀罪名的成立,安德森被判处终审监禁。英国 1997 年制定的《刑事量刑法》第 29 条规定:"如果有假释部建议,内政部在咨询最高法院的首席大法官和其他参与审判的法官后,可以特许假释终身监禁的服刑人员。"内政部根据这条规定为安德森设定的最低服刑期长于法院建议的期限。于是安德森认为第 29 条的规定侵犯了他根据《欧洲人权公约》第 6 条享有的公平审判权。因为第 29 条允许作为行政机关的内政部来决定服刑人员的最短服刑期,而不是由司法机关来决定。上议院接受了安德森的主张,并根据欧洲人权法院新近的两个判例判决,认为内政部既不是独立的行政机关也不是裁判所,所以不在《欧洲人权公约》第 6 条规定的"一个独立的裁判所"的范围内。上议院一致判决第 29 条的规定违反了《欧洲人权公约》第 6 条规定的公平审判权。

案例二:　我国《公民权利和政治权利国际公约》批准案

《公民权利和政治权利国际公约》是联合国在《世界人权宣言》的基础上通过的一项重要的国际人权公约。1998 年 10 月 5 日,中国政府在联合国签署了这一重要公约,并随后多次宣布将实施该公约,但是全国人民代表大会常务委员会至今仍没有批准该公约，这其中一个原因就是公约中有众多条款与我国宪法的规定不一致。

[问题与思考]

1. 在英国这一不成文宪法国家，法院有权宣布法律因抵触国际人权条约而无效吗？

2. 对于我国政府签署的国际人权条约，如果条约中有关人权的规定和我国宪法规定不相一致，我国应持什么立场？如何解决二者之间的不一致？

五、宪法在私人间的效力

经典案例

案例一：　　　　　　　　德国吕特案

[基本案情]

哈蓝是一个在纳粹时期拍反犹太电影的导演，声名狼藉。在二战后，他又拍摄了一部含有比较强的反犹情绪的影片。吕特是一个社会活动者，以消除民族仇恨弥补战争创伤为己任。他在德国电影周举办时向电影租片商与电影制造商作开幕演说时，指哈蓝曾经为纳粹时期影片"犹太甜心"作导演，对哈蓝的电影组织群众杯葛和在放映电影的剧院前示威，导致哈蓝的影片票房收入下降。事后，吕特又以公开信的方式向媒体进一步说明，指出哈蓝在相当长一段时间内是纳粹影片的第一导演，而其本欲在电影周上播放的影片"犹太甜心"正是为纳粹对犹太人追捕屠杀进行辩护的重要作品之一。公开信还指出德国在全世界的道德声望不得被以赚钱为目标的商人重新加以毁坏；哈蓝的复出将使得列强对德国战后重建的疑惧由原先之日趋转淡重新变为激烈；正直的德国人民必须挺身抗议与抵制。吕特的这些行为激起了哈蓝的强烈不满，以吕特侵犯了他的公民经济权利为由，向汉堡法院提出对吕特的禁制令。汉堡法院判决哈蓝胜诉，吕特不服，以事涉言论自由之侵害而向联邦宪法法院提起宪法诉愿。联邦宪法法院第一庭于1958年1月15日作成判决。判决"地方法院的判决"违宪，侵犯了吕特的言论自由权。

宪法法院承认，个人的基本权利确实可以全面地用以对抗国家公权力，以体现其公法性质，但法院也注意到这样一个事实：实际上，早在吕特案之前，许多学者已经表明这样的观点，即最重要的基本权利不仅仅是针对国家的，而且在私法关系中的个人之间具有完全或直接适用性。这一理论表明，一般而言某些宪法权利应该对个人或者私人团体具有拘束力，在方式与程度上与其对于政府的功能大体上没有什么不同。

案例二:　　　　　　　　　美国谢利诉克瑞默案

[基本案情]

美国的种族歧视一直是困扰美国社会的一个重大问题,虽然南北内战后奴隶制在宪法上被取消,宪法修正案规定各州对各种族实行平等保护,但种族隔阂并未消除。本案涉及的正是这一问题。

在美国的某地区居住的一些白人为了阻止黑人迁移到本地区,签订了一个契约,规定不得把土地出租给白人外的人(包括黑人和其他有色人种)。一名白人把土地出租给黑人谢利后,该地区的一些白人提起诉讼要求确认收回其土地所有权的请求。第一审法院驳回了请求,但州最高法院又改判第一审,判原告胜诉。于是谢利以美国宪法第14修正案平等保护条款为依据向联邦最高法院提起上诉。最高法院认为,本案中白人之间签订的契约并不侵犯第14修正案保障的平等权利,它是以合意为基础签订的,不存在违宪问题。但法院同时提出,由州法院强制执行合同的"司法执行"(Judicial Enforcement)属于政府行为,侵害了第14修正案所规定的权利,故而撤销了原判。

在随后的判例中,最高法院通过发展政府行为理论,在很大程度上扩张了宪法的适用范围,以至在20世纪60年代,政府行为和私人行为之间的界限已相当模糊。但到70年代以后,由于最高法院的人事变动,保守倾向日益抬头。在很多案件中,政府行为理论受到严格解释,法院以"系争行为是私人行为"为由而拒绝对其进行合宪性审查。

[法律问题]

从德国和美国的司法实践来看,宪法上的公民基本权利条款可以适用于私人间的关系吗?

[参考结论与法理精析]

传统宪法学一直认为宪法是关涉国家与公民之间关系的基本法律,而不涉及私人领域。但是,二战以后宪法调整领域出现扩大的趋势,开始涉足私人领域。由于宪法的基本内容是关于权力的组织配置以及公民的基本权利等内容的规定,宪法中有关国家权力的部分不会在私人关系上适用,所以宪法涉足私人关系的可能途径只能是宪法中公民基本权利的规定在私人间适用。

总体而言,在私人关系中适用基本权利效力条款是国家与社会、国家与个人关系发展的必然产物,反映了基本权利价值社会化的趋势。[1]但是,这并不

---

[1] 韩大元:"论基本权利效力",载中国人民大学宪政与行政法治研究中心编:《宪政与行政法治研究——许崇德教授执教五十年祝贺文集》,中国人民大学出版社2003年版,第220页。

意味着如果一个公民侵犯另一个公民所有的宪法所列举的基本权利，即成为违宪主体而承担违宪责任。那些在某种形式上承认基本权利在私人间效力的国家在确立其效力根据、效力范围时也并非完全一样。

（一）德国的"第三者效力"理论

在世界各国宪政理论中，德国的"第三者效力"理论是有关公民基本权利在私人间效力的最为发达的理论，同时，在德国各级法院中也曾对基本法中基本权利的规定是否适用于私人关系产生过分歧。无论在理论上还是在实践中都形成了肯定论和否定论两种主张。

否定论认为，基本权利对私人间的关系不发生效力，这是德国宪法的传统理论。其理论依据主要有：基本权利本质上是对国家的防御权，只能约束国家权力；根据私人之间的合意限制自己的基本权利并没有不当之处；私人之间的关系不同于处于上下关系的国家与公民，它遵循私人自治原则，如肯定基本权利在私人间的效力，会破坏民法的契约自由原则；私人之间发生的侵权问题可通过一般法律解决，没有必要直接援引宪法的基本权利条款；《基本法》第1条第3款规定的基本权并没有将私人设为基本权利的规制对象等。

肯定论是在批判否定论缺陷的基础上提出的。有学者认为，受基本权利拘束的立法者在其权限范围内制定私人间法律行为和法律关系规范时应要求私法的规定与基本权利要求相一致，即立法者应关注基本权利的拘束功能。也有学者认为，否定说实际上误解了基本权利效力理论的命题。从理论结构来讲，承认基本权利效力在私人关系中的适用并不意味着以基本权利来否定契约自由的价值，当为了保障基本权利的价值不得已限制契约自由的情况下有可能在私人关系中适用其效力。因此，基本权利效力的适用是有严格条件的，不得任意扩大其范围。而关于基本权利条款在私人间关系上如何适用，又产生了直接适用说与间接适用说两种主要理论。

直接适用说认为，基本权利可以不通过一般条款或媒介直接对私人之间的关系发挥效力，其代表人物是尼伯代（Hans Carl Nipperdey）。他在1950年发表的《妇女同工同酬》一文中，主张基本权利的条文在私人的法律关系中应该有绝对的效力。他认为基本法体现了人类尊严的最高目标，而基本权利条款是最高层的规范，其他法律必须在宪法基础上才能成立，只有在宪法范围内才有可能获得正当性，私法本身并不例外。如果基本权利的条文不能直接在私人间被适用，则基本权利将沦落为绝对的宣示性质。而且，《基本法》第1条第3款规定："基本权利之规定，视为直接之法律，拘束行政、立法和司法。"所以法官必须直接引用基本权利的规定，不必透过民事法律来予以审判，使得基本权利的规定得以在民事个案中获得实现。按照这种逻辑，根据私人自治原则签订的契约如违反宪法规定的基本权利应视为无效的法律行为。因此，个人在私法关系中可以直接主张基本权利，并把它适用于他人的行为，私法主体本身也受基本权利效力的约束。[1]

在直接适用说的影响下，尤其是直接适用说的主张者尼伯代担任联邦劳工法院院长时，在有关工资契约、劳动契约中的"独身条款"等宪法判例中具体运用了直接适用说理论。这方面的案例包括：在1954年的一个案件中，劳工法院判决私人企业的雇员有权根据基本法所规定的言论自由抗衡雇主的压制措施；在1955年的一个案件中，劳工法院根据基本法中规定的人格尊严判决雇主在雇佣期间有义务为雇工提供适当的劳动工具；在1955年和1957年的两个案件中，以基本法中规定的男女平等判决集体工资协议中有关女性工人的工资低于类似工种的男性工人的规定无效；在1957年的一个案件中，判决禁止私人企业通过合同开除结婚的员工；在1962年的一个案件中，劳工法院判决要求离职雇员偿还教育费用的合同受到了基本法中有关自由选择职业权利的限制。[2]

间接适用说经德国宪法法院通过判例确认后便成为现代德国宪法学界的通说。由著名学者H. Kriger和G. Dlirig所创，其基本内容是：既要尊重以宪法为基础的法律秩序的统一性，又要尊重私法秩序的独立性与固有准则，在两者协调中寻求和谐。间接适用说的理论根据是：一是基本权不仅是具有主观公权性质的防御权，同时也是适用于所有法领域的客观价值判断，民法上的任何法律规定不得同基本法的规定相矛盾。当法官解释不确定的概念与一般条款时实际上负有保障基本权利的义务。基本权利需要通过直接支配该领域的规定而得到适用，即基本权利必须通过特定"入口"才能对私人之间的关系产生影响。二是具有强大社会影响力的社会权力对私人的权利进行侵害时，基本权利规范作为例外情况产生直接的效力。当个人的自治被社会权力约束时需要赋予基本权利更有效的效力，以解决实际存在的侵权现象。在社会团体、工会及其劳动保护等领域，基本权利效力的直接有效性已得到了实践的证明。总之，间接适用说强调了基本权利需要通过私法上的一般条款，在尊重私法独立性的原则下适用基本权利效力。[3]

---

[1] 陈新民：《德国公法学基础理论》（上），山东人民出版社2001年版，第292页。

[2] 张千帆：《西方宪政体系》（下），中国政法大学出版社2001年版，第450页。

[3] 韩大元："论基本权利效力"，载中国人民大学宪政与行政法治研究中心编：《宪政与行政法治研究——许崇德教授执教五十年祝贺文集》，中国人民大学出版社2003年版，第223页。

(二) 美国的"政府行为"(State Action)[1]理论

按照传统的美国宪法理论,宪法规定的基本权利只对政府产生效力,对私人之间的关系不发生效力。用美国联邦最高法院反复宣传强调的话语来说,即美国宪法"并未提供抵御私行为的盾牌,无论该私行为多么不公平或不正当"(The constitution erects no shield against merely private conduct, however discriminatory or wrongful)。质言之,只有那些"政府行为"才能成为违宪的行为,而宪法不适用于纯私人的行为。从美国宪法的发展进程看,虽然受到社会变革和宪法学理论本身的发展,政府行为理论在表面上允许宪法涉足很多私人领域,但在总体上,政府行为仍然是判断宪法是否调整的一个实质性标准。只有那些私人行为因为某种原因具备了政府行为的特征才可以成为宪法调整的对象,对于那些纯粹的私人行为,宪法仍然保留自己的界限而不予涉足。

有学者认为,美国最高法院最早在1879年的 Virginia v. Rives 案中就明确地提出了政府行为理论。在该案中,联邦最高法院宣布宪法第14修正案只涉及州政府行为,与私人主体无关。[2]有学者认为,最高法院是在1883年有关民权案的审理中正式地提出了政府行为理论。[3]在该案中,布拉德利(Bradley)法官指出:"可以说,如果个人得不到州政府的法律、习惯、司法或执法程序支持,那么宪法防止各州侵犯的公民权利,就不可能被个人的违法行为所损害。在得不到任何这类权力支持时,个人的违法行为仅是私人过错或个人罪行……个人不可能剥夺他人的选举权、财产拥有权、买卖权、上告法院或成为证人或陪审员的权利;他可能犯有对他人的攻击或谋杀罪,或在选举地点动用暴力或玷污公民的名誉。但除非州法或州的权力保护这些违法行为,违法者不可能摧毁或损害宪法权利;他将仅使自身受到报复或州法的惩罚。"[4]根据这一理论,私营的旅馆、剧院和运输行业拒绝为黑人提供服务并不违反宪法第14修正案的平等保护条款,因为这只是私人造成的损害,而第14修正案所禁止的是特定的州政府行为,个人对公民权利的侵犯并非该修正案的主题。这样,最高法院就在私

---

[1] 国内有些学者将"State Action"译为"国家行为"或"国家拟制行为"的。这种译法可能会引起一些误解,因为它不仅可能与国际法上的"国家行为"(Act of State)相混,还可能与在有些国家那些被称为"国家行为"以表示违宪审查机关避免审查的行为相混。这里的 State Action 含义恰恰相反,是指必须接受违宪审查的行为。因而将其译为"政府行为"更为恰当。国内还有一些学者将此译为"州政府行为"(参见[美]杰罗姆·巴伦、托马斯·迪恩斯著,刘瑞祥等译:《美国宪法概论》,中国社会科学出版社1995年版,第290页。)这种译法是一种不完全准确的译法。

[2] See Erwin Chemerinshy, "Rethinking State Action", *Northwestern University Law Review* 80, p. 507.

[3] See G. Sidney Buchanan, "A Conceptual History of the State Action Doctrine: The Search for Government Responsibility [Part I]", *Houston Law Review*, 34 (Summer 1997), p. 338.

[4] 转引自张千帆:《西方宪政体系》(上),中国政法大学出版社2000年版,第306页。

人行为（Private Action）和政府行为（State Action）之间划了一条明确的界限。直到20世纪中叶之前，联邦最高法院对政府行为理论从严掌握，它约束了宪法的管辖范围，也对联邦和各州政府的权力进行了限制。

到20世纪中叶，由于长期存在的种族歧视导致了美国社会的严重对立。种族歧视不仅存在于体现公权力色彩的强制性隔离和歧视性法律，也广泛存在于私人之间，在雇佣、运输、社会服务等行业中屡见不鲜。一些民权人士基于"政治问题司法化"的美国传统，开始走向法院，试图通过诉讼的方式挑战各种歧视行为的合宪性。通过里程碑式的布朗案宣告了公立学校隔离行为的违宪，而在私人领域，联邦最高法院开始着手通过发展政府行为理论，在一定程度上干涉私人领域的歧视行为。其典型的案件就是"谢利诉克瑞默案"（Shelly v. Kraemer）。在随后的判例中，最高法院通过发展政府行为理论，在很大程度上扩张了宪法的适用范围，以至在20世纪60年代，政府行为和私人行为之间的界限已相当模糊。但到70年代以后，由于最高法院的人事变动，保守倾向日益抬头。在很多案件中，政府行为理论受到严格解释，法院以"系争行为是私人行为"为由而拒绝对其进行合宪性审查。

从以上论述可以看出，美国法院总体上是拒绝宪法适用于私人领域的，在此情况下，公民私人当然难以成为违宪的主体。但是，在某些私人领域内也能发现公权力的色彩，使私人行为附上政府行为的性质，从而需要接受宪法的规范。由此产生的一个问题是：如何在私人行为中发现政府行为？美国学术界和司法界提出了一些理论来判断私人行为中是否存在政府行为，概括而言有以下几种：[1]

1. 公共职能理论（Public Function）。公共职能理论也可称为统治功能理论（Governmental Function Theory），即考察私人行为本身的性质是否具有政府的属性。如果私主体从事的行为在传统上具有政府职能则构成政府行为。美国最高法院在1974年的"杰克逊诉大都会爱迪生公司案"（Jackson v. Metropolitan Edison Co.）中将公共职能界定为"政府传统专属权"，即私主体的行为如果传统上属于政府的专有职权，便具有公共职能。一般认为，政党对党内初选的组织、私营公司对城镇的管理、民事诉讼中当事人遴选陪审员等具有公共职能。法院在阐述何为"政府专属权"时持谨慎立场，诸如向公众提供电力服务、私立学校解雇员工、奥委会对体育运动的管理等不构成政府行为。

2. 政府卷入理论（Government Entanglement）。即如果政府在相当大的程度上卷入私行为，则该私行为可以转化为政府行为。具体又包括共生关系理

---

[1] 彭亚楠："谁有资格违宪？——美国宪法的'政府行为'理论"，载《宪法与公民》，上海人民出版社2004年版，第231~280页。

论、[1]政府控制理论、[2]政府鼓励或强迫理论[3]以及共同行为理论。[4]

3. 司法执行理论（Judicial Enforcement Theory）。即某一行为虽然是私行为，但如果该行为的执行需要借助于法院适用法律的行为，则其将转化为政府行为。1964 年的纽约时报诉沙利文案（New York Times v. Sullivan）是这方面的经典判例。该案中，沙利文起诉纽约时报，称其刊登的一篇报道损害了他的名誉。州法院根据州反诽谤法判决原告胜诉。联邦最高法院推翻了州法院的判决，认为该判决侵犯了言论自由，但这里侵犯言论自由的并不是原告沙利文，而是州法院的判决。联邦最高法院认为，法院适用法律，即便是在民事诉讼中适用的是普通法也构成政府行为。

（三）日本的理论与实践

日本学者不再坚持传统上宪法不规范私人领域的观点，而主张公民基本权利在私人间有效。这其中又分为两种学说：①直接适用说。这种观点认为，当今社会存在多种复杂的利益团体，如企业、政党、劳工团体等，这些组织都可能侵犯公民的基本权利，所以宪法已不再是简单地规范政治权力的法律，而是以其所代表的客观价值体系去规范社会、政治、经济等社会生活的各个方面。②间接适用说。这种观点认为宪法规定的基本权利通过私法的概括条款，特别是日本民法第 90 条规定的公共秩序、善良风俗等把宪法精神贯彻到私法关系之中。间接适用说很早就影响了日本地方法院的判决。例如在 1966 年的一个案件中，东京地区法院认定某公司有关女职工比男职工提前退休以及女职工结婚必须辞职的规定无效，因为它损害了公共秩序和善良风俗。在这个案件中，法院判断该公司的相关规定

---

[1] 体现共生关系的案例是 1961 年的伯顿诉威尔明顿停车管理处案（Burton v. Wilmington Parking Authority）。该案中，最高法院判决一家私人宾馆禁止黑人入内构成了政府行为。本案中涉及的餐馆所在的土地和建筑物以及停车场都归政府所有，并且餐馆声称其拒绝为黑人服务是为了不对其生意造成负面影响，而其利润又是政府经济收益的不可或缺的成分。在综合考虑以上因素之后，法院认为政府对该餐馆种族歧视行为的卷入程度足以使餐馆的行为转化为政府行为。

[2] 政府控制是指由政府开办的非政府机构（如公立学校等）实施的行为是在政府的控制下作出的，可构成政府行为。在 1995 年的勒布朗诉全国铁路客运公司案（Lebron v. National Railroad Passenger Corp.）案中，最高法院认为，该公司是根据政府颁布的特别法规创立的，服务于政府目的，在其大多数管理人员的任命上政府握有最终权威，因此构成了政府的一部分，必须遵守宪法中关于保护言论自由的规定。

[3] 这一理论是指如果政府对私行为进行了鼓励或采取相应手段使该行为成为法律义务，则该私行为将会转化为政府行为。在 1972 年的穆斯会馆诉艾尔维斯案（Moose Lodge No. 107 v. Irvis）中，最高法院认为，由于政府要求私人俱乐部必须遵守其章程，这就使得该俱乐部根据其章程拒绝为黑人 Irvis 提供服务的私人歧视行为转化成政府行为。

[4] 共同行为理论是指如果某项私行为是借助司法程序和政府的行政力量来完成的，则该行为与政府行为构成共同行为，受宪法约束。在 1972 年的福恩特斯诉谢雯案（Fuentes v. Shevin）中，相关的州法律允许债权人向地方法院申请财产执行令以取得债务人的财产，而无需通知债务人并给其提供抗辩的机会。法院认为，由于债权人只有在政府协助下才能获得债务人的财产，因此其私行为变转化为政府行为。

损害了公共秩序和善良风俗的理由是其触犯了宪法中有关禁止性别歧视的规定，所以宪法的规定是通过民法第 90 条的规定适用于私人案件的，因而是间接适用。[1] 具体而言，间接适用理论将私人间的人权侵害分为三种形式：①基于法律行为的侵害；②基于事实行为，而这种事实行为本身是根据法律的概括条款作出的；③基于纯粹的事实行为的侵害。在前两种情况下，解释法律必须考虑到宪法中人权规定的精神。而在第三种情况下，其侵权行为虽然不与特定的法律相联系，难以通过解释法律来贯彻宪法中的人权精神，但可以参考美国的政府行为理论解决问题。间接适用说作为日本学术界的通说，在司法实践中产生了重要影响。20 世纪 70 年代末 80 年代初，日本最高法院开始接受间接适用理论。在 1981 年的尼桑汽车公司案件中，最高法院判决该公司要求女职工比男职工提前 5 年退休的规定是违法的。除该案外，另外涉及基本权利在私人关系上适用的一些重要案件包括：有关企业与劳动者雇佣关系方面的三菱树脂公司案件、有关私立大学与学生之间关系的昭和女子大学案件等。但在日本，亦有学者认为间接适用理论并不排除宪法中一些特殊条款具有直接适用的效力。这主要包括《日本宪法》第 15 条、第 18 条、第 27 条、第 28 条。[2]

拓展案例

案例一：　　　　　　　德国单身条款案

本案双方立有合同，约定原告在被告处当护士，合同期内原告不得结婚，否则被告有权单方解除合同。后原告结婚，被告解除合同。联邦劳动法院（BAG）认定该合同因侵犯原告基本权利而无效，理由是："此约定无效，非因违反善良风俗，而是因违反基本权利规范：《基本法》第 6 条第 1 款、第 1 条和第 2 条。《基本法》上若干重要的基本权利不仅可以保障个人自由权，对抗国家权力；也是国民社会生活的秩序原则，对于私法上交易亦具有直接规范性。私法上法律行为亦不能违背此项国家法律秩序的基本结构。"

该判决的思路是："单身条款"违反《基本法》第 6、1、2 条。根据《德国民法典施行法》第 2 条，《民法典》第 134 条 "违反强制性法律的法律行为无效" 中的 "法律" 包括《基本法》，"单身条款" 作为法律行为违反《基本法》属于 "违反法律"，故根据《民法典》134 条规定，该条款无效。该判决特点在于，法

---

[1] See Huroyuki Hata, Go Nakagawa, "Constitutional Law of Japan", *Kluwer Law International 1997*, p. 110.
[2] See Huroyuki Hata, Go Nakagawa, "Constitutional Law of Japan", *Kluwer Law International 1997*, p. 111.

律行为违反基本权利没有借助《民法典》中第138条"违反公序良俗的法律行为无效"来否定该法律行为效力，而是直接认定《基本法》就是法律，适用《民法典》134条。此种将基本权利规范直接视为法律适用于私法关系，而未透过民法中概括条款加以适用的做法，为"基本权利第三人效力直接说"的裁判方法。

案例二： 　　　　　　　　　　**中国的齐玉苓案**

齐玉苓与陈晓琪均系山东省滕州市第八中学1990届初中毕业生。陈晓琪参加1990年中专预选考试，成绩不合格，失去了参加统考以及报考委培生的资格。齐玉苓通过了预选考试，取得了报考统招及委培生资格。当年，山东省济宁市商业学校发出了录取通知书：录取齐玉苓为该商校1990级财会专业委培生。但此通知书却被陈晓琪从滕州八中领取。之后，陈晓琪以"齐玉苓"的名义进入济宁商校就读，并于1993年毕业后分配到中国银行滕州市支行工作。

1999年，齐玉苓在得知陈晓琪冒用其姓名上学并且就业之后，以陈晓琪及有关学校和单位侵害其姓名权和受教育权为由诉至法院，要求被告陈晓琪停止侵害并赔偿物质损失和精神损失。1999年，滕州市中级人民法院作出一审判决：陈晓琪停止对齐玉苓的侵害，并赔偿其精神损失费3.5万元。对于齐玉苓所主张的受教育权，法院则认为属于公民一般人格权的范畴，齐玉苓已经实际放弃了这一权利，故其诉请陈晓琪侵犯其受教育权不能成立。

被告人对滕州市中级人民法院作出的一审判决不服，上诉至山东省高级人民法院。在该案二审期间，山东省高级人民法院向最高人民法院提出了《关于齐玉苓与陈晓琪、陈克政、山东省济宁市商业学校、山东省滕州市第八中学、山东省滕州市教育委员会姓名权纠纷一案的请示》。2001年7月24日，最高人民法院作出了《关于以侵犯姓名权的手段侵犯宪法保护的公民受教育的基本权利是否应承担民事责任的批复》，其中指出，陈晓琪等以侵犯姓名权的手段，侵犯了齐玉苓依据宪法规定所享有的受教育的基本权利，并造成了具体的损害后果，应承担相应的民事责任。[1] 山东省高级人民法院据此作出二审判决：陈晓琪停止对齐玉苓姓

---

〔1〕　最高人民法院2001年7月24日公告：《最高人民法院关于以侵犯姓名权的手段侵犯宪法保护的公民受教育的基本权利是否应承担民事责任的批复》已于2001年6月28日由最高人民法院审判委员会第1183次会议通过。现予公布，自2001年8月13日起施行。山东省高级人民法院：你院1999鲁民终字第258号《关于齐玉苓与陈晓琪、陈克政、山东省济宁市商业学校、山东省滕州市第八中学、山东省滕州市教育委员会姓名权纠纷一案的请示》收悉。经研究，我们认为，根据本案事实，陈晓琪等以侵犯姓名权的手段，侵犯了齐玉苓依据宪法规定所享有的受教育的基本权利，并造成了具体的损害后果，应承担相应的民事责任。

名权的侵害，齐玉苓获得因受教育权被侵犯而造成的经济损失 48 045 元的赔偿及精神损害赔偿 5 万元，陈晓琪和其父陈克政、山东省济宁市商业学校、山东省滕州市第八中学、山东省滕州市教育委员会对此承担连带责任。

[问题与思考]
1. 我国宪法上的公民基本权利条款在私人间适用吗？
2. 我国法院引用宪法公民基本权利条款裁判案件对宪法实施有何利弊？

第二节　宪法的修正与变迁

一、宪法修正

经典案例

法国有关总统选举方式宪法修正案合宪性争议[1]

[基本案情]

1962 年，当时的法国总统戴高乐为了加强总统行使权力的权威性与正当性，建议修改总统选举方式，即由原来的选举团间接产生改为由公民直接选举产生。但是，根据法国 1958 年宪法第 89 条的规定，宪法修改是需要议会两院支持的，因为宪法修改草案或提案必须以内容一致之文字由议会两院表决通过，然后修改案再交公民投票，而当时大部分的国民议会议员对于宪法修改的提议持反对态度。戴高乐在与两院议长进行简单的礼貌性的会见之后宣布解散国民议会，重新开始大选。之后，1962 年 10 月 28 日，修改宪法的草案被按照宪法第 11 条的规定直接交付公民投票表决，结果是公民有效票中的 62% 为赞成票，这样，直接选举总统的提议被强行通过。参议院议长莫内维尔根据《宪法》第 61 条规定，向宪法委员会提交了合宪性审查，要求审查公投立法的合宪性。

[法律问题]

宪法修正案是否存在违宪的可能？

[参考结论与法理分析]

宪法委员会在 1962 年 11 月 6 日作出了裁判，指出："没有任何的宪法条文，以及上述的为实施宪法而制定的宪法委员会组织条例的任何条文，赋予宪法委员会对于参议院议长交付宪法委员会的上述请求作出宣告的权限。"宪法委员会实际

---

[1] 主要参照李晓兵:《第五共和宪法与法国宪法委员会》，知识产权出版社 2008 年版，第 144~145 页。

上回避了对经全民投票通过的宪法修正案是否合宪问题的审理。它将自己定位于公共权力行为的调整机构，将《宪法》第61条规定的由其进行审查的"法律"解释为仅仅是指议会通过的法律，而不包括全体公民投票通过的法律，因为全民公投是国民主权的直接表达，宪法委员会无权就参议院议长的要求作出裁决。

法国在历史上一直有公民投票的传统，不管是拿破仑还是后来的波拿巴执政期间，以及之后的多次制宪，公民投票的方式被得到了认同和接受，这是法国这个国家政治生活中的一个重要现象。国民主权的最高性是不容侵犯的，而这种最高性的直接表现就是公民投票。这也可以说是卢梭人民主权学说的深远影响所导致的。公意的表达是没有错的，也不应该受到任何的限制，这是法国自大革命之后所形成的政治传统。

世界各国的宪法修正案方式不一，大体可分为三种：一是在议会内部完成，一般是由议会通过绝对多数通过宪法修正案，我国宪法的修改即实行这种方式；二是经由全民投票；三是将二者结合起来，如日本。

宪法修正案是否存在违宪的可能，在各国的理论亦有不同。一般认为，宪法是人民意志的直接体现，而议会的性质是代议制机关，即代表人民行使国家权力，由议会通过的法律是人民意志的间接体现。所以，议会通过的法律的效力在宪法之下。当宪法修正案是由议会通过的时候，在理论上是人民意志间接的体现，自不应与宪法原文抵触。但是，如果宪法修正案最终是由全民投票通过的，则直接体现了人民意志。这种修宪结果应认为是人民以一种新的意志取代了体现在宪法中的旧意志，不存在违宪的可能。

拓展案例

案例一： **Coleman v. Miller**[1]

此案由美国国会提交各州批准的"童工修宪案"引发。1918年和1922年，联邦最高法院在 Hammer v. Dagenhart 案和 Child Labor Tax Case 案中先后宣布国会制定的两项规制童工的法律无效。1924年6月2日，国会向各州提交了"童工修宪案"，规定国会有权限制、规制和禁止18岁以下的童工。1925年，堪萨斯州议会通过决议，宣布拒绝批准该修宪案。直到1931年，该修宪案总共得到了6个州的批准。1934年美国"新政"的实施，使得该修宪案的前景柳暗花明。从1934年到1937年，又有20多个州开始审议这一修正案，其中包括堪萨斯州。

---

[1] 307 U. S. 433 (1938).

不过，当 1937 年堪萨斯州议会又一次进行批准表决时，州参议院分裂了，20 名议员赞成，20 名反对。之后，由副州长兼任的议会投下了关键性的赞成票，批准了该修宪案。之后州众议院也以过半数的多数进行了批准。反对该提案的 18 名参议员和 3 名众议员不服，遂向法院提起诉讼，其理由包括：①尽管副州长是参议院的主持人，但他是行政机关的成员，而不是议会的成员，因此无权投下关键性的一票；②该项修宪提案从 1924 年提出到 1939 年堪萨斯州议会批准，间隔长达 13 年，早已经过了批准时效；③堪萨斯州议会 1925 年已经拒绝批准该修宪案，这个行为具有终局性，从而排除了未来再次批准的任何可能。他们在州最高法院败诉后提起上诉，是为著名的 Coleman v. Miller 案。

1938 年 10 月联邦最高法院开始审理此案。1939 年 6 月 5 日法院作出了裁决。联邦最高法院拒绝对上诉人的三个理由进行任何实质性的评判。对于第一个问题，即副州长是否属于州议会的一员，法官们对此问题是属于政治问题还是司法问题争论激烈，最后并未作出回答。对于第二个问题，即宪法修正案的时效问题，法院援引了其在 Dillon v. Gloss 案的意见，即认为修宪案应该反映国家同一时期的民意，而且国会有权规定适当的批准期间。不过，法院又认为，不能因为国会没有确定批准时限，而推论认为法院负有确定修宪案时效的责任。因为修宪案时效的确定，需要考虑国家政治、经济以及社会等各个方面的因素，显然它只能由作为政治部门的国会考量，因为法院并不具有这样的能力。对于第三个问题，即堪萨斯州议会先前的拒绝是否具有终局性，法院在判词中不惜笔墨详细叙述了宪法第 14 条修正案的批准过程，并以这个历史先例说明，对于宪法修改过程中出现的拒绝批准行为或者批准后又撤销批准行为的效力，应当由作为政治部门的国会独断，而非司法部门所能涉足。在本案中，Black 等四位大法官进一步宣称，宪法第 5 条排他性地、完全地赋予了国会对于修宪程序不可分割的控制权，州法院和联邦法院都不能对此进行审查。即使进行所谓的审查，法院的意见也仅仅具有咨询性，而对国会没有拘束力。在他们看来，一条修正案是否成为宪法的一部分而生效，国会对此的决定是"排他性的"、"终局性的"并且"对法院具有确定性"。修宪程序之中并没有司法审查的任何立足之地，因为"从修宪案的提出到生效的整个修宪程序都具有政治性，而不受制于司法机关的任何指导、控制以及干涉"。

案例二： 印度的 I. C. Gplak Nath and Ors. vs. State of Punjab and Anr.[1]

在 1967 年著名的 Golaknath v. State of Punjab 案中，印度最高法院规定议会

---

[1] ATR 1967 SC 1643.

不得修改《宪法》中的任何基本权利条款。

Henry 和 William Golaknath 家族在印度 Punjab 省的 Jalandar 市拥有 500 英亩的农场。依据 1953 年 Punjab《抵押和土地租赁法》的规定，州政府认为 Golaknath 兄弟每人只能拥有 30 英亩，剩余部分被认为是"过剩的"而予以没收。Golaknath 兄弟将州政府诉至法院，印度最高法院于 1965 年审理了此案。Golaknath 认为 1953 年的 Punjab 法违反了印度《宪法》第 32 条的规定。印度《宪法》第 32 条保护公民获得和拥有财产的权利，从事任何职业（第 19 条第 f 项和第 g 项）的权利，以及法律平等保护的权利（第 14 条）。Golaknath 同时也寻求第 17 修正案的保护，他们认为 Punjab 法案涉嫌越权。

本案涉及的核心问题是《宪法》中的基本权利是否可以被修改？印度最高法院曾在标志性案件 Kesavananda Bharati v. State of Kerala 中认为，在印度宪法修正中议会不是最高的，因为议会绝不能改变宪法的基本结构。在某些特殊情形下，改变基本权利有可能会改变宪法的基本结构[1]，在这种情况下，议会修改基本权利条款的决议是无效的。本案中，法院推翻了 Golaknath 判决，认为一切此前被认为无效的修正案现在都应被重新审查。并且，那些并未改变宪法基本结构的或是基于合理公共理由对基本权利进行限制的修正案应该是有效的。Golaknath 案和 Kesavananda Bharati 案联系非常紧密，具有相当的影响力。Golaknath 案认为议会不能修正宪法中的基本权利条款，而 Keshavananda 案认为并非议会不能修改宪法中的基本权利条款，而是不能修改那些影响到宪法基本结构的基本权利条款。

[问题与思考]
1. 宪法修改是否应有界限？
2. 宪法修正案可应违反宪法而被违宪审查机关宣布为违宪？

二、宪法变迁

经典案例

案例一： 普莱西诉弗格森案
（Plessy v. Ferguson，1896 年）

[基本案情]
美国南北内战结束后，奴隶制度在宪法上被废除，但南部各州仍然无法从内心接受黑人与他们一样同属美国公民这一事实，各州出台了很多建立隔离制

---

[1] V. Venkatesan, Revisiting a verdict Frontline（vol. 29 – Issue 01, January 14–27, 2012）.

度的法律。1890 年，路易斯安那州的一项法律规定，铁路公司在运送旅客时，必须为白人和有色种族提供平等但隔离的设施，可以把每列客车两节以上的车厢或一节车厢分为两部分，以保证设施的隔离；任何人都不得占用不属于其种族的座位；列车工作人员有权也有责任安排旅客到其种族所应乘坐的车厢或位置去就座；任何旅客如果拒绝到其种族所应乘坐的车厢或位置去就座将被处以 25 美元的罚款，或被处以不超过 20 天的监禁；任何旅客列车的工作人员如果坚持安排旅客到其种族所不允许乘坐的车厢或位置就座，则将被处以 25 美元的罚款，或被处以不超过 20 天的监禁。

1892 年，该州公民普莱西（Plessy）从新奥尔良乘火车去柯利顿。列车长发现普莱西坐在白人车厢内，便命令他到黑人车厢去坐，但普莱西坚持不去。于是，警察将其逮捕，交由法院判罪。但是，普莱西认为他只有 1/8 的黑人血统，另有 7/8 的白人血统，因此享有美国公民所享有的所有一切社会、政治及经济平等权。同时，他认为承办本案的法官不公，损害了他所享有的联邦公民的权利，于是反告法官弗格森（Ferguson）违宪，剥夺其应得的司法救济权利。该案经过各级法院的审判，结果均是普莱西败诉，最后上诉至联邦最高法院，形成了美国历史上著名的普莱西诉弗格森案。

联邦最高法院认为此案涉及公民基本权利问题，决定予以受理。本案涉及的主要问题是路易斯安那州强制黑白车厢分开的法律是否违反《宪法》第 13、14 修正案保障黑人自由和权利的规定。

联邦最高法院认为，路州的"隔离但平等"法令不违反联邦宪法关于废除奴隶制的第 13 修正案。废除奴隶制是宪法第 13 修正案的规定，奴隶制所指的是非自愿性的服务，而白人和有色人种之间存在的肤色差别，是由肤色的不同造成的，只要人们可以从肤色区别出白人和有色人种的不同，那么，这种差别就会存在。一部指明这种肤色差别的法规，并不损害两个民族的法律地位，也不会建立起一种奴役性的服务状况，所以原告错误地理解了宪法第 13 修正案。

另外，宪法第 14 修正案规定，所有出生于美国或加入美国国籍并服从美国管辖的人，都是美国公民，也是他所居住的那个州的公民；不经过法定程序，任何州不得剥夺任何公民的生命、自由或财产，也不得拒绝给予任何人他们所应享有的平等法律保护。本案中，尽管宪法规定两个种族在法律面前完全平等，但是并不想取消由于肤色不同而形成的差别，也不是想在两个种族的任何一方不满意的情况下，强迫实施两个种族的社会平等，或把两个种族混合在一起。当两个种族有可能互相接触时，法律允许甚至要求把两个种族在空间上隔离，这并不意味着一个种族在地位上低于另一个种族。

最高法院认为应该对有关种族隔离的法律进行区别：一类是干涉黑人政治

平等的法律；另一类是要求两个种族在学校、剧场、火车站等场所互相分离的法律。其中干涉黑人政治平等的法律是违反宪法的，如弗吉尼亚州限定只有21岁以上白人男性公民才可以担任陪审团成员就是对黑人的政治歧视，是违反宪法的。但是，实施种族隔离的法律是不违反宪法的。判定一项法规是否合理，需要根据人们已经形成的做法、习惯和传统来确定，并且要考虑到人们生活的舒适，以及是否有利于公共生活的安定和良好的秩序。据此而言，各州颁布的为有色人种儿童建立种族隔离学校的法案以及类似法律都是合乎宪法的，并不与宪法第14修正案相抵触。

该案中，原告认为强迫种族隔离政策为有色人种打上了下等人的烙印，最高法院不同意这一观点。有色人种感到自己是下等人，并不是法律上的原因，而只是他们自己的主观想象。两个种族之间能否实行社会平等，取决于两个种族之间天生的亲密关系，取决于双方对各自优点的了解和个人之间的内心赞同。在消除种族的不同天性方面，在消除由身体产生的差别方面，立法是无能的。如果两个种族在公民权利和政治权利方面是平等的，那么，其中一个种族就不会在社会生活方面低于另一个种族。而如果一个种族在社会生活方面低于另一个种族，那么，联邦宪法也不能使他们处于同一个水平。至于怎样确定一个混血儿是有色人种还是白色人种，这是各州的权力范围，各州对此可以有不同的看法。

根据以上分析，联邦最高法院认为，建立种族隔离制度的法律是合乎宪法的，从而在司法上确立了"隔离但平等"的原则。

案例二：布朗诉教育委员会案
（Brown v. Board of Education，1954年）

[基本案情]

最高法院在普莱西一案中确立的"隔离但平等"原则使美国的种族隔离制度获得了合法性。但到20世纪50年代，美国各州掀起了一股在教育领域要求废除种族隔离政策的运动，在堪萨斯州、南卡罗来那州、弗吉尼亚州、特拉华州和哥伦比亚特区有很多有色人种学生家长提起诉讼，要求地方政府允许其孩子能够进入他们所在社区的公立学校学习。在这些案件中，特拉华州法院在判决中虽然坚持"隔离但平等"原则，但命令白人学校招收黑人学生，因为法院认为白人学校的条件比黑人学校优越，其他各州法院则都根据"隔离但平等"原则，认为只要为不同种族提供了物质上相同的设施，即使这些设施是隔离的，也没有违反宪法。

本案是这一系列案件中的典型。美国堪萨斯州托皮卡的奥利弗·布朗夫妇要求当地教育主管机构允许他们的孩子到专为白人子弟开办的学校上学，但被拒绝。他们根据宪法第14修正案向地区法院提起诉讼，但地区法院以"隔离但平等"原则为依据，判决布朗夫妇败诉。1954年，布朗夫妇以同样理由上诉到联邦最高法院，从而形成布朗诉教育委员会案。

联邦最高法院在判决中指出，这一案件中所涉及的黑人学校和白人学校在有形条件方面一直是平等的，或者现在是平等的，如学校建筑、课程、教师工资和资格以及其他有形条件等。因此，不能仅仅依靠对两个案件中所涉及的白人和黑人学校的有形条件进行对比，而必须探讨种族隔离本身对公立教育的影响。

联邦最高法院首先强调了教育对公民和国家的重要性，认为教育是州和地方政府最重要的职能，对儿童而言，受教育是一种权利，州政府有责任保障儿童这项权利的实现。但是，在教育上实行种族隔离是不符合宪法第14修正案中的平等保护规定的。最高法院在判决中写到："现在我们再回到我们今天面对的这个问题：如果公立学校的物质条件和其他条件是平等的，而仅仅根据种族的原因把儿童隔离开，这是否剥夺了少数民族儿童法律平等保护的权利？我们认为，这是剥夺了少数民族儿童法律平等保护的权利"，因为"这会使他们产生社会地位低下的感觉，会无法挽回地损害他们的心灵和头脑"。

联邦最高法院特别强调，堪萨斯州的一个法院曾经详细阐述了种族隔离对教育的不良影响："在公立学校中把白人儿童同有色人种儿童隔离开来，对有色人种儿童有着不利的影响。在得到法律允许时，这种地位低下的感觉妨碍了儿童学习的积极性。因此，得到法律允许的种族隔离必然要阻碍黑人儿童的教育发展和智力发展，并剥夺了他们在取消种族隔离的学校制度中应享受的某些利益。"联邦最高法院表示同意这一观点。

基于以上认识，联邦最高法院宣布："我们的结论是，在公立教育领域中，'隔离但平等'的理论没有立足之地，隔离的教育设施实质上就是不平等的，因此，我们认为，原告们以及这些诉讼所涉及的其他与原告们处于相同境遇的那些人，由于他们所控告的种族隔离的原因，被剥夺了联邦宪法第14修正案所赋予的法律平等保护权利。这一结论已使我们没有必要再讨论种族隔离是否还违反联邦宪法第14修正案关于法定程序条款的问题。我们现在宣布，公立教育中的种族隔离是违反法律平等保护的规定的。""在公共教育制度中，1896年以来实行的只讲'政治平等'，不讲'社会平等'的原则是不能存在的。"所以，"在'普莱西诉弗格逊判决案'中，所有与上述判决相反的语言必须否决"。

[法律问题]

1. 联邦最高法院在普莱西案中确立的"隔离但平等"原则是否具有合理性?

2. 当局拒绝允许黑人孩子到专为白人子弟开办的学校上学的做法是否违反了第 14 宪法修正案中的"平等保护条款"?

3. 为什么同样是基于联邦宪法第 14 修正案,联邦最高法院在弗格森案和布朗案中针对美国南部各州的隔离政策的合宪性作出了完全不同的判决?

[法理精析]

(一)"隔离但平等"原则的产生

奴隶制问题是美国建国后一个重要的政治和社会问题,并最终导致了南北内战。作为内战的结果,1865~1869 年间,美国共通过了第 13~15 条共三条宪法修正案,其中第 13 修正案废除了奴隶制,第 14 修正案赋予黑人联邦以及州的公民资格,第 15 修正案禁止联邦和州政府根据种族、肤色和早先的奴隶身份剥夺选举权。为落实这些修正案,国会在 19 世纪 60 年代还通过了一系列民权法令,以保证刚获得自由地位的黑人们的宪法权利。

虽然这些修正案在宪法层面肯定了黑人的自由和公民身份,但原先实行奴隶制的南部各州并不能够真正公平地对待黑人。在政治领域,各州虽然不能直接禁止黑人公民投票,但仍通过财产状况、文化水平等各项措施来限制黑人的投票权。而在社会生活领域,南部各州普遍采用隔离制度来防止黑人进入白人生活的领域。在 19 世纪 80 年代和 90 年代,他们纷纷通过州的立法禁止黑人进入白人的学校、剧院、公园、旅馆、餐馆或其他白人经常出入的公共场所,在火车、汽车等无法完全隔离的交通工具上实行黑白分座的政策,即只允许黑人坐其中的某些指定位置。这些实行种族隔离政策的法律受到了黑人和民权人士的强烈反对,他们纷纷通过各种方式向法院提起诉讼,希望最高法院能够推翻这些法律,消除美国社会中的种族歧视政策。

但是,内战结束后的最高法院让这些追求正义的人们失望了。1876 年,联邦最高法院根据南北战争前的宪法理论宣称,宪法第 14 条修正案并未将公民的权利置于联邦保护之下,而只是不准各州侵犯而已,在 1883 年甚至判决 1875 年的民权法案中有关"公民不论肤色均可平等享受旅馆、水陆交通工具以及剧院等公共娱乐场所"的规定违宪。而 1896 年的普莱西诉弗格森一案标示着最高法院在这方面走到了顶峰,联邦最高法院所确立的"隔离但平等"原则使人们原本试图通过司法挑战隔离制度合宪性的愿望彻底落空。该案中提出的"隔离但平等"原则为法院处理公立学校中的种族问题确立了法律原则,同时,它使以前的种族隔离学校合法化,为以后实施"隔离但平等"的公立教育提供了法律依据。在以后的半个多世纪里,"隔离但平等"原则成为美国教育平等权保护的主导理论，也是各级法院处理类似案件的最高准则，在客观上造成了对黑人不利的后果。黑人儿童的学校教育受到忽视，白人学校的课程设置总比黑人学校的合理、科学，经费也比黑人学校充足，其教师的工资总比黑人学校教师的工资高。所以，"隔离但平等"仅停留于口头上的平等，而事实上是不平等的。

（二）从"隔离但平等"到"隔离不平等"

"隔离但平等"原则虽然受到广泛的批评，但联邦最高法院一直顽固地坚持。进入20世纪以后，最高法院的立场才开始有所转变。在1914年在McCabhe v. Atchison一案中，最高法院对于俄克拉荷马州准许铁路公司设白人专用的卧车、餐车，而没有相同的车辆供应黑人使用的做法作出判决，判其违反了平等的原则。这说明，联邦最高法院对于"平等"的解释由从宽趋于从严，即由认为"隔离但平等"转变成"仅认为相对的或实体的平等不能符合平等的原则"。

对于"隔离但平等"原则最具有挑战的判决是在1938年的Missouriex Gains v. Canada一案中作出的。根斯（Lloyd Grains）是一个黑人学生，毕业于密苏里州州立林肯大学（Lincoln University），准备继续学习法学。林肯大学是黑人大学，但没有法学院。根斯毕业后只能申请密州另外一所设有法学院的大学——密苏里大学，但密苏里州采用黑白分校，密苏里大学是一所白人学校，所以该大学不同意根斯进入该校学习。但根据密州的相关规定，如果根斯愿意到外州任何准许其入学的大学的法学院攻读法律，密苏里州将代付学费。根斯控告密州大学在援引普莱西案所确立的"隔离但平等"原则时对他无理歧视。本案的主要问题在于密州的成例是否违反了第14条宪法修正案上的"平等保护"原则？联邦最高法院最终判决密州的做法违宪，其主要理由为：①林肯大学既为综合性大学，就应该维持与密苏里州立大学同等的教育水准，设立法学院；②林肯大学既不设立法学院又不设置法学课程，根斯又不得进入密苏里州立大学学习法律，只有到外州进修，这无异剥夺了其在宪法上的"平等保护"条款所赋予的权利。这个案例是第一个向"隔离但平等"原则挑战并获成功的案子，虽然联邦最高法院在判决书中并未抛弃"隔离但平等"原则本身，但它表明顽固地、呆板地坚持"隔离但平等"原则是不合时宜的。

最高法院对"隔离但平等"原则的理解继续发生变化。1950年联邦最高法院在斯威特诉培恩特案（Sweat v. Painter）和麦克劳林诉俄克拉荷马案（Mclaurin v. Oklahoma State Regents）中表明了这一点。在前一个案件中，斯威特是德州的黑人大学生，他申请在德州州立大学法学院入学，而德州法律规定禁止州立大学招收黑人学生。由于1938年Missouriex v. Canada一案的判决，德州政府专门设立了一个只招收黑人学生的法学院，但该院的学术水平却比德州州立大学法学院要低。斯威特因被德州州立大学拒绝而提起诉讼。联邦最高法院认为，两个法学院的设置并不相同，并且法律教育一方面是要获得法律知识，另一方面是要与社会人群交往、接触，以了解各种情况，而不能离群索居。如果不准黑人学生进入州立大学法学院学习，则他们便失去了与白人相处并交换意见的机会，而白人在德州约占85%，其中包括法官、律师以及其他政府官员，这些人都是律师所必须接触的，如果黑人在受法律教育时被隔离，则其将来毕业成为执业律师后，将难以与白人相处。所以法院判决，法律教育永远无法在隔离的原则下达到平等的要求，黑人学生应该获准进入州立大学法学院学习，德州政府这种迂回的做法是违反第14修正案平等保护条款的。在后一个案件中，麦克劳林是一个黑人学生，他申请在俄克拉荷马州大学攻读教育学博士，校方拒绝他入学就读，理由就是因为他是黑人。麦克劳林控告校方歧视黑人学生，并提出校方依据的州法是违宪的。联邦地方法院判决州法违宪。之后，俄克拉荷马州议会便立即修改了其法律，即准许黑人大学设置白人大学的各种课程，也允许黑人学生申请进入大学攻读高级学位。但是新法实行后，麦克劳林还是要和白人学生分开座位上课，而且在图书馆也只能到特别指定的地区自修阅读，而不得使用一般公用的阅览室或研究室，在学校食堂也要分开时间用餐。麦克劳林对这种畸形的教育及种族歧视规定提起诉讼，联邦地方法院认为新法并未违宪，麦克劳林不服判决上诉至最高法院。最高法院认为，学生间彼此相处时有差别待遇，这是州政府不能控制的，但是州政府强加禁限，并且实行差别待遇，则是另一回事，这种实行差别待遇的州法无异于强行剥夺了黑人学生在宪法上所享有的"平等保护"权。

上述两案表明联邦最高法院在高等教育领域已经放弃了"隔离但平等"原则，但在初等和中等教育中，"隔离但平等"原则仍有自己的影响。这种状况持续到了1954年，终于因"布朗案"而被打破。"布朗案"是美国宪政史上联邦最高法院审理的最有历史意义的案件之一，随着其判决的出现，"隔离但平等"原则被彻底否定，隔离本身就被认为是不平等的。这一划时代的判决使受教育权的平等保护原则最终在法律上被确立，它对黑人和其他少数民族的教育产生了极为深远的影响。同时，它又是一种催化剂，影响所及已不仅仅局限于公立学校，而且波及社会生活的各个方面，它迫使美国对各种容忍种族隔离的方式进行审查，一系列的法院决定和公民权法令中，各种以种族或种族差别为基础的种族歧视条文失去了法律效力。布朗案引起了美国社会的重大变革，有人把它作为二战后美国黑人民权运动的起点，它代表了美国黑人的第二次解放。

从1896年的"普莱西诉弗格森案"到1954年的"布朗诉堪萨斯州托皮卡地方教育委员会案"，在这长达半个多世纪的时间里，美国黑人的受教育权的平等保护在法律上逐渐地得到肯定和确立。虽然最高法院在布朗案中的判决仍然受到南部一些州政府的抵制，但教育权的完全平等毕竟受到了宪法解释机关的支持。正是这一认识的影响和鼓舞，民权运动分子开始静坐抗议，进行以自由为名的徒步游行、驾车游行以及其他类型的示威活动。这些活动激起如此多的关注和热情，使政府其他部门再也无法逃脱重要的决策职责，由此使得种族平等政策被列入国家政治议事日程。在"布朗案"判决作出10年以后，1964年的民权法案被国会通过，该法又得到了总统的有力支持，至此，国会、总统和法院一起形成了保护种族平等的合力。一些研究司法决策影响的学者指出：司法机构对现代美国的最大影响或许当属布朗一案的判决，它引发了种族平等的全国性政策；而且，国会和总统的积极参与支持了这种努力，并确保了此类政策的实际执行。

拓展案例

案例一：　　　　　　　　Lochner v. New York[1]

20世纪初，经过工人阶级的艰苦斗争，纽约州终于通过一项法律，禁止面包房老板让雇工每天工作10小时以上。一个叫洛克纳的老板第二次违反这一法律时，法院对他处以50美元的罚金。洛克纳不服，最终把这个案件上诉到了联邦最高法院。

洛克纳的辩护律师声称：纽约州的这项立法偏袒工人，损害老板，因此违反了宪法修正案第14条中"平等保护条款"；而且，宪法第5条修正案也禁止各州不经过正当法律程序剥夺任何人的生命、自由或财产权，而"程序"就是为了保护个人权利而建立的，因此，这一带有偏向的立法剥夺了洛克纳与其工人们签订契约的自由，因而也就等于剥夺了洛克纳处置其财产的权利。

案例二：　　　　　　　　西岸旅馆诉帕里什案
　　　　　　　　（West Coast Hotel Co. v. Parrish 300 U. S. 379）

本案发生于罗斯福新政时期，以劳资报酬为争议焦点拉开序幕。当事人帕里什为华盛顿州西岸旅馆的一名女清洁工，1935年5月被旅馆解雇。由于该州《最低工资法》规定，女工的最低工资是每小时35美分，最低周薪是14美元50美分，而她在旅馆工资是每小时25美分，周薪不到10美元，因此帕里什认为旅馆老板还欠她工资216美元19美分。在补足工资的要求遭到老板一口回绝后，帕里什遂把西岸旅馆告上法院，要求雇主为其补足差额。对此，西岸旅馆声称，帕里什的起

---

[1] 198 U. S. 45 (1905).

诉依据（即华盛顿州的《最低工资法》违反宪法）没有拘束力。在一审法院判决败诉后，帕里什又向华盛顿州最高法院提出上诉。这一次，法律的天平倒向了帕里什。西岸旅馆不服华盛顿州最高法院的判决，于是以美国宪法第14条修正案正当程序条款为法律依据向联邦最高法院提出上诉。最后，联邦最高法院在1937年以5：4的表决结果作出支持华盛顿州《最低工资法》合宪的判决。该案成为美国宪政历史上有名的维护劳工权益的转折性案件。

最高法院在正当程序条款中所保障的自由是针对危害人们的健康、安全、道德以及福利而有必要在法律上加以保护的社会共同体中的自由。在处理劳资双方的关系中，为了切实地维护人们的健康与安全，保障健全的劳动条件以及免受压抑的自由，以促成和平的、良好的秩序，立法机关可拥有广泛的裁量权。本案中，华盛顿州的州法所支付的最低工资是经过劳方、资方以及公益代表人充分审议而决定的，已考虑到了特定职业中通常的工作情况。如果说保护妇女乃是州行使其权限的一个正当目的，那么，为了维持其生存而允许要求支付经过公正决定的最低工资，则不至于不是为达成上述目的所容许的手段。受雇的妇女大多属于只能得到低薪的阶层，其交涉能力亦相对较弱，而且容易成为可将她们逼入困境的人们的牺牲品。州的立法机关显然有权考虑她们的立场和处境，有权采用相应的措施去除那种仅够吃饭的低薪榨取劳工的所谓"血汗体制"（sweating system）的弊端，有权把最低工资的要件看成是实施劳工保护政策中的重要良策。许多州均采用了同样的要件，这就是根植在这种弊端之存在与对这种弊端的抑制之适当手段这二者之间的深切之确信的明证，而立法机关响应这种确信的措施，不能被认为是一种恣意的或心血来潮的产物。从晚近的经验中所明白的另一个无论如何均必须加以考虑的事实是：榨取那些在交涉能力上处于不平等的地位且连仅够维持生计的工资也相对无力抗拒其诱惑的劳工阶层，这么做不但有害于他们的健康和福利，而且还因为要扶助他们而对社会造成直接的负担，导致纳税人必须补偿这些劳工在工资上的亏损。

案例三：　　　　　　我国《物权法》合宪性的争议

2007年全国人民代表大会通过了《物权法》，这是我国一项重要的民事单行法律，对于保障公民的财产权具有重要意义。但是，在《物权法》起草过程中，其合宪性曾引起很大争议。北京大学法学院某教授发表了一封给中央和社会的公开信，认为《物权法》的某些条款涉嫌违宪，其中最为明显的是《物权法》对公共财产和私有财产实行平等保护。其理由是：我国《宪法》第12条规定社会主义公共财产神圣不可侵犯，而第13条在保障公民私有财产时并无类似表述，这表明宪法对于公有财产和私有财产是实行不同程度的保护的，《物权法》中平等保护的规定直接与宪法的上述规定相抵触。

[问题与思考]

1. 为什么联邦最高法院在洛克纳案和西岸旅馆案中，对同样是保护工人利益的立法的合宪性却作出完全不同的裁决？

2. 请借鉴美国最高法院的裁决理论分析我国《物权法》的合宪性。

第三节　宪法解释方法

一、文本解释与原意解释

经典案例

案例一：　　　　　　　　　庄丰源案

[基本案情]

这一案件涉及内地中国公民在港所生子女的居港权问题。庄丰源是一名在香港出生的中国公民。他的父母都是内地的中国公民，于1997年持双程证从内地到香港探亲，1997年9月29日，其母在香港生下庄丰源。由于其父母均不是香港永久性居民，不能在香港长期逗留，而必须回到内地，但他们留下了庄丰源在香港，由其在香港的祖父照顾，并长期不归。香港政府认为其不能获得香港永久性居民的身份，因而决定将其遣返。但庄丰源的家长不服，认为根据《香港特别行政区基本法》第24条第2款第1项有关"在香港特别行政区成立以前或者以后在香港出生的中国公民"属于香港特别行政区永久性居民的规定，认为庄丰源具备构成永久性居民的条件，遂作为代理人向香港法院提起诉讼，要求承认其永久性居民的身份。

香港高等法院原诉庭法官司徒敬经审理后认为，香港法例第115章《入境条例》附表1第2（a）有关父母的规定与《香港特别行政区基本法》第24条第2款第1项相抵触。所以他裁决庄丰源具备香港特别行政区永久性居民的资格，享有香港特别行政区居留权。

香港特别行政区政府不服，上诉至香港高等法院上诉庭。上诉庭法官梅贤玉、梁绍中和罗杰志驳回香港政府的上诉，维持原审法官的判决。特别行政区政府遂上诉至香港终审法院。

本案的核心问题是《香港基本法》第24条第2款第1项能否包括非法入境、

逾期居留或在香港临时居留的人所生的中国公民获得永久性居民的含义。对于第24条第2款第1项，特区政府主张，根据以下两种路径，法院即应解释第24条第2款第1项的含义必然是不包括在香港的非法入境、逾期居留或在香港临时居留的人所生的中国公民：①参照该条款的背景及目的对其作出解释；②对该条款作出解释，应考虑全国人民代表大会常务委员会的解释中有关第24条第2款其他各项的立法原意已体现在筹备委员会关于实施第24条第2款的意见。

关于第24条第2款第1项的立法背景，特区政府认为，基本法第24条第2款是界定谁是香港特别行政区永久性居民，而第24条第3款则赋予他们居留权。根据该定义，某些人士会包括在内，那些不包括在内的会被排除在外。在这种意义上，第24条第2款的目的可说是要界定香港特别行政区永久性居民的范围，从而限制特别行政区的人口。所以第24条第2款第1项的立法背景包括两个方面：一是第24条第2款其他类别；二是中英两国政府于1984年签署的《联合声明》以及当中涉及出入境法律方面的背景。

但香港终审法院认为，如以第24条第2款其他各项作为第24条第2款第1项的立法背景，就会发现，根据第24条第2款其他各项取得永久性居民身份取决于有关人士的父母任何一方的身份，即必须是至少有一方是香港永久性居民。但第24条第2款第1项并未提及这一点，由此观之，父母的身份并不是该项所要求的。

在1983年之前，任何具有英国国籍的人士单凭在香港出生的事实便可取得在香港的出入境权利。但自1983年以后，这项制度被废除。特别行政区政府认为，这一变化可作为理解第24条第2款第1项的立法背景。但特别行政区终审法院认为并非如此。因为当时英国政府意识到有大量移民从英联邦国家进入英国的危机，为了处理危机所带来的问题，便改变了以 jus soli 决定公民身份的政策。[1] 所以不能以此理解基本法第24条第2款第1项亦有这样的立法意图。

特别行政区政府提出，与庄丰源情况相同的人士，若非其父母在其出生时在港探访，他会在其父母一向居住的内地出生，而他亦须符合父母至少其中一人在其出生时为第24条第2款第1项或第24条第2款第2项所指的永久性居民的规定，才可根据第24条第2款第3项凭借血缘而取得永久性居民身份。即使符合该项规定，他仍须取得第22条第4款规定的出境批准。

但特别行政区终审法院认为，情况确实如此。但不能因此说，既然不同类别各有不同的规定，第24条第2款第1项便视为含糊的条款。

基于以上分析，终审法院的最终结论是：参照第24条第2款第1项的立法

---

[1] Jus soli 是指土地的权利，亦即以出生地决定儿童的公民身份的原则。

背景及目的来考虑这项条款所用的文字后，可见其含义清楚明确，就是在 1997 年 7 月 1 日前后在香港出生的中国公民享有永久性居民的身份。这项条款的含义没有含糊不清之处，亦即在合理情况下不能得出另一对立的解释。所以庄丰源享有香港特别行政区永久性居民的身份。

该判决作出后，香港政府表示尊重法院判决。政府发言人认为在"庄丰源案"的判决中，终审法院清楚表明接受全国人民代表大会常务委员会对《香港特别行政区基本法》解释的约束。这个案件已经审结，特别行政区政府接受并会执行有关判决。随后，根据终审法院的这个判决，庄丰源立即取得了居港权和香港永久居民身份。

案例二：　　　　吴嘉玲案和全国人大常委会的解释

[基本案情]

吴嘉玲案发生在庄丰源案之前，涉及无证儿童居港权的问题。1997 年 7 月 9 日，香港特别行政区临时立法会制定了《1997 年入境（修订）（第 3 号）条例》。该条例只承认香港永久性居民中的中国公民在内地的婚生子女构成香港永久性居民，并具体规定了这批人进入香港居住的法律程序：首先，向中国内地公安部门提出申请，审核确认身份后，领取由特别行政区政府颁发的居留权证明书；其次，凭此证明书领取由内地公安部门签发的前往香港的通行证（亦称单程证，以区别于往返的双程证），该证的发放数量每天最多为 150 个，实行排队轮候制，按登记顺序发放。该条例还规定申请必须在香港以外进行，香港入境事务处不受理申请。另外，该条例还规定对其生效前 8 日内偷渡来香港的人有"溯及力"，即这些人应被作为偷渡者遣返回去，只有其取得居留权证明书和单程证后，始能来港。

在香港回归前夕，由于社会上流传香港回归后将实行严格的内地人士到港居留的管制制度，再加上没有耐心等待，有些家长便让自己的子女采取偷渡的方式来港。特别行政区政府成立后，对偷渡来港的无证儿童进行拘捕，并欲将其遣返回内地。一千多名受到影响的儿童的父母认为特别行政区政府的行为违反了《香港特别行政区基本法》的有关规定，纷纷向法院起诉香港政府的入境事务处，形成系列诉讼。香港高等法院原诉庭择其四案加以审理，并形成判例以适用于其他个案。这就是在特别行政区成立初期有重大影响的吴嘉玲、吴丹丹诉入境事务处处长案和陈锦雅案以及其他有关案件。

在高等法院原诉庭的诉讼中，原告方的律师声称：①根据《中英联合声明》和《香港特别行政区基本法》的规定，该批儿童自特别行政区成立后应自动拥有自由出入境的权利,特别行政区政府利用条例要求来港者必须先向内地公安部门申请居留权证明书的做法变相剥夺了他们的权利,不符合《香港特别行政区基本法》及特别行政区仍沿用的普通法精神;②政府入境条例要求申请人必须向内地有关部门申请单程证,违背了特别行政区实行高度自治的精神;③条例有关溯及力的规定既不合理,也不合法;④条例只允许婚生子女享有居留权是对非婚生子女的歧视,而反观内地法律,并不区分婚生子女与非婚生子女,两者享有同等的权利。

针对原告律师的主张,政府律师抗辩称:①特别行政区政府制定该条例,实行居留权证明书制度,并没有违反《香港特别行政区基本法》,相反是协助《香港特别行政区基本法》第24条中规定的港人在内地所生子女中享有居港权的人来港。如果有关人士拥有居港权,便须通过一种合理的程序去确认这种身份。《香港特别行政区基本法》第24条并未规定任何有关人士可不经任何程序任意进出本港,在未确认其身份前,先将其进行遣返并无不当。②要申请居留权,自然得在来港前申请,若坚持自己已来港便要在香港申请,不但违反程序,而且对那些仍在内地轮候的人士不公。更为重要的是,根据《中华人民共和国公民出境入境管理法》的规定,这些未经内地有关部门批准出境的人士,不论其是否拥有居港权,均已触犯内地法律,应负刑事责任。③对于港人在内地所生子女应自然取得香港居留权,属于《香港特别行政区基本法》第24条管辖范围,不受《香港特别行政区基本法》第22条即"中国内地其他地区的人进入香港特别行政区须办理批准手续"的管辖的问题,就立法程序看,《香港特别行政区基本法》第22条和第24条同源自《中英联合声明》附件一第14款,所以是互有关联的。《香港特别行政区基本法》将第22条置于"中央和特别行政区的关系"一章,正是中央政府对来港定居的内地人的规定;而将第24条置于"居民的权利和义务"一章中,只是对永久性居民的界定。所以由内地公安部门发放单程证,并未侵犯香港的高度自治权。④诚如内地《香港特别行政区基本法》专家许崇德教授所言,《香港特别行政区基本法》第22条已订明了行使居留权的限制,入境条例只是落实该条的限制而已,所以否认该条例溯及力的论点不能成立。

香港高等法院经审理后,作出如下裁决:①虽然《香港特别行政区基本法》第24条明确了哪类人享有居留权,但并未提及如何确定和核实这些人的身份以及他们如何行使这类权利,这是《香港特别行政区基本法》特别保留空间,容许特别行政区政府进行立法。《香港特别行政区基本法》作为特别行政区的基本大法,不可能规定得很详细,其具有原则性、指导性、简洁性和包容性。②特别行政区政府的入境条例设立居留权申请书制度,不仅没有违反《香港特别行政区基本法》,而且是维护《香港特别行政区基本法》的有关规定,使《香港特别行政区基本法》得到合情合理的落实。那种声称根据《香港特别行政区基本法》第24条享有居留权便可不循合法程序偷渡来港的观点，其要害恰恰在于没有任何合法途径证明有关偷渡来港者的确有资格享有《香港特别行政区基本法》第24条赋予的权利。若按这种观点行事，任何人都可声称自己拥有居留权而偷渡来港，这将架空《香港特别行政区基本法》的原则性规定，损害《香港特别行政区基本法》的权威，并极大地破坏和冲击特别行政区的法治和安定。③《香港特别行政区基本法》第22条适用于根据第24条拥有居港权的内地人士。第22条表明在制定《香港特别行政区基本法》时，已考虑到包括港人在内地所生子女到香港来定居，在人数方面香港所能承担的程度。因此，配额制是符合《香港特别行政区基本法》的。为落实《香港特别行政区基本法》第22条的规定，政府的入境条例也是有溯及力的。④港人在内地的非婚生子女与婚生子女享有同等的权利，也应遵循与婚生子女来港一样的程序。

面对高等法院的判决，原告方和被告方均表示不满，向香港终审法院上诉。终审法院经审理后认为：《香港特别行政区基本法》的某一项条款是否需要提请全国人民代表大会常务委员会解释，由特别行政区法院自己在审理案件时决定。如果符合以下两个条件，终审法院就将提请全国人民代表大会常务委员会解释：一是类别条件，即该条款是否属于特别行政区自治范围以外的条款；二是需要条件，即法院在审理有关案件时，需要解释自治范围以外的条款，而该解释会影响到案件的判决。法院在验证该条款是否符合类别条件时，应考虑实质上最需要解释的是哪些条款。终审法院裁定第24条是属于特别行政区自治范围内的条款，而且对本案而言是最主要的条款，因此，无须提请全国人民代表大会常务委员会解释。

根据以上认识，香港终审法院在没有提请全国人民代表大会常务委员会解释基本法的情况下，于1999年1月29日作出了终审判决，其核心要点是：①香港永久性居民在中国内地所生子女，无论是婚生的还是非婚生的，都有权在香港居住；②只要有了特别行政区政府的居港权证，不必得到内地政府的批准就可以在香港居住，已经来港的儿童，即使未经内地政府批准，也不能遣返。

针对香港终审法院的判决，由于担心由此引起的移民潮破坏香港的安定和社会秩序，时任特区行政长官董建华于1999年5月建议国务院提请全国人民代表大会常务委员会解释《香港特别行政区基本法》。全国人民代表大会常务委员会于1999年6月24日对《香港特别行政区基本法》进行了解释。

时任全国人大常委会法工委副主任乔晓阳在解释报告中首先指出："终审法院在判决前没有按照《基本法》第158条第3款的规定提请全国人大常委会进行解释，而终审法院的解释又不符合立法原意。"言下之意无疑是：全国人大常委会此次解释的目的就是寻求基本法的原意，以纠正特区法院的错误理解。那么，如何寻找基本法第22条第4款的原意呢？报告指出：基本法第22条第4款所确立的中国其他地区的人进入香港特区须办理批准手续的制度是基于内地与香港之间长期以来实行的出入境管理制度，基本法的立法原意正是肯定内地与香港之间长期以来实行的出入境管理制度，内地所有人，包括香港永久性居民在内地所生的中国籍子女，不论以何种事由要求进入香港特别行政区，均须申请办理批准手续，只有香港永久性居民在内地所生的中国籍子女已经取得香港永久性居民身份证的除外。

报告进而指出，基本法第24条第2款第3项所称的"第1、2两项所列居民在香港以外所生的中国籍子女"是指在其出生时，其父母双方或一方须是香港永久性居民。这一立法原意体现了防止内地大量人口涌入香港，以利于维护香港的长期繁荣稳定的目的。这一结论是如何得出的呢？报告指出，1996年8月10日全国人大香港特区筹委会通过了《关于实施〈香港特别行政区基本法〉第二十四条第二款的意见》，其中规定："在香港以外出生的中国籍子女，在本人出生时，其父母双方或一方须是根据基本法第24条第2款第1项或第2项已经取得香港永久性居民身份的人。"1997年3月10日，筹委会主任委员钱其琛在全国人大八届五次会议上所作的《香港特别行政区筹备委员会工作报告》中将筹委会的这一意见向全国人民代表大会作了报告，并获得了全国人大的批准。而这一资料就成为确定基本法相关条款含义的依据。

[法律问题]

1. 香港终审法院在庄丰源案和吴嘉玲案中分别运用了什么解释方法来解释基本法？

2. 全国人大常委会解释基本法的方法是什么？

[参考结论与法理精析]

香港基本法第158条确立了基本法的解释制度，即全国人大常委会与特区法院都对基本法享有解释权，从而形成了独具特色的基本法解释体制。基本法实施以来，因全国人大常委会与特区法院对基本法解释的差异引发了诸多争议。上述吴嘉玲案和庄丰源案就是其中的代表。学者们认为，陆港两地分享释法权的释法模式导致同一基本法条款会形成完全不同的解释，这是引发争议的制度根源。[1]那么，为什么相同的基本法规范会出现不同的解释呢？既有研究表明，

---

[1] 朱国斌："香港基本法第158条与立法解释"，载《法学研究》2008年第2期；Yash Ghai, "Litigating the Basic Law Jurisdiction, Interpretation and Procedure", in Johannes M M Chan, H L Fu and Yash Ghai (ed.), *Hong Kong's Constitutional Debate-Conflict over Interpretation*, Hong Kong University Press, 2000, p. 37.

两地选择不同的基本法解释方法是重要原因。[1]特区法院一般采用普通法的解释方法，而普通法解释方法体系丰富，针对不同的案件，法院采用的具体方法也不同。但全国人大常委会一直固守单一的原意解释方法。

（一）普通法主要采用的法律解释方法

1. 文义解释规则（literal rule）。在普通法中，文义解释是法律解释规则中最基本、最重要的一项，也是法院解释法律的首选方法。它要求按照法律规定的字面意义进行解释，取其最自然、明显、正常和常用的含义，而无需顾及该含义所产生的结果是否公平或合理；如果制定法的词语本身是精确和不模糊的，对其解释就无需超越其自然和普通含义，所以它又被称为"平义解释规则"（plainmeaning rule）。这种方法要求法官关注基本法文本本身的重要性，"对所用字句，以及赋予这些字句含义的用语习惯及惯用方法必须加以尊重"。根据这一规则，如果基本法的词语本身是精确的，对其解释就无需超越其自然和普通的含义，而应按照法律规定语义范围内的可能含义进行解释，措辞本身最好地宣示了立法者的意图，规范的普通含义就是法律的字面含义、一般含义或自然含义，也就是指日常生活中普遍使用的词语的含义。为此，人们可以诉诸权威的辞书、教科书或惯例，甚至可以从历史著作或文学作品中得到帮助。在解释理由中，文义解释通常又是以实现立法意图作为佐证的，后者又是证明解释合理性的一种基本方法。英国的法官在强调文义解释有很强的优先性时，往往引用制定法的"显而易见的或者被标明的意图"一语。这意味着，在文义解释之中，法官也会诉诸立法意图以求得字面含义的正当性。

文义解释的理论依据是三权分立理论。根据这一理论，为防止权力滥用，立法权与司法权应由不同的政府部门享有。法律由立法机关制定，而法院的职责在于忠实地执行立法机关制定的法律，在具体的案件中实现立法机关的立法意图。法院了解立法意图的惟一方法就是解读立法机关通过的法律文本；即使法律条文普通含义的应用导致了不合理的结果，法院亦无需承担责任。法院不能把自己置于立法机关的位置，推断立法机关在面对如此情况时所期望出现的结果，更不能也没有权力去填补法律的漏洞，在法律被立法机关修改之前，法院惟一能做的就是忠实地执行法律。相反，如果法官不按文义去解释法律，那么法官就不是在适用法律审判案件，而是在制定和改变法律，是"赤裸裸地篡夺立法职责"，而这有法院侵损立法机关在宪政架构中的地位之嫌。

当然，文义解释不是绝对的。如果法律中的措辞是特定领域的专业术语，

---

[1] 焦洪昌："香港基本法解释冲突之原因分析——以居港权系列案件的讨论为例"，载《广东社会科学》2008年第3期。

则应该放弃其普通含义,而只能适用其专门术语的含义。正如伊谢尔勋爵所言:"如果颁布一项法律,旨在调整某一特定行业、商业或交易,且以每个熟悉该行业、商业或交易的人所通晓与理解的特定含义适用词语,那么,这些词语必须解释成具有特定含义,尽管它不可能不同于普通或通常含义。"另外,文义解释可能会导致极端荒唐的后果时,法院就不再受基本法语义范围的限制,而应当弥补法律规定的缺陷。

2. 黄金规则(golden rule)。黄金规则可视为文义解释规则的修正。一般来说,法律规定应按照其字面所宣示的普通含义来解释,但这不是一成不变的。在某些情况下,字面含义的运用将导致荒谬的、极不合理并且令人难以接受的结果,并且法官也不认为这一结果就是立法机关制定法律时的初衷,此时,法律解释就应舍弃文义解释规则,而采用黄金规则。按照这一规则,法院应采用变通的解释,而不必拘泥于字面含义。在 River Wear Commission v. Anderson 一案中,布莱克伯恩勋爵指出,"我们将制定法视为一个整体,作为一个解释的整体赋予其词语普通的含义,除非此种解释会产生如此不一致的、荒谬的或不便的结果,使法院相信不能采用其普通含义,并使法院有理由采纳某种其他的含义,尽管有些不合适,但法院认为其含义就应该如此"。

在普通法下,法官通常采用取代、增加或删除字面含义的办法来防止字面含义的使用所带来的荒谬结果。但在普通法的解释理论中,上述规则的适用受到了严格的限制:只有在立法者出现明显失误,或者运用法律用语的字面含义将导致荒谬结论时才可运用。从另一个角度也可以理解为,法官在一般情况下应遵守文义规则进行解释,因为运用字面含义的结果应该达到何种程度才可构成"荒谬"并不是一件容易判断的事情。

3. 除弊规则(mischief rule)(目的解释)。英国上议院在 1854 年的一个案件中指出,解释制定法须考虑四个因素:①法律制定之前的普通法是什么?②普通法没有规定的弊端或缺陷是什么?③国会为补救该弊端而采取了什么措施?④补救的真正原因是什么?根据立法者的真实意图,法官往往作出消除弊端和增强补救的解释。此即所谓"除弊规则"。

根据这一规则,在解释法律条文之前,法官首先应了解条文制定前的法律概况和弊端,从而明白这一条文是针对什么问题,在解释条文时尽可能对付有关弊端。弊端原则发展至现代,演变为目的解释方法。在解释法律条文时,必须首先了解立法机关在制定此法律时所希望达到的目的,然后以该目的为指导性原则,解释法律条文的含义以实现立法目的。这就要求法院无须拘泥于法律的字面含义,可以考虑政治、经济、社会、公共政策等比法律条文本身更为广泛的因素,如果法律存在缺陷或漏洞,法院甚至可以通过解释予以修正。相对于其他两种方法，目的解释赋予法官更大的自由裁量权，不同的法官对某项立法背后的目的或意图可以有不同的理解。目的解释在20世纪的美国颇为盛行，而英国自从加入欧共体之后，也开始更多地考虑目的解释方法。

(二) 特区法院对普通法解释方法的运用

庄丰源案是基本法解释中的一个标志性案件，因为它为特区法院解释基本法的方法确立了一个基调。终审法院专门指出应以普通法的方法来解释基本法。法院强调，"在解释基本法时，必须引用在香港发展的普通法"。而且，"特区政府主张在解释基本法时必须引用在香港发展的普通法，这符合《基本法》所维护的'一国两制'原则。答辩人持相同的立场。与讼双方的共同立场是香港法院在行使其获授予的解释权时，必须引用普通法，这是符合《基本法》中有关普通法可在香港特区延续的规定"。可以看出，终审法院意在特别明示：采用普通法的法律解释方法不仅是法院的立场，也是与讼双方的立场，从而强调法院采用普通法方法的必要性与正当性。

法院为什么如此强调普通法在解释基本法中的作用呢？按香港学者的理解，法院认为，普通法具有成熟的法律解释理论，只有将普通法解释方法运用于基本法的解释才能确保香港的普通法传统与制度。终审法院指出："法院根据普通法解释基本法时的任务是诠释法律文本所用的字句，以确定这些字句所表达的立法原意。法院的工作并非仅是确定立法者的原意，法院的职责是要确定所用字句的含义，并使这些字句所表达的立法原意得以落实。法例的文本才是法律。"

终审法院的这段判词揭示了文义解释方法如何被用来解释基本法。尽管判词中提及探求基本法相关条款"立法原意"的意旨，但实际上它并不寻求基本法制定者的立法目的，而是强调"立法原意"是通过条文得以落实。终审法院认为，"法律既应明确，又应为市民所能确定，这是大众认为重要的"。所以，它推定基本法条文已能够表明立法者的意图，只须对基本法条款的表面含义作出准确的界定就足以阐明立法目的。在此过程中，"法院无权赋予其不能包含的意思"。所以，法院追求的不是"立法者立法时的原意"，而是"文本表现的立法原意"。这与英国法律解释的传统一脉相承，重视"显而易见的或被标明的意图"，强调存在于法律文本之中的立法目的。在某种意义上，此时追求"立法原意"更多成为法院尊崇文本的一个正当性依据，而不是法院的终极目标，文本才是法院的终极目标。

终审法院利用庄丰源案实现了基本法解释方法的转型，即从目的解释转型到文义解释。相对于吴嘉玲案，法院在本案中将文本置于头等重要的地位，它认为从文本就能推导出立法的意图，法院的任务不在于确认立法者立法时的意图，而在于强调通过文本来寻找立法原意。根据这一方法，法院对于文本之外的辅助性资料采取极为审慎的态度。文本以外的诸如立法背景文件等辅助资料在解释中并不必然具有指导性意义，因为立法者已经通过条文清晰地将立法意图表示出来了，而法律外的立法资料并不一定能够说明立法者的意图。终审法院指出：外来资料对基本法的解释有一定的帮助作用，但法院必须谨慎运用，特别是法律颁布后的说明性资料；任何性质的外来资料都不能影响法院的解释，而不论这些资料的性质如何，也不论其是基本法制定前或制定后的资料。

（三）全国人大常委会的法律解释方法

与特区成熟的普通法解释理论不同，在解释基本法之前，全国人大常委会鲜有释法实践，所以，全国人大常委会的释法方法论并不明确。但从全国人大常委会对基本法的几次释法实践看，探求基本法的立法原意是其解释的基本宗旨，也是全国人大常委会解释行为本身正当性和解释内容合理性的根据。在全国人大常委会第二次释法后，针对有人提出的全国人大常委会不是释法而是"变法"的说法，时任全国人大常委会副秘书长乔晓阳指出：法律解释是对法律含义的阐述，是进一步明确法律规定的具体含义，忠实于立法原意，不能简单地看条文的字面含义，不能根据个人理解随意解释。这一思想贯彻到了全国人大常委会整个释法过程当中。

在具体方法的运用上，全国人大常委会主要通过两种方法去寻找法律的原意：一是借助法律文本之外的辅助资料，二是对法律文本进行结构主义解释，即不根据单一的法律规范确定其含义，而是根据规范的上下条文及整个文本的篇章结构来理解规范的含义。从全国人大常委会的释法实践看，其所借助的外部资料主要有两类：①全国人大香港特区筹备委员会的决议；②中英联合联络小组的意见。

这两类资料也经常被特区政府在诉讼中作为论证基本法立法原意的证据提交给法院，但法院一般不予采信。在庄丰源一案中，特区政府提交了特区筹委会通过的《关于实施〈香港特别行政区基本法〉第二十四条第二款的意见》中关于香港永久性居民所生子女是否都具有永久性居民资格的规定，但被终审法院否定。而在陈锦雅一案中，特区政府提交了中英联合小组的有关协议作为证明基本法第24条第3款的立法目的资料时，高等法院首席法官陈兆恺虽然承认这一证据的真实性，但却拒绝采信。其理由在于：①基本法体现了中英两国间的协议《联合声明》的精神，如果中英联合联络小组的协议对联合声明进行了修正，除非再通过修改基本法的方式落实联合联络小组的协议，否则不能将协议来作为解释基本法的材料。②由于协议是基本法颁布以后制定的，不能认定其所体现的意图在制定基本法时就已经被立法者考虑到了。协议只表明中英双方认识到该条款"需要"这样被解释，而不表明双方先前就有这一意识。③中英联合联络小组是一个官方机构，双方达成的协议应是秘密的，特区政府显然比普通当事人有更大的便利获取这些协议的内容，采信这类证据容易对另一方当事人造成不公平，而且也有法院释法受制于政府当事人嫌疑。

拓展案例

案例一：　　　　　　　菲佣居港权案

香港《基本法》第24条第2款规定："香港特别行政区永久性居民为：……④在香港特别行政区成立以前或以后持有效旅行证件进入香港、在香港通常居住连续7年以上并以香港为永久居住地的非中国籍的人……"香港社会约有30多万外籍人士在香港从事家族佣工工作，其中尤以菲律宾人居多，俗称"菲佣"。这些人士均持有香港政府颁布的合法旅行证件，多数长期在香港居住和工作，其中约有10多万人居住时间已达7年。2011年，两名菲佣向特区政府有关部门提出申请，主张其符合《基本法》第24条第2款第4项所规定的条件，要求政府有关部门确认其香港特区永久性居民的身份。

案例二：　　　　　　　补选行政长官任期案

2005年3月，时任香港行政长官董建华辞职，政务司长曾荫权根据基本法代理行政长官，同时他决定参加行政长官的补选。但在补选的行政长官的任期问题上，香港与中央发生了争议。《基本法》第46条规定："香港特别行政区行政长官任期5年，可连任一次。"香港社会多数人理解，这一条款含义清晰，没有概念歧义和内涵模糊，即立法并未区分补选行政长官还是初选行政长官，法律上规定任期都是5年。[1]但是，全国人大常委会对此并不赞成，于2005年4月24日作出解释，确定补选行政长官的任期是前任剩余的任期。全国人大常委会法工委副主任的报告将其推理概括为以下几个方面：[2]

（1）基本法没有明确补选行政长官的任期。基本法第53条规定补选行政长

---

[1] Lin Feng and P. Y. Lo, "One Term, Two Interpretations: The Justifications and the Future of Basic Law Interpretation", in *Interpreting Hong Kong's Basic Law*, edited by Huang Fu, Lison Harris, and Simon NM Yong, Palgrave Macmillan, 2007, p. 147.

[2] 具体参见李飞："全国人大关于香港基本法第53条第2款的解释说明"，载 http://news.xinhuanet.com/newscenter/2005-04/27/content_2886085.htm，2011年2月27日访问。

官应按照第 45 条产生；第 46 条规定正常情况下行政长官任期 5 年，可连任一次。但是，该条未规定行政长官缺位后补选的行政长官任期问题。所以，全国人大常委会需对此作出解释。

（2）从第 53 条文本的演变中推断补选行政长官的任期应依据基本法第 45 条确定。1987 年 12 月最初形成的条文草稿汇编规定："香港特别行政区行政长官缺位时，应在 6 个月内选出新的行政长官。"1989 年 4 月公布的征求意见稿修改为："行政长官缺位时，应在 6 个月内产生新的一届行政长官"。1989 年 2 月公布的基本法（草案）以及 1990 年 4 月通过的基本法第 53 条第 2 款，将此修改为"行政长官缺位时，应在 6 个月内依本法第 45 条的规定产生新的行政长官"，即把"新的一届行政长官"改为"新的行政长官"；并且增加规定新的行政长官须"依本法第 45 条的规定产生"的内容。

（3）基本法第 45 条第 3 款规定："行政长官产生的具体办法由附件一《香港特别行政区行政长官的产生办法》规定。"而附件一第 1 条规定："行政长官由一个具有广泛代表性的选举委员会根据本法选出，由中央人民政府任命。"第 2 条规定："……选举委员会每届任期 5 年。"设立一个任期 5 年的选举委员会，其职责就是选举行政长官，其中一个重要目的是为了便于在 5 年中行政长官缺位时能够及时选出新的行政长官（否则选举委员会选举出行政长官后即应解散）。同时，选举委员会任期 5 年，也表明其职责范围是负责选出 5 年任期的行政长官，而不能产生跨过 5 年任期的行政长官。因此，在行政长官 5 年任期届满前缺位的情况下，由该选举委员会选出的新的行政长官，只能完成原行政长官未任满的剩余任期，而不能跨过 5 年任期。

（4）基本法附件一第 7 条规定："2007 年以后各任行政长官的产生办法如需修改，须经立法会全体议员 2/3 多数通过，行政长官同意，并报全国人民代表大会常务委员会批准。"对此规定，基本法起草委员会主任委员姬鹏飞在关于基本法草案的说明中专门阐明行政长官"在 1997 年~2007 年的 10 年内由有广泛代表性的选举委员会选举产生"的原则，表明在特区成立后的头十年内，是按两个 5 年任期的行政长官来安排的，即只能产生任期各 5 年的第一任、第二任行政长官，其任期不应超过 2007 年。

（5）2004 年 4 月《全国人民代表大会常务委员会关于香港特别行政区 2007 年行政长官和 2008 年立法会产生办法有关问题的决定》规定："2007 年香港特别行政区第三任行政长官的选举，不实行由普选产生的办法。"这表明，第三任行政长官将在 2007 年根据届时的产生办法选举产生，此前第二任行政长官缺位后产生的新的行政长官任期只能是原行政长官未任满的剩余任期。

[问题与思考]

1. 运用文义解释和原意解释两种不同的方法，菲佣居港权案的审理会有何不同？为什么？

2. 全国人大常委会在补选行政长官任期问题上所作的解释运用了何种方法？是如何运用这种方法的？

二、原意解释

经典案例

罕默迪诉拉姆斯菲尔德案[1]

美国公民罕默迪参加了阿富汗的基地组织并对美国作战。2001年在阿富汗被捕之后一直被关押在阿富汗，2002年1月他被送往关塔那摩关押。2002年4月，当狱警发现其具有美国国籍之后，他又被转送至美国弗吉尼亚州的诺福克，最后被转送至美国南卡罗来纳州的切尔斯顿。2002年6月罕默迪的父亲向美国弗吉尼亚州东区法院为其子申请人身保护令，要求释放罕默迪。

地区法院的Robert G. Doumar法官认为罕默迪的父亲有权代表其儿子提起诉讼，并判决应释放罕默迪。布什政府不服，提起上诉。其理由是，根据美国国会在"911"袭击之后通过的《授权使用武力法案》，罕默迪是在针对美国的武装冲突中被捕的，其应该被定义为"敌国战犯"，而战犯是无权要求美国总统特赦，也无权聘请律师以及被审判的。第四巡回法院认为地区法院的法官没有考虑政府对"理智和安全利益"的考量，认为该案需要遵循充分的调查程序。后该案发回地区法院重审该案，地区法院认为政府释放罕默迪的决定是错误的。Doumar法官认为，政府据以释放罕默迪的证据"极不充分"，这些证据大部分是传来证据和言词证据。地区法院命令政府提供书面文件，使法院作出"有意义的司法审查"。政府对Doumar法官要求提供书面文件的命令提出上诉，第四巡回法院再一次驳回了地区法院的判决，因为"罕默迪明显是在与外国敌对力量的交战地区被捕"，第四巡回法院认为法院要求审查罕默迪战犯身份的要求是不合适的。法院认为美国宪法第2条赋予总统宣战的权力以及美国所奉行的权力分立原则都不允许法院涉足"国家安全"这一领域。

随后，罕默迪的父亲向美国最高法院起诉。最高法院颁发调卷令要求审查第四巡回法院的判决。最高法院9名大法官中的8人一致同意美国的行政部门不

---

[1] 542 U. S. 507 (2004).

得决定无期限地扣留美国公民,且不给其以正当程序保护的救济。最高法院的奥康纳法官代表多数意见执笔判决书,同意她的意见[1]的还有首席法官伦奎斯特、布雷耶大法官和肯尼迪大法官。奥康纳的判决意见认为,尽管国会通过明示的方式在《授权使用武力法案》中允许拘禁战犯,但美国宪法中正当程序的规定使得罕默迪可以为其战犯的身份进行辩护。奥康纳大法官认为在 Mathews v. Eldridge 一案中,正当程序的适用被限缩,主要表现在以下几个方面:在正在进行的武装冲突中,行政部门有责任证明其针对战争作出的行政行为的合理性。奥康纳法官建议国防部应该设立裁判机构以决定战犯是否应该被连续关押。作为回应,国防部成立了"战犯身份审查裁判所"。由于当案件在最高法院审理时罕默迪已经被指定了律师进行辩护,奥康纳法官在战犯是否有权聘请律师这一问题上并未大花笔墨,但奥康纳认为战犯有权聘请律师。多数意见认为法官不应涉足此类案件,相反,这需要一个"中立的决定者"。奥康纳法官在行政机关是否有权关押战犯这一问题上持审慎态度。她认为本案的法官不应过于宽泛而应该专注于这样一个问题,即行政机关能否对一名具有美国国籍的战犯进行关押。而多数意见认为美国宪法赋予了司法机关审查行政机关决定的权力,且在关押一名具有美国国籍的战犯时,显然应该给予其正当程序的救济。

斯卡利亚大法官和斯蒂夫大法官撰写了反对意见,斯卡利亚法官认为根据过往的先例,行政机关只在两种情况下可以关押罕默迪:①国会允许停止对该战犯的人身保护令;②罕默迪必须经由刑事诉讼程序进行审判。斯卡利法官认为多数意见虽然有道理,但为决定罕默迪是否为战犯这一问题单独设立程序是没有法律根据的。宪法赋予法院的职责要么是决定政府机关的行为违反宪法从而释放被关押者,要么是对其进行逮捕。法院不应为行政机关设计一套决定是否关押的程序。斯卡利亚法官认为,美国宪法的原意仅仅是赋予法院决定行政行为是否合宪的权力,却没有赋予法院为行政机关设计新程序的权力。同时,斯卡利亚法官也不同意本案中 4 位法官(奥康纳、伦奎斯特、肯尼迪、布雷耶)的多数意见,在多数意见中 4 位法官都同意美国法院应该援引日内瓦公约,且战犯也应该享有人身保护令。而斯卡利亚和斯蒂夫认为本案的判决不应被延伸至非美国公民战犯的保护,应限缩在美国籍战犯的保护中,因此不涉及日内瓦公约的适用问题。

斯卡利亚认为基于法律条文的解释方法本身使得法律条文拥有了超越文本的力量,遵从立法者的原意更加符合民主社会中宪法的本质和目的,因为宪法

---

[1] 424 U. S. 319.

本身的目的就是限制民主多数的暴政，用建国者的基本价值来约束后代。[1]宪法的权威最初源于批准宪法时被统治者的同意。对我们这些未参与批准程序的人，宪法依然持续有效的原因在于宪法对人民自治的承诺。每代人都有能力按照自己的条件重新建立自己的民族国家。美国宪法不仅规定了修正程序，而且还规定了一套宏大的民主治理体制，由此将后来的世代都纳入了自己的话语系统。从更宽泛的角度看，由于美国宪法为主权者的对话协商提供了重要的基础，因而它在最大限度上确保了未来世代在任何宪法框架下发展的基础。

[法律问题]

在宪法解释中，原旨主义解释方法各有何优点和缺点？

[参考结论与法理精析]

美国前司法部长艾德文·米瑟曾指出："美国法律史就是一部宪法辩论史。"而围绕宪法所展开的辩论几乎就是如何对宪法进行合理性与合法性的解释进行的，所以在一定意义上说，美国法律史又是一部宪法解释史。[2]关于美国宪法的解释方法，学界存在诸多不同的分类，主要有制宪者原意、宪法文字的简单含义或历史含义、宪法的结构、宪法的道德解读、宪法条款追求的目标、解释主义与非解释主义，当然还有不可忽视的先例、价值判断等。[3]尽管存在如此多的理论，最有影响的莫过于长期以来原旨主义与社会学的抗衡了。本案中斯卡利亚法官的主要观点体现了原旨主义的解释。

原旨主义解释方法是由美国最高法院首席法官马歇尔在裁决宪法案件时首创的，是将普通法的解释技艺用于宪法解释的方法，它使法官的视线专注于宪法文本以及宪法文本的文字，从而将人们从抽象的宪法精神与原则的统治下解放出来。

在按原旨主义解释宪法时，不考虑立宪者的意思，这既是司法独立在法律解释方法上的集中体现，也是"法官说了算"的标志，还是"法官造法"的途径之一，并有可能使法官太过能动，僭越立法者的权力，造成司法实质扩权。在普通法国家，虽然这一解释方法有时被认为是保守的，但正是这一方法确保法官按照自己对法律的理解去解释法律，从而创设出法律文本上所没有的权力，保证法官不受立法者意志的左右。以美国为例，最高法院大法官斯卡利亚以保守派著名，他于20世纪80年代形成了自己的司法哲学，即著名的"原旨主义"。原旨主义有多种争论，有人认为是制宪者的原意，有人认为是制宪之时人

---

[1] Antonia Scalia, "Originalism: The Lesser Evil", *University of Cincinnati Law Review*, 57 (1989), p. 862.

[2] 范进学：《美国宪法解释方法论》，法律出版社2010年版，第6页。

[3] 张千帆：《西方宪政体系》（上册），中国政法大学出版社2004年版，第61页。

民对宪法的普遍理解，也有人认为原旨主义是一种严格解释，还有人认为原旨主义是文本主义。斯卡利亚在其《解释的问题》(A Matter of Interpretation: Federal Court and the Law) 一书中集中探讨了原旨主义解释方法，热切地提倡法官使用文本解释方法，并尽可能"抵制立法目的和立法历史的诱惑"，集中于文本文字来解释法律。[1]

原旨主义作为一种制度的实践，在美国历史上早就存在了，但真正登上美国宪法解释话语舞台是 (Warren Court Era) 沃伦法院崇尚的"活的宪法 (Living Constitution)"理念。该理念认为宪法必须随国家政治、社会和经济情况的发展而演变，宪法解释不必拘于宪法本身。基于此理念，沃伦法院推翻了大量的国会立法，确立了许多宪法文本未明确载明的公民权利和自由。基于对这种司法能动主义的担忧，大法官布莱克 (Hugo Black)、学者麦克洛斯基等人强烈要求原旨主义的回归，对司法活动加以规制。布莱克认为，"作为根本法的美国宪法，是一个民主共和国中自由的精髓。它清楚地说明了，法律应该怎样被制定，又是怎样被政府实施的。大法官必须把他们限制在宪法中的语句以及历史对那些语句的正确理解中"。[2]

按照美国学者和法官的理解，之所以要按原旨主义解释宪法，原因在于：

1. 防止过度的司法能动。宪法的成文性要求宪法解释应该遵循原旨主义，从而才能够不违背宪法的根本意志。原旨主义可以保证判决的确定性与可预测性，防止宪法含义的任意变迁。肯特·格林沃特认为，"对于法官为什么应该关注原初理解问题的一个回答是：这种解释的策略能够限制法官，而不受限制的司法裁量是一种令人恐怖的罪恶。另一个回答是这种解释的方式允许政治分支具有一个可欲的范围。第三个回答是官员必须忠于宪法，而原旨主义者就代表忠诚"。罗伯特·博克认为："如果法官在解释宪法的时候，不坚持宪法的原意而是以自己对宪法中条款的理解来解决纠纷，这无疑表明法院在僭越立法者的权力，这违背了宪法中对分权制衡的规定。"

2. 维护宪法的稳定性。宪法的稳定性要求宪法含义不能因为时间的变化而丧失其原初的含义，大法官安东尼·斯卡利亚属于这个阵营的代表。

3. 对民主的尊重和保障。从民主合法性的角度来讲，原旨主义具有天然的优势。立法至上的观念深深扎根于共和主义原则中，认为国家的主权属于人民，人民通过选举产生的立法机关和行政机关来行使权利。美国《独立宣言》中写

---

[1] See Antonia Scalia, *A matter of interpretation: Federal Court and the Law*, Princeton University Press, 1997.

[2] [美] 霍华德·鲍著，王保军译：《宪政与自由：铁面大法官胡果·L. 布莱克》，法律出版社2004年版，第136～137页。

道:"……为了保障这些权利,人类才在他们之间建立政府,而政府的正当权力,是经被统治者的同意而产生的。"从法院权威与民主的关系的角度来看,美国司法部长埃德温·米斯的观点非常坦率和简洁,他认为如果说法官从宪法中获得自身的权威,那么宪法就是从批准者多数投票中获得其权威,因此法官的角色就是去执行批准者的意志。[1]

4. 宪法集中了人类的智慧且是对历史经验的高度浓缩,原旨主义解释可以使宪法价值得到最充分的发挥。美国宪法对国家权力和公民权利做出了划分和保护,这其中"蕴涵了太多复杂性和智慧在其间,因此很难找到合适的立场来对此展开批评"。[2]之所以尊重传统的政治性安排,是因为尊重原初的含义要比不尊重原初的含义有着更高的稳定性。这种稳定性对于个人和社会整体来说都是非常重要的。就像制宪者所了解的那样,一个既存的财产权配置被不断重新检查的体制,有可能会沿着派系斗争的轨迹而坍塌,而且会削弱对个人的保障及其对未来的规划。[3]

拓展案例

Toyosaburo Korematsu v. United States[4]

1942年5月19日正值第二次世界大战期间,在美国的日本人被强制搬迁至战时临时集中营,而这项决定的依据是1942年2月19日颁布的《9066号行政命令》。松丰三郎(Korematsu)当时是在美国加利福尼亚州San Leandro学习的日本人,因为违反了相关军事区的规定而被送入集中营。松丰三郎认为《9066号行政命令》违反了美国联邦宪法第5修正案。松丰三郎被逮捕并被判刑,美国巡回法院二审维持了一审的判决,但最高法院颁发了调卷令。最高法院大法官Hugo Black认为此案与Hirabayashi v. United States一案相同,他认为基于珍珠港事件之后的不确定性,军队有高度自治权,此案并不涉及种族歧视的问题。Murphy大法官认为这是赤裸裸的种族歧视,因此对判决予以坚决反对。

---

[1] Meese, "The Supreme Court Of the United States: Bulwark Of a limited Constitution", *Yale Law Reviw*, 27 (1986), p.455, 465.

[2] [美]凯斯·R.桑斯坦著,宋华琳、毕竞悦译:《偏颇的宪法》,北京大学出版社2005年版,第151页。

[3] [美]凯斯·R.桑斯坦著,宋华琳、毕竞悦译:《偏颇的宪法》,北京大学出版社2005年版,第151~152页。

[4] 323 U.S.214 (1944).

一般的美国宪法教科书中，Korematsu 案被认为和 Stauder v. West Virginia 及 Loving v. Virginia 一样是关于平等保护的经典案例，但此案也可以用原旨主义的方法分析。首先，国会是否拥有宪法上的明示授权以行使 Korematsu 案中的行政行为。依据 Korematsu 案中 Hugo Black 法官的分析，国会拥有宣战的权力，这种权力包括去做任何有益于赢取战争的事。但这种解读是"新政法院"（New Deal Court）的解读，不符合立宪原意，也没有考虑宪法中之所以将国会拥有的权力予以列明，旨在限制这种权力。考虑到当时战争的背景，法院会认为这种列明权力不受限制是可以理解的。但这种不受约束的战争权力是否有宪法原旨主义的基础呢？因为宪法实际上并未赋予法院以战争的权力（而只有宣战的权力），也许本案中法官的逻辑是这样的：总统依照国会授权行使行政权力进行战斗；国会有权通过制定必要和恰当的法律实现宪法给予总统的授权（进行战斗的权力）；如果总统认为强制将在美的日本人从美国西海岸迁至集中营有助于战争的胜利，则国会应该通过法律的力量支持总统的这项决定。简言之，该案的主审法官认为宪法第 10 修正案以及联邦政府的列举权力结构因为战争而被暂时搁置。在战争期间，为了实现战争胜利，国会有权制定法律以约束宪法所保障的州或者其人民的权利。

[问题与思考]

法院在应用原意解释方法时，如何发现宪法原意？

三、社会学解释方法

经典案例

马勒诉俄勒冈州案

[基本案情]

马勒是一家俄勒冈州洗衣店的老板，他因要求一位女性职员每天工作 10 小时以上而被诉违反该州 10 小时工作时间的法律规定，地方法院判决他违法并对他罚款 10 美元。马勒不服，相继向俄勒冈州最高法院和美国联邦最高法院上诉。布兰代斯在联邦最高法院为该法律辩护，他收集了大量的证据以证明妇女的健康与长时间工作之间有关联，引用了许多其他国家、地区的法律来证明并非只有俄勒冈州认为长时间的工作危害妇女健康。他主张，如果法官承认该法律同保护妇女健康的合法利益之间有关系，那么这一法律就应当得到支持。

最高法院达成了一致意见，判决该州法律合宪。布鲁尔大法官写的判词认为："女性的生理结构和母性功能的执行将她置于生存上的不利境地，这是很明显的。当母亲身份的重担施加于她身上时，上述不利境地尤为明显。即使她们还未成为母亲，医疗团体的大量证据显示日复一日地长时间工作，将对身体造成有害影响，而健康的母亲对产下有活力的后代至关重要，为了保持种族的力量和活力，女性的身体健康是公共利益的客体，是关怀的对象。"

[法律问题]

在判断一个法律法规是否合宪时，是否可以偏离宪法原意，而借助于社会学、统计学或其他学科的知识？

[参考结论与法理精析]

社会学的解释方法兴起与"活的宪法"的宪法理论密切相关。"活的宪法"一词第一次出现于哥伦比亚大学法学院麦克培恩教授 1927 年出版的《活的宪法》一书。20 世纪二三十年代，现代司法审查勃起，原旨主义加速衰落，社会学解释方法应运而生。后来，美国经济的大萧条和罗斯福新政推进了活的宪法的渐进趋势，此后的几十年里，"活的宪法"已经成为最高法院的主题，沃伦法院和早期的伯格法院坚持"活的宪法"理念，推翻了大量的国会立法，确立了许多宪法文本未明确的公民的权利和自由。[1]

社会学解释方法虽然把文本和原初历史作为一种假定的束缚和限制，但是它们对宪法审判而言既非必要条件，又非充分条件。这一方法充分考虑社会变迁所带来的改变和影响，肯定"活的宪法"的存在，主张宪法应随着社会时代的变化而改变，并且此种改变能给法律带来更好的灵活性和适应性。可以看出，这一方法可以最大限度地发挥法官的司法能动性，能够充分考虑社会变迁所导致的环境变化，例如"布朗案"中否决了"普莱西案"关于"隔离但平等"的判决，即最高法院根据已经变化了的道德观念和社会价值而重新赋予宪法文本以合理的意义，为宪法提供与时俱进的内涵。布伦南大法官认为，由于社会处在不断变化中，所以由司法机关进行的宪法解释必然是社会学的。"当代的法官只能以一个 20 世纪的美国人观点去解读宪法。我们可以把视线定格在制宪时代的历史和宪法的解释史，但是我们所面对的问题却是：宪法的语言在我们的时代是什么意思？这是因为，宪法本质上不能停留于其在已经逝去的时代所具备的静止的含义，而必须使它的伟大原则能够应对当代的问题和当代的需要。

但是，社会学解释方法也面临着众多的质疑：

1. 社会学解释方法所代表的司法能动主义不具有民主正当性和政治合法性。社会学解释的司法审查是不合法的，因为它允许法官以他们自己的意愿

---

[1] 崔雪丽："美国宪法解释的新转向——非原旨主义方法探究"，载《湘潭大学学报（哲学社会科学版）》2011 年第 1 期。

取代整个社会群体的意愿。立法机关是由多数人民主选举产生的，而司法机关则是由少数人任命产生的，以少数人任命的机关的判决来推翻多数人的民主授权的同意，是不具有民主正当性的。然而从法治的角度观察，任何人都不得充当自己的法官，由立法者来解释自己制定的法律是有违权力分立原则的。博克在《美国的政治诱惑：法律的政治魔力》中对社会学方法论进行了尖锐的批判，他认为："所有不是以原意理解为基础的宪法理论皆包含着内在的和致命的错误。"

2. 社会学解释方法使法官成为实际政策的制定者，有违民主主义的原则。社会学解释方法的倡导易导致权力的僭越，法官开始统治立法者应该统治的地方，容易诱发欲望的膨胀，甚至将法院作为政治的手段，引诱法院走向政治性的判决，此时司法将与政治严重混同，又何来司法独立可言？在没有了解释需依循原意的限制下，又走向了另一个极端，未免太宽泛，容易造成司法腐败，导致司法不公。

拓展案例

我国现行《宪法》第37条第1款、第2款规定："中华人民共和国公民的人身自由不受侵犯。任何公民，非经人民检察院批准或者决定或者人民法院决定，并由公安机关执行，不受逮捕。"第40条规定："中华人民共和国公民的通信自由和通信秘密受法律的保护。除因国家安全或者追查刑事犯罪的需要，由公安机关或者检察机关依照法律规定的程序对通信进行检查外，任何组织或者个人不得以任何理由侵犯公民的通信自由和通信秘密。"第135条规定："人民法院、人民检察院和公安机关办理刑事案件，应当分工负责，互相配合，互相制约，以保证准确有效地执行法律。"1983年，根据全国人大六届一次会议的决定，成立国家安全部。1983年9月2日，第六届全国人大常委会第二次全体会议通过了《关于国家安全机关行使公安机关的侦查、拘留、预审和执行逮捕的职权的决定》，该《决定》明确授权："国家安全机关承担原由公安机关主管的间谍、特务案件的侦查工作，是国家公安机关的性质，因而国家安全机关可以行使宪法和法律规定的公安机关的侦查、拘留、预审和执行逮捕的职权。"

[问题与思考]

有学者认为，全国人大常委会的《决定》是对我国宪法前述几个条文的解释。如果我们同意这一观点，则全国人大常委会采用了何种解释方法对宪法进行解释的呢？

第四节　宪法惯例

经典案例

韩国《新行政首都特别法》违宪案

[基本案情]

2003年12月29日韩国国会以压倒多数赞成票通过《新行政首都特别法》，提出自2012年起，韩国中央立法行政机关等将陆续迁往新行政首都。2030年新行政首都最终建成，形成有50万人口的新城。韩国国会通过《新行政首都特别法》后，韩国各界展开激烈争论。反对迁都的169名人士在2004年7月12日向韩国宪法法院提起法律诉讼，控告《新行政首都特别法》违反宪法。

2004年5月21日，韩国政府启动新行政首都的选址工作。7月5日，基本确定把新的行政首都设在燕岐郡，迁都计划斥资高达450亿美元。8月15日，韩国汉城市市长李明博发表讲话，要求就迁都问题进行全民公决，宪法法院应该否决国会通过的关于决定迁都的《新行政首都特别法》，因为该法案缺乏全国共识，与宪法精神相悖。

2004年10月21日，韩国宪法法院裁决韩国国会通过的《新行政首都特别法》违宪。韩国政府被迫停止执行将行政首都从汉城迁往中部地区的计划。

韩国宪法法院通过的裁决书说，决定首都变更是国家的核心大事。尽管韩国宪法没有明文规定汉城为首都，但它是为宪法习惯认可的韩国正统的首都。要废除汉城的首都地位，必须按照宪法规定的程序对宪法进行修改。政府不经修宪程序就推行迁都计划，属侵犯宪法规定的国民投票权的违宪行为。

10月25日，韩国总统卢武铉首次公开表态：韩国政府不会再就此判决进行任何争论，而是在此判决的框架内寻找适当的方法确保政府推进的国家均衡发展政策不受影响。

[法律问题]

1. 宪法惯例在各国的宪政实践中发挥了怎样的作用？
2. 违反宪法惯例会引起什么样的法律后果？

[参考结论与法理精析]

（一）法院判决

主张违宪的7名宪法法院法官的主要理由是：①韩国首都是汉城这是一种

宪法惯例。宪法惯例虽在宪法文本中没有规定，但与成文宪法典一样具有同等的效力。②《特别法》未经国民投票而规定了迁都的内容，侵犯了请求人的国民投票权。③首都问题涉及国民、国语和领土等宪法的基本事项。④首都问题是宪法事项，如需迁都必须经过宪法修改程序。此时可采取两种方式：一是根据《宪法》第 103 条的规定进行类似于宪法惯例内容的宪法修改；二是采取消除国民对宪法惯例产生的共识。但《特别法》没有遵循相关的程序，故规定迁都的《特别法》是违宪的。

（二）法理精析

宪法惯例（Convention），是指宪法本身及其修正案并无规定，但在长期的政治实践中逐渐形成的、具有事实约束力、在实际政治生活中沿袭相承，被公认为宪法组成部分的那些政治行为规则。一般认为，宪法惯例最早在英国的宪政实践中已经出现，英国宪法学者戴雪在《宪法精义》中提出了这个概念。他将英国宪法分为两类：一类是宪法性法律（Constitutional Law），这是可由法院适用和执行的宪法；另一类是宪法惯例，这是不能由法院强制执行的。另一位宪法学家马歇尔也对宪法惯例也有类似的理解："宪法惯例是那些约束执行宪法的机构但不由法院强制执行的规则。"[1]宪法惯例虽然不能依之诉诸法院，但它具有宪法的力量，足以支配政治家的政治行为，是英国宪法的重要组成部分，其重要性正如詹宁斯所指出的："宪法惯例充实和丰富了空洞的法律框架，使宪法得以发挥功能，并使宪法与思想观念的发展保持联系"。[2]

在现代各国宪政实践中，不论是成文宪法制国家还是不成文宪法制国家，都存在着这种被社会普遍承认并遵守的政治行为准则，这些规则在事实上对宪法起到了补充甚至修正的作用，成为宪法的渊源之一。但是，它的作用在不同的宪政体制国家是不一样的。在英国这样典型的不成文宪法国家，宪法惯例的重要性是植根于它的不成文宪法体制中的。由于不存在成文宪法和宪法发展的渐进性特点，英国宪法发展中形成的很多重要规则是以宪法惯例的形式表现出来的。但是，宪法惯例并不是通过法院的追究以维持其权威性的，那么，宪法惯例如何保证其不被违反呢？事实上，英国的宪法惯例一般不会被违反。英国学者戴雪认为，惯例与法律是连结在一起的，违反传统迟早要发生违法问题；但美国学者罗威尔认为英国政府不违反传统并不是出于害怕违法的原因。我国有学者认为，对失去政治前途的担心是英国人遵守宪法惯例的原因。[3]当然，

---

[1] See Marshall and Moodie, *Some Problems of Constitution*, Landon：Hutchinson Press, 1971, pp. 23 ~ 24.

[2] [英] W. Ivor. 詹宁斯著，龚祥瑞、侯健译：《法与宪法》，三联书店 1997 年版，第 56 页。

[3] 龚祥瑞：《比较宪法与行政法》，法律出版社 2003 年版，第 96 ~ 97 页。

在英国不存在典型的违宪审查制度，即使法院适用那些宪法性法律也不是在进行违宪审查，宪法惯例更难以成为违宪审查的依据。

在成文宪法制国家，由于宪政体制与行宪实践的差异，各国的宪法惯例无论是在内容上还是在数量上都存在较大差别。还需要指出的是，各国是否存在宪法惯例以及存在哪些宪法惯例主要是学者们从学理角度所进行的界分，而学者们对某个具体的国家宪法惯例的认识也存在较大差异。以我国为例，有学者认为，全国政协与全国人大，同时举行会议以及由中国共产党提出修改宪法的建议来启动修宪程序是我国的宪法惯例。也有学者认为，中国共产党长期的执政实践中形成的政治传统和习惯构成了我国的宪法惯例，具体内容可分为三类：一是修宪的宪法惯例，即由中共中央向全国人大常委会提出修宪的建议，从而启动我国的修宪程序；二是关于国家机构方面的惯例，即虽然宪法没有规定人民政协的国家机关地位，但宪政实践中将其作为重要的国家机构对待；三是关于中央军委制定法规的惯例，宪法没有具体规定中央军委的权力，但实践中中央军委一直制定军事法规。[1]

无论是成文宪法国家还是不成文宪法国家，违反宪法惯例一般都会导致严重的政治后果，但宪法惯例是否能够作为违宪审查的依据则是另一回事。前文已指出，在不成文宪法国家，宪法惯例无法成为违宪审查的依据。但在成文宪法国家，在已普遍建立了有效的违宪审查制度的情况下，宪法惯例能否作为违宪审查的依据呢？从各国及地区的违宪审查实践来看，曾经出现过这方面的宪法判例。除上述韩国的判例外，我国台湾地区亦曾有这样的判例。"司法院"大法官会议的"宪法解释"案中有两宗涉及这一问题：一是"司法院"释字第419号解释，关于"副总统"能否兼任"行政院长"的诉讼；二是"司法院"释字第499号解释关于采用无记名投票的方式修改"宪法"是否违反了以前的"修宪"惯例。[2]

从上述实践可以看出，在某些情况下，宪法惯例可以成为违宪审查的依据。但是，宪法惯例的不确定性必然会给违宪审查的结果带来不确定性，这不仅会使人们对违宪审查机关裁决的科学性产生怀疑，降低违宪裁决的可信度；更重要的是会对违宪审查权的正当性产生消极影响。如果违宪审查机关经常性地根据那些在社会中并没有取得普遍共识的宪法惯例裁决案件，对宪政秩序的稳定

---

[1] 周伟："论宪法的渊源"，载《西南民族学院学报（人文社科版）》1997年第1期。顺便指出的是，中央军委制定军事法规的权力虽然在宪法中没有得到认可，但1997年3月全国人大制定的《国防法》第13条规定了中央军委有权制定军事法规，这一规定在2000年颁布的《立法法》中再次得到了确认。

[2] 吴庚：《宪法的解释与适用》，台湾三民书局2003年版，第399页。

性也会产生负面作用。因而，在以宪法惯例作为违宪审查的依据时，必须遵循两个原则：①只有在宪法典中没有明确的规范或宪法原则可以适用时才可援引宪法惯例；②违宪审查机关据以裁决的宪法惯例应是在国家中得到普遍认同的政治惯例。同时，从各国的宪法惯例看，宪法惯例的内容一般是关系到国家权力组织与运作的，而国家权力的组织与运作中的很多争议并不是由违宪审查机关予以解决的，而是通过政治性途径解决，因而，宪法惯例的内容本身也是决定其能否成为违宪判断依据的因素之一。

拓展案例

案例一： 英国宪法惯例

英国是世界上典型的不成文宪法国家，宪法惯例是其宪法渊源的重要组成部分。其包括国王统而不治、"国王不能为非"、首相主持内阁政务、内阁失去议会信任应辞职、首相可以解散议会下议院、下院每年至少举行一次会议、议案审议采取三读程序等内容。英国宪法学家戴雪在《英宪精义》一书中曾结合英国的宪政实践对成文的法律与法律惯例的关系作了经典的阐释："法律是由法院实施的规则；惯例则不是由法院实施的，而是由人们在政治实践中自觉遵守的。惯例之所以得到遵循，是因为对惯例的违反最终将导致对法律的违反。"

案例二： 美国总统的连任问题

美国首任总统乔治·华盛顿在连任两届总统之后，就明确地宣示他不连任第三届，从而奠定了"美国总统任职连续不超过两届"的宪法惯例，以后各任总统均自觉遵行这一惯例。但在第二次世界大战中，富兰克林·D. 罗斯福迫于形势又打破了这个宪法惯例，共担任了四届总统（最后一个任期未结束即病逝）。第二次世界大战结束以后，美国国会1947年通过了宪法第22条修正案。按照该修正案的规定，任何人担任总统职务不得超过两次。

[问题与思考]

1. 结合上述两个案例，讨论宪法惯例在成文宪法国家和不成文宪法国家有何区别。
2. 美国联邦最高法院可依宪法惯例裁判立法或行政政策违宪吗？

第二章

公民基本权利

第一节 平等权

经典案例

案例一： 普莱西诉弗格森案

[基本案情]

1890年，美国路易斯安那州通过了一项涉及种族隔离的法案（the Separate Car Act），其中第1节规定："本州的所有铁路公司在运送旅客时，都必须为白人和有色种族提供平等但隔离的设施，可以为每列客车设两节以上的车厢，也可以把一节车厢分成两个部分，以保证设施的隔离。但是本节规定不适用于室内有轨电车。任何人都不得占用不属于其种族的座位。"该法案的第2节规定："该列旅客列车的工作人员有权也有责任安排旅客到其种族所应乘坐的车厢或位置去就座。任何旅客如果拒绝到其种族所应乘坐的车厢或位置去就座则将被处以25美元的罚款，或被处以不超过20天的监禁，任何旅客列车的工作人员如果坚持安排旅客到其种族所不允许乘坐的车厢或位置就座，则将被处以25美元的罚款，或被处以不超过20天的监禁。如果旅客拒绝按照工作人员的安排就座，则列车工作人员有权拒绝该旅客乘车，对该旅客所造成的损失，工作人员和铁路公司概不负责。"该法案的第3节对违反本法的铁路公司的工作人员、执导人员、售票员和雇主规定了处罚办法。法案还包括了一项限制性规定，即照顾其他种族小孩的保育员可以免于"车厢"内的种族分配。

美国南部路易斯安那州公民普莱西（Plessy）从新奥尔良（New Orleans）乘火车去柯利钝（Corington）。列车长查票时，见普莱西坐在白人车厢，便命令他到黑人车厢去坐，而普莱西坚持不去黑人车厢。于是，列车长便叫来警察将其逮捕，交由法院判罪。但是，普莱西认为他有7/8的高加索白人血统，1/8的非洲黑人血统，且其长相除了头发稍微弯曲、嘴唇稍厚之外，其他肤色外貌均酷似白人，因此，他享有美国公民所享有的一切社会、政治及经济平等权。同时，他认为承办本案的法官不公，侵害了他所享有的联邦公民权利，遂在联邦刑事地方法院反告法官弗格森（Ferguson）违宪。该案几经各级法院审判，结果均对普莱西不利，最后，他上诉至联邦最高法院。

[法律问题]

1. 车厢隔离的法案对黑人与白人分离车厢乘车的规定是否违反宪法第 13 条修正案恢复黑人自由地位的规定？

2. 车厢隔离的法案是否违反了宪法第 14 条修正案给予合众国公民平等保护的规定？

[参考结论与法理精析]

（一）涉及的宪法规范

修正案第 13 条第 1 款：在合众国境内或属合众国管辖的任何地方，不准有奴役制或强制劳役存在，惟用于业经定罪的罪犯作为惩罚者不在此限。第 2 款：国会有权以适当立法实施本条规定。

修正案第 14 条第 1 款：在合众国出生或归化于合众国并受合众国管辖的人，均为合众国和他所居住的州的公民。无论何州均不得制定或实施任何剥夺合众国公民的特权或豁免的法律；无论何州未经正当法律程序均不得剥夺任何人的生命、自由或财产；亦不得拒绝给予在其管辖下的任何人以同等的法律保护。

（二）法院意见

联邦最高法院认为，路易斯安那州"隔离法案"不违反联邦宪法关于废除奴隶制规定的第 13 条修正案。

布朗法官所执笔的法院意见认为，路易斯安那州的法律并不和第 13 修正案相冲突，这是再清楚不过的了，以至于无须争论。奴隶制所指的是非自愿性的服务，例如，奴役状态，把人当作物来占有，或者为了个人利益控制另一个人的劳动和服务，以及没有法律规定上的行动自由，没有处理个人财产和服务的自由等。一项隐含白色和有色人种区别的法律——区别只是就种族的肤色而言，而只要白人在肤色上和其他种族相区别，这种必然存在的区别就没有摧毁两个种族在法律上的平等，也不会重新建立一种非自愿的奴役状态。

联邦最高法院认为，第 14 修正案的目的，无疑是实现两个种族在法律面前的绝对平等，但他不会被设想为取消基于肤色的区别，或实现和政治平等不同的社会平等。根据联邦宪法第 14 条修正案，所有出生于美国的或加入美国国籍接受美国管理的人，都是美国公民，也是他居住的那个州的公民。任何州都不得颁布和实施任何剥夺美国公民所享有的特权或豁免权的法律。如果不经过法定程序,任何州不得剥夺任何公民的生命、自由或财产,也不得拒绝给予任何人他们所应享有的平等的法律保护。但尽管联邦宪法中规定了两个种族在法律面前完全平等,但是并不是想取消由于肤色不同造成的差别,也不是想在两个种族的任何一方不满意的情况下,强迫实施两个种族的社会平等,或把两个种族混合在一起。当两个种族有可能互相接触时,法院允许甚至要求把两个种族在空间上隔离,这并不意味着一个种族在地位上低于另一个种族。

联邦最高法院认为应该对两类涉及种族隔离的法律加以区别:一类是干涉黑人政治平等的法律;另一类是要求两个种族在学校、剧场、火车站等场所互相接触的法律。其中,干涉黑人政治平等的法律是违反宪法的,但实施种族隔离的法律是不违反宪法的。判定一项法规是否合理,需要考虑人们已经形成的做法、习惯和传统,并且要考虑到人们生活的舒适,以及是否有利于公共生活的安定和良好的秩序。根据这一标准来衡量,国会颁布的要求哥伦比亚特区为有色人种儿童建立种族隔离的学校的法案,以及各州立法机关所颁布的类似法律,都是合乎宪法的,不违反联邦宪法第14条修正案。

原告认为,强迫实施两个种族之间的隔离为有色人种打上了下等人的烙印。对此,联邦法院给予了反驳:有色人种感到自己是下等人,并不是法律上的原因,而只是他们自己的主观想象。在取消种族的不同天性方面,在消除由身体产生的差别方面,立法是无能的。如果两个种族在公民权利和政治权利方面是平等的,那么,其中一个种族就不会在社会生活方面低于另一个种族。而如果一个种族在社会生活方面低于另一个种族,那么,联邦宪法也不能使他们处于同一水平。至于怎样确定一个混血儿是有色人种还是白色人种,联邦最高法院没有作出结论,而是交给各州去确定。联邦最高法院认为,各州对这一问题可以有不同的看法。有的州认为,只要混有可以看得出的有色血统,这个人就属于有色人种;有的州认为需要由占有地位的有色血统来确定,如白人血统必须占 3/4 才能属于白种人等。联邦最高法院认为,这些问题需要由各州决定,不适于本案解决。[1]

联邦最高法院的结论是,种族隔离的法律规定是合乎宪法的。联邦最高法院在一名大法官哈兰大法官缺席的情况下,以 7:1 通过裁定,驳回上诉。

(三) 形成规则及案件影响

此案所确立的"隔离但平等"原则成为美国一段时间内建立种族法律关系的重要宪法准则。正如法院判决中所述,种族间在法律面前的绝对平等并不等同于其在社会生活中毫无差别,基于不同肤色而进行的社会差别管理,也不意

---

[1] 参见焦洪昌、李树忠主编:《宪法教学案例》,中国政法大学出版社 1999 年版,第 37~54 页。

味着一个种族居于优越地位而另外的种族处于劣势地位,即这样的差别管理没有违反宪法所规定的平等保护原则。宪法所反对的"种族隔离"是干涉种族政治平等的隔离,而非社会生活事实中的隔离。

但对于实质的宪政理念而言,"隔离但平等"原则的不平等性是显而易见的。联邦最高法院的判决却支持了白人特权合法化。大法官哈兰曾在判决书中提出不同意见,他指出,无论立法机关或司法机关,在对待人民的权利义务上都不应该考虑人民的种族。这类的立法不仅违背了公民权利的平等,而且侵犯了合众国每个人享有的个人自由。路易斯安那州的法律表面上表示并不歧视任何种族,但是每个人都知道这项法律排斥的是白色车厢内的有色人种,而非黑人车厢里的白人,在为白人提供平等设施的幌子下,要实现的目标是迫使黑人在旅行中不与其他人种交往。哈兰大法官认为,诸如路易斯安那州这样的立法分类与分类调控是不合理的,如果一州能制定一项民事规则规定黑人与白人不应作为乘客在同一个铁路车厢乘坐,那么为什么不能基于同样理由惩罚在大街上乘坐同一辆车的白人和黑人?为什么他不能要求郡长把白人分配在法庭的一边、黑人在另外一边?为什么他不能禁止两个种族聚集在立法厅的走廊上或为考虑当时的政治问题而召集的公共大会上?哈兰大法官最后写道,我们一向吹嘘,我国人民享受的自由超过任何其他国家的人民,但这种吹嘘难以自圆其说:法律实际上把我们一大批在法律面前平等的公民,打上了奴役和堕落的烙印。

"隔离但平等"原则表明了联邦最高法院在消除种族歧视方面的无为姿态,就像布朗法官所言,"在消除种族歧视或取消建立在身体差别上的不同方面,立法是无能为力的"。"无为"背后的实质是支持白人特权合法化。"隔离但平等"原则忽略甚至无视该判决可能产生鼓励种族差别、种族歧视的法律影响及文化意义。据美国总统民权委员会1947年的一份报告,"普莱西案"是导致美国特别是美国南方各州许多公共和私人机构普遍实行种族隔离以及采行种族隔离法律的根本依据。其中不仅黑人深受其害,其他一些非白人种族也同样受到不平等待遇。普莱西一案使得美国社会对种族的歧视扩展到教堂和学校、居住地和工作地点,甚至日常的吃喝……所有的公共交通形式、运动休闲场所、医院、孤儿院、监狱、收容所,甚至市殡仪馆、太平间和墓地。"隔离但平等"原则对美国后来的政治、经济、社会生活产生了巨大的影响。

案例二: 布朗诉皮卡托教育委员会案

[**基本案情**]

1951年,堪萨斯州托皮卡镇黑人牧师布朗先生的女儿行将就学,布朗夫妇要求当地学校允许其子女到专为白人子弟开办的学校上学，但被拒绝，布朗夫妇遂联合黑人学生家长，根据宪法第14条修正案关于平等保护的原则，要求法院禁止"黑白分校"。结果，地区法院以"隔离但平等"原则为依据，判决布朗夫妇败诉。1954年，布朗夫妇上诉到联邦最高法院，控告堪萨斯州托皮卡地方教育委员会在学校中进行公开隔离的种族歧视的做法违反宪法。

类似的案件在南卡罗来纳州、弗吉尼亚州、特拉华州和哥伦比亚州都有发生，基本上都是由黑人未成年人通过他们的法定代理人请求法院援助，以期能够取消种族隔离，并获得进入其所在社区公立学校学习的权利。在这些案件中，特拉华州的法院在判决中虽然坚持"隔离但平等"原则，但却命令白人学校招收黑人学生，因为法院认为白人学校的条件比黑人学校优越。而其他各州的法院则都根据"隔离但平等"原则拒绝对原告给予救济，它们认为按照"隔离但平等"原则，只要为不同种族提供了物质上相同的设施，那么，即使这些设施是隔离的，仍然体现了平等保护。

这些案件涉及一个共同的法律问题：黑白分校是否仍能维持教育机会的平等？是否符合第14条宪法修正案中"平等保护原则"？所以，联邦最高法院将这些案件放在一起考虑，并和布朗夫妇的诉讼一起作出了裁决。

[法律问题]

1. "隔离但平等"原则是否适用于美国公立学校教育领域？
2. "隔离但平等"原则在美国公立学校教育领域的适用是否符合平等保护原则？

[参考结论与法理精析]

（一）法院意见

联邦最高法院9位大法官对本案达成一致，以9票赞成的结果裁定"黑白分校"的教育措施违反宪法第14条修正案所规定的"平等保护原则"。

联邦最高法院认为，本案真正的问题点在于"隔离但平等"的原则是否适用于本案，即"隔离但平等"的原则是否能够适用于公立学校教育中的不同种族学生之间。联邦最高法院的主要思路是，判断不能仅对两个案件中所涉及的白人学校和黑人学校的有形条件进行对比，而必须探讨种族隔离本身在公立学校教育中究竟造成了哪些影响。法院必须从公立教育在美国的发展过程、学校教育本身在现代社会所扮演的角色及种族隔离教育造成的实际影响面等进行综合考量，来决定已经形成的宪法规则是否适用于本案。

联邦最高法院在判决中指出：首先，举办教育是州和地方政府最重要的职能。义务教育法律的颁发和庞大教育经费的提供，都表明教育对民主社会的重要作用。教育是一件最主要的工具，可以使儿童了解文化价值，使他们作好就业准备，使他们能够适应环境。如果一个州已经承担了为儿童提供受教育机会的责任，那么，它就必须把其作为权利提供给所有儿童。其次，种族隔离的学校之间虽然在有形条件方面似乎是平等的，但却存在无形条件方面的不平等。仅仅根据种族原因就把一些儿童同另一些年龄相同的儿童隔离开来，这会使他们产生社会地位低下的感觉，会无法挽回地损害他们的心灵和头脑。当种族隔离得到法律允许时，这种地位低下的感觉就会妨碍儿童学习的积极性。因此，法律规定的种族隔离必然要阻碍黑人儿童的教育发展和智力发展，并剥夺他们在取消种族隔离的学校制度中应享受的某些利益。

之后，联邦最高法院明确宣布，在公立教育领域中，"隔离但平等"的理论没有立足之地，隔离的教育设施实质上就是不平等的，原告们以及这些诉讼所涉及的其他与原告们处于相同境遇的那些人，由于他们所控告的种族隔离的原因——被剥夺了联邦宪法第14条修正案所赋予的法律平等保护权利，是违反法律平等保护的规定的。在公共教育制度中，1896年以来实行的只讲"政治平等"而不讲"社会平等"的原则是不能存在的。

（二）形成规则及案件影响

自"普莱西诉弗格森案"以来，"隔离但平等"原则一直被法院用来为黑人白人之间的不平等待遇作辩护。"布朗案"将这一原则打破，该判决表达了最高法院在种族隔离方面所采取的绝对反对的政治态度。联邦最高法院也因此将接下来所有上诉的关于种族隔离的法律都判决为违宪。

此案对"隔离但平等"原则的社会影响进行了全新解读，这是"布朗案"能够突破"普莱西案"而获得新的发展性历史意义的重要法律技术所在。联邦最高法院认为，"隔离但平等"原则造成了事实上黑人儿童的自卑和受挫感，妨碍他们学习的积极性与智力发展等，在公立教育领域，所谓的"隔离但平等"原则是不成立的，隔离的教育设施实质上就是不平等的，因而，在公共教育制度中，1896年以来实行的只讲"政治平等"而不讲"社会平等"的原则是不能存在的。

布朗案的出现使"隔离但平等"原则遭到否定，隔离本身被认为就是不平等的。这一划时代的判决使受教育权的平等保护原则最终在法律上被确立，它对黑人和其他少数民族的教育产生了极为深远的影响。在五十多年后的今天，它仍然是最高法院作出的美国历史上意义最重大的裁决之一。

布朗案虽然首先适用于公立学校的种族隔离，但直指种族隔离的核心，并且成为最高法院20世纪50年代后期一系列裁决所遵循的先例——这些裁决取消了其他公共设施中种族隔离，如海滨、高尔夫球场以及公交车等。而在那个年代，政府、国会都无一能向种族隔离开战，因而联邦最高法院的司法勇气可见一斑。

但在推倒种族隔离的作用方面，布朗案并不是万能的。同历史上许多最高法院的判决一样，单个判决的意义是有限的，布朗案仅指向公立教育设施中的种族隔离，没有明确涉及其他形式的种族隔离，如公共设施及普遍存在的其他形式的种族歧视。由于布朗案针对的只是公立学校的种族隔离，因此它对美国其他学校没有直接的法律效应。20 世纪 50 年代的美国，如后来一样，事实上的种族隔离的社区和学校在美国北方大量存在。因为担心会对种族隔离地区形成比较猛烈的压力，布朗案的法官并没有立即下令取消学校的种族隔离。接下来的布朗第二案，联邦最高法院更强调在落实种族隔离方面应持稳重。而事实上，无论最高法院以怎样审慎的态度处理该问题，都遭到了南方白人的激烈抵制。

美国联邦最高法院发挥司法能动主义精神，从普莱西诉弗格森案到布朗诉托皮卡地方教育委员会案，在长达半个多世纪的时间里，公民的平等保护权在法律上逐渐得到肯定和确立。自20 世纪50 年代以来，美国的种族关系有了极大的改善。白人态度更加开放，出现了相当规模的黑人中产阶层。黑人享有更高的社会地位和政治地位，有才能的非洲裔美国人走上了各种领袖职位，奥巴马甚至当选为美国第一位黑人总统，改写了美国政治历史。法院在国家政策的形成方面甚至远远超过了宪法制定者的预想。

拓展案例

案例一： 男女领导干部不同龄退休案

国发［1978］104 号文件包括《国务院关于安置老弱病残干部的暂行办法》和《国务院关于工人退休、退职的暂行办法》。其中《干部暂行办法》第 4 条规定，男年满 60 周岁、女年满 55 周岁的干部可以退休；《工人暂行条例》规定男年满 60 周岁、女年满 50 周岁的工人应该退休。

周香华女士原为中国建设银行平顶山支行出纳科副科长，由于年满 55 周岁，单位按照规定要求其退休。周女士对单位决定不服，认为自己足以胜任目前的工作，要求与男性一样享有 60 岁退休的权利，并称单位的做法属于歧视，违反宪法。2005 年 8 月，周女士向平顶山劳动仲裁委员会提出仲裁申请，要求建行撤销该退休决定。上海交通大学法学院的周伟教授与周女士在四川大学法学院就读研究生的儿子李昊一起，义务担任周女士的代理人。10 月 11 日，平顶山劳动争议仲裁委开庭仲裁，代理人李昊提出，宪法具有最高的法律效力，一切法律、行政法规、地方法规、自治条例和单行条例、规章都不得同宪法相抵触,《暂行办法》关于男女退休年龄的不同规定属于下位法违反上位法,有关机关应依照权限予以改变或者撤销,而建行平顶山支行针对周香华的退休决定,因违反宪法的平等权而不具备法律效力,依法应该予以撤销。仲裁员认为,受理仲裁范围仅限于申诉人的退休问题是否符合现行法律、法规,申诉人所提的请求不属于仲裁委员会管辖范围。10月17日,仲裁委员会宣布仲裁结果,驳回周女士的申诉请求。后周女士向法院提起诉讼,2006年2月8号,河南省平顶山市湛河区人民法院作出一审判决,认为建行平顶山分行的决定符合现行国家政策和法规,并无不当,故驳回被告周女士的诉讼请求。

2006年3月7日下午,北京大学法学院妇女法律研究与服务中心就国发(1978)104号文件关于女职工退休年龄的规定,向全国人大常委会提起违宪审查建议。中心在违宪审查建议书上提出,上述关于退休年龄的规定违反了我国《宪法》第33条第2款"中华人民共和国公民在法律面前一律平等"以及第48条第1款"中华人民共和国妇女在政治的、经济的、文化的、社会的和家庭的生活等各方面享有同男子平等的权利"的规定,应该根据现实的需要和国际发展的潮流,建立科学的、符合中国国情需要的退休制度。建议提出,可以考虑在将来出台的《养老保险法》中建立弹性退休制度,将男女退休年龄统一规定为60周岁,并允许在特定情形下,经过本人申请,主管部门批准,提前1~10年退休,领取非全额养老保险金,个别岗位经过批准可适当延长退休年龄。

2008年12月,《北京市实施〈妇女权益保障法〉办法》(修订草案送审稿)开始在网上征求民众意见,其中第23条规定:"各级国家机关、社会团体、企业事业单位应当重视和保护妇女人才,依照有关部门的规定适当延长女性处级以上领导干部和女性高级知识分子的工作年限,实现男女平等。"然而,2009年5月4日,北京市人大常委会就《北京市实施〈妇女权益保障法〉办法》(修订草案)再次征求意见后,修订的草案中"适当延长女性处级以上领导干部和女性高级知识分子的工作年限,实现男女平等"条款被删除,受到广泛关注的"女处级干部延迟退休"条款最终未能进入法律。

[法律问题与重点提示]

1978年5月24日,第五届全国人民代表大会常务委员会第二次会议原则批准《国务院关于工人退休、退职的暂行办法》和《国务院关于安置老弱病残干部的暂行办法》(这两个文件统称"国发〔1978〕104号文件"),这两个规范性法律文件构成了我国男女的退休年龄的现行法定依据,一直沿用至今。关于男女"工人"退休年龄的规定,《国务院关于工人退休、退职的暂行办法》第1条规定:"全民所有制企业、事业单位和党政机关、群众团体的工人,符合下列条件之一的,应该退休:①男年满 60 周岁,女年满 50 周岁,连续工龄满 10 年的……";关于男女"干部"退休年龄的规定,《国务院关于安置老弱病残干部的暂行办法》第 4 条规定:"党政机关、群众团体、企业、事业单位的干部,符合下列条件之一的,都可以退休:①男年满 60 周岁,女年满 55 周岁,参加革命工作年限满 10 年的……"

人力资源和社会保障部在 1999 年下发了《关于制止和纠正违反国家规定办理企业职工提前退休有关问题的通知》,其中明确规定,"要严格执行国家关于退休年龄的规定,坚决制止违反规定提前退休的行为。国家法定的企业职工退休年龄是:男年满 60 周岁,女工人年满 50 周岁,女干部年满 55 周岁"。2005 年颁布的《公务员法》第 87 条规定:"公务员达到国家规定的退休年龄或者完全丧失劳动能力的,应当退休。"

就本事件中周女士的诉求,以及北京大学法学院"妇女法律研究与服务中心"所发起的关于男女职工不同龄退休规定的违宪审查建议而言,所涉及的最直接的法律问题是,我国现有关于男女干部不同龄退休的法律规定是否违反了宪法?以及基于何种方法来考察上述法律规定是否违反宪法?

我国宪法对平等权与妇女权利保护作了较为详尽的规定。我国《宪法》第 33 条第 2 款规定,"中华人民共和国公民在法律面前一律平等";第 48 条第 1 款规定,"中华人民共和国妇女在政治的、经济的、文化的、社会的和家庭的生活等各方面享有同男子平等的权利";第 48 条第 2 款规定,"国家保护妇女的权利和利益,实行男女同工同酬,培养和选拔妇女干部"。分析上述条款可以看出,我国《宪法》第 33 条第 2 款对公民平等权作了一般性规定,第 48 条第 1 款关于男女平等权作了一般性规定,强调了女性与男性在国家和社会的所有领域都享有普遍的、抽象的平等权利;但我国宪法关于女性平等权规定应是实质平等权范畴,即同样情形同样对待,不同情形差别对待,这一点从"培养和选拔妇女干部"的规定中可以解读出来。

"国发〔1978〕104 号文件"作为规范性法律文件的出台包含了对于女性、家庭及其中体现出来的社会利益的特别关照。但其出台所基于的特定历史背景发生了变化,导致上述规范性法律文件出台的必要性降低。上述立法处于 20 世纪 50~70 年代初,我国尚未实行计划生育时代,当时许多家庭均处于大家庭结构,许多妇女承担着家庭关照和子女抚育任务,甚至在 50 岁左右就承担起帮助照看第三代的家庭责任。鉴于此,考虑女性的生理特点和抚育子女需要,以及女性受教育程度普遍低于男性,因而给予女性早退休的特殊保护。但是,最近三十年国家的经济发展与社会转型带来了医疗条件、受教育设施和教育条件、经济环境与物质条件的整体大幅度改善,再加上国家计划生育政策的长期稳定执行,现今女性在自身状况、社会境遇、家庭地位、家庭责任等方面发生了较大的变化,表现为女性健康状况的较大改善、女性知识水平大幅度提高、生育负担和家庭责任大量减少。同时,在现实环境下,女性早退休可能会引起利益损失:①譬如我国养老金与工资、工龄相关,妇女退休早就意味着工资低、工龄短,最终使女性老年人口获得的养老金就比工龄长、工资高的男性低,例如受过高等教育的女性,退休金只能拿到基本工资的82%,而男性由于政策上的规定,60岁退休时退休金能拿到88%;②从事政治领域工作的女性,男女不同龄退休的规定可能意味着其政治生命的提早结束——"换届时,区县党、政领导成员和纪委、法院、检察院正职女同志50岁以上,一般不再继续提名;新提拔担任上述职务的女同志干部年满53岁一般不再继续提名,新提拔担任人大、政协领导职务的中共党员女干部一般不超过50周岁"。[1] 同时,随着女性独立意识与平等观念的增强,在经济、文化甚至政治领域呼吁男女平等的声音越来越高涨。由此可见,社会背景的变化导致原有法律规范给予女性早退休而体现出的对女性特别关照的法律目的已不再必要,相反,很多女性认为这样的规定侵犯了其参与及获得更好发展的可能。

关照女性与保护女性平等权的最佳方法应是为女性设计弹性退休制度;基本方法是在法律制度中增设自愿退休年龄,将选择退休的自由与权利交由女性工作者,而不是规定强制性的退休年龄。

案例二: 青岛三考生状告教育部侵犯公民平等受教育权案

2001年8月,山东青岛3名应届高中毕业生在律师陪同下来到北京,委托其代理律师向最高人民法院递交行政诉讼状,起诉教育部侵犯了公民的平等受教育权。提起诉讼的3名学生在全国统一高等学校入学考试中的分数分别是:姜妍522分(理科)、栾倩457分(文科)、张天珠506分(文科)。这样的分数,按教育部划定的全国各地高等教育招生计划,在北京完全可以考上较为理想的大学,而在山东省,连普通本科学校都难以录取。山东省的高考分数线明显高于全国绝大多数省份,不仅高于西部等经济、教育水平相对较低的省、自治区,也明显高于北京、上海等教育水平高的地区。三考生以教育部划定各地高考录取分数线不统一、行政行为不能平等对待考生为由,向最高人民法院起诉教育部,具体的诉讼请求

---

[1] 参见徐凯赟:"男女同龄退休与性别平等问题探析",载《中共济南市委党校学校》2004年第2期。

包括：请求法院判决教育部所作出的《2001年全国普通高等教育招生计划》违反《中华人民共和国宪法》和《教育法》的有关规定；请求法院向被告提出司法建议书，促使被告以后避免作出类似违法行政行为。

最高人民法院以依据《中华人民共和国行政诉讼法》第14条规定，教育部作出《2001年全国普通高等教育招生计划》的行政行为与制定高考录取分数线的行为不属于最高人民法院的受案范围为由，驳回了原告的起诉。

[法律问题与重点提示]

自《魏玛宪法》开始，受教育权作为公民的一项基本权利就在宪法中得到了确认。而在现代社会，公民个人往往需要通过接受教育来完善自己，并取得个人发展的良好机会。因此，保障公民个人的受教育权对于个人发展意义重大。基于此，各国宪法中比较普遍规定了公民的受教育权，受教育权的入宪成为现代宪法的标志之一。

就本事件而言，青岛三位考生状告教育部作出《2001年全国普通高等教育招生计划》而导致各地高考录取分数线不统一侵犯其受教育权，其中所涉及的主要法律问题是，教育部规定的不同地区不同的分数线的规定是否侵犯了公民平等的受教育权？

我国《宪法》第33条第2款规定，"中华人民共和国公民在法律面前一律平等"；《宪法》第46条第1款规定，"中华人民共和国公民有受教育的权利和义务"。对上述条文作体系性解释，可以得出，我国公民的受教育权应该受到平等保护。受教育权兼具自由权和社会权属性。就其社会权属性而言，权利的实现依赖于国家的积极作为与社会经济发展水平。在国家财力有限的情形下，如何结合实际情况来公平的分配教育资源是实现平等保护公民受教育权必须考虑的问题。而现代宪法中平等权的实现往往兼顾"形式平等"与"实质平等"，即在机会平等的基础上添入结果平等，实质平等包含了"合理差别原则"。所谓"合理差别原则"，简言之，即相同情形相同对待，不同情形差别对待。

就本案而言，判断针对不同地区而给予高考招生的"差别"录取是否属于"合理差别"，进而判断教育部所采取的招生差别措施是否属于受教育权的实质性平等保护，关键在于考察行政措施的目的、手段及两者之间的关联性。我国实际情况是，以师资水平、教育设施配置、教育经费投入为主要指标的教育水平存在着全国性差别，差异体现在东部与西部之间、都会城市（地区）与一般城市（地区）之间，前者水平高于后者。如果以合理差别计，则应给予教育水平较低地区以高考招生的优惠措施，以匹配于其本身所占有和使用的资源。那么，西部地区则可较东部地区享有招生优惠，一般城市（地区）则可较都会城市（地区）享有优惠措施。本案所涉及的北京市与山东省的教育水平相比较，山东省落后于北京市,因此山东省享有招生优惠方符合"合理差别原则",但我们看到,现实正好相反,山东高考录取分数线远高于北京,[1]因此行政措施对于北京籍学生的受教育权之过度保护进而侵犯其他地区考生之受教育权,似乎显见。

同时,本事件中教育部所作出的《2001年全国普通高等教育招生计划》被认定为抽象行政行为而不能依据《行政诉讼法》被立案审查的状况,也使我们意识到,在我国,对于基本权利的宪法救济与法律救济仍有多项工作需要完善。

第二节　言论自由

经典案例

案例一：　　　　　　《纽约时报》诉沙利文案

[基本案情]

1960年3月29日,阿拉巴马州64个黑人牧师联合在《纽约时报》(New York Times)上以整版的篇幅刊登了一则付费的广告,题为："关注他们高涨的呼声",其主要内容是描述了美国南部民权运动的发展,即黑人团体和青年学生所进行的非暴力示威行动以及他们所遭受的恐怖主义式的报复。他们声称："在美国宪法和权利法案的许诺之下,我们有权利以人的尊严生活。"但是,阿拉巴马州首府蒙哥马利市的政府官员动用军警以暴力对付反种族歧视示威的黑人学生,警察为了镇压要求民权的和平示威,不妥当地"包围"了一所黑人学院的校园。广告中还提及某些"南方的违法者"曾经用炸弹袭击了黑人运动领袖马丁·路德·金的家,并对其进行殴打,并7次因"超速"、"闲逛"和类似的"罪行"逮捕马丁·路德·金,最后还指控马丁·路德·金"作伪证"。

阿拉巴马州蒙哥马利市负责管理警察局的公共事务长沙利文(Sullivan)认为广告中有很多不实之处,有些陈述是完全或部分错误的,如马丁·路德·金只被政府逮捕过4次,但广告中声称有7次,而且这些事件大都发生在他担任公共事务长官之前,所以广告损害了他的名誉。沙利文遂向阿拉巴马州法院提起

---

[1] 2001年,北京的文科重点控制线是454分,而青岛却是580分,相差达126分。整个北京市2001年高考录取比例是1.43∶1,而山东省的比例是2.2∶1。

了诉讼,控告《纽约时报》和4名黑人,并要求《纽约时报》对其赔偿50万美元。

阿州法院根据普通法上严格的私人诽谤规则（即只需广告的诽谤存在、被告就必须对错误陈述所造成的诽谤负有赔偿责任,且原告无须证明实际损失的存在就可以获得惩罚性赔偿）裁决,涉案广告中确有不实之词,诽谤存在,对《纽约时报》处以50万美元的罚款。《纽约时报》不服,上诉至阿州最高法院,阿州最高法院支持了下级法院的判决,《纽约时报》遂上诉至联邦最高法院,从而形成《纽约时报》诉沙利文案。

[法律问题]

1. 《纽约时报》登载的有不实之处的广告是否受宪法第1修正案的保护?
2. 新闻媒体批评政府官员与批评普通公民时应有何区别?

[参考结论与法理精析]

（一）法院意见

1964年联邦最高法院的9名大法官以一致同意的方式推翻了阿拉巴马州法院所作出的有利于沙利文的判决。

最高法院在判决书中指出,阿州法院所运用的法律规则包含着宪法缺陷。在公共官员针对其官方行为的批评所提起的诽谤诉讼中,州法院未能保护第1修正案和第14修正案所要求的言论与新闻自由,付款刊登的广告确实载有错误信息,如果能够成功地认同为是针对沙利文个人行为,即可视为是普通法上的对其的诽谤,但是,沙利文不是一个普通的私人,而是一个政府官员,广告也不是一项纯私人事项的广告,而是涉及公共事务。

最高法院认为,第1修正案保障对公共问题的自由言论。为了带来人民所期望的政治和社会变革,宪法保障不受阻碍的思想交流。美国宪政体制的基本原则是保护自由政治讨论的机会,使得政府响应人民的愿望,并通过合法手段得到改革;这种机会对共和国的安全是必不可少的。而对公共问题的争议应该健康、不受阻碍、公开地进行,它很可能包括对政府及其官员的激烈、辛辣、有时尖锐的攻击。本案的广告抗议的是我们时代的主要公共问题,它显然有权获得宪法保护。

但问题在于,某些事实陈述上的错误以及原告所宣称的诽谤能否使之丧失保护?宪法对言论自由的保障并不取决于"观念或信仰是否确实、流行或具备社会功利"。在自由辩论中出现错误的陈述是不可避免的,要使言论自由具有它所需要的"呼吸空间",这类错误就必须受到容忍。本案中的广告所列举的有些事由失真和损害官员的名誉不能成为压制言论自由的理由,从而使之失去宪法的保护。

宪法禁止一州运用刑事法取得的结果，也同样超越民事诽谤法的追究范围。阿州法院在本案中要求被告赔偿损失，相对于刑事法指控所造成的恐惧而言，赔偿民事损失所造成的恐惧可能具有更大的抑制作用。不论报社是否能够承受这类连续赔偿裁决，民事判决都足以使那些表达公共批评的人们感到胆怯；第1修正案规定的自由不能在这种恐惧气氛中生存。显然，作为一种调控形式，阿州法律强迫官员行为的批评者保证其所有事实陈述的确实性，并使之承受几于无限数量的诽谤赔偿风险，这无异于要求批评者作出"自我审查"。在这种规则下，即使批评被相信——并且的确——是确实的，但出于对能否在法院证明其确实性的怀疑以及对这种证明的必须开支的畏惧，原本要批评官员行为的人可能因受到震慑而不敢表达他们的批评。因此，诽谤赔偿规则削弱了公共辩论的话力并限制其多样化，它不符合第1修正案和第14修正案。

《纽约时报》诉沙利文案的最大意义在于，联邦最高法院宣布了一项非常重要的原则，即在判断针对政府公职人员所提出的诽谤案时，应该有一项联邦的规则：禁止政府官员面对涉及其执行职务的行为（的指责）时，因有损其声誉而取得赔偿，除非他能够证明这种指责是出于"真正的恶意"（actual malice），即明知其陈述是错误的，或满不在乎地罔顾陈述是否错误。沙利文陈述的事实并不能证明《纽约时报》刊登那份广告时怀有"真正的恶意"，因而其诉讼请求不能获得支持。

（二）言论自由的含义

言论自由是公民的一项古老权利，也是美国宪法的精神源泉——普通法中保护的一项权利。1791年通过的美国宪法第1修正案规定："国会不得制定关于下列事项的法律：……剥夺言论自由或出版自由；……"在该修正案中，"言论自由"和"出版自由"都得到确认和保障。

在英国的普通法中，曾经存在对出版物的事前检查制度。在美国独立后，对言论和出版的事前限制已被废止，但仍然保留了对有害言论的事后追究。宪法第1修正案通过后的一百多年中，涉及言论自由和出版自由的案件都是由各州法院进行审理。到了20世纪后，在第一次世界大战中，围绕美国应否参战以及如何看待战争，美国出现了很多激进的言论，联邦政府加强了对言论的管制，从而引发了诸多诉讼。联邦最高法院1919年第一次审理了有关言论自由的案件，并在其司法实践中逐步创造出一些检验言论是否受到第1修正案保护的准则，这些准则中比较有影响的是明显而即刻危险的原则（clear and present danger doctrine），另外还有恶劣倾向原则（bad tendency doctrine）和优先地位原则（preferred position doctrine）等。

（三）"《纽约时报》诉沙利文案"的影响

尽管第1修正案保护公民的言论和出版自由，但对修正案含义的理解是不同的。一种观点认为，第1修正案仅仅取消对言论和出版的事前限制，而不禁止事后对诽谤言论的惩罚；但一种更为激进的观点认为，这项修正案不仅取消对言论和出版的事前限制，而且禁止对诽谤的指控。早期多数人更倾向于前一观点。直到1907年，时任最高法院法官的霍姆斯还认为宪法条款的主要目的乃是禁止其他政府对出版所行使的所有事前限制，而非对抵触公共福利的出版所实行的事后处罚。

在这种情况下，作为实现言论和出版自由的主要载体——报纸等新闻媒体承担了巨大的心理压力，因为他们的报道将随时有可能会被政府以诽谤罪起诉，或被个人控告要求赔偿经济损失，正如同本案中《纽约时报》所遭遇的那样。如果这种状况一直持续下去，公民通过媒体对公共权力的监督将大受影响。

在本案中，最高法院不但免除了被告证明言论确实性的负担，取消了惩罚性赔偿，并把赔偿限于实际损失，而且要求宣称名誉受到损害的公共官员去证明被告带有"实际恶意"。由于证明被告有"实际恶意"非常困难，甚至是几乎不可能的，所以，原告的主张几乎不可能获得法院的支持。在此之后，在政策实施中具有裁量权的公共官不再能够要求州诽谤法的保护，以惩罚公民或媒介的不实陈述对其名誉的损害。在某种意义上，这是行使第1修正案保障的言论自由所必须付出的代价——出于自由讨论公共事务的需要，进入公共领域的官员即丧失了要求名誉保障的法律权利。

最高法院在随后的司法实践中对本案的基本原则进行了发展，扩大了本案原则的适用范围。在1967年的"足球教练和退伍将军案"中，最高法院把"公共官员"概念扩展到"公共人物"（Public Figure）。该案中，尽管原告不是政府官员，而只是经常对社会发挥影响的公共人物，"纽约时报案"规则亦同样适用。因此，乔治亚大学的足球教练不能控告一家报社，尽管报纸宣称他预先安排了一场足球赛的结果；一位退伍将军亦不能指控美联社，尽管后者报道他率领一群暴徒去抵制密西西比大学消除种族隔离的努力。在该案中，哈兰法官试图发展一套区分三种情形的诽谤法标准：如果原告是"公共官员"，那么法院将运用以上"纽约时报案"所决定的规则；如果原告是默默无闻的私人，那么原先的诽谤法规则仍将保护他的名誉不受他人言论的损害；如果原告是界于两者之间的"公共人物"，法院则应采取中间规则，即如果原告可证明被告行为非常不合理或几近严重疏忽（Grossly Negligent），即使其是"公共人物"，他仍然可以赢得诽谤诉讼而获赔偿。

在1971年的"裸体杂志案"中，最高法院进一步扩充了第1修正案的保护范围。该案的原告是私人，而非公共人物，然而，法院多数意见认为，诉讼事件的性质——而非原告身份——决定了言论是否应受到保护。一旦案件涉及公共利益的事务，那么"纽约时报"规则仍将适用，因而裸体杂志的销售商不能控告有关警察指控其淫秽书籍。

所以，本案的最大意义在于，最高法院提出的"真正的恶意"原则显著地修正了当时各州诽谤法的内容，极大地限制了这些法律对"公共官员"提供的所谓"名誉保护"，并为大众传播媒介批评政府和官员的自由提供了进一步的保障。这使得新闻媒体更敢于监督政府并揭露政府中存在的腐败和违法行为。也正是如此，在随后的若干年内，尼克松总统的"水门事件"、里根总统的"伊朗门事件"，包括克林顿总统时的"白水门事件"等才有可能被媒体揭露。

案例二：　　　　　　　　　　德国吕特案

［基本案情］

1950年9月20日，时任汉堡媒体俱乐部主席的吕特在"德国电影周"开幕典礼上，向影片发行商与制作商发出呼吁，联合抵制纳粹时期著名反犹太人导演哈兰（Harlan）的新作——《不朽的爱人》，禁止其在电影院播放。哈兰在纳粹时期曾为纳粹政府拍摄过多部电影，其代表作《犹太人甜心》具有强烈的反犹情绪，该影片将纳粹对犹太人的追捕屠杀进行美化。1950年10月27日吕特以公开信的形式再次号召电影界和公众抵制哈兰的作品。他称哈兰是"纳粹电影第一导演"，认为哈兰通过所拍摄的电影，已经成为纳粹煽动谋杀犹太人的重要人物之一，其复出会有损德国道德形象。

哈兰及《不朽的爱人》制片方多米尼克公司等遂以吕特违反善良风俗造成其损失为由向汉堡地方法院起诉，并请求对其施加禁令。1951年11月22日，汉堡地方法院根据《德国民法典》第826条的规定，认定吕特的行为违背了善良风俗，并因此造成了对方的损害，构成侵权，判决对吕特施加禁令。吕特不服，最终向联邦宪法法院提起宪法诉愿，请求排除对其言论自由的侵害（《德国基本法》第5条第1款）。

［法律问题］

1. 基本权利条款能否对私人发挥效力？
2. 作为基本权利的"言论自由"如何在普通法律上受到限制？
3. 如何考量普通法律对"言论自由"的限制是否符合《基本法》？

［参考结论与法理精析］

（一）法院意见

宪法法院认为地方法院的判决侵害了宪法诉愿人源自《德国基本法》第5条第1款的基本权利。1958年1月15日，联邦宪法法院第一庭判决推翻汉堡地方法院的判决，并撤销地方法院针对吕特施加的禁令。

传统上，基本权利对抗公权力，其效力与公民私人行为无直接关系。但本案中，吕特提出宪法诉愿所针对的是私人主体，同时根据私法禁令所提出的对吕特言论的法律限制表达的也是私人意志，因而该禁令在某种程度上并不能被视为一项"来自国家的侵害"，而仅是来自私人的侵犯。因此，该问题可以被简要地理解为，言论自由作为基本权利，在遭到来自私人侵犯的时候，是否仍然能够得到基本法的保护？

这是该案当中的一个理论难点。联邦宪法法院在判决书指出：基本法应当被视为一个价值的体系，或是一个客观存在的价值秩序，其终极目的在于使人们的个性能够在社会中得到充分自由的发展。该价值体系应当对与法律有关的所有领域都发生效力，包括立法、行政和司法。那么，该价值体系也应当对所有的部门法产生影响，包括私法。据此，人们不应当将民事法律置于该客观价值秩序的对立面去理解，相反，每一则民法条文都需要在基本法精神的指引之下加以阐释。

《基本法》第5条第2款明确规定，凡"一般法律"之规定即可构成对表达自由的限制。因此，《民法典》第826条关于"故意违背善良风俗而造成损害"的规定当然可以限制人们对表达自由这一基本权利的行使。但宪法法院也强调，言论自由这一基本权利作为人们在社会中对自我个性的直接表达，根本来说是一项"最高贵的人权"。在一个自由民主的国家，这一权利实际处于根本性的地位，是基本法中每一项自由的基础。所以，基本法在第5条第2款中的规定并不能被理解为是赋予了"一般法律"无限地对表达自由这一基本权利加以限制的功能。实际上，任何主体都应当考虑到基本权利并站在维护基本权利的立场上来看待和解释"一般法律"对于基本权利的限制功能。在基本权利中，表达自由具有特殊的价值内涵，它体现着人们在社会生活各领域表达并交换意见的一种期待，应当受到保障。这里存在着一种交互的作用：尽管"一般法律"在字面上设置了对基本权利的限制，但从另一方面来说，这项基本权利在自由民主的国家里具有树立价值的意义。因此，"一般法律"限制这一基本权利的作用便会反过来受到这一基本权利的限制。由于普通的法院有可能在对于法律体系缺乏完整性观念的情况下解释和适用"一般法律"，并导致"一般法律"与基本权利相冲突。所以，联邦宪法法院便通过在"一般法律"与基本权利之间进行权衡的方法实现维护基本权利的职责。

那么如何在私法的法意与言论自由的宪法保障之间权衡呢？就吕特的动机和目的而言，联邦宪法法院认为，吕特所发表的言论应当被认为具有一般政治意义上或文化意义上的追求。吕特在德国文化界长期致力于反纳粹的活动，他的言论表达出对哈兰复出的忧虑。透过哈兰的镜头，纳粹对犹太人的暴行曾经严重伤害到德国人的视听，因此，有必要表明，德国人已经抛弃了纳粹的观念，而且德国人对哈兰的叱责并非出于政治投机的目的，而是基于对其内在的鄙视人格的深刻洞察。

就吕特的行为合法性而言，联邦宪法法院认为，吕特为了获得与犹太人的真正和解而不断努力，并享有声誉。因此，吕特的全部努力有可能因为哈兰的复出而毁于一旦。所以，吕特有理由认为，公众正在期盼着他发表这样的言论。尽管吕特可以利用职位上的优势对电影企业的经济利益施加一定的影响，但是他并没有这么做，他是出于责任感以及人们对他的期盼才作出了号召抵制的决定，而这完全是他自由意志的表达。

联邦宪法法院认为，吕特目的正当而且行为合法地行使了表达自由的基本权利，而在表达自由这一项公民的基本权利与电影公司的商业利益之间，地方法院作出的权衡明显失当。最后，联邦宪法法院判决撤销汉堡地方法院针对吕特施加的禁令。[1]

（二）言论自由的《基本法》地位及其限制

德国宪法法院在吕特案判决中论证了"言论自由"重要的宪法地位，这使我们理解到人类宪法智慧的相通性：尽管德国与美国宪法审查的价值倾向迥异，但在言论自由的宪法地位及其对于现代民主社会的功能方面，则有殊途同归的认知。

吕特案中，联邦宪法法院的判决书首先引用法国《人权与公民权利宣言》第11条的规定：言论自由作为人类的个性（人格）在社会中最直接的表达乃是社会最重要的人权之一。联邦宪法法院并进一步指出，言论自由对于一个自由民主国家秩序而言，是有建设性功能的，因为他促成了公众意见的交流与思想竞争。联邦宪法法院甚至引用美国最高法院法官卡多佐（Cardozo）的名言：言论自由在某种意义上，是每一种自由的根本，并几乎成为所有其他各种自由不可或缺的条件。

同时，联邦宪法法院也承认，言论自由并不具有绝对优位的宪法价值，言论自由同样存在限制。《基本法》第5条第2款规定言论自由可以受到"普遍法律"的限制。但宪法法院从制宪史中推导出，基本法规定立法者得以"一般法律"限制言论自由的本意并不在于禁止某一特定言论，而在于比较是否有优于言论自由的法益价值的存在。因此，当言论自由与其他权益发生冲突时，必须进行具体的

---

[1] 法院判决及论证理由参照张翔主编：《德国宪法案例选释》第1辑，法律出版社2012年版，第22~36页。

利益衡量。就本案来说，以民法限制言论自由，就必须在私法法益与言论自由之间进行利益衡量。直接针对"私人"的言论的实质并不与私人相关，而是属于重大的公共问题讨论，则其中涉及的私法法益的保护就应该退居其次。

20世纪60年代发生的"镜报泄密案"中，宪法法院就再次指出，言论自由还可能和《基本法》保护的其他价值发生矛盾，它可能和个人、团体或普遍社团的权利相冲突。《基本法》授权法律体系调控这种冲突，因此《基本法》第5条第2款规定言论自由可以受到"普遍法律"的限制。

（三）形成规则及案件影响

"吕特案"被誉为20世纪50年代德国联邦宪法法院最伟大的判决之一，其在德国宪法实践和基本权利理论的发展中具有里程碑式的意义。该案判决中几个重要的围绕"基本权利原理"的宪法理论的提出，是该案具有如此意义之源出，包括基本权利的双重性质理论、基本权利的第三人效力理论、基本权利与司法的利益冲突平衡理论。

1. 基本权利的双重性质理论。基本权利的双重性质理论是指，基本权利不但具有"主观权利"之功能，即基本权利主体可以依据其享有的基本权利得主张国家之义务履行，同时基本权利还是基本法所确立的"价值秩序"，这一秩序构成立法机关建构国家制度的原则。基本权利的双重性质在《德国基本法》第1条、第19条中有所体现。但宪法法院通过"吕特案"判决首次将隐藏在基本法规范中的这一对基本权利的理解予以实证化。

宪法法院认为，基本权利的主要目的在于确保个人的自由免受公权力的干预。基本权利是个人对抗国家的防御权，从基本权利在人类历史的发展，以及各国将基本权利纳入宪法的历史过程中都可以看出这一点，这是针对公权力行为的宪法诉愿制度存在的原因所在。然而，基本法的基本权利一章也建立了一个客观价值秩序，这一秩序极大地强化了基本权利的实效性。这一价值秩序以社会团体中的人类的人性尊严和个性发展为核心，应当被看做是宪法的基本决定而对所有的法领域产生影响。立法、行政和司法都应该从这一价值秩序中获得行为准绳和驱动力。

宪法法院对基本权利的双重性质理论的论证，构建了基本权利对于一般法律效力的比较有力的理论支持，使得基本权利可以有效适用于各法律领域，包括民事法律这样的私法律，民法的法律规定也不能够抵触基本法。宪法法院因此得以干预可能侵害基本权利的一般法律适用。

从宪法法院的社会地位及影响力而言，通过该理论尤其是客观价值秩序理论的确立，联邦宪法法院有权力去审查一切立法、行政和司法活动的"基本权利合宪性"，扩大了基本权利对于立法、行政、司法甚至社会各方面的影响能力,奠定了其在宪政体制中的优势地位。

2. 基本权利的第三人效力。传统上一直认为基本权利的主要功能是应对国家权力的防御,使其不能到达私人关系领域。但事实上,私人之间也存在一方干涉另一方基本权利的情形,本案中的事实正说明了这一点,对此传统的基本权利的权能无法应对,基本权利的第三人效力则将其迎刃而解。所谓基本权利的第三人效力,是指基本权利在平等的民事主体之间也产生效力,能够约束或者规范私人关系。传统上认为基本权利效力指向国家,基本权利主体依据基本权利主张国家作为或不作为义务,与私人关系无涉,但第三人效力理论提出,基本权利不但可以对抗国家,还可以对抗私主体。易言之,基本权利第三人效力理论解决的是基本权利是否能在私人之间产生效力以及效力如何产生的问题。

基本权利的第三人效力理论与基本权利双重性质理论一脉相承。后者确认了基本权利客观价值秩序的存在,因而基本权利能够普遍地约束立法、行政、立法行为,这使得基本权利可以透过对私法或私法适用而对私人关系产生效力。

3. 基本权利与私法的利益平衡理论。如前所述,在吕特案中,联邦宪法法院提出,言论自由同样存在限制,当言论自由与其他权益发生冲突时,必须进行具体的利益衡量。就本案来说,以民法限制言论自由,就必须在私法法益与言论自由之间进行利益衡量。因此判决中,联邦宪法法院对言论自由与民事主体的经济利益之间的平衡问题着墨很多,展示了一套"基本权利与私法的利益平衡"的技术。我们看到,在本案中,如果保护民事争议中一方当事人的民事权利,就有可能损害另一方当事人的基本权利;反之,如果保护一方当事人的基本权利,则有可能又会损害另一方当事人的民事权利。基本权利与私法的利益平衡问题是基本权利影响扩大到私法领域之后必然出现且需要面对的问题。

表面来看,宪法法院需要解决的是法律问题,但涉及法意平衡时,则更多需要对社会情势的把握和判断。在"吕特案"判决中,联邦宪法法院平衡诸多要素,如公共利益、特定历史时期的社会形势、社会传统、主流意见等。"吕特案"判决发生在德国纳粹统治结束后的重建阶段,此阶段的社会形势敏感而复杂,而对这一社会力量与社会观念的认知需要充分和精准,只有这样才能作出有力的判决。"在个案中,究竟什么才是《德国基本法》的客观价值秩序?究竟什么才能被视为衡量双方法益的客观因素?则需要联邦宪法法院的法官从主观出发进行探索和确认。在探索的过程中,他们既要考虑现有立法和先前判决的客观影响,同时也要考虑时间这个动态的因素。因此,除了精通法律并具备道德水准之外,联邦宪法法院的法官还必须是一个能够审时度势并且对德国社会有着整体把握的冷眼旁观者。这对德国的法律教育和司法职业培训提出了更高的要求。"[1] 在这方面,"吕特案"判决给出了一个可供学习和批判的范例。

拓展案例

案例一:　　　　　　　　　德国镜报泄密案
（Der Spiegel, 20BVerfGE 162）

1962 年 10 月 10 日,德国《镜报》刊登了一则标题为《有限的防御能力》的文章,详细报道了德国及北约组织当时的军事状况。联邦检察官认为,《镜报》杂志社的发行人及部分编辑有违反《刑法》所规定的叛乱罪的嫌疑,为了调查镜报获取消息的来源,于是依据《刑事诉讼法》规定,向联邦法院申请核发搜查令,并对《镜报》杂志社开展为期数周的搜查,并扣押了大批编辑材料。1964 年 10 月 15 日,联邦检察长以涉嫌叛乱罪为由对《镜报》杂志社的发行人提起公诉。联邦法院刑事庭经审查后,认为缺乏证据而驳回了政府针对《镜报》的指控。事后,《镜报》杂志社认为联邦法院批准联邦检察院对《镜报》进行搜查的司法裁定,以及联邦政府扣押材料等措施侵犯了《基本法》中的法治原则及第 5 条"言论自由"的规定,向宪法法院提起宪法诉愿。

[法律问题与重点提示]

"德国镜报泄密案"的主要法律问题在于,基于国家安全考虑的军事机密的保护是否构成对新闻自由的限制？如何考量两者的关系？

判决中,宪法法院阐明了新闻自由在现代民主社会的价值。宪法法院指出,不受政府控制和审查之限制的新闻自由,是自由社会的基本要素,在政治上活跃并正常出版的自由报刊,对现代民主而言尤其必不可少。人民只有在广泛获得资讯、了解意见并加以衡量的基础上,才能够作出政治决定。

但新闻自由还可能和《基本法》保护的其他价值发生矛盾。《基本法》授权法律体系来调控这种冲突。因此,《基本法》第 5 条第 2 款规定言论自由与新闻自由可以受到"普遍法律"的限制。《刑法》属于"普遍法律",其目的是保护德国免受外敌侵犯。

法院认为,军事信息保护与报社对军事信息报导在维护联邦德国的目标上具有互补性。对于普通法院而言,应该考虑两者在维护国家目标上的统一性,

---

[1] 曾尔恕、高仰光:"德国吕特案判决五十年来的社会影响",载《河南省政法管理干部学院学报》2009 年第 3 期。

具体考量报社披露军事信息对潜在敌人及形成有利的公共舆论之间的不同影响，然后加以平衡，以减少信息报导可能产生的对于国家安全的危险。而具体到该案，判决的关键在于审查普通法院是否尽了利益衡量义务。宪法法院法官的意见是4:4，双方意见的作出均集中在强制措施是否符合比例原则上。反对意见认为，本案并无足够事实证明国家安全确已受到危害，相反却严重影响了负有重要公共任务的新闻自由和公开讨论的风气，其持续的搜查与扣押，更可能影响报刊出版。原审法院在作出签署搜查令决定时，对国家利益的重要性、受侦查行为的危险性、犯罪嫌疑的程度及该处分的适度性与必要性，未作详尽的考虑。宪法法院的主要意见则认为，由于出版业者本身为犯罪嫌疑人而接受审查时，不得援引"拒绝证言权"而免受搜查扣押的处分，因此并未违反刑事诉讼法中关于"编辑秘密"保护的规定。本案中国家安全的保障应优于出版自由，因此侦查机关本着保护国家安全的义务，为达到澄清案情的目的而牺牲出版自由，在利益衡量后，并未抵触宪法。

最后德国联邦宪法法院以4票对4票作出判决，认为针对《镜报》的搜查、扣押等措施并未违宪。

案例二：　　　　　　　申克诉美国案

第一次世界大战期间，美国与德国处于交战状态，美国社会主义党提出反对战争和征兵的政策。

查尔斯·申克（Charles Schenck）是美国社会主义党的秘书长，参加了向准备并等待应征入伍的人散发传单活动。标题为"维护你的权利"的传单指出，征兵违反了《美国联邦宪法》第13条修正案禁止的非自愿性奴役条款，并号召人们行动起来加入到废除征兵法的活动中去。申克和另一位社会主义党官员因为准备并散发这些传单而受到三项指控：一是违反1917年的《美国联邦反间谍法》（Espionage Act of 1917），图谋煽动军队中的"反抗"情绪和"阻碍"征募士兵工作；二是以实施违法活动、邮递《反间谍法》禁止邮递的邮件方式来对抗美国；三是非法使用邮件来散发传单。联邦地区法院认定上述三项罪名成立，申克被判6个月监禁。申克以《反间谍法》违反《美国联邦宪法》第1条修正案言论自由为由，上诉到联邦最高法院。

[法律问题与重点提示]

美国联邦最高法院的大法官以8:1的票数维持了对申克的有罪判决，认为申克的言行不受宪法中的言论自由保障，应该受到反间谍法的制裁。1919年的申克诉美国案是联邦最高法院受理的第一个言论自由案件，联邦最高法院在本案中第一次阐明了对言论自由的看法。美国著名学者查菲教授在其具有深远影响的著作《美国言论自由》中，将"申克案"视为影响美国宪法发展最大的先例。霍姆斯法官也因此案被誉为《美国联邦宪法》第 1 修正案理论的设计师。[1]

"申克案"之所以具有如此伟大的法律意义，在于霍姆斯法官所提出的"明显和即刻的危险"原则为言论自由的限制提供了一项具有普遍性的法律标准，这一标准对于后来言论自由的保护与限制的宪法实践产生了重要而深远的影响。

霍姆斯在司法意见书中写到，我们不否认，在和平年代的许多情况下，被告发表他在传单中发表的所有言论，都属于宪法权利的保护范围。不过，每种行为的性质都依赖于发生这种行为的各种环境因素。即便是对言论自由最严密的保护，也不会保护在剧场中不恰当地高喊"着火了"并引起恐慌的人。它也不会为那些发表可能引起煽动性暴力行为后果的言论而应受到禁止的人提供保护。无论如何，问题都是发表的言论是否出现在上述情况下，是否具备会带来国会有权制止的、具有实质性危害的、明显的和现实危险的特征。这是一个接近与程度的问题。当一个国家处于交战状态时，许多可以在和平时期发表的言论都会成为阻碍国家采取行动的负面因素，它们不会存续像人们竭力争取的那么长的时间，也没有一个法院会认为它们应当受到宪法权利的保护。简言之，"明显和即刻的危险"原则是指，言论的发表以不引起明显而即刻的危险为获取保护的标准，如果特定环境下的言论将引起明显和现实的危险，它将不能受到宪法的保护。

联邦最高法院通过该案表达了第 1 条修正案所保护的言论自由并不是绝对的权利，国会得制定限制言论自由的法律；对于涉及言论自由的争议，言论是否要承担责任需要视发表言论的性质和当时的环境而定。

从"明显的和即刻的危险"标准自提出到 1937 年近二十年间，并没有受到联邦最高法院法官们的特别重视。1937 年的赫恩登案使得联邦最高法院又重新采用"明显的和即刻的危险"标准。20 世纪 40 年代～50 年代的 10 年间，这一标准的运用达到了全盛期，广泛地适用于各种言论案件的审判中。

但对"明显而即刻危险"原则的批评与质疑也同样存在。在 1969 年"Brandenburg v. Ohio"一案判决中，联邦最高法院对"明显而即刻的危险原则"加以了完善。这样，"明显而即刻的危险"原则包括以下几个要点：①言论只有在对社会秩序已经造成或极有可能造成重大而实质性的危害时，才可予以限制或处罚；②言者具有通过言论煽动或产生立即非法行为，以破坏既存社会秩序为目的，或者具有如此之故意，是限制或惩罚的一个必要条件；③对社会秩序所产生或可能产生的破坏必须达到明显而严重的程度，才足以牺牲言论自由的利益；④言论

---

〔1〕 韩大元、莫纪宏主编：《外国宪法判例》，中国人民大学出版社 2005 年版，第 185～186 页。

之后的非法行为之产生有一种"立即性"或"可能性"，对于这种可能性，除非限制言论自由，无法阻止与避免；⑤决定社会危险性的因素主要不是言论的客观环境，而是其实际内容，客观环境乃是判断其危害性大小的参考因素。

案例三：　　　　　　　任建宇因言论被劳教事件

任建宇 2009 年 7 月毕业于重庆文理学院，当年获重庆市选派，到彭水县郁山镇担任大学生村官，后被录用为公务员。在公务员身份仍处于公示期间，他从 2011 年 4 月~8 月多次发表"负面言论和信息"，公开信息显示，在 2011 年 5 月 8 日前后，任建宇在自己的 QQ 空间等网络世界发布了一百多条信息。其中，相当数量的信息是在评论"政治和时事"。在 2011 年 5 月 8 日发出的一条信息中写道："重庆扛起中国第二次文化大革命的旗帜：唱红歌，大跃进，浮夸风，个人崇拜，蔑视法律。一切都那么像。拿什么拯救你，苦难的人民！"

2011 年 8 月 17 日，重庆市彭水县公安局将任建宇带走接受讯问，讯问一直持续到 8 月 18 日凌晨。次日中午短暂获释后，8 月 18 日，他再次被警方带走，并以"涉嫌煽动颠覆国家政权罪"立案，并在当日转刑拘。9 月 17 日重庆市公安局提请逮捕任建宇。2011 年 9 月 23 日，重庆市检察院向重庆市公安局下发《不批准逮捕决定书》，认为任建宇犯罪情节轻微，不构成犯罪，不批准逮捕。同日，重庆市政府劳动教养管理委员会作出［劳教审（2011）字第 3954 号］《劳动教养决定书》，认定："2011 年 4 月~8 月间，任建宇先后多次在彭水县郁山镇政府计生办公室内用计算机进行上网，在其 QQ 空间、腾讯微博上通过关注、浏览、复制、粘贴、转帖、发帖等方式发表国内时事评论和政治体制改革方面的负面新闻和信息一百多条，鼓吹西方政权模式，攻击我党、政府，煽动网民颠覆国家政权。"

重庆市劳教委称，"任建宇煽动颠覆国家政权一案事实清楚，证据确实充分"，决定对其劳动教养 2 年，劳教期限自 2011 年 8 月 18 日起至 2013 年 8 月 17 日止。2012 年 11 月 19 日，劳教委撤销了劳教决定，任建宇重获自由。

2012 年 8 月，任建宇由其父任世六代理，向重庆市第三中级人民法院提起行政诉讼，请求撤销重庆市劳教委作出的《劳动教养决定书》，或确认该决定无效。2012 年 11 月 20 日，重庆市第三中级人民法院公开宣判，驳回任建宇的起诉。法院认为，公民向人民法院提起行政诉讼的权利应当保护，但也要依法行使。任建宇的起诉超过法定起诉期限，因此裁定驳回其起诉。任建宇要求法院重审此案。同年 12 月 28 日上午重庆市高级人民法院公开开庭审理，当庭裁定驳回上诉，维持原裁定。

[法律问题与重点提示]

"任建宇因言论被劳教事件"所涉及的宪法与法律问题包括：我国公民是否有权发表针对政治行为的时事评论？公民发表时评的权利是否受到限制？就本案来说，对任建宇加以言论限制的劳动教养措施是否合宪？

《中华人民共和国宪法》第35条规定："中华人民共和国公民有言论、出版、集会、结社、游行、示威的自由。"第41条规定，中华人民共和国公民对于任何国家机关和国家工作人员，有提出批评和建议的权利。可见，我国公民享有言论自由权和对国家机关与工作人员的监督权。即使不对上述宪法规定作细致的宪法解释，言论自由权与监督权的内容也应包括对"政治和时事"加以评论的权利。因而就本案来说，任建宇发表言论的权利涉及我国宪法基本权利的保护问题。

从本案案情来看，任建宇的基本权利受到了事实上的限制。分析这一限制是否合宪的基本思路应该遵循：对公民基本权利的限制是否符合法律保留原则？限制目的是否具有正当性？手段是否妥当？

"法律保留原则"，简而言之，是指某些事项只能制定法律来加以规定。我国《立法法》第8条规定了只能由法律加以规定的事项，这一规范内容体现了非常明显的法律保留原则。其中《立法法》第8条第5项明确规定，对公民政治权利的剥夺、限制人身自由的强制措施和处罚职能由法律加以设定。但我们看到，本案中重庆市劳动教养委员会对任建宇发表言论行为作出劳动教养两年的行政处罚，其依据是公安部制定的《劳动教养试行办法》。《劳动教养试行办法》属于行政规章，依据《立法法》第8条第5项，行政规章无权设定限制人身自由的行政处罚。《劳动教养试行办法》设定人身自由罚的规定违反《立法法》。那么，违反上位法的规范性法律文件作出的有关言论自由的行政处罚措施并不符合基本权利限制的法律保留原则，其合宪性应予否定。

案例四：　　　　　电影《苹果》遭禁事件

2007年2月，由李玉导演，梁家辉、范冰冰、佟大为主演的都市题材影片《苹果》在柏林电影节举行首映式，并未放映经电影审查局审查通过的删减版，而是放映了完整版，其中包括范冰冰和佟大为的全裸镜头及赌博场景。制片人方励曾在接受采访时称，这是由于时间紧迫，德语和英语字幕的删节版拷贝未能及时制作出来导致的。2007年11月30日，《苹果》在北京举行首映式，内容引起争议，该片在香港被定为三级片，在内地上映时减除了某些色情戏份。

2008年1月3日，国家广电总局向各省、自治区、直辖市广播影视局、新疆生产建设兵团广播电视局、各电影制片单位、电影发行公司、院线公司和在京电影直属单位发出《广电总局关于处理影片〈苹果〉违规问题的情况通报》。通报说，影片《苹果》在电影制作、参加国际电影节、互联网传播及音像制品制作等方面，严重违反了《中华人民共和国电影管理条例》（以下简称《条例》）及相关法规，造成了不良影响。为了加强和规范电影制片及发行放映的管理，确保电影及各种媒体的传播健康有序，国家广电总局决定吊销该片的《电影片公映许可证》，停止该片在影院发行、放映及网络传播。

通报指出，影片《苹果》违规制作色情内容的片段（未经审查通过），并擅自将未经审查通过的含有色情内容的影片在互联网上传播及制作音像制品，违反了《条例》第25条的规定；将未经审查通过的电影版本送第57届柏林电影节参赛，违反了《条例》第24条和第35条的规定；在影片发行放映中进行不健康、不正当的广告宣传，违反了《条例》第3条和《广告法》的相关规定。根据《条例》等相关法规，并按照《广电总局关于重申禁止制作和播映色情电影的通知》、《广电总局关于加强互联网传播影视剧管理的通知》等要求，广电总局决定吊销影片《苹果》的《电影片公映许可证》，没收未经审查通过的影片拷贝及相关素材，制作单位15天内将拷贝等送达总局电影局；停止该片在影院发行、放映；停止其网络传播；建议有关行政部门停止其音像制品的发行。与此同时，对负有主要责任的北京劳雷影视文化有限责任公司，取消其两年内摄制电影的资格；该公司的法定代表人方励，两年内不得从事相关电影业务；对负有相关责任、参与投资拍摄的两家公司进行通报批评，责令其限期整改。对参与该片拍摄的制片人、导演及相关演员，则进行严肃的批评教育，并要求其作出深刻检查。

[法律问题与重点提示]

本案所涉及的是有关言论自由、艺术自由的基本权利保护与限制。

首先探讨一下言论自由保护的"言论"范畴。在言论自由保护的早期，言论是指以口头及书面方式所表达的思想，通过行为所表达出来的思想是无法获得"言论"自由保障的。后来美国联邦最高法院在一系列案件中对行为中的"言论"进行了阐释和探讨，确立了象征性表达、附加言论、表达性行为等宪法原则。正如美国尼默教授所说，是表达思想和感情的自由而不是语言表达方式，构成了第一修正案的核心，是表达出来的思想而不仅仅是一种特殊的表达方式才必须受到保护。[1]所以，在今天西方国家"言论自由"的宪法实践中我们看到，"言论自由"中的"言论"内容包罗万象，科技的进步与媒介的丰富也使得

---

[1] 邵志择："表达自由：言论与行为的两分法——从国旗案看美国最高法院的几个原则"，载《美国研究》2002年第1期。

言论形式更加纷呈，从言论、出版、集会、结社、游行、示威、传单、宣传小册子的发行、横幅与标语牌的展示，到广播、电视、电影、录像乃至多媒体电子技术，甚至还包括服装展示、涂画、绘画展览、街头音乐家的音乐表演和在财产上做记号等。

在我国，公民言论自由的基本权利保护体现于《宪法》第 35 条规定的"中华人民共和国公民有言论、出版、集会、结社、游行、示威的自由"。同时《宪法》第 47 条规定："中华人民共和国公民有进行科学研究、文学艺术创作和其他文化活动的自由……"本案中的电影《苹果》，实际上就是制作者、导演和演员通过视听工具展示自己对社会现象或社会问题的理解，在发表言论的同时通过演职员的工作又融入艺术创作的成分，因此属于言论自由与艺术创作自由保护范畴。

但正如前述我们分析经典案例时看到的，言论自由并非无所限制，相反，出于保障国家安全、维护公共利益以及保障他人权利等目的，言论自由需要受到限制。但是"言论"形式复杂多样，是否所有的言论适用统一的保护（或限制）标准？"双阶理论"的提出用以解决针对不同言论的保护密度。所谓"双阶理论"，是指各种言论表达之间，并不是全然受到宪法相同程度的保护，应该区分高价值的表达与低价值的表达，高价值的表达应受最强的保护，低价值的表达则受较弱的保护。所谓高价值的表达，一般包括政治性表达、宗教性表达、文学艺术、科学及教育之表达，乃至象征性的表达（包括在特定时空脉络之下的行为或动作，如参与游行、集会、焚烧国旗）等。所谓低价值的表达，包括煽动言论、攻击言论、事实错误的表达、猥亵性表达、淫秽性表达及儿童色情等，这些表达受宪法保护较弱，商业性表达的保护与文化艺术或其他价值较高之表达也无法相提并论。"双阶理论"的基础在于其将表达自由本身分成不同等级，当低价值的表达自由与其他高价值的基本权利冲突时，低价值的表达自由是不受保护的，或者说，即使受到保护，其程度也相当宽松。根据"双阶理论"，当低价值的表达与其他基本权利和法益（国家利益、公共利益）相冲突时，应该采用利益衡量的方式予以解决。因此，为防止低价值的表达侵害到国家利益、公共利益和他人利益，国家有权通过立法对其进行限制。换言之，青少年身心发展权利以及作为公共利益范畴的善良风俗可以作为限制和取缔猥亵性表达、色情影视的正当性依据，而司法上对于国家的限制措施则采取较为宽松的审查标准，甚至允许对猥亵性表达和色情信息进行事先的审查。

但是关于艺术作品中的"淫秽"与"猥亵"的认定也构成了一个比较困难的法律问题。1957 年美国 Roth 案曾经确立过比较经典的有关"淫秽"的认定标准：①区别"性"和"淫秽"，应从整体上而不是断章取义地评价艺术作品中关于"性"的描写。"淫秽"并不仅涉及性，更重要的是描绘"性"的方式是为了激起色欲；②出版物只有在其不仅影响了包括未成年人在内的容易受到影响的人，而且影响到正常人、平常人时，才能认定为淫秽；③所谓"淫秽"的判断应以当代社会道德标准为依据。[1]从各国法律实务来看，对于淫秽性、猥亵性表达的定位，由早期的不属于言论自由的范畴而被法律完全限制或禁止，发展到认为并非所有"淫秽性"、"猥亵性"表达都必然具有社会危害性，因而将其归类为低价值言论表达而受法律弱度保护，并允许法律对其加以规范。

我国《宪法》第51条规定："中华人民共和国公民在行使自由和权利的时候，不得损害国家的、社会的、集体的利益和其他公民的合法的自由和权利。"可见在我国，对于言论自由的限制同样存有宪法依据。

就本事件而言，广播电视总局针对《苹果》涉"性"的电影表达所作出的行政处罚的主要法律依据是《中华人民共和国电影管理条例》第25条第1款规定："电影片禁止载有下列内容：①反对宪法确定的基本原则的；②危害国家统一、主权和领土完整的；③泄露国家秘密、危害国家安全或者损害国家荣誉和利益的；④煽动民族仇恨、民族歧视，破坏民族团结，或者侵害民族风俗、习惯的；⑤宣扬邪教、迷信的；⑥扰乱社会秩序，破坏社会稳定的；⑦宣扬淫秽、赌博、暴力或者教唆犯罪的；⑧侮辱或者诽谤他人，侵害他人合法权益的；⑨危害社会公德或者民族优秀文化传统的；⑩有法律、行政法规和国家规定禁止的其他内容的。"从《条例》规定内容来看，规范具有明显的抽象性特征，关于"淫秽"并没有明确的定义或解释，因而其赋予行政机关的自由裁量权很大。如果不能够非常准确地平衡电影艺术表达必要的艺术形式诉求与特殊群体法益的关系，就有可能侵害到言论自由，或者不能形成对未成年人的有效保护。

第三节　个人性基本权利

经典案例

案例一：　　　　　　　　　罗伊诉韦德案

[基本案情]

1969年，一位化名简·罗（Jane Roe）的德克萨斯州妇女的婚姻走到了尽

---

[1] 邱小平：《表达自由——美国宪法第一修正案研究》，北京大学出版社2005年版，第238页。

头,此时她失去了工作并怀了孕。她想堕胎,而她居住的德克萨斯州于1859年通过了《反堕胎法》,规定除非在孕妇生命垂危的情况下,否则,堕胎是非法的。她找不到一个愿意为她进行非法堕胎的人,于是,她在两名年轻的律师——琳达·考菲和萨拉·韦丁顿的帮助下,对德克萨斯州1859年的《反堕胎法》发起挑战。

考菲和韦丁顿决定根据第14宪法修正案和第9宪法修正案挑战《反堕胎法》的合宪性,他们声称《反堕胎法》因未足够明确地规定何时孕妇的生命受到威胁从而有必要实施堕胎而违反第14修正案;而依据第9条修正案,"妇女有自己决定是否堕胎的权利","隐私权应该保障一名妇女自己选择是否作母亲的权利"。原告罗伊声称她是因为遭受强奸而怀孕,德州法律禁止堕胎,她又付不起钱到那些可以合法堕胎的州进行手术,故不得不继续妊娠。罗伊认为一个孕妇有权单独决定在什么时间、以什么方式、因为何种理由而终止妊娠,德州《反堕胎法》剥夺了她的选择权,因而违反了联邦宪法。被告德州政府主张,生命始于受孕而存在于整个妊娠期间,因此,在妇女妊娠的全过程,都存在保护生命这一不可抗拒的国家利益。宪法所称之"人"(Person)包含胎儿,非经正当法律程序而剥夺胎儿生命为第14修正案所禁止之行为。考菲和韦丁顿将这起诉讼变成一宗"共同诉讼案"起诉到德克萨斯州达拉斯的联邦法院。法院判决支持了罗伊的堕胎权利,但没有颁布禁止法律执行的禁制令。于是,考菲和韦丁顿最终向美国联邦最高法院提起上诉。

[法律问题]

1. 妇女自行决定堕胎的权利是否属于隐私权而受到宪法第9条修正案的保护?
2. 如何确定宪法没有明确列举的权利能否作为基本权利获得保护?
3. 胎儿能否作为宪法所称的"人"而成为基本权利的主体?
4. 在堕胎问题上,如何协调胎儿的生命权与母亲的个人选择权之冲突?

[参考结论与法理精析]

(一)本案涉及的宪法规范

宪法修正案第9条规定:"不得因本宪法列举某种权利,而认为人民所保留的其他权利可以被取消或抹杀。"

宪法修正案第14条规定:"无论何州,不得制定或实施剥夺合众国公民之特权或特免的法律;亦不得未经正当法律程序使任何人丧失其生命、自由或财产,并不得不予该州辖区内的任何人以法律上的同等保护。"

(二)法院意见

1973年,联邦最高法院以在6∶3的多数意见裁定,德克萨斯州《反堕胎法》的规定过于宽泛地限制了妇女在妊娠过程中的选择权，侵犯了第 14 修正案的正当程序条款所保护的个人自由，构成违宪。

哈里·布莱克门（Blackman）大法官代表多数意见作出了判决。其论证的主要内容包括：

个人具有宪法所保护的隐私权。尽管宪法没有明文提到"隐私权"，但是，布莱克门大法官提出，无论是第 9 修正案确认的"人民保留的权利"，还是第 14 修正案确认的未经正当程序不可剥夺的个人"自由"，都隐含着隐私权的宪法保护。"隐私权"的广泛性足以涵盖妇女自行决定是否终止妊娠的权利。同时，布莱克门大法官还认为，隐私权属于基本权利。关于"基本权利"保护的司法规则必须基于维护某种"不可抗拒的国家利益"，且限制措施没有超出实现立法目的所必需的限度。限制性措施与立法目的应该具有关联性和必要性，而且立法目的本身应具有正当性，否则违宪。

历史上以及合众国宪法制定的时代，妇女都拥有比现代社会更多的堕胎自由。19 世纪中期之后，各州纷纷制定法律，将堕胎刑事化，其立法目的有三：①遏制放纵的性行为，但是，德州 1869 年《反堕胎法》并不包含这一目的；②确保孕妇的医疗安全，防止堕胎而导致生命危险，但随着医学进步，妊娠早期堕胎的危险性已经小于正常分娩，确保孕妇安全不必在整个妊娠期间禁止堕胎；③保护未出生的生命，但就这一点而言，只有当胎儿具有母体外存活可能性之后，保护未出生生命才能成为限制堕胎的正当理由。

针对被告主张生命始于受孕、胎儿生命权受宪法第 14 修正案保护的观点，布莱克门指出，生命始于何时，不是一个法院可以回答的问题。哲学、医学和神学从没有就此形成一致意见。古希腊的斯多葛学派、犹太教和多数清教徒认为，生命始于出生；普通法认为，生命始于胎动；科学家有受精说、出生说或体外存活说等不同看法；天主教则认为，生命始于受孕。如今，人类知识远远没有达到揭示生命全部奥秘的程度，因此，法院冒昧地回答这一问题并不恰当。德州法律根据一种生命理论而禁止堕胎是不恰当的。尽管联邦宪法没有关于"人"（person）的解释性定义，但是，每一条款的前后文都清楚显示："人"一词仅仅指已出生的人，而不包括胎儿。普通法也只是在侵权和继承的狭窄范围内，例外地将胎儿视为"人"。

在承认妇女堕胎权为宪法保护的个人隐私的同时，布莱克门也指出，决定堕胎与否的个人隐私并不是绝对自由的。在妊娠期间，仍然需要保护两种"重要和正当"的国家利益：一是孕妇健康，二是潜在生命。政府得为实现这两种利益而制定限制堕胎的法律。但是，这两种利益在妊娠期间分别存在，各自在某一时间点成为不可抗拒的国家利益。德州法律对堕胎进行了过分宽泛的限制，没有区分妊娠早期和晚期的堕胎，将"抢救母亲生命"作为允许堕胎的唯一理由，而排除堕胎涉及的其他利益。因此，德州法律违反了第14修正案的正当程序条款。存活性是划分保护潜在生命的国家利益和妇女选择权的一条基本界限。所谓存活性，就是胎儿能够脱离母体、借助人工辅助而成为生命。

布莱克门将妊娠期分为三个阶段来实现妇女隐私权和不可抗拒的国家利益之间的划界：①在妊娠头三个月（第1~12周），堕胎危险性小于正常分娩，政府没有必要为了保护孕妇健康而限制堕胎，医生与孕妇磋商之后，可以自行决定是否堕胎，不受法令限制；②在妊娠头三个月之后、胎儿具有母体外存活性之前，堕胎危险性增加，政府得以保护孕妇健康为目的而限制堕胎，但是，限制手段只能以保护孕妇健康为必要；③在胎儿具有母体外存活性（第24~28周）之后，政府可以为了保护潜在生命或者孕妇健康而采取包括禁止堕胎在内的措施，除非堕胎是为了挽救孕妇生命。[1]

但是该案中，伦奎斯特法官表示了反对意见，他认为，既然本案并不涉及婚姻，因而与隐私权无关。从36个州有关堕胎的立法史来看，妇女的堕胎权利一直受到不同程度的限制，不可能是一项"基本"权利。

（三）形成规则及案件影响

"罗伊诉韦德案"是美国违宪审查史上争议最大、对社会产生影响最广泛的案件之一。仅就宪法规则的形成而言，其贡献集中体现在两点：一是认可妇女享有宪法保护的基本权利——隐私权，隐私权应该包括妇女自行决定是否终止妊娠的权利，法律过于宽泛地禁止堕胎，侵犯了妇女隐私权；二是以妊娠期"三阶段"理论来划定妇女隐私权和不可抗拒的国家利益之间的界限，即根据胎儿可存活程度来规制政府干预妇女堕胎权的界限：在妊娠12周之前，妇女堕胎权不受干预；在12周之后、24周之前，政府干预目的以保障妇女健康为限；24周之后，政府可以为保护潜在生命而禁止堕胎。

隐私权的概念最早由理论界提出。美国法学界对隐私权的理解有两种：一是多数人理解的"选择暴露权"，即保护个人私生活秘密不被随意暴露的权利；二是"斟酌处理权或自我选择权"，即个人私生活的决定权不受政府或社会力量的支配。联邦最高法院对堕胎案件的判决，采用的是第二种理解，强调"隐私权的核心是有一个社会政府机关不能涉及的而由个人作出自由抉择的领域"。隐私权虽然在美国宪法中没有明示，但联邦最高法院通过宪法解释的手段创造性地将"隐私权"解释成为一种由联邦宪法所包含了的"基本权利"。可见，宪法

---

[1] 参见方流芳："罗伊判例关于司法和政治分界的争辩——堕胎和美国宪法第14修正案的司法解释"，载《比较法研究》1998年第1期。

解释的运用使得美国宪法对基本权利的保护呈现出开放性特征。

20世纪60年代的民权运动中，妇女堕胎是社会争议较大的妇女问题之一，它成为公众关注的重要政治话题之一。支持和反对的社会团体冲突激烈，暴力事件频生，联邦最高法院被认为应该就此发表权威意见。正是基于该背景，联邦最高法院在1973年"罗伊诉韦德案"中表达了自己对该问题的看法。罗伊判例确立了妇女的堕胎权，宣誓了支持堕胎权人士的重大胜利。然而对于主张保护未出生婴儿的权利、反对堕胎权的人士而言，罗伊判例成为了反堕胎运动的开始。

在美国二百多年历史中，从来没有一个判例像"罗伊诉韦德案"那样在整个社会引起如此广泛和持久的对立。该案在美国引起巨大争议的原因在于：①加剧了堕胎问题的道德观念之争。保护胎儿生命权者与支持妇女堕胎权者持续不断地就下述问题进行争论：判断人的标准是出生还是受孕那一刻？堕胎是不是一种负责任的行为？妇女是否拥有选择堕胎的隐私权？②判决挑起了捍卫"生命权"或"堕胎选择权"的政治运动，持不同意见者纷纷建立组织机构，争取民众，向政府和国会施加压力。③引起了围绕堕胎相关事宜的国内政策的持续讨论，例如，对于包括堕胎在内的计划生育服务是否给予来自公共财政的资金支持？是否将避孕药包括在医疗保险覆盖的处方药或非处方药范围内？是否允许使用紧急避孕药？是否对使用暴力手段（如枪杀实行堕胎手术的医生、炸毁堕胎诊所）给予刑事处罚？

最高法院的判决论述了妇女对胎儿的权利，但没有将堕胎的问题与妇女的权利保护问题联系起来，因此，未能平息关于这一问题的社会对立。每当最高法院审理堕胎案件时，支持和反对堕胎的民众就针锋相对地举行大规模示威游行，一方口号是"生育选择是我自己的事"，另一方口号是"不许有杀人的隐私"。与此同时，游说的抗议信件如潮水一般涌向最高法院。示威者封锁堕胎诊所，劝阻孕妇寻求堕胎咨询，这些情形在全国各地司空见惯。

但事实上，最高法院启用"隐私权"原则来支持堕胎的问题在于，堕胎并不是单纯的隐私范畴，其中涉及的胎儿权利也是社会利益之所在。因而，时间的推进带来了对"罗伊案"的反思。20世纪80年代后期，最高法院开始转向。1989年在"韦伯斯特诉生育服务中心案"中，联邦最高法院仅以5∶4的多数支持"罗伊案"的基本原则，但允许对堕胎进行较多的限制。在1992年"凯西案"的判决中虽然维持了妇女堕胎的权利，但同时限制各州给予堕胎妇女必要的经济支持的权利，削弱了先前赋予妇女们及其医生们的法定保护。

但是无论如何，"罗伊案"问世后，虽数次受到挑战，却始终未被推翻。

案例二： 终身自由刑案[1]

[基本案情]

1976年3月，德国威尔登地方法院中止了一起刑事审判程序，依据《德国基本法》第100条第1款规定向联邦宪法法院提请对下述问题作出决定：《德国刑法典》第211条规定谋杀者必须被判处终身自由刑是否违宪？

该案件具体案情如下：31岁的西柏林警察R于1973年5月21日在N市谋杀了22岁的瘾君子L，被告R长期从事毒品交易。1973年4月，被告R在N市通过一名土耳其人介绍与L相识。由于被告R想要将他的毒品生意扩展到整个西德，因此他通过寄售方式将吗啡碱交给L。但在警察对L的住房进行搜查时，大部分的毒品被查获。尽管并未付账，但为了强迫被告R继续对他供货，L与R通电话，并威胁如果不继续供货，就将此事通告警方。此后，被告R决定再赴N市杀死L以阻止其揭发。R首先通过电话与L联系，许诺会继续提供吗啡碱，之后他与土耳其人在1973年5月13日夜间赶赴N市，并在L的房间内将吗啡碱交给L，就在L准备去厨房注射毒品时，R在背后开枪将其射杀。地方法院对此事件予以评估，将其定性为"为掩盖其他犯罪行为，而进行的阴险的杀害"，从而依《刑法典》第211条规定将之认定为谋杀。

《刑法典》第211条规定，"谋杀者处终身自由刑。谋杀者是指处于杀人嗜好、性欲的满足或者其他卑劣动机，以阴险、残暴或者危害公共安全的方法，或意图实现或掩盖其他犯罪行为而杀人的人"。地方法院认为该条款与《德国基本法》第1条、第2条第2款第2句以及第19条第2款和第3条第1款相冲突。具体理由如下：①该条款规定，在谋杀案件中谋杀者必须被判处终身监禁，并不得允许法院在个案中进行罪责相适的量刑。事实上，经科学研究表明，长时间的丧失自由会对人格造成不可估量的损害后果，在长期监禁之后，犯人的人格和情感会发生很大变化，使得犯人丧失生活能力。因此，长时间对犯人的监禁不利于犯人的再社会化，通过终身自由刑导致的对罪犯的人生毁灭侵犯了立法者基于《基本法》第1条所应负担的尊重人性尊严的义务，人性尊严理应赋予全人类。②终身自由刑完全取消了罪犯的行动自由，因此违反了《基本法》规定的人身自由保障，并侵犯了《基本法》第19条第2款所设定的"基本权利本质内容"的范畴。③《刑法典》第211条所规定的谋杀罪，不论犯罪行为方式如何，均要承受相同的判处终身自由刑的刑罚，《刑法典》中的其他罪名则具

---

[1] 本案案情与判决意见参考张翔主编：《德国宪法案例选释》第1辑，法律出版社2012年版，第184~188页。

有一个可以具体裁量的量刑范围，因此《刑法典》第 211 条规定统一的终身自由刑违反了《基本法》第 3 条规定的平等原则。据此，地方法院认为《刑法典》第 211 条违宪，终身自由刑触犯了自由保障的本质内容，并侵犯了被宣判者的人性尊严，而这与公认的刑罚目的不尽相符。

[法律问题]

1. 因谋杀而被判处终身监禁是否侵犯了《基本法》第 1 条第 1 款"人性尊严不可侵犯"？

2. 如何认定终身自由刑的社会后果？

[参考结论与法理精析]

（一）本案涉及的宪法规范

第 1 条第 1 款："人性尊严不可侵犯。尊重和保障人的尊严是一切国家权力的义务。"

第 2 条第 2 款："人人得享生命和身体不受侵犯的权利。人身自由不可侵犯。只有依据法律方可对此项权利予以干涉。"

第 3 条第 1 款："法律面前人人平等。"

第 19 条第 2 款："在任何情况下，均不得触及基本权利的本质内容。"

第 20 条第 3 款："立法遵守宪法秩序，行政和司法应遵守法律与法。"

（二）法院意见

宪法法院第一庭对《刑法典》第 211 条的合宪性进行了审查，裁定服刑者除非被剥夺未来将在法律中加以规定的通过减刑而重获自由的机会[1]，否则其符合《德国基本法》。

宪法法院遵循了基本权利审查三段论的审查模式，首先对基本权利是否受到干预进行了事实判断，然后对基本权利干预是否属于基本权利保护范畴进行审查，最后对干预措施是否符合比例原则进行判断。

联邦宪法法院认为，终身自由刑确实对相关人员的基本权利进行了"极端严重的干涉"，首先其涉及《基本法》所规定的人身自由不受侵犯。人身自由可以基于法律限制，但立法者必须要考察"人性尊严不受侵犯"、"平等原则"、"法治国原则"以及"社会国原则"等基本法原则对限制措施的约束。

对于终身自由刑规定是否违反"人性尊严不受侵犯"之保护，宪法法院着墨甚多。宪法法院认为，《基本法》的宪法原则包括对"尊严"的尊重与保护，"自由及尊严"乃是宪法秩序的最高价值。国家的所有形式都有责任尊重并保卫之。但这项自由不是一个完全孤立的个体的自由，而是生活在共同体中、与共

---

〔1〕 通过联邦宪法法院的该判决，《刑法典》中加入了终身自由刑减刑的内容。

同体休戚与共的个体的自由。因此，个体的行为自由必须受到一定程度的限制，该限制来源于立法者出于维护社会共同生活的需要而在具体事件中设定可容忍的边界，但个人的独立性必须得到维护。刑事制裁要求最高程度的公正，在这一领域中，《基本法》第1条第1款决定了即使是对罪责的惩罚也不得侵害人格尊严。对"人性尊严"的尊重尤其要求禁止残酷、非人和侮辱尊严的惩罚。国家不能把犯罪者当做防止犯罪的工具，以损害其受宪法保护的社会价值与获得尊重的权利。它必须维持那些决定个人及其社会存在的基础条件。因此，如果考虑国家所要保障的社会正义，那么尤其在刑事处罚的执行过程中，第1条第1款要求国家保障和人类生活相称的基本尊严范畴。但宪法法院认为，任何具体定义尊严的决定必须基于我们对它的现时理解，而非任何永恒有效的观念。

关于终身自由刑后果的问题，宪法法院认为，没有一个充分可靠的研究表明，长期监禁是否会带来不可估量的损害后果，或者不会产生负面后果。因而，依据现有知识，对终身自由刑的内容和效应加以审查之后得出结论，终身自由刑并不违反《德国基本法》第1条第1款的规定。

宪法法院提出，在联邦德国执行这些惩罚时，国家官员有责任不仅监禁囚犯，而且通过合适处置来使囚犯回归社会。科学研究表明，通过适当的人性化的刑罚措施可以纠正因长期监禁而带来的严重损害，并且被监禁者因为可能获得"假释"而被提前释放，其生活能力不至于被严重损害到无法成功融入社会的程度。根据实践经验，被判处无期徒刑的罪犯大多会通过"假释"而被提前释放。截止到判决之日，联邦德国30年的实践经验表明，大部分终身监禁刑的服刑期在15~25年之间。

同时，宪法法院认为，终身自由刑是对最严重的杀人罪行的一种制裁，其出发点在于保护人的生命这种最重要的法益，终身自由刑所实现的功能与今日民众中主流的价值观念是相符的。此种制裁行为与不具备再犯危险的罪犯的"再社会化"之间绝不冲突，并且符合刑罚的"责任代偿"功能以及赎罪功能。

基于地方法院提出的终身自由刑违反罪责相适原则的观点，即在任何情况下，都对以阴险方式和为掩盖其他罪行而实施的杀人行为毫无例外地处以终身自由刑是否符合比例原则的问题，联邦宪法法院则认为，谋杀罪的构成要件本身就具有很大的解释空间，并非是唯一的。因此，该刑罚的合比例性应当受到承认。

针对地方法院提出《刑法典》未能将谋杀罪与故意杀人罪截然区分开来，因此谋杀罪与故意杀人罪在量刑上的显著差别违反了平等原则的诉求，联邦宪法法院则对谋杀罪和故意杀人罪的类型进行了区别，其认为，谋杀罪作为故意杀人罪中特别严重的形式，在责任上有别于一般的故意杀人罪，故量刑上也理应有所差别。

（三）形成规则与案件影响

"终身自由刑案"是联邦德国宪法法院判决中的重要判例。就规则形成与法律指导功能而言，"终身自由案"的重要价值首先体现于对"人性尊严"的界定与保护，该案属于有关《德国基本法》第1条第1款人性尊严的指导性判例之一。

本案中，宪法法院非常坚定地声称，人性尊严是宪法的最高价值之一，应该受到尊重与保护。而对于如何对如此抽象的人性尊严进行保护的问题，联邦宪法法院采用了"客体公式"理论，该理论认为，如果"具体的个人被贬损至客体，成为纯粹的工具，或降低为可替换的维度"，则《德国基本法》第1条第1款所规定的人性尊严就受到侵犯。宪法法院也同时提出在每个个体生存所依赖的共同体环境中认定"人的尊严"的构成与内涵、定义尊严必须基于我们对它的现时理解，而非永恒有效的观念。基于此，立法者可以出于维护社会共同生活的需要而在具体事件中设定对"自由与尊严"限制的可容忍的边界。

上述的论证使得看似抽象的"人性尊严"的保护与限制具备了判断的可能与一定的可操作性。

此外，终身自由刑宪法裁判的结论非常谨慎地使用了社会学研究成果。联邦宪法法院的裁判之中显然能够令人体会到，在法学结论的获得中，社会学通常具有的价值和地位，但就"终身自由刑案"来说，联邦宪法法院并没有将自己的结论建立在某个不能完全证立的社会学结论上。联邦宪法法院认为，对被判处终身自由刑的犯罪人来说，要在医学上、心理上或者社会学上对他的人格损害和长期服刑之后产生的具体后果进行科学评估是异常困难的事情。既然社会学的结论并不是完全可靠的，或者说，既然不能得到一个非常准确的社会评价结果，不如利用法律逻辑进行完善，即承认终身自由刑可能会对服刑者产生人格上的损害进而规定立法责任，明确立法应该确认或保留犯罪人重返自由的可能，如此才符合《德国基本法》中"人性尊严"的要求。宪法法院慎用社会评价结论，转而提出立法完善之意见，其效果是在实现法律安定性的同时，强化宪法判断的可信服程度，不能不说是非常高妙的裁判技术。

拓展案例

案例一： **美国安息日休息解雇案**

与大部分基督教会在星期天（耶稣基督复活的日子）休息不同的是，基督复临安息日会遵循犹太人的传统，在星期六休息。星期六是该宗教的"安息日"

(Sabbath Day)。这一天，安息日会的教徒们停止工作、休息并且进行崇拜上帝活动。但该教派的一位成员因拒绝星期六工作而被其南卡罗来纳州的雇主开除。她在自己居住的地区试图另外找一份工作，但没有找到适合她的工作，因为大多需要星期六上班。

她于是依据南卡罗来纳州的《失业救济法》（Unemployment Compensation Act）申请失业救济金。按照该法律的规定，申请人必须具备工作能力，而且随时准备并愿意接受合适的工作，但如果申请人拒绝接受就业部门或雇主提供的合适工作，又没有正当理由的话，就不能得到失业救济金。

南卡罗来纳州就业委员会以原告不接受提供给她的适合工作为由，拒绝了原告的申请。委员会还认为，无论是基于宗教还是其他个人原因，都不足以成为拒绝合适工作的正当理由。原告认为就业委员会的决定及其所依据的州法律增加了其自由信仰宗教的负担，因而侵犯了其宪法权利而违宪。州最高法院维持了就业委员会的决定，认为拒绝给予她失业救济并没有对她的宗教信仰自由施加任何限制。

原告于是上诉到联邦最高法院。联邦最高法院认为宪法对宗教信仰自由予以保护，禁止政府通过增加宗教活动自由的负担来限制个人得到政府救济金的权利，因此法院最后以7∶2的多数意见，判决撤销南卡罗来纳州最高法院的判决。

[法律问题与重点提示]

美国宪法第1修正案规定："国会不得制定有关下列事项的法律：确立一种宗教或禁止信仰自由；剥夺言论自由或出版自由；或剥夺人民和平集会及向政府要求申冤的权利。"

该案主要是关于个人宗教信仰自由的宪法保护，案件中所涉及的具体法律问题包括：①拒绝给予原告救济金是否对她的宗教活动自由施加了负担？②如果拒绝给予她救济金确实给她的宗教活动自由产生了负担，政府是否能够提供令人信服的证明，以说明其干预宗教信仰自由具有正当目的？

对于该案的审查，布伦南大法官代表联邦最高法院所作的多数意见中，提出了"两步平衡标准"：首先，原告必须证明法院意欲审查的法律对其宗教活动构成了实质性负担；其次，要使这种负担合法有效，最高法院必须能发现这种负担对实现令人信服的州政府利益是必要的，而这种利益超越了自由活动权受到损害的程度。法院在这个案件中需要考量和平衡该部法律对宗教活动的限制程度、政府利益的重要性以及宗教信仰在遭到立法限制后的受损程度三者之间的关系。

就拒绝给予失业救济金是否造成了对宗教信仰自由负担的问题，联邦最高法院的多数意见认为，如果一项法律的目的或其效果妨碍信徒参加宗教仪式，那么该法就是违宪的，即使对宗教自由产生的负担只是间接的。虽然在一定意义上，拒绝给予原告失业救济金对她宗教活动自由只产生了间接的影响，同时也不存在刑事制裁迫使其一周必须工作6天。但这仅仅是问题的开始，不是结束。就业委员会的裁决迫使原告作如下艰难的选择：坚持宗教信仰而失去政府的救济金，或者放弃宗教信仰以便获得政府的救济金。南卡罗来纳州的最高法院基于失业补偿金只是原告的特权不是其权利而认为法律没有违宪的解释，是站不住脚的。拒绝给予救济金或设定获得救济金的条件，也会侵犯宗教信仰和表达自由，因为规定原告获得救济金的条件是以她违反其宗教信仰的根本原则为代价，实际上是惩罚了她的宗教活动。联邦最高法院的多数意见认为，如果一项政府的法律对宗教活动施加了负担，除非政府可以满足严格审查标准的要求，否则该项法律就是违宪的。仅仅表明存在一些貌似真实的政府利益是不够的，在这个高度敏感的宪法领域，只有对那些危及到最高利益的最严重的权利滥用行为，才能进行限制。南卡罗莱纳州政府担心，一些申请人可能会假装星期六不能够工作而提起欺诈性申请，这不仅会损害失业补偿基金，而且会妨碍雇主们对星期六工作的安排。但事实发现，在本案的记录中没有证据支持州政府对于欺诈的担忧。即使存在这样的证据，其能否成为侵犯宗教活动自由的正当理由也是值得怀疑的。因为在这一情形下，政府必须举证证明，不存在其他可替代的不侵犯宗教自由的方式来避免欺诈申请。哈兰大法官从法律目的本身阐述了其不同意见，这份意见得到了怀特大法官的同意。哈兰大法官认为，制定于1936年的南卡罗来纳州《失业救济法》，是为了回应大萧条时期出现的严重的社会和经济问题。因此，法律的目的是在大家找不着工作的时候，帮助人们渡过难关，以避免社会和经济的混乱无序，法律并不打算为那些由于纯个人原因而找不到工作的人提供救济。哈兰认为，州最高法院关于法律的适用与该法律的目的一直以来是一致的。州最高法院一直认为，如果一个人的失业不是由于工业无力提供工作，而是由于个人的情形，无论多令人信服，都属于不愿意接受合适的工作。在本案中，州法院所作的只是适用这些已被接受的原则。

  布伦南大法官就解决案件争议所提出的"两步平衡标准"尽管体现出的是美国式违宪审查的法律方法，却使我们很容易联想到德国基本权利审查的三阶段论，两者表达出共同的法律智慧，即在具体案件中的法益平衡。同时，这一案件使我们认识到一种状况，即公权力对宗教信仰自由的侵犯未必是直接和明显的。

案例二： 法国车辆搜查法案的合宪性

1976年4月，法国政府提交了一份内容旨在为预防刑事违法而授权对车辆进行检查的法律草案，内政部长伯纳多斯基（Poniatowski）先生表示，为了有效地打击日益猖獗的违法犯罪活动，要求议会授予行政执法人员为调查和预防刑事违法而搜查车辆及其内部物品的权力。该草案在1976年11月提交国民议会讨论时遭到诸多异议。后移交参议院审议，参议院经过两次审议后否决该法律草案。1976年12月20日国民议会最终单独通过了该法案。

随后，130名国民议会议员与79名参议员向宪法委员会提交对该法案的宪法审查申请，认为该法中所规定的"执法官或执行其命令的行政执法人员，可以在车主或者司机在场的情况下，在公共道路上搜查其车辆及其内部物品"内容违反宪法，侵犯了公民个人自由。

在议员们向宪法委员会提出申请时，他们认为，该法授予执法官或执行其命令的行政执法人员以搜查权力侵犯了公民的行动自由权，触犯了个人私生活和住宅权原则，侵犯了公民的通信秘密，并间接危及公民的表达权。同时该法案也损害了平等原则，因为该法案在乘车者与步行者之间、拥有移动住宅者（汽车在此被视为移动住宅）与拥有固定住宅者之间造成了不应有的歧视。

那么，行政执法人员能否行使对车辆和人员的搜查权？这项行政措施侵犯了公民的何种基本权利呢？宪法委员会在进行审查时强调：①"个人自由"是为共和国法律所确认的一项具有宪法价值的基本原则；②《宪法》第66条将"个人自由的保护与限制"授权给司法机关；③只有将对违法行为的搜查权授予司法警察，司法机关才能够保证在搜查违法行为时保护个人自由；如果行政警察也享有对个人自由权利的限制权，则个人自由的保护将违反现有宪法规定，而无法置于司法机关的保护之下；④现有法律草案中规定行政机关与司法机关职权混淆、权力界限不清的情形表现在：一是没有明确规定只有违法行为发生后才可以进行搜查；二是对执法官及其工作人员的权力范围、可介入程度及检查界限等缺少详细的规定和限制；三是搜查由普通的行政执法人员进行。

基于上述理由，宪法委员会作出决定：为预防刑事违法所制定的对有关车辆搜查的单一条款不符合宪法。

[法律问题与重点提示]

宪法委员会所作决定的法律意义在于：①确认了司法机关是个人自由保护者这一具有宪法价值的原则，这在法国宪法史上具有非常重要的意义，司法机关的这一地位排除了其他行政机关对个人自由权利的保护与限制；②实际上确立了个人自由是受到宪法保护的基本权利,赋予了个人权利以更广泛的含义。

宪法委员会的决定强调,个人自由置于司法机关保护之下,司法机关是个人自由的保护人。事实上,这一原则最初并未包括在政府起草的宪法草案和宪法咨询委员会的文本之中。但该原则实际上是一直存在着的,只是对其属于宪法原则还是法律原则存有争议。通过该案,宪法委员会毫无保留地确认这一原则的宪法地位,而使立法者接受。在1981年宪法委员会所作出的另外一项宪法决定中,第一次详尽阐述了上述原则的适用条件:①"任何人都不能任意被拘禁"中的"任何人"既包括本国人也包括外国人,外国人与本国人一样享有受保护和获得相应的保障的权利;②任何人未经法官同意不得任意直接被拘禁,司法机关应当在最短的时间内证实拘禁的正当性。宪法委员会又一次确认了司法机关是"个人自由保护人"原则的宪法价值,而这一结论源于1977年1月12日的决定在理论和实践上的巨大影响力。

法语中的个人自由(liberté individuelle)有多种含义。狭义上的个人自由是指"安全权",即个人的人身自由不得被任意剥夺。广义上的个人自由除包括安全权以外,还包括行动自由、住宅和通信不受侵犯等。在1977年宪法委员会的这个决定中,个人私生活受尊重的权利被隐含在个人自由中受到保护。但是1999年宪法委员会作出的一系列审查的宪法决定澄清了私生活保护权的宪法依据:该权利来源于《人权宣言》第2条,即"鉴于《人权宣言》第2条所规定的内容:'任何政治结合的目的都在于保存人的自然的和不可动摇的权利。这些权利就是自由、财产、安全和反抗压迫',该条款所宣告的自由中包含了尊重私生活的内容",而不再来源于个人自由及《宪法》第66条。而在行动自由权方面,在1979年7月12日的决定中,宪法委员会承认行动自由权本质上来源于个人自由,然后给予其宪法性保护。宪法委员会将影响行动自由权的措施分为两类:一类是对该行动自由权的限制性措施,如强制外国人向警察局交出护照,另一类是剥夺行动自由权的措施,如监视居住等。

案例三: 深圳驱逐"治安高危人员"事件

2010年8月12日~23日,深圳将举办第26届世界大学生运动会。为保证这一盛事顺利举行,深圳警方发动十大行动,确保大运安全。第一项是排查清理"治安高危人员"的行动。该排查清理行动是"治安高危人员"排查清理百日行动的延续。此前的百日行动从2011年1月1日至4月12日,重点清理排查如下七类"治安高危人员":有前科、长期滞留深圳又没有正当职业的人员;在应当就业的年龄无正当职业、昼伏夜出、群众举报有现实危险的人员;长期滞留深圳、明显靠非法收入生活的人员；肇事、肇祸、对他人有危害的精神病人员；扬言报复社会，有可能产生极端行为以及其他一些未列举的、对群众安居乐业有现实或潜在危险的人员。百日行动期间，深圳警方采取拉网排查清理"治安高危人员"、严厉打击各类突出罪犯、严密治安防范网络、构建群防群治队伍等一系列举措，出动警力28.4万人次，检查出租屋33万余间（次），网吧、旅业休闲娱乐场所及其他场所16万余家（次），处罚出租屋主2300余人，停业整顿、取缔黑网吧、旅业及其他场所1180余家，抓获犯罪嫌疑人6371人，同比上升5.4%，破获刑事案件7679起，同比上升37.3%，治安拘留1731人，强制戒毒829人，抓获在逃人员921人，累计有8万余名"治安高危人员"受到震慑离开深圳。

在深圳市公安局接下来的"十大大运安保冲刺行动"中，排查清理治安高危人员工作仍是排在第一位的工作，深圳警方继续对"治安高危人员"进行严密监管，在前期对"治安高危人员"开展清理挤压工作的基础上，将工作重心转移到动态排查、轨迹掌握、清理挤压和严密管控。4月30日前，全面排查梳理近期掌握的"治安高危人员"，逐一核实在深居住地址，明确管控责任单位、民警；4月30日后，实现对新流入人员的信息滚动筛查，一经发现即时列管。深圳警方高调召开新闻发布会，宣扬百日行动的成果和继续推行打击"治安高危人员"工作的决心，引发社会的激烈批评，成为2011年的"十大宪法事例"之一。

[法律问题与重点提示]

从事件反映出来的基本事实判断，深圳警方驱逐"治安高危人员"的行政行为涉及对公民个人的多项个人性基本权利的干预，包括：人身自由、人格尊严不受侵犯、住宅不受侵犯。

我国《宪法》第37条规定："中华人民共和国公民的人身自由不受侵犯。任何公民，非经人民检察院批准或者决定或者人民法院决定，并由公安机关执行，不受逮捕。禁止非法拘禁和以其他方法非法剥夺或者限制公民的人身自由，禁止非法搜查公民的身体。"

人身自由是最重要的宪法权利之一。人身自由的宪法化最早可见于《自由大宪章》，其中规定，"任何自由人，如未经其同级贵族之依法裁判，或经国法判决，皆不得被逮捕、监禁、没收财产、剥夺法律保护权、流放，或加以任何其他损害"。从《魏玛宪法》开始，法律保留制度被用于对人身自由的保护，明确规定妨害与限制人身之自由的事项只能由法律规定。"人身之自由不得侵犯。凡用公共权力以妨害或褫夺人身自由者，唯依法律始得为之。"《魏玛宪法》中的规范用语显示，人身自由的内涵在现代宪法中有所扩张，不仅禁止非法逮捕拘禁等行为，还包括其他各种"妨害"形式。人身自由主要保障身体活动自由，即个体在物理空间上自主活动的自由，凡是限定活动之物理空间的措施，均涉及人身自由限制。这些限制措施包括划定活动空间的措施与划定不得活动的空间的措施。前者主要指各种监禁措施；后者包括驱逐出境和流放。从法律实践来看，限制人身自由的具体形式主要有逮捕、拘禁以及刑事法律和行政法律上常见的各种自由刑、行政处罚及强制措施。除此之外，强制隔离、强制戒毒、劳动教养、监视居住、驱逐出境等因为具有限制个体身体活动自由的意图和效果，因而也属于限制人身自由的措施。

深圳警方首先设定了所谓的七类"治安高危人员"，并针对这些特定人员采取一系列行政措施与刑事措施加以震慑，使其生活处于紧张状态，挤压其在深圳正常的生活空间，导致其最终不得不迫于生存压力和安全考虑离开深圳。深圳警方的行政措施相当于变相驱逐其所设定的"治安高危人员"，事实也表明，累计有 8 万余名"治安高危人员"离开深圳。因此，深圳警方针对"治安高危人员"所采取的行政措施中涉及对人身自由的限制，同时这一限制并不合宪。原因在于，为保证深圳大运会期间的社会治安状况，行政机关采取貌似合法的多重行政与刑事措施，客观上造成了对公民人身自由限制的效果。基于这样一个仅具有临时性意义的行政目的，而采取严重的公权力措施，造成大面积的对公民基本权利的限制，行政措施对基本权利干预的目的不具有正当性，且手段不妥当。

《宪法》第 38 条规定："中华人民共和国公民的人格尊严不受侵犯。禁止用任何方法对公民进行侮辱、诽谤和诬告陷害。"我国宪法关于"人格尊严的保护"包含了一般性规定与禁止性条款两个方面。从禁止性条款所禁止的"侮辱、诽谤、诬告陷害"的内容来看，我国宪法"人格尊严"保护中的"人格"是指"人格高尚"或者"人格低下"之"人格"，对个人品质等已包含了道德标准的评价。深圳警方的行为涉嫌侵犯我国宪法所保护的公民"人格尊严不受侵犯"。原因在于，并没有基于具体事由的，将"有前科、长期滞留深圳又没有正当职业的人员；在应当就业的年龄无正当职业、昼伏夜出、群众举报有现实危险的人员；长期滞留深圳、明显靠非法收入生活的人员；肇事、肇祸、对他人有危害的精神病人员；扬言报复社会，有可能产生极端行为，以及其他一些未列举的、对群众安居乐业有现实或潜在危险的人员"列为"治安高危人员"，并对其进行拉网式排查，相当于形成对上述人员"更易于扰乱社会秩序"的前提判断，这是一种歧视性行政措施，构成对上述人员人格尊严的轻视。

《宪法》第 39 条规定："中华人民共和国公民的住宅不受侵犯。禁止非法搜查或者非法侵入公民的住宅。""住宅不受侵犯"的宪法意义可以体现在如下几个方面：①对个人财产的保障和尊重；②对人身安全的保障；③对个人私生活的尊重和保护。鉴于宪法当中所认可的"住宅"内涵并非以个人私有的"住宅"为限，即使暂住之所、寄宿场所等具有暂时保存人身安全和私生活秘密功能的场所也受到保护，因此"住宅不受侵犯"的宪法价值更多地体现在对后面两项内容的尊重和保护中。"住宅不受侵犯"作为一项基本权利所直接指向的国家义务包括：①国家机关非经法律的规定与程序亦不能侵入，该"侵入"的内容不仅指物理空间的侵入，也包括通过器具进行非法窃听与窥视等干扰住宅内私生活的行为；②国家亦有立法和执法的义务，对不经本人同意侵入住宅或进行窥视、监听等干扰他人私生活的行为进行制止和惩罚。

深圳警方的行为涉嫌侵犯公民"住宅不受侵犯"的权利。因为事件背景显示，在整治所谓七类"治安高危人员"时，检查出租屋33万余间（次），网吧、旅业休闲娱乐场所及其他场所16万余家（次），在并没有基于具体事由的前提下，对"治安高危人员"的居所或暂居所进行了拉网式排查。

案例四： "呼死你"的街头小广告治理方式是否侵犯公民的通信自由

"呼叫死"又名网络电话自动追呼系统，是利用通讯费用低廉的网络电话作为呼叫平台，采用国际先进网络电话通讯技术，可以方便设置追呼的任何一部、任何区域的固定电话及手机号码。自从"呼死你"系统问世以来，其被许多城市运用于打击违法张贴广告等整治城市违法行动中。

近年来，一些街头小广告成为我国现代城市的公害。小广告的内容涉及办理证件、刻章、疏通管道、开锁等五花八门的内容，被随处张贴在树木、居民楼、电杆等处。这些小广告的特征还表现在特别留下固定电话、手机或寻呼机等通信方式。有些城管协管人员每天甚至要步行近20公里来铲除这些"城市牛皮癣"。2003年，南京市城管部门联合南京一家高科技公司，共同研制了一个名叫"呼死你"的信息化城市管理系统，简称为"呼死你"。通过语音呼叫的方式，告知不法广告联系人违反的法规内容，并要求其在规定时限，到指定地点接受处理。否则，系统将不间断地拨打该号，使其无法正常使用。

近年来全国有近二十个城市通过地方立法，允许使用"呼死你"的执法方式来治理乱贴、乱写小广告行为。2005年，新一代"呼死你"系统出炉，"呼死你"向小广告上的手机发送免费警告短信，要求机主在规定时间到城管部门接受处理；如未起到预期效果，将采取发送收费短信的方式，不断扣除对方手机话费，直到号码停用。

对此有学者提出质疑，认为这一地方立法已经侵害到了公民所享有的通信自由的基本权利。

[法律问题与重点提示]

通过"呼死你"网络通信系统进行城市执法的该事件中，24个小时不间断呼叫的执法目的，是暂停或终止违法广告发布人利用其通信工具进行交易，进而遏制其违法发布广告的行为，最终达到迫使其放弃继续违法发布小广告的目的。那么在这一过程中，城市执法部门"呼死你"的城市管理执法方式是否侵犯到我国公民的通信自由呢？

《宪法》第40条规定："中华人民共和国公民的通信自由和通信秘密受法律的保护。除因国家安全或者追查刑事犯罪的需要，由公安机关或者检察机关依照法律规定的程序对通信进行检查外，任何组织或者个人不得以任何理由侵犯公民的通信自由和通信秘密。"因而，在我国，公民的通信自由受到宪法保护。

那么，在已有宪法规定下，要解答"'呼死你'的执法措施是否侵犯到我国公民通信自由"，首先要解决"通信自由"的保障范围，以此确定"小广告发布者利用其散布的联系方式以取得交易联系的通信行为"是否属于"通信自由"保障内容范畴，然后才能够对执法措施是否侵犯了公民的"通信自由"作出结论。

通信自由是指公民通过信件、电报、电话以及电子邮件等形式表达意愿或进行交流的自由；通信秘密是指公民与他人的信件或电报、电话以及电子邮件等通信载体中的内容秘密性受到保护，禁止被非法取得的权利。通信自由和通信秘密是两个联系紧密的概念，没有通信自由就不可能实现对通信秘密的保护；没有对通信秘密的保护，也不可能实现通信自由。在台湾地区，这两个概念被合在一起叫作"秘密通讯自由"。通信自由和通信秘密作为基本权利受到宪法保护的重要价值，在于保护"公民个人交流中的隐私内容"，即公民个人定向交流的秘密性，如果除去这一层特殊价值，则宪法无需单独设立该项基本权利，只需要以"言论自由"来保护一般的公开表达和交流即可。因而，这项权利强调"两人以上交换意见，以秘密方式进行之，而不容许他人侵犯的自由"，如果个人彼此间秘密的自由交流受到干预，则会产生"通信自由"或"通信秘密"受到侵犯的嫌疑。

接下来，简单分析一下本事件中小广告发布者滥发通信方式行为的特征和实质。表面上看来，小广告张贴者因为"呼死你"的执法方式导致通信途径被暂停或终止，但其公开通信方式本质是一种广告行为，小广告发布者将其通信号码广而告之，希望与所有广告受众发生联系，以实现其商业经营的目的，通信联系是其从事商业经营的辅助工具和实现手段。即使有购买意向者与广告发布者建立了通信联系，而使其联系具备了一定的非公开性特征，但这种相对的秘密交流仍然属于双方商业行为的一部分。也就是说，即使是通信联系建立后的购买者与发布者的交流，本质仍然属于一种商业交流，非为个人精神交流，更非以特定的秘密交流为目的而进行的交流。因此，本事件中违法小广告发布者之通信方式被"呼死"的状况并不能落入到"通信自由"与"通信秘密"的保护范围中。就其通信建立之目的而言，属于"经营自由"之范围更确切。

但有一特殊情况，即街头小广告者所公开的通信工具通常是两用的，除了用以联系广告业务外，还用以进行个人交往和联系，"呼死你"在阻断其违法的商业广告行为的同时，将其用于个人交往和联系时的通信渠道一并阻断。而依照前述对"通信自由"与"通信秘密"基本权利范畴的分析，在小广告张贴者的商业通信方式与生活通信方式合一的情况下，"呼死你"执法确有侵犯"通信自由"与"通信秘密"的嫌疑。但这种嫌疑可被化解，城市执法的目的正当性及手段妥当性使得"呼死你"的城市执法具有合法性、合宪性。也就是说，尽管小广告张贴者的通信方式可主张基本权利保护，但如果"呼死你"具有执法目的正当性和手段妥当性的支持，也不构成违宪。

第四节 政治性基本权利

经典案例

小布什诉戈尔案

[基本案情]

针对总统选举，美国宪法规定采用选举团的方式，总统由选举团产生。在总统选举日，美国 50 个州和哥伦比亚特区的选民们投票选举"选举团"成员，即选举人。每个州事先指定若干人为代表本党的选举人。由于美国绝大多数州实行"胜者全得"（winner-take-all）的规则，一旦某一党的总统候选人在某一州获得的选民选票多于竞争对手，该党总统候选人即获得该州的全部选举人票，该党指定的选举人即成为正式选举人。

2000 年美国总统大选发生在共和党的小布什与民主党戈尔之间。两人实力相当。选举原本应该在 11 月 7 日得出结果，但由于在最后一个州佛罗里达州的 25 票结果诞生之前，无法确定小布什与戈尔谁将当选为总统的问题，因此佛州成为最关键选区。佛州投票结果显示，民主党候选人戈尔与共和党候选人布什在佛罗里达州获得的选票数的差额不超过 0.5%，依据佛罗里达州的《选举法》规定，必须重新计算结果。民主党人也认为机器计票存在很大误差，形式各异的选票很容易产生计票失误，因此要求依据佛州《选举法》规定，在棕榈滩县几个"自己的地盘"上重新进行人工计票。民主党要求重新人工计票的请求得到了佛州最高法院的支持。小布什以佛州《选举法》中的相关规定违反联邦宪法为由向佛州法院起诉，但均遭到拒绝。无奈之下，小布什起诉至联邦最高法院。联邦最高法院受理案件，并在 12 月 4 日作出裁决，其中并没有就布什和戈尔的选举分歧作出直接判断，而是以州最高法院没有说明其决定的法律基础，也没有论及它与联邦相关法律之间的关系为由，以 9 票一致的结果"搁置"了佛罗里达最高法院的判决，将"案件发回"，以表明其有权干预选举过程。但民主党派法官居多的佛州最高法院无视联邦最高法院的裁判，仍然以 4∶3 的多数意见同意给予戈尔最后的计票机会。在佛州法院支持民主党派的立场下，已经开始的人工计票工作显示，佛州的选举结果很可能发生有利于民主人的转变。焦急无奈的布什阵营再向联邦最高法院提起紧急上诉，向佛州最高法院有利于民主党判决的合法性提出质疑，要求法院发出禁令，阻止在佛州进行人工重新计票。12 月 9 日，最高法院以 5∶4 的多数意见，通过法令要求暂缓计算佛州问题选票，12 月 12 日，联邦最高法院作出 7∶2 的多数意见以人工计票违反宪法为由将案件发回佛州最高法院重审。

12 月 13 日，戈尔阵营表示，虽然不认同美国联邦最高法院的裁决，但是接纳其决定，并祝贺布什当选为美国第 43 届总统。在长达 1 个月的拉锯战中，共发生了与大选合法性相关的诉讼 45 起。在这一系列的诉讼中，美国联邦最高法院也史无前例地两次介入了总统选举过程。

[法律问题]

1. 美国总统选举为什么没有采用全民直选？美国宪法为什么针对总统选举设立选举团制度？

2. 美国最高法院在解决这次选举危机中起到了什么作用？联邦最高法院是否应该介入此案？

[参考结论与法理精析]

（一）法院判决

本案中涉及两份法院判决。一份是联邦最高法院于 12 月 4 日作出的裁决，以佛州最高法院所作判决采用的法律依据准确性不充分为由，以 9 票一致的结果"搁置"了佛罗里达最高法院的判决，将"案件发回"；另一份是面对小布什提出的紧急上诉请求，联邦最高法院于 12 月 12 日又以 7∶2 的多数意见裁判佛罗里达州《选举法》及佛州最高法院的判决违反宪法，并将案件发回佛州最高法院重审。

在12月4日的判决中，关于联邦宪法与州法律规定的相关性，联邦最高法院认为，当州立法机关制定的一部法律不仅适用于州的机关的选举，而且还适用于总统选举人的选举时，这个州立法机关不仅仅是在该州人民的授权下立法，而且是在《美国联邦宪法》第2条第1款第2项的直接授权下立法。联邦最高法院认为，在佛州最高法院作出其判决时所引用的依据中，仅注意到与其相关的部分条款，而其中同样涉及的联邦法律原则却没有被提及，这导致判决依据的准确性存在问题。

在12月12日的判决中，联邦最高法院认为佛州最高法院要求重新计票的命令违反了平等法律保护条款。他们的裁决主旨如下：立法机关行使该州范围内的关于总统选举人的选举方式以完成对总统选举人成员任命的权力，这时公民个人享有投票选举选举人并进而产生美国总统的联邦宪法权利得以确立；如果州政府的行为损害了这一基本权利，联邦法院应对这些行为进行严格的司法审查；在本案中，佛罗里达的法律以及州法院均没有给出一个明确的标准来进行第二次重新人工计票，并且确保每一投票均能以一种平等的方式公平、准确地被统计，因此，第二次重新计票违反了宪法第14条修正案所要求的平等保护，以及为正当程序所要求的公正对待每一个投票者。

联邦最高法院认为，"一旦各州立法机关行使确立该州范围内的选举方式来完成它对选举人团成员任命的权力，公民个人则享有了投票选举选举人并进而产生美国总统的宪法权利。选举权作为基本权利的属性之一在于每张选票分量相同、每一位投票人享有同样的尊严"，投票权不仅在最初配置时受到保护，平等保护同样适用于这项权利的行使方式，一旦州授予了公民同等条件下的投票权，州就不能再通过专断的和完全不同的方式来使某个人的选票比另一个的选票更有价值。在如何判断佛州最高法院下令重新人工计票以辨别"投票人意志"的问题上，联邦最高法院认为，这样的考虑作为一个抽象命题和初步原则是不会有人反对的，但问题是缺乏进一步的具体标准来确保平等适用这一原则。而且从实践中的情形来看，各地及不同的操作人员确实适用不同标准来计算"问题选票"。同时，佛州最高法院的判决也没有明确由谁来重新统计这些选票。从目前情况来看，选举过程中的平等保护呈现出非常复杂的特征。因而，佛州最高法院下令重新计票存在着需要加以补救的宪法性问题。

（二）美国总统选举与选举团制度

如前所述，根据美国1787年宪法，美国总统由选举团选举产生。在总统选举日，美国50个州和哥伦比亚特区的选民们投票选举的是选举团的成员，即选举人。每个州事先指定若干人为代表本党的选举人。由于美国绝大多数州实行"胜者全得"的规则，一旦某一党的总统候选人获得的选民选票多于竞争对手，该党总统候选人即获得该州的全部选举人票，该党指定的选举人即成为正式选举人。

每个州的选举人票相当于该州参议员和众议员人数之和。由于各州在国会众议院的名额是按人口多少分配的，人口多的大州选举人票也相应较多。因而大州是历次总统大选争夺的重点。今天，美国全国共有538张选举人票，获得270张选举人票的总统候选人即可当选为总统。2000年大选布什获胜，共赢得271张选举人票。

那么在号称全世界最民主的美国为什么采用选举团制度而不是直接民主的方式来选举总统呢？

美国总统的选举在制宪会议上产生过四种方案：由国会选举，由各州州长选举，由人民直接选举，由选举团选举。国会选举总统的弊端在于，行政部门既由国会选举，又由国会罢免，行政机关依赖于议会意志而不具有独立性，权力的分立就难以实现。人民直接选举的问题则在于，由于美国幅员辽阔，地域差别很大，如果人民并不能充分地了解选举的相关情况，就可能作出非本意的受到误导的判断；同时，由于美国各州人口不均，大州与小州之间的人口差别悬殊，直接选举将造成少数大州联合即可直接控制选举结果的状况，那么小州的利益将得不到重视和关照。最后，制宪会议达成妥协，采纳了选举团的方案。

但是，因为选举团制度自身的问题，使得该制度选举产生的结果可能会面临非民主的挑战。因为美国各州人口差别悬殊，总统选举人票相差很大，每张选举人票所代表的人口数并不相同，导致每位选举人的选举票值不同，有的州之间的选举票值甚至有几倍之差，这就可能出现这样的胜选状况：总统选举获胜者虽赢得选举人票，但在直接选民票的计算中都输于对手。这一情形在1888年的总统选举中出现过，当时的民主党候选人克里夫兰获得了5 540 050张选民票，共和党候选人哈里森只获得了5 444 337张选民票，但后者却以233张选举人票当选总统，前者只获得了168张选举人票。

而本案中布什的胜选与1888年哈里森的当选如出一辙，布什虽然获得了271张选举人票赢得选举胜利，但是布什比戈尔却少了近54万张左右的民选票，成为继1888年哈里森之后又一位少数派总统。选举团制度在2000年美国大选中暴露出的问题引起了广泛的关注，包括希拉里在内的许多国会议员提出应该废除该项制度。但是这项美国化的总统选举制度经过了制宪会议的明确论证，融合了美国人关于最高权力诞生的特有思考，并经历了二百多年的历史检验，其造成所谓选举失灵的概率非常有限，因而彻底改变这一美国总统选举方式在实践中仍然难以做到。

（三）案件意义及影响

小布什诉戈尔案所产生的重要的法律思考，除却美国总统的选举方法——

选举团制度的问题所在，就是关于美国联邦最高法院在美国分权原则下的宪法地位及其权能。对后一个问题的评注是本案非常突出的看点：美国联邦最高法院的判决是否可以决定美国最高行政权力的归属？司法行为可否介入到总统选举这样的"政治行为"中？一个非民主的司法机构能否决定民主的意志或命运？

　　1801~1835年任美国联邦法院首席大法官的马歇尔曾经在著名的"马伯里诉麦迪逊"案件中作出论断：政治行为不应接受法院的审查。本案发生时，伦奎斯特任首席大法官的美国联邦最高法院以做派保守著称，奉行司法克制哲学，但却介入了一个明确无误的属于"政治行为"的美国总统选举。尽管美国联邦最高法院在本案中以司法裁决的形式表达了法律意见，但其中的"政治性意味"是明显的。联邦最高法院本身并没有下令停止人工计票，而只是将案件发回佛州最高法院重审，但因为判决作出时间离合法的选票统计截止时间（佛州议会所规定的截止时间）只剩下两个小时，这实际上断绝了佛州高院采取任何补救行动的可能性，也断绝了戈尔的胜选希望。表面上看来，联邦最高法院只是对法律程序而非总统选举问题作出了其权限范围内的判决，但联邦最高法院持多数意见的大法官们非常清楚，他们的判决将阻止佛州最高法院将受到怀疑的"缺票"清点完毕，其最终结果是肯定了现有的选举计票结果，即布什将获得总统选举的胜利。因此，自由派发表意见说，7位多数意见的法官在这次总统选举中投了布什两次票：一次在11月大选中，一次在12月的裁决中。

　　如何理解这个干预"政治"的司法决定对美国社会的意义呢？面对美国联邦最高法院史无前例的两次介入2000年美国总统大选所发生的法律纠纷，质疑者与支持者同在。一种观点认为联邦最高法院的做法属于对佛州最高法院已经表达出的明显政治方向的一种正当的"司法干预"，是以所谓的"非法"反击佛州高院的"非法"；另一种观点则认为，美国联邦最高法院滥用司法权，以司法意志取代了佛州《选举法》本身所体现出的公民意志，因而司法价值左右甚至凌驾于民主价值之上，这一点将对未来美国的民主形式产生深刻的影响。该案是仅具有偶然性的意义，还是它将对未来美国权力分立的格局造成比较明显的影响，仍将留待历史检验。

拓展案例

案例一：　　　　　　梁广镇身兼两地人大代表事件

　　梁广镇出身于广东省郁南县都城镇水松银村一个农民家庭，连任广东省云浮市三届人大代表，一起本来与他无关的诽谤案件牵出了其在十多年前发生的一桩旧案。2006年7月，一起诽谤云浮市委书记的案件破获，时任云浮市公安局党委委员的江纲与其他5人被广东省云浮市检察院以涉嫌诽谤罪依法批捕。另外检察机关查明，江纲是梁广镇的"连襟"，1997年9月，梁广镇通过江纲，将公安局的300万元罚没收入挪作企业的流动资金，当年12月30日将这笔钱归还。按照《刑法》第384条规定，梁广镇明知300万元是公款，并与江纲合谋挪用，两人构成挪用公款罪共犯，而且属于"情节严重"，应处5年以上有期徒刑。云浮市检察院对梁广镇涉嫌挪用公款一案立案侦查，并按程序报请云浮市人大常委会对梁广镇采取强制措施，该市人大常委会的态度很明确，坚决支持检察机关依法办案，许可检察机关对其采取强制措施，并移送法院进行刑事审判。然而，广西百色市人大常委会表示了不同意见，原因是梁广镇同时也是当时广西百色市人大代表，未经其许可，云浮市检察院不能对其采取强制措施并移送法院进行刑事审判。据悉，梁广镇仅在广西百色市隆林县的资产就达3亿多元。2007年3月，广西百色市人大常委会副主任谭振秋携带该市人大常委会的决定，来到云浮市告诉当地检察院，云浮市检察院没有经过百色市人大常委会的许可，对身为百色市人大代表的梁广镇采取强制措施是"严重的违法"。两地人大常委会机关意见向左，检察机关无所适从，案件被迫搁置。

[法律问题与重点提示]

梁广镇事件要回答的主要问题包括：一是人大代表是否可以身兼两地？二是人大代表是否应该享有人身权的特别保护？回答上述问题，涉及我国宪法和法律中所规定的公民选举权与被选举权的规定，以及人大代表职责与人大代表人身权的特别保护。

选举权和被选举权是一对最为重要的政治权利，我国《宪法》第34条、《中华人民共和国全国人民代表大会和地方各级人民代表大会选举法》（以下简称《选举法》）第3条均规定，中华人民共和国年满18周岁的公民，不分民族、种族、性别、职业、家庭出身、宗教信仰、教育程度、财产状况、居住期限，都有选举权和被选举权；但是依照法律被剥夺政治权利的除外。这一项规定表明选举人和被选举人的地位平等，但是关于选举人和被选举人是否可以两地参选的问题，我国法律没有明确规定，但是从《中华人民共和国全国人民代表大会和地方各级人民代表大会代表法》（以下简称《代表法》）第49条规定，地方各级人民代表大会代表迁出或者调离本行政区域的，其代表资格终止。以及多地就《选举法》实施所规定的《选举法实施细则》来分析，我国法律实际只承认公民在"一次选举"中有一个投票权，禁止选民在一次选举中享有一个以上的投票权，即禁止选民在一次选举中的复数投票权。按照选举权与被选举权平等的原则，禁止选民在一次选举中的复数选举权实际上也禁止了选民在一次选举中的复数被选举权。

同时，从人大代表的职能来分析，人大代表也不应两地兼职。人大各级代表受原选举单位或者选民委托反映意见、提出要求、争取利益，这是我国人大代表的代表功能。代表可以通过参加会议、大会发言、提出议案、会议表决等各种方式实现其代表功能，对此宪法和法律都通过相关规定来保障其工作。正是由于人大代表肩负着委托人的意向去实现被委托人利益，如果代表身兼两个被委托人的角色，当委托人的利益发生事实性的冲突时，要么代表只能放弃其中一方的利益，这样代表就违反了对被放弃方的受托义务；要么只能不加选择，不去作为，这样便违反了对双方的受托义务，而其对选区、原选举单位及选民的代表功能也会因为其身兼两职、选择不能而事实性地消解了。

《宪法》第74条规定，全国人民代表大会代表，非经全国人民代表大会会议主席团许可，在全国人民代表大会闭会期间非经全国人民代表大会常务委员会许可，不受逮捕或者刑事审判。这是我国人大代表"人身权特别保护"的宪法依据。同样，法律也规定了对县级以上人大代表的人身权特别保护，如《代表法》第32条第1款规定，县级以上的各级人大代表，非经本级人民代表大会主席团许可，在本级人民代表大会闭会期间，非经本级人大常委会许可，不受逮捕或者刑事审判。如果因为是现行犯被拘留，执行拘留的机关应当立即向该级人民代表大会主席团或者人大常委会报告。但是人大代表的人身特别保护权不是无限制的特权，它只是设定了人大代表进行人身限制的特别批准程序。在事实清楚、合乎法律的前提下，人大主席团或者常委会应该许可对人大代表的逮捕、刑事审判或者限制人身自由的强制措施的请求。

案例二：　　　　　乌坎村民因土地问题向政府抗议

乌坎是一个坐落于海滨的具有悠久历史的小渔村，是广东省汕尾陆丰市东海镇12个行政村中的1个。目前建有千吨级码头2座，村民拥有12～24匹的渔船110多艘，从事海洋捕捞作业。这样一个富庶、开放的现代化村庄，在迄今20年的房产开发过程中失去了多数现有土地。从1993年起，由村支书任总经理的乌坎港实业开发公司获准经营"一次性房地产开发业务"，乌坎港实业开发公司陆续吞噬了村里大大小小的土地。而这些土地被征收之后，并没有用于真正的开发，土地只能闲置，该状况让村民愤怒不已。而且在村民并不知情的情况下，几年时间里村委会陆续将3200亩土地卖给开发商，共计款项达7亿多元人民币，发放给村民的只有每亩500元。村民为此屡次上访，皆无结果。

乌坎村围绕土地问题所积累的矛盾越来越深。在与村委会及开发商争夺土地的过程中,村民曾经自发组织起来举行游行示威,并与现场的警方发生冲突,引起骚乱。2011年9月21日上午,乌坎村约50名村民到乌坎旧电影院集会,反映土地等问题。10时30分,聚集的群众来到陆丰政府进行集体上访,一度封堵公路。22日上午100多名汕尾武警特警进驻当地,武力驱散正在集会的市民(包括妇女儿童),10多人受伤,随后矛盾激化,当地人围攻派出所和市政府,投掷石块、推翻警车,有10多名警察受伤,警方拘留4人。

9月24日下午,乌坎村选出13位村民代表与陆丰、东海镇政府沟通,再次提出查清乌坎村土地买卖情况、核查乌坎村委换届选举情况、公开村务与财务三个诉求,陆丰市委常委、常务副市长丘晋雄代表市委市政府作出回答:"市、镇两级将组成强有力的工作组进驻乌坎村,调查核实村民代表提出的问题。"工作组于9月26日进入乌坎村,每7天公布一次工作进展;乌坎村"两委"干部要全力配合市工作组开展工作,村民代表参与监督,配合政府做好工作,并保证不再组织过激行为。但工作组在调查解决村民诉求过程中,1月21日又有400名左右的乌坎村民聚集到陆丰市政府门口非正常上访。12月9日,事件的主要组织者之一现年42岁的村民薛锦波涉嫌故意毁坏财物罪和妨害公务罪被刑拘,关押于汕尾市看守所。11日薛锦波在押期间死亡,17日乌坎村举行村民大会,要求在5天内交出薛锦波的尸体,否则将到陆丰市政府进行游行示威。

12月19日,乌坎村再次举行集会,要求归还薛锦波尸体,村民高举"还我民权"、"共产党万岁"、"中共有青天"等标语。村民在村子的各大小出入口设置哨岗,并砍倒大树作为路障,出入车辆和人员都要经过查问。20日,广东省委成立工作组,由中纪委委员、省委副书记朱国明带队进驻乌坎村,表示要以最大的努力和诚意解决村民的诉求,尽快恢复社会管理秩序。12月28日,广东省工作组对乌坎村第五届村委会换届选举作出整体无效认定,宣布乌坎村原党支部主要负责人涉嫌违纪正接受组织调查。2012年1月15日。乌坎村党总支部和村委会重新选举筹备小组成立。民选代表林祖銮任乌坎村总书记,以配合广东省工作小组落实相关问题的解决方案。至此,乌坎村事件一波三折,最终获得适当解决。

[**法律问题与重点提示**]

乌坎村事件所反映的涉及公民基本权利的主要宪法问题表现在:如何保障公民政治表达的权利?公民政治表达的权利是否受到限制?

乌坎村村民因为土地问题对于村委会的各种不满达到极限,在没有有效渠道反映和改变现状的情形下,聚在一起、包围村委并提出请求,这一行为可以受到两项基本权利的保护:一是公民"集会、游行、示威"的基本权利;二是对国家机关及其工作人员的监督权,包括批评、建议权以及对其违法失职行为进行申诉、检举和控告的权利。

"集会、游行、示威"的政治权利是许多民主政治国家公民的基本权利之一。我国《宪法》第 35 条规定："中华人民共和国公民有言论、出版、集会、结社、游行、示威的自由。"我国宪法确认了公民有包括言论、出版、集会、结社、游行、示威形式在内的政治表达权利。乌坎村村民聚众示威的行为是受到宪法保护的。但这项权利并不是无限的，各国往往通过法律对这项基本权利加以限制。"集会、游行、示威"限制的内容包括：①限制要具有正当性目的，基于交通秩序、公共安全、他人权利保护的需要等，可以对权利进行限制。②限制的主要方法有履行登记或许可手续。例如《德国集会法》要求举行集会游行必须在 48 小时前报告，向当局报告不同于许可，警察没有审查批准的权利；日本也有地方立法来规制游行示威，但行政机关在限制时需要遵循一些基本原则：不得规定一般许可，行政许可制必须规定有合理且明确的基准等。③各国法律一般规定了"集会、游行、示威"需要以和平方式进行。我国《集会游行示威法》对公民的"集会、游行、示威"也同样进行了规制。按照该法第 7 条规定，公民集会游行示威的，需要向主管部门申请，获得许可后方能进行。但我国《集会游行示威法》中所规定的"不予许可集会游行示威"的情形比较抽象，尤其是第 12 条中"有充分根据认定申请举行的集会、游行、示威将直接危害公共安全或者严重破坏社会秩序"的规定，给予行政机关在是否许可"集会游行示威"问题上过大的自由裁量空间，使得行政机关具有更多滥用执法权的可能。因此，这样的法律规定本身有过度限制公民"集会、游行、示威"的权利而造成基本权利违宪的嫌疑。

从事实角度来看，乌坎村村民未依照法律规定的经申请和许可程序而进行集会、示威，也没有遵守《集会游行示威法》所设定的程序，而且其在村内设置路障、盘查过往行人与车辆的行为，也侵害了其他公民的法律权利，具有违法性。这一违法性并非由《集会游行示威法》本身的违宪性所引起的。

我国《宪法》第 41 条第 1 款规定，"中华人民共和国公民对于任何国家机关和国家工作人员，有提出批评和建议的权利；对于任何国家机关和国家工作人员的违法失职行为，有向国家机关提出申诉、控告或者检举的权利，但是不得捏造或者歪曲事实进行诬告陷害"；《宪法》第 41 条 2 款规定："对于公民的申诉、控告或者检举，有关国家机关必须查清事实，负责处理。任何人不得压制和打击报复。"这是我国宪法所规定的公民享有的监督权。乌坎村村民针对村委及政府机关的聚众行为，不仅仅具有言论表达、观点释放之意义，也包含了因为有关权力机关不能对侵害村民财产权利的行为进行法律惩罚、村民财产权利得不到有效救济而进行申诉、控告的意义，因为其行为的直接目的在于期望引起有关部门重视，进而妥善有效地救济村民被侵害的权益，这一点从有关国家机关及工作人员介入并解决问题后乌坎村村民的反应中可以得到证实。基于这样的行为目的，乌坎村村民的聚众示威行为也应进入我国宪法所规定的公民监督权的保障范围。

案例三：　　　　　　王春立等诉北京民族饭店案

　　王春立等人是北京民族饭店的职工，后因单位实行人员精简，他们与北京民族饭店解除了劳动合同关系。1998年10月，北京民族饭店为王春立等16名员工进行选民登记。11月20日，选区核发了选民证。11月30日，民族饭店与34名员工解除了劳动合同关系。在12月15日这一选举投票日，这34名员工没有获得选民证，也没有接到参加选举的通知。1999年1月11日，王春立等16名下岗职工向北京市西城区法院起诉原单位民族饭店，认为被告侵犯了他们作为公民最基本的政治权利即选举权，要求民族饭店承担法律责任，并赔偿经济损失200万元。

　　1999年1月21日，北京市西城区法院（1999）西民初字第825号《民事裁定书》指出："本院认为王春立等人要求民族饭店承担由其承担未能参加选举的法律责任并赔偿经济损失的要求，依有关规定，应由有关行政部门解决，本案不属法院受理范围。"1月22日，王春立等人诉至北京市中级人民法院，上诉状称："公民的选举权是宪法规定的政治权利，民族饭店对王春立等人的选举权的侵犯是一种严重的政治侵权行为。为了使我国民主法制的神圣性得到体现，宪法规定的公民的权利地位如何，现实性如何，法院是否受理此案，是对人民最直接的答复，如果法院不受理此案，我们将无处去申诉，对宪法的严肃性和权威性将造成极大的损害。公民最神圣的权利将成为儿戏。因此，我们恳请法院为了维护国家的利益，为了维护法律的尊严，受理此案。"1999年4月，北京市中级人民法院作出裁定，不予受理。

　　[法律问题与重点提示]

　　此案涉及的主要基本权利问题是，对于受到侵犯的公民的选举权，如何来加以救济？

　　选举权是我国公民依法享有的一项重要的基本权利。我国《宪法》第34条规定，凡年满18周岁的中华人民共和国公民，不分种族、民族、性别、职业、家庭出身、宗教信仰、教育程度、财产状况和居住期限，都有选举权和被选举权；但是依照法律被剥夺政治权利的人除外。因此，选举权和被选举权是一项宪法权利，在公民的选举权和被选举权遭到侵害时，应该获得宪法救济。

本案中，王春立等原告是享有合法选举权的国家公民，在其工作期间，其工作单位民族饭店为其进行了选民登记，并由工作单位所属的选区核发了选民证，因此其选民的资格是获得承认的，其享有选举权的真实性是没有疑问的。但在选举日，因为原工作单位未能有效作为导致原告16人没有能够及时地参加选举，也就无法通过选票表达自己的选举观点和意愿。鉴于选举的时效性，不能再行有效投票来影响选举的效果，从而产生实际的意义，因此被告的选举权在本次选举中无法实现，受到了侵害。所以在本案中，原告等人选举权受到侵害是能够获得证明的事实。

我国选举权作为基本权利，其法律化的结果体现在《选举法》、《刑法》、《民事诉讼法》对选举权的有关规定中，受法律保护的内容主要体现在三个方面：一是《刑法》惩处破坏选举的犯罪活动；二是通过《民事诉讼法》处理选民资格案件；三是《选举法》中有关选举的内容和程序的规定。尽管我国法律对保护公民选举权有规定，但对于本案当中所涉及的原告的选举权因为组织或机构的不作为而不能有效实现的情况应如何处理，却缺乏相应规定。与该案性质最接近的法律规定当属选民资格案件。对此，我国《选举法》第28条和《民事诉讼法》第181条分别规定，对于公布的选民名单有不同意见的，可以向选举委员会提出申诉，选举委员会对申诉意见，应在3日内作出处理决定。申诉人如对处理决定不服，可以在选举日的5日以前向人民法院起诉，人民法院应在选举日前作出判决。人民法院的判决为最后决定；"公民不服选举委员会对选民资格的申诉所作的处理决定，可以在选举日的5日以前向选区所在地基层人民法院起诉。"依照上述法律规定，人民法院受理选民资格案件，须具备三个条件：一是起诉人向人民法院提起诉讼应以选举委员会对其申诉的决定为前置条件；二是对选举委员会对选民资格的申诉所作的决定提起诉讼，应在选举日5日之前进行；三是只能向选区所在地的基层人民法院提起诉讼。这三个条件必须同时具备，人民法院才予受理。因而本案不符合《民事诉讼法》受理条件，法院不予受理。除了《民事诉讼法》和《选举法》的相关规定，我国《刑法》对破坏选举问题也有所规定，但并不适用于本案。因此，现有的法律规范和法律制度在受理和解决王春立一案时确实无能为力。王春立一案显示了我国选举权法律保护的缺位和不足。

选举权作为一项基本权利，对应着国家保障选举权实现的消极义务和积极义务。国家义务的内容表现在：①不侵害公民的选举权，此为消极义务。②排除对选举权的侵害和救济选举权，此为积极义务。基于此积极义务，为保障义务的履行，国家应该建立充分的救济制度和救济途径，扩大救济范围，使受到损害的选举权得以恢复。③建立法律、制度及各种设施来保障公民选举权的实现,此为积极义务。因此,公民既然享有选举权,在其权利实现的过程中,国家便负有义务。国家不但负有消极义务,更多地负有积极义务。在王春立的案件中,面对王春立等人的选举权无法实现的最终状况,国家在履行其积极义务方面存在缺陷:①没有建立完善充分的制度设施保障选举过程的严密与审慎,致使选民在没有获得及时通知而无法按时参选后竟找不到准确的责任人;②没有建立充分的救济途径和救济手段,使得受害人无法通过司法救济的途径来获得最终救济。改善该情况,应该考虑建立针对选举诉讼的专门裁判机构,拓宽选举权法律救济的范围,开启选举权宪法救济的有效通道。

第五节　社会性基本权利

经典案例

案例一：　　　　　　德国药店案[1]

[基本案情]

诉愿人从 1955 年开始便是特豪恩施塔因（Traunstein）一家药店的职员。1956 年 7 月,他想在特豪恩施伊特（Traunreut）开药店,向上巴伐利亚（Oberbayern）政府申请经营许可。政府根据巴伐利亚州《药店法》第 3 条第 1 款的规定拒绝颁发许可证。

《药店法》第 3 条第 1 款对新设立药店规定的许可条件包括:"为了民众的药品供应而设立药店应当符合公共利益;其经济基础有保障,并不对相邻药店的经济基础产生如此大的影响,以至于药店正常经营的前提不复存在;在许可中可以规定条件,即为了保障药品在所有地区的供应而要求在特定地点设立药店。"

上巴伐利亚政府于 1956 年 11 月 29 日基于《药店法》第 3 条第 1 款 a、b 款的规定,拒绝了诉愿人的申请。其主要理由如下:①设立有关药店并不符合公共利益。该地区有大约 6000 位居民,现有的一个药店就足够为他们提供药品了。出于公共医疗的考虑,只有在有更多居民的地方,才考虑开设新的药店,过多的药店更倾向于在没有医生处方的情况下出售处方药,更容易非法出售含

---

[1] 该案案情与法院判决参照了张翔主编:《德国宪法案例选释》第 1 辑,法律出版社 2012 年版,第 48~51 页。

有鸦片的药品。②每个药店至少要向七八千居民供应药品，才能够保障其生存。禁止申请者设立一个无法生存的药店，也符合申请者自身的利益。③新设立的药店，会对原有药店的经济基础产生巨大的影响，会导致药店无法正常经营。按照财税机关的统计，药店的营业额表明：如果新设立一个药店，原来药店的营业额将下降40%。基于这些理由，行政机关拒绝了当事人设立新药店的申请。

针对行政机关拒绝颁发许可证的行为，当事人提起了行政异议，但在1957年7月12日的决定中，行政机关维持了原行政行为。诉愿人因此提起宪法诉愿。《德国基本法》第12条第1款规定："所有德国人均有自由选择职业、工作岗位和培训场所的权利，从事职业的行为可以通过法律或依据法律予以规范。"诉愿人主张《药店法》第3条第1款违反了《德国基本法》第12条和第2条，是无效的。联邦宪法法院受理了这一诉愿申请。

[法律问题]

1. 从"药店职员"到"从事独立的药店经营"的从业转变是否受到《德国基本法》第12条第1款所规定的"择业自由"的保护？

2. 立法者是否有权规制个人的"择业自由"？如何规制？

[参考结论与法理精析]

（一）涉及的《基本法》规范

《基本法》第12条规定，①所有德国人均有自由选择其职业、工作地点及训练地点之权利，职业之执行得依法律管理之。②任何人不得被强制为特定之工作，但习惯上一般性而所有人均平等参加之强制性公共服务，不在此限。③强迫劳动仅于受法院判决剥夺自由时，始得准许。

《基本法》第33条规定，①所有德国人民在各邦均有同等之公民权利与义务。②所有德国人民应其适当能力与专业成就，有担任公职之同等权利。③市民权与公民权之享有，担任公职权利及因担任公务而取得之权利，与宗教信仰无关。任何人不得因其信仰或不信仰某种宗教或哲学思想而受歧视。

（二）法院意见

法院在对宪法诉愿人的请求进行具体审查时，基于这样的判断思路：首先，确定什么是《基本法》中自由选择职业的"职业"范畴？以及"择业自由"的内涵是什么？回答这个问题方可确认宪法诉愿人要求颁发许可证的行为是否受到《德国基本法》第12条第1款"职业选择自由"的保障。其次，对职业选择自由的法律限制及其法律适用需要遵循何种标准？相对确定的标准便于评判上巴伐利亚州的法律规定及州政府拒绝颁发行政许可的行为是否合宪。

针对第一个问题，德国宪法法院提出，营业自由并不是社会和经济制度的一个客观原则，而是赋予个人以任何被允许的活动作为职业的基本权利。独立的或者具有依赖性的职业活动这两种形式都具有社会意义,那么,在这两者之间进行的选择,以及从其中一种形式过渡到另外一种形式,都构成了《德国基本法》第12条第1款意义上的职业选择行为。德国宪法法院在判决中具体阐释道:"《德国基本法》第12条第1款保护公民在现代社会中的一项重要自由:个人认为自己适于从事任何一种活动的,都有权以这种活动作为自己的职业,即将其作为自己的生计来源。这是一项基本权利,其保护的对象是经济上具有意义的劳动,只不过是将其称为'职业'。通过'职业'这一称谓,强调个人在谋生活动中的个性。职业是个人的事业和生计来源,通过职业,个人也向社会作出贡献。就此而言,这项基本权利对所有社会阶层都具有社会意义。"关于担任公职的权利是否属于《基本法》第12条第1款所保护的"职业"范畴时,德国宪法法院认为,"《基本法》第33条对所有属于'公共行政'的职业作出了特别的规定。这是由实务的本质决定的:国家机关的工作岗位数量,是由相应的公法团体根据其组织权限决定的。这方面选择职业的自由,就意味着同等资质情况下,所有人具有平等担任公职的机会。"关于独立性职业与依赖性职业的关系,德国宪法法院认为,"第1款并不区分独立的和依赖性的职业。个人也可以选择依赖性的劳动作为自己的职业,在现代社会,人们越来越多地选择依赖性职业。如果公民既可以独立的,也可以依赖他人来进行某种活动,而且这两种形式都有自身的社会意义,则选择其中之一,以及两者之间的转换,都构成对职业的选择。这也适用于药剂师职业的选择:独立的药剂师经营一个药店,药店就构成其经济生存的基础,是一个企业;而受雇于他人的药剂师,则是为这个企业提供劳务,按照通常的观念,以及按照这个行业的从业人员的观念,这两者构成了药店行业的两种'职业'。因此,在结果上,联邦行政法院的如下观点是正确的:原来受雇于他人的药剂师成为独立经营的药剂师构成对'职业'的选择,受到《基本法》第12条第1款的保护"。

针对第二个问题,德国宪法法院认为,立法者根据《德国基本法》第12条第1款第2句规定有权规制"择业自由",规制应当考虑到这项基本权利的目的,以及它在社会生活中的意义。实际生活中涉及该项基本权利的"职业从事"与"职业选择"两种行为,立法者都可以进行限制。但是,限制的程度存在不同,立法权限涉入"职业选择自由"领域愈多,其所受限制也就愈大,而如果立法者权限只是针对执业事项,则其所受限制要小。"择业自由"意在保护公民的个人自由,但是规定可以规制"择业自由"的宪法规范表明了保护公共利益也是宪法目的之一。为了同时满足这两方面的要求,立法者进行规范的时候,必须按照下列原则来区分不同情况:首先,基于对公共利益的合理考虑,可以对从事职业的自由进行限制,但是出于基本权利保护之目的,不能对基本权利造成过重负担；其次，只有出于保护特别重要公共利益的需要，才可以对选择职业的自由予以限制，如果这种干预无法避免，立法者必须选择对基本权利限制最小的干预形式；最后，如果通过对某一职业设立特定前提条件的方式对选择职业的自由进行干预，则必须在主观和客观前提之间进行区分：对于主观前提（尤其是教育和培训方面的条件）适用比例原则，有关前提与追求的适当从事职业的目的之间，不得有不合比例的情形；如果要设立客观的行业准入前提，必须要充分证明设立这些前提的必要性，通常而言，只有在为了避免对非常重要的公共利益可能构成可以证明的或者极有可能的危险时，才可以采取这种措施。《德国基本法》第12条第1款第2句中规定的规范，必须在对选择职业的自由干预最小的"阶层"进行；只有在表明通过下一"阶层"的（合宪）手段很有可能无法有效防止所担心的危险发生时，立法者才可以在上一个"阶层"进行规范。联邦宪法法院审查了该案中立法者是否遵守了其规范权限所受到的限制，认为，只有可以自由地开设药店即不设定客观的准入前提，才符合宪法规定。

基于上述理由，联邦宪法法院认为，上巴伐利亚州《药房法》第3条第1项对设立药房申请的限制违宪。

（三）本案形成的规则与后续影响

本案重要的理论意义在于对"比例原则"的细化和"公共利益"的界定，其中对于"比例原则"的细化是药店判决对基本权利基础理论最为重要的贡献。该案中宪法法院创立了针对职业自由的限制的三阶层理论，对规范公民职业行为的法律规定了不同的要求。可区分概括为：①为了公共利益，立法者就可以对从业行为进行规范；②为了重大公共利益，立法者才可以对职业准入设定主观条件；③为了非常重大的公共利益，立法者才能够为职业准入设定客观条件。虽然这一模型乃针对职业自由的保障而设，但其思考过程却被普遍化而运用于各项基本权利限制的审查。关于这三个阶层在法律适用中的具体关系，宪法法院还明示道，只有在前一个阶层的规范无法达到目的的时候，才可以在后一个阶层进行立法。违反这些要求的，相关法律就侵犯公民的职业自由。这种标准的界定和操作，本质上是对比例原则的具体化。

所谓比例原则，就是在审查限制基本权利的立法时，必须在限制的目的与限制的手段之间进行衡量，目的要正当，而且手段也必须适当而必要，不能不择手段地追求某一目的。具体而言，比例原则的审查包括四个步骤：①对于目的是否正当性的审查，也就是要求限制基本权利的法律必须是为了追求正当的目的。②适当性原则的审查，也就是法律所采用的限制基本权利的手段，必须能够促成其所追求的目的实现。③必要性原则的审查，这要求限制的手段必须是必要的。

适当的手段可能有多种，必要性原则要求必须选择最温和的手段，也就是对被限制对象的干预最小、带来负担最少的手段。④狭义比例原则的审查，这是指，要将被立法者设为目标的利益与基本权利主体所受损害进行衡量，如果后者大于前者，则不应采取此限制措施。比例原则最早适用于行政法领域，将其引入宪法领域后应作如何的建构，是一个重大的理论和实践挑战，"三阶层"的模式建构为比例原则在基本权利限制审查问题上的适用提供了具体标准。

在药店判决中，联邦宪法法院论证了基于公共利益可以对基本权利加以限制。公共利益的认定与限制措施的联系程度构成宪法学难题，但药店判决为这一问题的解析提供了思考方向。药店判决将公共利益区分为"一般公益"、"重要公益"、"极端重要的公益"，并列举指出，极端重要的公益包括国民健康、市民生活与安全、交通安全、降低失业促进就业等，而重要公益包括消费者权利保护等，其他的则属于一般公益。尽管这种区分并不足以彻底解决公共利益的界定，但这种分层界定的思维是法教义学上确立审查标准的重要基础。

比例原则在司法中的运用，一直被认为过于主观和缺乏规则，药店判决则通过划分建立择业自由权的不同层次与限制措施强度相联系的方式，将原本比较抽象的比例原则变得具有一定的可操作性。尽管这并不能从根本上消除比例原则适用的主观性，但其提供了极具参考价值的分析框架和思考方向。因此，该判决对于后来的理论与实践影响巨大。其所确立的三阶层思考方式，被认为完全可以一般化而适用于对各类基本权利的审查，因此，这一判决在联邦宪法法院后来的案件中被反复援引，几乎是涉及比例原则案件处理所必须参考的判决。

案例二：　　　　　　　奥巴马《医改法案》合宪案

[基本案情]

在奥巴马《医改法案》[该"法案"全称为《患者保护与平价医疗法案》（Patient Protection and Affordable Care Act）] 出台之前，美国医保体制依赖长期市场化运作，医疗费用的支付方式以私营保险为主导。截至2009年，在美国总计2.5万亿的医疗费用中，通过购买医保支付的占32%，医疗照顾计划为20%，医疗救助计划为15%，其他政府保险项目占13%，个人就医自付费用为12%，约8%的费用由慈善组织等提供[1]。过度的市场化运作使得美国医疗问题丛生，个人支付高昂的医疗费用却没有享受到理想的医疗效果。不断攀升的医保开支

---

[1] 左权："美国《医改法案》中的宪法决断"，载《河北法学》2013年第2期。

不仅给个人、家庭和企业带来了沉重的经济负担，也拖累了金融危机阴霾下美国经济的恢复与发展。美国医疗体制处于改革的边缘。

奥巴马总统上台后，将推进医疗体制改革作为他任内最重要的目标之一。奥巴马声称，"我不是提出医改的第一个总统，但我希望成为最后一个"。2010年3月21日，美国医疗改革取得重大突破，长达2700页、由450条款组成的《医改法案》以219票对212票的微弱多数在国会通过。这部法案从酝酿起草、反复磋商、激烈辩论到多方妥协、成立立法，历时一年有余。

2010年3月23日，美国总统奥巴马正式签署《医改法案》。奥巴马墨迹未干，紧接着弗吉尼亚州、佛罗里达州的检察部门分别向地区法院提起诉讼，起诉联邦政府，请求法院判决联邦政府《医改法案》违宪。之后又有多州陆续加入起诉联邦政府的队伍，矛头直指奥巴马政府的《医改法案》违宪。就此，发起了以共和党人为主的"反对派"对阵以民主党为堡垒的"保法派"之间的政治较量，一场法案"违宪"与"合宪"的争夺战再次把法院推向美国政治风暴的中心。但在各地所作出的判决之中，结果却大相径庭：判决违宪与判决合宪者皆有之。如此一来，联邦最高法院的判决就成为《医改法案》存废的关键所在，只有联邦最高法院才享有在司法审查中对宪法的最终解释权。9月28日，美国26个州的总检察长联合宣布向联邦最高法院提起诉讼，要求最高法院判决包括"个人强制"条款在内的整部《医改法案》违宪。而美国司法部则代表美国联邦政府，也申请最高法院审理此案，判定《医改法案》合宪。11月14日，联邦最高法院发布"调卷令"，决定合并受理。

《医改法案》为了实现"全民医保"以及减少医保开支的目标，规定了"个人强制保险"内容，而《医改法案》中引起违宪争议最集中的正是第1501条款中规定的"个人强制保险"内容。"1501条款"也称"最低基本保额条款"（Minimum Essential Coverage Provision），它规定每个公民从2014年开始购买最低限度的医疗保险，否则将罚缴滞纳金95美金，若仍不购买保险，罚金将于2015年升至325美金，2016年升至695美金。由于罚金会以年度税收的形式征收，也称为"税收罚金"（Tax Tenalty）。该条款的目的一方面是为了吸纳更多民众特别是健康人群投保，扩大"保险池"，提高全社会保险基金总额，降低整体保险赔付风险和保险费用，减少政府为维护医疗系统运行的成本支出；另一方面，该费用会被用来补贴《医改法案》中的其他改革措施。"个人强制保险"与《医改法案》的其他部分有着密切关联，成为整部法案的基础和核心内容。

设计《医改法案》的联邦政府认为，"个人强制保险"内容符合《宪法》第1条第8款第3项"商事条款"赋予国会"商事管理权"，同时，《宪法》第1条第8款第18项"必要且适当条款"也辅助支持"个人强制保险"的合宪性。联邦政府认为,宪法规定了"国会有权管制同外国的、各州之间的和同印第安部落的商业"。如今"州际商业"(interstate commerce)的内涵和外延都得到了极大扩展,在最高法院的判决确立的先例中,已经确认了国会有对"人、物、商业渠道以及商业活动等对州际商业产生实质影响的事项"进行规范的权力。医疗保险业是美国经济的重要组成部分,公民购买医保与全国经济和全国市场存在着千丝万缕的联系。无论是公民个人选择、购买保险,还是投保者出险后的保单赔付,抑或保险公司的投资理财行为,都与"州际商业"息息相关。鉴于个人购买医保本质上是一种商业和经济行为,会对州际商业产生实质影响,而且"个人强制保险"也是其他医保改革措施的基础性条件,因此,国会有权根据宪法商事条款制定"个人强制"条款。同时,宪法"必要条款"赋予了国会各种便利的、有益的方式,包括委托政府立法来实现广泛的立法权。医疗保险来自于每个人的切身需要,购买医保正是化解不可预知的疾病与意外健康事故风险的重要方法。"个人强制保险"通过对购买保险时机以及购买方式的规定,合理有效地规范医保市场。而且联邦政府也有类似的规定,如买车时强制个人购买的车险(交通事故责任强制保险),享受医保需要提前投保,这是保险市场的惯例,需要每一个人购买医保,这是国家医疗体系运行的现实要求,也是现实条件下以"必要和适当的方式"行使立法权。

但反对者认为,"个人强制医疗保险"违反宪法,其理由是:①国会和联邦政府行使强制医疗保险的权力没有宪法依据。根据美国宪法,国会和联邦政府只享有有限的和列举的权力,各州保留剩余主权。政府主张的这种权力,超越了宪法赋予国会和政府的权力,而属于各州保留的"警察权力"。②联邦政府没有针对医疗体制改善进行强制保险的先例。在整个20世纪,国会为了改革医保制度所作的各种努力,都没有出现过类似的强制性规定。20世纪90年代中期,当强制保险的概念第一次出现时,国会预算局(Congressional budget office)就在提交国会的一份报告中指出,"要求每一个人购买保险在政府的行为中是没有先例的"[1],并认为这样的规定让购买医疗保险从一个完全自愿的行为变成了政府强迫的行为。③"个人强制保险"侵犯公民的个人经济自由。宪法的目的是保障并且促进个人自由,而强制个人购买医保危及个人经济自由,它管制了公民对自己财产的自由支配。从个人角度来看,是否购买医保以及购买什么样的医保,应由公民根据自身的健康情况、经济条件、工作环境等因素作出决定。④"个人强制"违背了宪法分权、制约和平衡的基本原则。宪法上的分权和限权就是为了区分各部门的权

---

[1] The budgetary treatment of an individual mandate to buy heath insurance (august, 1994),载http://www.cbo.gov/ftpdocs/48xx/doc4816/doc38,pdf,2013年3月19日访问。

限并保证责任的履行。立法、行政和司法机关之间通过制约机制来保证权力的正常行使。宪法赋予国会立法征税的权力，但是征税的立法在国会获得通过是非常困难的，如果税收法案能够在"强制条款"的伪装下获得通过，那么美国赖以建立并运行的民主机制就不能正常发挥其分权和制衡的关键功能。[1]

[参考结论与法理精析]

（一）本案涉及的宪法规范

《美国宪法》第1条第8款规定："国会有权规定并征收税金、捐税、关税和其他赋税，用以偿付国债并为合众国的共同防御和全民福利提供经费；但是各种捐税、关税和其他赋税，在合众国内应划一征收；以合众国的信用举债；管理与外国的、州与州间的，以及对印第安部落的贸易；……并且为了行使上述各项权力，以及行使本宪法赋予合众国政府或其各部门或其官员的种种权力，制定一切必要的和适当的法律。"

（二）法院意见

联邦最高法院最终以5∶4多数意见作出判决，"个人强制"条款及《医改法案》符合宪法。被认为属于保守派阵营的首席大法官约翰·罗伯茨出人意料地选择支持《医改法案》的合宪。在罗伯茨代表联邦最高法院撰写的判词中，他详细地阐述了《医改法案》涉及的宪法争议以及判决理由，其中主要论述了"个人强制"条款与"医疗补助扩大计划"内容是否符合宪法。

关于"个人强制"条款，联邦最高法院认为，国会有权根据宪法"商事条款"来规范商业，但这种权力是以客观存在的商业活动为前提的，并且该商业活动是可以被规范的。从最高法院先前的判例来看，众多关于国会规范州际贸易权限的宪法解释都一致地描述这种权力涉及的是"行为"。但《医改法案》中的"个人强制"条款不是规范业已存在的商业行为，而是"强迫"个人进行商业活动。国会已经拥有了广泛的权力来规定"人民不应当去做什么"，如果再赋予国会同样的权力规定"人民去做什么"，这将会为国会和政府权力打开一个全新的并且潜力巨大的领域。我们的宪法设计者们知道做什么和不做什么之间的区别，如果忽视了这个区别，将会危及联邦政府作为一个有限权力和列举权力政府的基本原则。另外，"个人强制"条款也不能在宪法"必要条款"下获得支持。法院之前支持的每一部法案，都是宪法授予权力的合法衍生或是服务于宪法授予的权力。"个人强制"条款则相反，它授予了国会在宪法列举权力或是规定权限范围之外的权力。即使"个人强制"对

---

〔1〕 支持与反对《医改法案》的主要观点与理由参见江国华、李鹰："法庭上的宪法——从美国'医改法案'涉宪争议说开去"，载《河北法学》2013年第3期。

于《医改法案》的其他相关改革而言是必须的基础性措施，联邦政府权力的这种扩张也不是"合适的"。

但是，联邦最高法院又提出，在对宪法法条可能作出的解释中，如果一个是违宪的，另一个是合宪的，法院的职责就是寻求保留这一条款。虽然宪法并未授予国会要求每个人购买医保的权力，但是，由于国会有权征税，如果该罚款可以视作是对未购买医保者征收的一种税，那么，这样的强制条款就可以在国会征税权下得以保留。尽管《医改法案》在描述这种"分担责任偿付"的"偿付"时，指称它是一种"罚款"，而不是"税"，但这样的"标签"并不能否定这种"偿付"可以适用于宪法的税收条款。"罚款"不是对"非法行为"的一种惩罚，而是对有一定收入却选择不购买医疗保险的人士所征收的一种税。因而，对于税收行为，国会有立法的权力。至此，联邦最高法院确认了"个人强制保险"的合宪性。

针对《医改法案》中设计的"医疗补助扩大计划"违宪的争议，联邦最高法院认为，宪法"开支条款"的目的在于授予国会立法建立联邦和各州之间合作性开支计划的权力。虽然《医改法案》的初衷是覆盖特殊种类的弱势群体，但"医疗补助扩大计划"却将之变成了适用于收入在贫困线133%之下的除老年人之外的所有人。这不是细微程度上的变化，而是根本性的修改。法院尊重国会的立法权，但最高法院关注的是国会是否有权威胁各州的财政补助，即如果不参与"医疗补助扩大计划"就会取消各州现有的所有财政补助。如果联邦政府威胁取消现存的联邦资助，将会涉及10%的州政府预算。这种经济上的强制让各州除了默许"医疗补助扩大计划"外，实际上没有其他的选择。国会可以将遵循一定的条件作为向各州提供资助的前提，但是国会没有权力命令各州必须遵循自己的指令，所有"开支方案"立法的合法性在于各州是否自愿接受这些法案。联邦政府要求州政府扩大医疗补助覆盖面虽受宪法保护，但联邦政府只能剥夺拒不执行新规定的新增的财政补助，而不能截留各州原先享有的医疗补助资金。

联邦最高法院认为，《医改法案》部分合宪，同时部分违宪。宪法商业条款授权国会管理州际贸易，但不能强制个人参与贸易。然而，"个人强制"可以被解释为是国会对有一定收入却选择不购买医疗保险者的征税，这样的立法属于国会征税权的运用。"医疗补助扩大计划"将终止所有联邦资助作为威胁各州接受开支方案的手段，这样的立法与联邦主义相悖。对于该违宪，可以通过排除运用《医改法案》第1396c条获得完全救济，《医改法案》的其他条款并不会因此受到影响。

（三）案件意义

该案如同"小布什诉戈尔"案件一样，引起的最重要的法律思考，是美国宪政体制下的立法、行政、司法权力关系。

《医改法案》是否符合宪法的争议之大，我们已经从双方的论辩中清楚地感受到了。在这场涉及诸多权限争议的论战中，联邦最高法院选择了对行政权力改革行为的尊重。罗伯茨大法官所使用的判断方式非常精妙，其一方面否认了国会与政府可以运用立法权及行政权强制公民个人进行商业贸易的"作为"，另一方面又通过宪法中其他条款的解释承认了奥巴马医改方案的合宪性。这相当于以宪法判决的方式一般性地否定了立法机构与行政机构具有强迫公民个人进行"贸易行为"的权力，避免两者在未来的立法与行政行为中频繁且扩张地使用该权力，而侵犯公民个人的经济自由；同时考虑美国现有医疗状况需要改革的现实，而肯定了奥巴马医疗改革的合宪性。这样的一个判决处理方式使得奥巴马《医改法案》的过关具有个案性特征，其可能存在的越权的不利后果被降到最低，并且不能产生较大影响力和扩散性。

该案使我们再次深刻地感受到美国联邦最高法院审慎的司法克制主义精神在处理重大宪法案件时的功能与力量。正是司法信念与司法技艺的双重结合，使得美国庞大的权力运行在既定的范围内摇摆，可能有时偏左，有时稍右，但都没有脱离宪法框架。宪法约束下的权力行为与权力运行所形成的福祉，最终还原于美国社会，造就国家政治体系的理性精神与稳定结构。

拓展案例

案例一：　　　　　　穆尔诉东克利夫兰市案

伊内兹·穆尔（Mrs. Inez Moore）生活在俄亥俄州的东克利夫兰市。她是一位祖母，一直和她的儿子、孙子以及外孙约翰住在一起，约翰的母亲在其不到1岁时去世，此后便跟随祖母一起生活。而按照东克利夫兰市《住房条例》（Housing Ordinance）的规定，其外孙不属于本家庭成员，因而不应当居住在本家庭住所内。1973年1月，穆尔夫人接到东克利夫兰市政当局的通知，通知声称约翰是一个不合法的居住者，她已经违反了《住房条例》并要求其改正。但是穆尔夫人找不到别的地方接纳约翰，在之后的16个月时间内，穆尔夫人也没有向建筑法申诉委员会（the Board of Building Code Appeals）申请行政救济。法律明确赋予该委员会以下权力：如果在法律严格地遵守和执行过程中，出现实际的或者不必要的困难，该委员会有权作出改变。最后，市政当局宣布上诉人因违反《住房条例》而被判有罪，并判处其5天的监禁和25美元的罚款。

穆尔夫人诉至俄亥俄州法院，认为《住房条例》违反了宪法第14修正案的正当法律程序条款而违宪。俄亥俄州法院判决该《住房条例》并未违宪，俄亥俄州的上诉法院维持了州法院的判决。穆尔夫人最终上诉到联邦最高法院，联邦最高法院推翻了上诉法院的判决，认为《住房条例》违反了宪法第 14 修正案的正当法律程序条款。

[**法律问题与重点提示**]

传统法律部门分类中，家庭法被归入私法范畴，调整私人家庭成员之间的关系，家庭法与宪法并没有法律适用的交集。但二战后，公私法出现了相互交流和影响，宪法的效力也逐渐影响到家庭领域。美国 20 世纪 60 年代后，随着行政措施更多进入到婚姻家庭领域，宪法也开始广泛影响到家庭事务，出现家庭法"宪法化"的特征，对家庭的保护经过法院判决上升为宪法权利。

美国宪法中并没有明确而直接的宪法内容规定"家庭保护"，对于婚姻家庭的宪法调整是通过对第 5 修正案和第 14 修正案的宪法解释实现的。宪法第 14 修正案规定："……无论何州……非经正当法律程序，不得剥夺任何人的生命、自由和财产。"鉴于"自由"是极为抽象的概念，这给法院提供了极大的解释空间，法官们正是通过对"自由"的扩大解释将宪法理念延伸到家庭事务中，确立了公民在家庭领域的一系列原本不受宪法保护的"自由"。最高法院第一次运用此条款解释家庭成员权利是 1923 年的"Meyer"案和 1925 年的"Pierce"案。自 1967 年的"Loving v. Virginia"案开始，沃伦法院开始大规模地运用这些条款解释婚姻家庭权利。最高法院在该案中判决禁止不同种族通婚的法律违反正当法律程序，然后又在"Zabloki v. Redhail"案和"Turner v. Safley"案中确立婚姻是公民受宪法保障的权利。[1]

在该案件中，提出的主要问题也涉及宪法第 14 修正案，即东克利夫兰市的《住房条例》是否违反了宪法第 14 修正案的正当法律程序条款，其中所指向的关于"家庭"的宪法保护的具体问题是，超越核心家庭（核心家庭是指由已婚夫妇和未满 18 岁的孩子组成的家庭）范畴的、由祖父母及父母子女等组成的拓展家庭是否属于受到宪法保护的"家庭"范畴？

鲍威尔大法官代表联邦最高法院撰写了多数意见，这份判决的主要观点包括：①家庭生活应当受到宪法第 14 修正案的保护，当政府的立法涉及家庭生活时，法官必须遵循严格的审查标准；②尽管市政当局认为，住房条例的立法目的是防止住房过度拥挤，减少交通阻塞，缓解停车压力，避免学校过于沉重的财政负担，但联邦最高法院否定了该《住房条例》作为一种实现该立法目的手

---

[1] 姚国建："宪法是如何介入家庭的？——判例法视角下的美国宪法对家庭法的影响及其争拗"，载《比较法研究》2011 年第 6 期。

段的正当性；③我们的家庭传统上绝不限于核心家庭成员之间的关系，由叔叔、阿姨、堂兄弟姐妹以及祖父母和父母子女共同居住的大家庭结构同样有着悠久的历史，应当受到正当法律程序条款的保护。

判决书非常深沉地阐述道，我们作出判决的基础在于：宪法保护家庭的神圣性是由于家庭结构深沉地根植于我们这个国家的历史和传统，并通过家庭一代代地反复灌输、传承这些我们最珍视的价值观念、道德以及文化传统。尽管拓展家庭的数量已经随着现代社会生活条件的变化而减少，但是，拓展家庭观念所积蓄的文明智慧并没有因此而消退，这种文明已经过数个世纪的积累和发展，并在历史上备受推崇。尤其当家庭生活处于困境之中，例如夫妻一方去世或者遭遇经济危机，拓展家庭往往会相互支持，共同维护或者重建幸福的家庭生活。该案多数意见立场显然受到了金斯伯格大法官所提出的"根植于深邃的社会良知"理论的影响。她认为，判断一种权利是否属于宪法保障的基本权利，要看其"是否根植于我们人民深邃的传统以及良心"，而"深邃的社会良知"承认婚姻家庭属于一种隐私权中的重要部分。

布伦南等四位大法官发表了反对意见，其中斯图尔特大法官和伦奎斯特大法官的反对意见认为，该《住房条例》并未违反宪法保护的隐私权；拓展家庭的权利并非是宪法明示的权利，因此，不应当属于宪法正当法律程序条款的保护范围。

案例二：　　　　　　　凯洛诉新伦敦市案

新伦敦市位于美国康涅狄格州，历史上是个依靠军事基地生存的小城市。1996年，联邦政府裁军而关闭了军事基地，该市失去经济支柱，迅速走向萧条。1998年，该市的失业率为州平均失业率的两倍，人口流失严重，下降到近80年来的最低点，只有2万多人。地方官员开始考虑复苏当地经济。

1998年2月，一家大医药公司宣布计划在原基地附近投资3亿美元建立一个国际研究机构。对当地政府而言，这是一个难得的机遇。为配合医药公司这个投资项目，当地政府很快委托了一个民间非营利机构"新伦敦发展公司（NLDC）"对该区域进行重新规划。根据NLDC草拟的计划，围绕着该医药公司的研究机构将建立一个由公园、博物馆、住宅、旅馆、会议中心等设施组成的大型经济发展区块，该计划将涉及90英亩土地的征用。经过审查，政府批准了这一计划。这个计划将交由私人开发商实施，征地和拆迁由政府授权NLDC进行。

征地计划涉及土地共115块，但其中15块遇到麻烦，他们的主人有的在这里已经生活了上百年，对这里存有感情，并打算在这里继续生活下去。因此，他们不愿意离开他们的家园，更不愿意把自己的家园卖给私人公司。凯洛是他们的代表。于是，凯洛等把政府和 NLDC 告上了法院。原告凯洛等认为，政府把土地卖给私人公司，不属于"公共使用"。尽管政府所称的征用目的是"发展城市经济"，但这个方案所描述的新区开发与修建铁路不同，实质就是商业开发。因此，政府的决定违反了联邦宪法征收条款的规定，无权强行征收原告的土地。

初审法院新伦敦市高等法院部分支持了原告的请求，对于其中目的是修建公园和散步道部分的土地征用发布了禁止令，对另外用途的土地则允许征收。原告不服法院判决持续上诉，联邦最高法院最终在 2005 年 6 月以微弱多数终审判决新伦敦市的征用土地计划满足联邦宪法第 5 修正案"公共使用"的要求，新伦敦市政府动用"国家征收权"、强制征收原告的财产是合法的，但需要对原告进行公平补偿。

[**法律问题与重点提示**]

本案涉及财产权的保护及对征收征用的宪法限制。美国财产征收中的公共利益在法律上表述为"公共使用（public use）"，这一对财产征收权的限制来自联邦宪法第 5 修正案规定："没有公正补偿，任何私有财产不得被征收为公共使用。"这一规定也通过第 14 修正案正当程序条款适用于各州。该条所体现出的规范意义包括：①财产可以被征收；②征收权的行使必须是为了"公用"（Public Use）；③私有财产被征后需要做"公平补偿"。

但是如何解释第 5 修正案中"公用"概念的内涵构成理论难题。在凯洛案以前，联邦最高法院对"公用"的解释主要体现在 1954 年的"Berman v. Parker"案和 1984 年的"Hawaii Housing Authority v. Midkiff"案两个判例中，这两个判例所确立的原则似乎都表明"公用"是指由公众实际地使用。但凯洛案与前述两个案件背景并不完全相同，本案中市政当局动用征收权并非是基于消除贫困等比较急迫的公共目的，其直接目的是基于复苏当地经济考虑而采取满足私人公司商业计划的经济性行政措施，而且在表面上，负责规划土地的开发公司是一家私人实体。所以凯洛和其他上诉人的起诉理由就是开发公司作为私人实体所陈述的经济开发目的与"公用"不符，政府把私有土地从个人手中夺走，再转给另一个私人，而这仅仅因为后者能使这块土地产出更高的赋税收入。

2005 年 6 月 23 日，联邦最高法院以 5∶4 的多数判决支持新伦敦市理事会，认为新伦敦市政府的征收符合宪法。

史蒂文森大法官代表多数意见撰写了法院判决书，法院意见集中在经济发展的目的能否构成"公用"（Public Use）的问题上。法院认为，从下级法院的认定来看，本案中没有任何证据表明该市的规划包含不正当目的，新伦敦市的规划不是通过设计来使特定阶层受益，而是为了普通大众。法院认为，在过去的一个世纪以来，联邦最高法院关于"公用"的判例和法理，给立法机关提供了宽泛的空间来决定以何种公共需要作为政党目的来行使征地权。促进经济发展一直是个传统的和长期广为接受的政府职能。而且，也不存在把经济发展与我们已经承认的其他公共目的区别开来的原则性方法。在有关土地使用的决议里，应当给予地方政府较为宽泛的自由裁量权。新伦敦市确实已经非常仔细地制订了开发计划，相信能给社区带来可评估的利益，这个利益包括但不限于提供就业机会和增加税收。据此，法院在本案中确立了如下原则：政府为了经济发展的需要征收私有财产并转移至另一私有实体的行为，在第5条修正案公共使用条款的允许范围之内。但多数意见也强调，联邦最高法院的判决只是设定了一个联邦基线，各州可以根据本州宪法和法律设置更高的公用标准。

　　肯尼迪大法官发表的协同意见中，更详细地补充了对以经济开发为直接目的的"公共使用"的司法审查标准。肯尼迪大法官提出，在审理针对此类征收的看似合理的诉讼时，法院应当严肃地对待反对征收的那些理由，并审查案卷材料以确定征收是否衡平。例如本案之中，征收目的在于实现经济发展规划，而经济发展的目标并不是使某一个特定阶层受益，相反，它确实是出于公共目的，因此符合了审查的标准。

　　奥康纳、托马斯等4名大法官提出了反对意见。奥康纳大法官认为，多数意见模糊了财产在"私用"和"公用"之间的区别——这等于是把"为了公用"这些字眼从第5条修正案的条款里剔除了。如果这样的认定成立，任何私有财产都有可能因另一私方利益而被剥夺，这个判决的后续效应将不是偶发事件，受益者很可能是那些拥有不对等（比如受害者）政治影响和权力的公民，比如大公司和大开发商等。

　　托马斯大法官的反对意见则认为，多数判决所援引的依据是有缺陷的，在宪法解释上犯了很严重的错误，多数法官把第5条修正案的"公用"替换成了"公共目的"，二者的内涵差别巨大。正是这种措辞上的变换，使得法庭得到了一个违反常识的结论，即一个投入巨资的城市重建项目属于"公用"。托马斯大法官还强调了对社会公正的担忧，经济发展的代价将不成比例地落在贫困社区身上，他们无权无势力，因而没有能力将其土地加以最高和最好的社会利用。

　　该案涉及公民的私有财产权利保护。由于本案具有不同于先前关于涉及财产权案例的事实状况与时代背景，因而本案似乎得出了关于征收权使用的崭新结论，突破了"公用"概念较为审慎的传统内涵，成为美国媒体关注的焦点。有人甚至将其比作"罗伊诉韦德"案，其意在表明该案将会引起广泛而持续的社会争议。事实上,该案判决 7 天之后,美国联邦众议院以 10∶1 的绝对优势通过了一项动议,表示反对最高法院的判决意见,目的在于推翻凯洛案之判决的宪法修正案也分别摆在了美国国会参众议院的面前。而包括特拉华、阿拉巴马和德克萨斯在内的多州也以通过或拟制定立法的方式来表示将限制政府攫取私有财产的权力。

案例三: **上海"孟母堂"叫停事件**

2005 年 9 月,一家名为"孟母堂"的教育机构在上海松江开设。在该教育机构中,记诵中国古代经典是最主要的教学方式。其教学内容包括:语文学科读的是《易经》、《论语》等中国古代传统典籍;英语以《仲夏夜之梦》起步;数学则由外聘老师根据读经教育的观念,重组教材,编排数理课程;体育课以瑜珈、太极之类修身养性的运动为主。因为其教学方式与教学内容近似于我国古代私塾,因此媒体普遍将"孟母堂"视为"现代私塾"。在"孟母堂"求学的孩子来自全国各地,除部分短期补习的以外,还有一些接受全日制教育的学生。这一所谓的"现代私塾"被媒体广泛报道之后,因其对传统教学方式和教学内容的回归构成对我国目前教育模式的挑战,而导致争讼纷纭。2006 年 7 月 24 日,"孟母堂"被上海市教委定性为违法办学,并责成当地教育行政部门对该学堂紧急叫停。

[法律问题与重点提示]

该事件涉及的主要宪法问题是受教育权的实现及其限制。

自 1919 年被《魏玛宪法》写入宪法以来,受教育权就兼具社会权与自由权的双重性质。受教育权所含有的自由权内容包括公民个人有选择受教育内容、方法、机会等的权利,国家、社会团体与其他公民都不能侵犯。而作为受教育权的社会权属性,则针对国家的积极作为,要求国家根据经济发展水平,为公民提供更好的受教育条件,包括创造更多更优质的教育机会、教育设施等。国家义务教育及其他形式的免费教育都属于国家履行其受教育权积极义务的表现。

我国《宪法》中关于公民受教育权的条款包括第 19 条、第 24 条和第 46 条。这三个宪法条款对于我国宪法上公民受教育权的规定构成了相对完备的整体。宪法第 19 条、第 24 条属于纲领性条款,代表着国家教育发展方向。这三个条款的共同特点是都十分强调国家对于教育事业中的主导地位。宪法第 19 条规定国家有义务和责任创造各种各样的条件和设施来保证公民受教育权的实现;第 24 条则对教育的内容和目标提出了明确的要求;第 46 条强调了国家在教育青少年问题上的责任。虽然我国宪法文本比较明确地体现出受教育权的社会权属性,但是不能否认,受教育权本身便具有自由权属性,即公民受教育权首先排除来自国家权力机关的对于公民受教育自由的侵犯。

但如同任何基本自由都要受到限制一样，受教育的自由同样受到限制。但是不同于其他基本自由受限制的情形，受教育自由的某些限制方式是以义务形式表达出来，这一点在我国《宪法》第46条第1款有明确体现，即"中华人民共和国公民有受教育的权利和义务"。那么，如何来理解"受教育的义务"的具体内容呢？为什么宪法在规定公民受教育权利的同时会规定"公民受教育义务"？"公民受教育义务"指向义务教育形式，是指公民有接受义务教育的义务，而义务教育的内容取决于各国立法设置。"公民受教育义务"的内容包括：①对于年龄属于应该接受义务教育阶段的受教育者来说，受教育义务的主体是其父母或监护者；②义务教育接受者的父母或监护人有义务保证其接受义务教育。

但是义务教育所构成的对于受教育自由的限制也并非绝对化的，如果义务教育的目的能够通过其他教育形式实现，或者义务教育接受的过程中限制了受教育者其他重要的基本权利内容，则义务教育也不构成一种绝对教育义务。例如日本学界一般认为，满足以下条件，孩子家长即可拒绝将孩子送到公立或私立学校去接受义务教育：以思想、信教自由等宪法上的权利遭受侵害为理由；家庭教育的内容足以使孩子学习到将来进入社会的最低限度的生活能力；国家定期检查家庭教育的实施状况。美国1972年"Wisconsin v. Yoder"一案中，某宗教教徒认为现代中等教育所教授的内容和价值同其宗教生活存在尖锐而根本的冲突，因而不同意其子继续完成义务教育，被指控违反了威斯康星州的义务教育法，其引用宪法第1修正案的宗教信仰自由条款进行抗辩，认为如果该州法适用于自己，则其信仰自由权将遭到侵害。联邦最高法院采纳利益衡量标准，提出只有"最高的以及用其他方法无法实现的州的利益"才可以凌驾于信仰自由权之上。结果，家长成功证明，有教徒对孩子进行非正式的职业教育，也可以达到州政府所主张的义务教育的目的，从而赢得了诉讼。

我们从"孟母堂事件"的事实背景中看到，求学的孩子来自全国各地，除部分短期补习的以外，还有一些接受全日制教育的学生。而依据《义务教育法》，许多在此接受全日制教育的学生应该接受国家设置的义务教育，其父母或其他监护人应该履行其保障学生接受义务教育的义务。原因在于，《义务教育法》是限制特定年龄阶段青少年受教育自由的法律依据。至于《义务教育法》关于义务教育的设置的合理性，要追寻到教育学与社会学对义务教育必要性的认知中。

案例四：　　　　　　上海和重庆实行房产税改革试点

2011年，继1月26日出台"新国八条"楼市调控政策后，备受各界关注的房产税改革试点正式启动。1月27日晚间，作为国家首批个人住房房产税改革试点的两个城市重庆和上海几乎同时宣布，1月28日起试点征收房产税。重庆发布了《重庆市人民政府关于进行对部分个人住房征收房产税改革试点的暂行办法》，正式启动改革试点工作。与此同时，上海市人民政府印发了《上海市开展对部分个人住房征收房产税试点的暂行办法》，办法规定对上海居民家庭新购第二套及以上住房和非上海居民家庭的新购住房征收房产税，税率因房价高低分别暂定为0.6%和0.4%。

重庆市和上海市两城市房产税试点政策的出台，立即引发了社会的广泛关注和争议。理论界的争议可分为支持和反对两派观点，反对方认为，"税收法定原则"是税法的最高原则，它的基本含义是基本税收制度，即纳税人、征收对象、税率等基本税收要素应当由法律明确规定，原则上不允许授权立法。税收法定原则中的"法"是最高立法机关制定的法律，不包括政府制定的行政法规。[1]支持方认为两个城市进行房产税改革是有合法依据的，上海、重庆市暂行办法的立法权限是《立法法》赋予的。上海市、重庆市的《暂行办法》本质上属于地方规章，其立法根据是国务院依据全国人民代表大会常务委员会授权制定的《房产税暂行条例》。虽然全国人民代表大会常务委员会2009年6月27日废止了对国务院的该项授权，但授权产生的结果并没有废止，这一条例至今有效，依据授权形成的税收法律制度仍然存在。《立法法》第73条规定："省、自治区、直辖市和较大的市的人民政府，可以根据法律、行政法规和本省、自治区、直辖市的地方性法规，制定规章。地方政府规章可以就下列事项作出规定：①为执行法律、行政法规、地方性法规的规定需要制定规章的事项；②属于本行政区域的具体行政管理事项。"1986年9月15日的《房产税暂行条例》属于行政法规，上海、重庆市作为直辖市可以根据《房产税暂行条例》制定规章。[2]

[法律问题与重点提示]

税收关涉公民财产权限制。财产权是公民最重要的基本权利之一，因而各国遵循"税收法定主义"原则来保障赋税征收对公民财产权的干预合理、合宪。税收法定主义原则是指，税法主体的权利义务必须由法律加以规定，税法的各类构成要素都必须由法律予以明确规定。

税收法定主义主要包括三方面的内容：①课税要素法定原则，即税种、征

―――――――――――

〔1〕 陈素雄："房产税试点——请给法律点面子"，载《同舟共进》2011年第5期。
〔2〕 刘升："存量住宅征收房产税的合法性——以重庆市房产税试点改革方案为例"，载《广州海洋大学学报》2012年第2期。

税主体、征税对象、计税依据、税率等课税要素须由法律规定；②课税要素明确原则，即创设赋税的法律应将赋税内容、标的、目的及范围加以确定而使税捐义务人可以预测该项税捐负担以及具有计算可能性；③课税程序法定原则，即税种以及税收要素均须依法定程序以法律形式予以确定，非经法定程序并通过法律形式，不得对已有的法定税种及税收要素作出任何变更。税收法定分为狭义"税收法定"与广义"税收法定"，前者是指税收只能通过国会制定的法律开征，后者是指法律可以授权下位法律规范设定。但广义的税收法定原则，也需要授权明确，否则相当于"税收法定主义的原则"遭到了实质否定。

我国《宪法》第13条规定："公民的合法的私有财产不受侵犯。国家依照法律规定保护公民的私有财产权和继承权。国家为了公共利益的需要，可以依照法律规定对公民的私有财产实行征收或者征用并给予补偿。"《宪法》第56条规定："中华人民共和国公民有依照法律纳税的义务。"由此可见：①财产权在我国属于公民宪法权利；②财产权可以受到限制，公民负有纳税义务是限制财产权的形式之一；③财产权限制需要基于公共利益目的，依法限制。从宪法规定中我们可以确定，我国宪法确认税收的法定主义原则。

但在我国法律体系下的"税收法定主义"原则是狭义的还是广义的呢？我国《立法法》第8条规定："下列事项只能制定法律：①国家主权的事项；②各级人民代表大会、人民政府、人民法院和人民检察院的产生、组织和职权；③民族区域自治制度、特别行政区制度、基层群众自治制度；④犯罪和刑罚；⑤对公民政治权利的剥夺、限制人身自由的强制措施和处罚；⑥对非国有财产的征收；⑦民事基本制度；⑧基本经济制度以及财政、税收、海关、金融和外贸的基本制度；⑨诉讼和仲裁制度；⑩必须由全国人民代表大会及其常务委员会制定法律的其他事项。"《立法法》第9条规定："本法第8条规定的事项尚未制定法律的，全国人民代表大会及其常务委员会有权作出决定，授权国务院可以根据实际需要，对其中的部分事项先制定行政法规，但是有关犯罪和刑罚、对公民政治权利的剥夺和限制人身自由的强制措施和处罚、司法制度等事项除外。"《税收征收管理法》第3条第1款规定："税收的开征、停征以及减税、免税、退税、补税，依照法律的规定执行；法律授权国务院规定的，依照国务院制定的行政法规的规定执行。"《立法法》及《税收征收管理法》的规定表明，我国的税收法定主义原则属于广义范畴，即税收设定权并非完全保留在全国人大及其常委会，而是经由法律授权可以由国务院制定行政法规来具体规定"税收的开征、停征以及减税、免税、退税、补税"等事项。

但是国务院已经经由法律获得的征税权是否可以转授权予其他国家机关行使？即授权获得的征税权力可否再授权？从法理上来分析，答案是否定的：

①国务院所获得征税授权其本质属性为立法权,而非行政权,对于立法权国务院没有自由行使的权力,只能被动接受授权并按照授权内容行使之。只有在立法机关对国务院另行授权,同意其授权给其他机关行使的情形下,国务院的再授权行为方具有合宪性;②在法律没有明确规定的前提下,国务院如果再授权其他机关行使其获得授权内容,则事实上违反了"税收法定主义原则"。我国《立法法》第10条第2款、第3款也规定,"被授权机关应当严格按授权目的和范围行使该项权力";"被授权机关不得将该项权力转授给其他机关"。《税收征收管理法》第3条第2款还规定:"任何机关、单位和个人不得违反法律、行政法规的规定,擅自作出税收开征、停征以及减税、免税、退税、补税和其他同税收法律、行政法规相抵触的决定。"因此,从实证角度分析,我国法律也绝不支持国务院对税收授权的再授权。

在本事件中,重庆、上海两地分别制定地方规章来开征房产税是违反"税收法定主义原则"与我国法律规定的,是于法无据的行政行为。在前述关于税收与财产权限制的法理分析与规范分析中我们已经看到,在我国,除国务院以外的其他行政机关无权立法进行税收设置,因此重庆、上海两地的地方规章违反《立法法》、《税收征收管理法》,应该是无效的。而事实上,上海、重庆两市《暂行办法》制定的依据均是"国务院第136次常务会议有关精神",而非正式法律规范。而对房产税开征持支持意见者所认为的"两地地方规章是国务院1986年制定的行政法规《房产税暂行条例》的转授权",这一观点也同样是站不住脚的:首先,国务院无权就征税事宜再授权,前述就此已有充分论述;其次,仅就国务院制定的《暂行条例》的内容来看,依据《房产税暂行条例》第5条规定,个人所有非营业用的房产属于免纳房产税范畴,因此两地规章根本抵触于《房产税暂行条例》。

案例五:　　　　重庆、海南等地出租车停运事件

2008年11月3日清晨5:30开始,重庆市8000多辆出租车集体停驶两天。全城出租车业务中断,引起全国关注。重庆市主城区出租车全城停运后,该市政府就"份儿钱"道歉,称出租车公司未经批准擅自提高"份儿钱"是违规操作,责成其降回到去年水平。罢工48小时后,主城区出租车恢复运营。

2008年11月10日上午9点,海南省三亚市上百名出租车司机停止营运,要求政府有关部门解决目前出租车承包金过高等问题。11日,三亚市代市长王勇等市领导和参与罢运出租车司机代表座谈后,承认相关部门失职,并代表市政府向出租车司机道歉。13日下午,该市出租车基本恢复运营。

11月10日，由于不满当地大量非法出租车辆干扰客运市场，甘肃省兰州市永登县也发生了上百辆出租汽车集体停运事件。

从11月3日起，一周之内，重庆市、海南三亚、甘肃永登县三地发生3起出租车罢运事件。与此类似的，11月5日，新疆昌吉阜康市运输公司阜康——乌鲁木齐的101名客运大巴车司机集体停运，致使上万居民出行受阻。另外，湖南、河南、内蒙古、云南等地城市出租车行业近年来也多次发生过罢运、停驶等类似事件。

[法律问题与重点提示]

罢工权是市场经济环境下劳动者的基本权利，是民主国家普遍承认的公民权利，也是劳动者劳动权的自然延伸。许多国家宪法对罢工权有明确规定。罢工可以分为政治罢工与经济罢工，政治罢工是出于政治目的的罢工行为，经济罢工是为了争取经济利益和福利待遇而进行的罢工行为。世界上绝大多数国家禁止政治罢工，允许经济罢工。

新中国成立后的第一部宪法1954年宪法虽然没有规定罢工自由，但1956年11月15日毛泽东在中共八届二中全会指出："要允许工人罢工，允许群众示威……以后修改宪法，我主张加上一个罢工自由，要允许工人罢工。这样，有利于解决国家、厂长同群众的矛盾。"此后，1975年、1978年两部宪法中都规定了"罢工自由"。1982年宪法没有规定罢工自由，其基本理由是，在社会主义公有制条件下，职工的利益与企业的利益是一致的，不存在劳资关系或对抗性的劳动争议，不需要通过罢工的方式予以解决。

我国宪法中没有明确规定罢工权，但劳动者在法律不禁止的情形下，仍然享有罢工自由，只是该自由无法获得法律和宪法保障。

重庆、海南等地出现出租车停运罢工事件反映了我国今天的经济环境亟待对公民罢工权进行法律确认与规制。改革开放的三十多年来，与改革开放初期公有经济占有绝对主导地位的情形形成鲜明对比的是，中国的社会经济状况发生巨变，2007年非公企业占工业总产值的比重达到68%，城镇国有和集体单位从业人员仅占全部城镇从业人员的24.3%，当时不存在的劳资关系矛盾现在已经成为影响市场经济健康发展和社会和谐稳定的因素之一。就当下环境而言，罢工现象已然存在，在法律上作出相应的规定适应客观需要，许多国家的立法先例已经证实了这一点。在宪法或法律中规定罢工权，一方面可以维护劳动者的合法权益，一方面可以把已经存在的无序的罢工现象纳入法律规范之中，其结果既有利于协调改善劳动关系，又能促进良好有序的社会环境的形成，保持社会稳定与繁荣。

国家权力结构

第一节 立法机关的组织与职权

一、立法机关的自由裁量权和立法不作为

经典案例

案例一： **韩国征收补偿立法不作为案**

[基本案情]

1946年，韩国有3家公司的财产被征用，另外一家公司持有被征用的其中一家公司的股份，认为政府的征用行为给自己造成了损失，因而要求政府对其予以补偿。但在以后的30多年中，韩国政府以没有支付损失补偿金的法律依据为由一直拒绝支付补偿金。该公司认为韩国政府不支付补偿金的行为侵犯了宪法规定的财产权，向宪法法院提出没有制定关于损失补偿程序的法律的立法不作为违宪确认、行政不作为违宪确认和废除法律违宪确认的宪法诉愿审判请求。

韩国宪法法院认为：韩国历部宪法都对财产征收、使用或限制规定了应支付补偿，并授权以法律规定之。这就说明，国家明确赋予了其立法任务。虽然立法者有立法义务，但并非所有不履行立法义务的情况都违反宪法，立法者可以根据立法裁量权自由地决定立法的具体时机。过了30多年对补偿问题仍未采取立法措施，即使有充分的理由，也已成为超越其裁量权界限的行为。该立法不作为已经违反了宪法所保护的财产权。因此，韩国宪法法院于1994年12月29日作出违宪确认。

[法律问题]
1. 立法不作为是否属于立法自由裁量的范围？
2. 违宪审查可以判决立法不作为违宪吗？

案例二：　　　　　　　　　日本工资税金案[1]

[基本案情]

本案原告是日本某私立大学教授。由于该教授未能及时申报其在1964年度的所得税，税务署署长在其应给付所得金额之外，又增加了其他的所得额，并对未申报的所得额进行加处税款。教授认为该处分乃依据所得税法进行的，但按所得税法征收的所得税与其收入相比有显失公平之处，有违《日本宪法》第14条第1款所确认的公民在法律面前一律平等的规定。原因在于：①在计算应纳税的所得额时没有排除一定比例的必要花费，服装费、学会会费、交际费应该被纳入其中；②给付所得为源头征税税种，与申报纳税的事业所得之间，存有明显的所得计算差额；③社会保障、诊疗报酬等各种特别税收措施之间存在着不合理的因素等。因此，A申辩：税收体系的建立，皆在于立法机关的自由裁量，至于所得计算差额的问题，乃行政执行中的问题，并不属于立法上的问题。

京都地方法院驳回了教授的诉讼请求，指出：税收是国家各项活动的财政基础，税收体系是把国家财政需要的状况、社会及经济的构造、国民生活的状况、国民所得的分配状况、特定时代的社会产业政策等多种不确定的因素综合起来加以考虑的。所以，建立税收体系，主要是国民经济、财政政策的问题，只能由立法机关来裁量。法院只有在税收法规存在不均衡并违背法的平等原则，以及立法明显超出了国民正义的理念，或者是税法存在明显不合理的情形时，才可以宣布其违宪，并否定其效力。旧所得税法，"对给付所得的征税与其他所得税相比，在事实上还不存在不公平的负担问题，确认此种状态的证据也不足，因此，对原告提出的旧所得税法违反了《宪法》第14条第1款因而无效的主张不予采纳"。

[法律问题]

1. 立法机关在立法时应有自由裁量权吗？税收立法属于立法裁量吗？
2. 违宪审查机关应如何审查立法的自由裁量？

[参考结论与法理精析]

立法机关的立法行为（包括立法作为及立法不作为）未能充分地保障公民基本权利具体包括三种情形：①立法作为侵犯基本权利；②立法机关虽然已经制定了法律来保障公民基本权利，但是该保障的"强度"并不充分，不足以完全地保障基本权利，这是一种"不足的保障"；③立法机关完全未有作为，没有

---

[1] 韩大元、莫纪宏主编：《外国宪法判例》，中国人民大学出版社2005年版，第27页。

制定法律，致使公民的基本权利未能得到一个实定的法律保障，这被称为"立法者之懈怠"。上述三种侵犯公民基本权利的立法行为，是以被保障人权利与实定法律的关系来作区分。若是仅以基本权利有无被法律规范及保障与否，上述三项区分可以再简化为第一种的立法者"积极"侵害人权，以及将第二种并入第三种结合而成为立法者的"消极"侵害人权——可合称为立法者之"不作为"或"立法懈怠"。[1]

由于立法不作为构成了对公民基本权利的侵害，从权利保障的原理出发，必须确定不作为是否构成了违宪，在此基础上才能确定如何对因立法不作为而使基本权利受损的公民提供宪法救济。

从各国宪法和违宪审查实践看，一些国家均存在确认立法不作为违宪的宪法规定和司法判决。如波兰宪法第283条规定，宪法法院可以对立法机关没有实施宪法要求其制定法律的立法不作为进行制裁。葡萄牙宪法赋予了宪法法院控制"消极性不作为之违宪性"（unconstitutionality by omission）的权力。在遇有总统、监察官或地方议会议长（仅限于地方自主权被侵犯）请求时，宪法法院就议会应制定而未制定执行宪法规定所必要的法律，应进行审理和认定。当宪法法院认为议会有消极性不作为之违宪性存在时，宪法法院应将该事项通知适当之立法机关。

在德国魏玛时代，奉行立法者主权原则，立法者作为民意的代表可为任何"法律价值"（Rechtswert）的判断，因而原则上是自由的而不受任何的拘束。宪法中有关人民权利的规定大部分仅是对于立法机关的方针，立法机关在此具有裁量权，此即方针条款理论。帝国法院也认为，依立宪者的意图，由于宪法并未欲赋予人民直接的权利，因此宪法上的规定原则上是专属对立法者的规定，人民不得提起立法作为的请求。[2]所以，根据方针条款理念，宪法对立法权并不具有强制性的拘束力，立法机关无论是否立法、何时立法以及如何立法也将难以被认为违宪而承担某种责任。就立法不作为而言，显然不能构成违宪。

二战后，《基本法》第1条第3项规定"下列基本权利规定，视为直接适用之法律，拘束立法、行政权力及司法"。这表明方针条款理念的终结，取而代之的是直接适用理论。另外，《基本法》第20条第3项前句还规定"立法权受到合宪秩序之拘束"。因此，依基本法的体系，立法权受到"合宪性的拘束"。在理论上，为了适应对基本法性质的新认识，学者们发展了宪法委托理论以取代方针条款理论。所谓"宪法委托"（Der Verfassungsauftrag）或称"对立法者的

---

[1] 陈新民：《宪法基本权利之基本理论》（上），元照出版公司2002年版，第42页。
[2] 陈新民：《宪法基本权利之基本理论》（上），元照出版公司2002年版，第40~45页。

宪法委托"（Der Verfassungsauftrag an den Gesetzgeber）是指宪法在其条文内仅为原则性的规定，在行宪中委托其他国家机关（尤以立法者为然）之特定的、细节性的行为来贯彻之。[1] 由此，宪法赋予立法者有拘束性的命令来颁布法律以贯彻宪法。因此，宪法委托并不是单纯的对立法者的"政治或伦理的呼吁"（Politisch-ethischer Appell），而是一个有强制性的、法拘束性的义务。即立法者获得宪法的授权，对于得不得立法的问题是没有自由抉择余地的。根据宪法委托理论，立法者有制定法律、贯彻宪法的义务。但立法者除无法抉择地不得立法外，是否仍有其他的权限，亦即在"宪法委托"的概念里，立法者的角色如何？在20世纪60年代后，德国学者提出了立法机关的自由裁量权问题。这表明立法机关对宪法上的公民基本权利负有立法保障的义务，但立法者对立法具体内容的取舍有自己的自由裁量空间，这一思想得到了德国宪法法院的肯定。宪法法院认为，立法者作为一个领导国家及立法的机关，应该享有形成政策的自由。在满足对人权的保障义务方面，立法者应被赋予一个广泛的考量、评价及形成的范畴，使得立法者在发生公益与私益竞合时能有一个可以斟酌的余地。

在司法实践方面，早期联邦宪法法院认为，倘若准许人民经由宪法诉愿程序，可以请求立法者为特定立法作为，是会削弱立法权，而这种情况是基本法所不欲见到的（在1951年的一个判决中，宪法法院认为其审查权限只及于"已经颁布的法律"，在1953年5月13日的判决中再次确认了这一点）。这表明宪法法院不寻求判断立法不作为是否合宪的权力。但到后来，宪法法院调整了自己的立场，立法不作为可受宪法法院有限度的审查，法院可以借着违宪审查及宪法诉愿的方式，在"当国家机关完全没有任何作为，或其采行之措施已明显的是完全不适当及不充分时"的要件已达成时，才可干涉到立法者之权限。[2] 因而，德国联邦宪法法院的立场可以概括为：立法不作为在一般情况下不构成违宪，但如符合一定条件即可构成违宪而受到审查，这一观点在《联邦宪法法院法》第92条中也得到了印证。[3]

在美国，联邦最高法院虽然没有明确地在判决中肯定立法机关的不作为可以构成违宪，但在一些案件中间接地表明了这一立场。在1962年的"贝克尔诉卡尔案"（Baker v. Carr）、1964年的"雷诺兹诉西姆斯案"（Reynolds v. Sims）

---

〔1〕有关"宪法委托"理论的详细内容，参见陈新民：《宪法基本权利之基本理论》（上），元照出版公司2002年版，第53~64页。

〔2〕[德] 彼德·巴杜拉："国家保障人权之义务与法治国家宪法之发展"，陈新民译，载陈新民：《宪法基本权利之基本理论》（上），元照出版公司2002年版，第42页。

〔3〕德国《联邦宪法法院法》第92条规定："在诉愿理由中应当阐明被侵害的权利，以及诉愿人认为的侵害机关或者官署的作为或者不作为。"

中，最高法院都明确地判定立法机关不按宪法重新统计人口、划分选区以致造成公民选举权严重不平等的行为违反宪法第 14 修正案,从而构成了违宪。[1]

在日本,有学者认为,根据宪法的规定或相关司法解释,国会负有必须作成一定立法的义务;当国会在无正当理由之情形下,经过相当期间而仍息于立法时,其不作为应构成了违宪;但并不因此即可认为,法院可对此不作为加以违宪审查。[2]在司法审查实践中,法院的立场较为复杂。东京高等法院曾在1985 年 8 月 26 日的有关原先充任日军的台湾人请求补偿损失案中将立法不作为的违宪确认为诉讼,认定为行政事件诉讼法中所规定的无名抗告诉讼的一种。但是法院也指出,可以认定为此种诉讼需要具备一些条件,其内容包括:必须立法的法规内容相当明确;显然有事前救济的必要性;别无救济手段存在。[3]但日本法院也曾明确对于立法不作为不可作违宪的评估。日本原有法律规定,严重残障而行动不便者可以在自己住宅投票,而国家需为此提供相应的条件,但后来这一制度被废置,立法机关并未建立相应的替代性制度。针对立法机关的不作为,有人认为这是不作为的违宪,要求法院作出违宪确认并提出国家赔偿请求。第二审法院(札晃高等法院判决,1978 年)虽然认为立法不作为构成违宪,却否定本案被告有国家赔偿法所要求之故意与过失存在。最高法院则认为,"国会议员对于立法,原则上仅对全体国民之关系上负政治责任,并非对与个别国民之权利有关事项,负法律义务。从而,国会议员的立法行为(包括立法不作为),除非有立法的内容已显然违反宪法明文规定,国会仍息于制定该当立法的事例,否则除非有难以想像的例外情形;不在适用国家赔偿法第 1 条第 1 项时,受是否违宪的评估。"(最高法院判例,1985 年 11 月 21 日作出)这一决定对于立法不作为的违宪审查,加上了几乎等于否认的严苛条件。所以,可以看出,在日本的理论和司法实践中,亦是一般认为立法不作为不可以作为违宪而要求立法机关承担相应的违宪责任。

但是,这一立场后来显然发生了变化。2005 年日本最高法院审理的"邦外人选举诉讼案"是最近一起关于立法不作为违宪诉讼的案件。在该案中,最高法院间接地承认了立法不作为可以构成违宪,日本原选举法第 42 条规定,没有在选举人名簿上登记以及不能在选举人名簿上登记的人不能参加投票。而向选举人名簿的登记是指在该市町村区域内有住所的年满 20 岁以上的日本国民,在其住民票做成之日起,持续 3 个月以上在该市町村住民基本总名簿上的登记。

---

[1] See James V. Calvi and Susan Coleman: *Cases in Constitutional law*: *Summaries and Critiques*, Prentice-Hall PTR, Inc, 1993, pp. 319~324.

[2] [日] 芦部信喜:《宪法》,李鸿禧译,元照出版公司 2001 年版,第 342 页。

[3] [日] 芦部信喜:《宪法》,李鸿禧译,元照出版公司 2001 年版,第 342 页。

在外国民由于没有在日本国内所有的市町村的住民基本总名簿上登记，就不能在选举人名簿上登记。其结果是，在外国民不能参加众议院及参议院的选举。这显然是对国外选民参政权的损害，而随着全球化背景下的国际人员流动越来越频繁，根据这一规定而使选举权受到损害的人数还会继续增加。为了改变这一状况，日本国会在平成10年（1998年）通过法律47号，对《公职选举法》进行部分修改，从而创设了在外选举制度。但是选举的对象在当时仅限于众议院按比例代表制选出议员的选举和参议院按比例代表制选出议员的选举。[1]在本案中，来自国外的选民认为选举法中国外选民选举权的规定违反了宪法中选举权平等保护的有关规定，遂而向法院提起诉讼，最后诉至日本最高法院。原告提出：①修改之前的《公职选举法》没有承认上诉人具有选举众议院、参议院议员的权利，请求确认《公职选举法》违宪；②改革后的《公职选举法》没有承认上诉人具有众议院小选区选出议员、参议院选区选出议员时的选举权，请求确认违宪；③请求确认上诉人具有行使众议院议员小选区选出议员、参议院选区选出议员时的选举权；另外，由于国会怠于促成"在外国民"国政选举时能行使选举权，没能尽快完成对《公职选举法》的修改，上诉人没能参加当时的众议院议员总选举进而蒙受损害，要求国家向每人支付5万日元的损害赔偿金，并请求支付针对赔偿金的迟延损害金。

日本最高法院审理后认为，宪法平等地保障作为主权者的国民有参与两议院议员选举的投票权。限制国民的选举权必须以存在"不得已"的事由为前提，而国民在国外这一事实并不构成"不得已"的事由。日本内阁曾在昭和59年（1984年）在第101次国会上提出了旨在创设在外国民投票权的"修改一部分公职选举法的法律案"，但该法律案一直未能进行实质性的审议，随着昭和62年（1987年）6月2日众议院的解散，该法律案成为了废案。从此以后，直到本次选举的平成8年10月20日（1996年）为止，没有进行旨在促成在外国民行使选举权的法律修改。所以，本案修改前的《公职选举法》完全否认作为在外国民的上诉人的投票权，违反了宪法的相关规定。《公职选举法》修改后，虽然承认"在外国民"的投票权，但仅承认在外国民具有众议院、参议院比例代表选出议员时的选举权，没有承认在外国民具有众议院小选区选议员的选举权、参议院选区选议员的投票权，也违反了宪法的相关规定。基于以上分析，日本最高法院支持了原告提出的请求确认具有行使众议院议员小选区选出议员、参议院选区选出议员时选举权的请求。另外，最高法院还判决国家赔偿每位原告

---

〔1〕 根据日本1994年和2000年两次对《公职选举法》的修改，日本众议院议员为480人，其中小选区产生300席，比例代表选区产生180席。所以在外选民只能参加180席众议员的选举。

5000 日元。

在本案中，日本最高法院并没有明确宣布国会未能及时修改相关选举法规致使当事人选举权受损的立法不作为违宪，而是采取了宣告修改前的选举法规违宪的判决方式。但实质仍是承认了立法不作为的违宪，因为最高法院特别强调国会本有条件及时地修改选举法，但由于立法机关的消极拖延，致使相关立法未能及时修改，从而给当事人的选举权造成损害。从最高法院的表述方式可以看出，最高法院并不真正认为是修改前的选举法规给当事人的选举权造成损害，而是认为真正给当事人的选举权造成损害的是立法机关的立法不作为。之所以未能直接确认立法不作为违宪，笔者认为，其主要原因还是考虑到三权分立体制下对立法机关的尊重。如果直接确认立法作为违宪则势必要求在判决中明确要求立法机关修改立法，甚至会明确提出修改的时间，这将使司法机关有越权之嫌。现在的判决只是强调未修改的选举法规违宪以及强调在下次选举中必须保证当事人的选举权，而将决定是否修改选举法以及何时修改的权力留给了立法机关自己，这体现了对立法机关的尊重。

从上述各国宪法理论与违宪审查的实践可以看出，立法者可以根据社会情势的发展自由地决定是否立法以及具体的立法时机，因而立法不作为在一般情况下不可以构成违宪。其原因在于：①虽然立法机关承载着通过立法具体保障公民权利的职责，但由于宪法规范的开放性和抽象性，其职责的具体内涵并不完全清晰。②基于对当下民意的适度尊重，宪法一般不会明确要求立法机关在某一具体时间就某一具体事项制定法律。③宪法所确立的是国家的基本政治框架，旨在确保民选的议会拥有一个独立自主的政治决定空间，如果将立法机关的不作为一概确定为违宪，并由违宪审查机关追究立法机关的违宪责任，势必极大地压缩立法机关作为民意代表机关进行政治决定的必要空间，也将使国家的政治决策中心由立法机关转移到司法机关，而这既不符合民主政治的基本原理，也将使作为非民主性机构的违宪审查机关不堪重负，最终将损害违宪审查机关的威信。从法律负有保障法治及民主的功能来看，法律是不可以由司法行为来取代的。④对于公民权利的保障不能脱离国家经济、社会发展水平，尤其是进入20世纪以后，随着国家职能的扩张，以法律给予公民利益或赋予公民一定请求权的需求日益增多，而由于社会资源的有限性和稀缺性，国家不可能满足所有公民的任何请求，否则必将冲击国家的财政体系，并影响国家资源分配的合理顺序。因而，国家对社会资源的分配必须享有一定的形成空间与调控余地。而基于人员的产生方式、专业构成和知识背景，立法机关较之于违宪审查机关显然更胜任社会资源的分配与调控的角色。基于此，如果任何公民认为自己的某项权利因国家的立法不作为受损而向违宪审查机关提出确认立法不作为违宪诉讼,而违宪审查机关均予以确认并要求立法机关承担某种违宪责任,则势必使立法机关丧失调控国家财政与社会资源的必要空间;况且,立法者能否在违宪审查机关所规定的期限内完成对立法所必须考虑的政治、经济、社会等各方面复杂因素的考虑也值得提出疑问,所以,即使违宪判断作出,其可执行性也没有充分的保障,这反过来会有损于违宪审查机关作为人权保障者的宪法地位。

但是,这并不意味着立法机关可以享有不受控制的自由决定空间而对任何事项都可以自行决定是否立法以及何时立法。尤其是在现代社会,由于社会结构的日益复杂化,议会往往会受到分散的利益诉求、价值观念的多元化和党派的利益纷争等诸多因素的影响而无法形成一个有效的多数,那些对于保障公民权利至关重要的立法由于缺乏必要的多数支持而无法及时地制定出来,公民也就随之而丧失了诉诸法院、寻求救济的正当性依据。这种立法不作为相对于立法作为对公民权利的侵犯更为隐蔽,侵害的对象更为不确定和广泛,而受侵权的公民寻求救济更为困难。所以,如果不加区别地否认立法不作为违宪的可能,将在某些特定情形下对公民基本权利的保障造成更为严重的损失。为了有效地保障公民基本权利,如果符合一定的条件,可以而且应该确认立法不作为构成违宪,并要求立法机关承担相应的责任。这些条件是:

1. 宪法上相对明确地就某个具体事项对立法机关课以立法的义务。立法机关有立法明确的立法义务而不立法是立法不作为构成违宪的基本条件。如何判别宪法是否就某个具体事项对立法机关课以立法的义务?一般而言,如果宪法明文规定"某某事项以法律规定",原则上应视为宪法课以立法者相对明确的立法义务。属于此类立法义务最常见的是有关国家机关或其他重要国家权力合宪运作所不可或缺的组织、组成与行使职权方面的规定。如我国《宪法》第78条规定:"全国人民代表大会和全国人民代表大会常务委员会的组织和工作程序由法律规定。"第86条第3款规定:"国务院的组织由法律规定。"第124条第2款规定:"人民法院的组织由法律规定。"第130条第3款规定:"人民检察院的组织由法律规定。"美国宪法第13修正案规定:"苦役或强迫劳役,除用以惩罚依法判刑的罪犯之外,不得在合众国境内或受合众国管辖之任何地方存在。国会有权以适当立法实施本条。"另外,美国宪法的第14修正案、第15修正案、第18修正案、第19修正案和第23修正案等都有类似的规定。这些规定实际上是赋予了立法机关必须就某个事项进行立法的职责。

2. 有立法的必要性。这种立法的必要性是基于立法所要保障的权利的性质而言的。有些权利,尤其是社会经济文化权利的实现,由于要借助于以给付为特定内容的国家积极作为,国家立法以保障基本权利内容的实现就必不可少了。

如果国家无正当理由而消极懈怠的话，就构成了立法不作为。

3. 立法机关在相当长时间内没有立法。基于对立法机关的尊重，宪法一般不会明确规定立法机关在某一具体时间就某一事项制定法律，但是，如果制定某项立法明显甚为必要，且立法机关在明显超出合理期限时仍不立法，则可以认定这种立法不作为违宪。如前述韩国宪法法院 1994 年作出的立法不作为违宪判决即是如此。宪法法院在判决中指出：韩国历部宪法都对财产征收、使用或限制规定了应支付补偿，并授权以法律规定之。这就说明，国家明确赋予了其立法义务。立法者可以根据形成的自由或立法裁量权自由地决定立法的具体时机，但立法者不能拒绝宪法具体委任的立法或恣意地拖延立法，当立法者作出不立法的决议或在相当长的时期内不进行立法，有可能超越立法裁量权的界限，当立法不作为超越立法裁量权界限时可认定为违宪。在本案中，在已经经过了 30 多年对补偿问题仍然没有采取立法措施的行为，即使有充分理由，也已成为超越其立法裁量权的界限，使依法令具体化的宪法上的财产权处于实质上不可能实现的状态，其行为明显地违反了自第一部宪法（1948 年《韩国宪法》）以来历部宪法中有关财产保障的规定。

拓展案例

案例一： 我国《国有土地上房屋征收与补偿条例》的合法性

2004 年全国人民代表大会对我国宪法进行修改，修改的宪法第 13 条第 1、3 款规定，公民的合法的私有财产不受侵犯；国家为了公共利益的需要，可以依照法律规定对公民的私有财产实行征收或者征用并给予补偿。根据《立法法》第 8 条，对公民私有财产的征收或征用只能由全国人大或其常委会以法律规范。

房屋是公民重要的私有财产。在经济社会发展和城市化过程中，各城市都有大量公民的私有房屋被拆迁。国务院于 2001 年制定了《城市房屋拆迁条例》，这是拆迁补偿的主要法律依据。但由于这一条例自身存在的问题以及一些地方不严格依法拆迁补偿，致使一些被拆迁人反对拆迁，引发了大量争议，在一些地方出现了暴力拆迁、野蛮拆迁的现象。2009 年，重庆唐福珍事件后，北京大学法学院沈岿、王锡锌、陈端洪、钱明星、姜明安 5 位学者认为《城市房屋拆迁条例》涉嫌违宪，建议全国人大常委会予以审查。国务院决定对原条例进行修改，经过一番波折后，于 2011 年颁布了新的《国有土地上房屋征收与补偿条例》。

案例二： 日本麻风病人补偿案

麻风病具有一定的传染性，为有效地治疗麻风病人及防止病情扩散，日本政府于 1953 年出台《防止麻风病传播法》，要求对所有的麻风病患者进行强制隔离治疗。从 20 世纪 60 年代起，由于医疗技术的进步，麻风病不需要隔离治疗，但有关法律却没有及时被废止，直至 1996 年国会通过《废止麻风病预防法法案》。法律废止后，虽然麻风病患者重获自由，但由于他们长期被隔离的经历，他们已很难融入社会，受到了社会各方面的歧视。1998 年，一些患者向地方法院起诉政府，要求确认立法不作为违宪、政府道歉及赔偿。2001 年 5 月，经本地方法院作出判决，以日本国会不及时废除"隔离法案"，使患者遭受不必要的痛苦为由，要求政府承担立法责任，赔偿原告每人 1 亿 1500 万日元。

[问题与思考]

1. 在我国公民私有房屋征收、拆迁及补偿的立法上，全国人大或其常委会是否存在立法不作为的问题？

2. 在日本麻风病人赔偿案件中，法院应根据何种证据判断立法机关的立法不作为违宪？

二、立法机关的议事规则

经典案例

全国人大常委会不通过《公路法》草案

[基本案情]

1998 年第九届全国人民代表大会第一次全体会议选举产生了 155 名委员组成九届全国人民代表大会常务委员会。随后，有一位委员逝世。1999 年全国人民代表大会常务委员会在表决国务院提交的《公路法》修改议案时，共有 77 位全国人民代表大会常务委员会委员投赞成票，6 位委员投反对票，42 位委员投弃权票，2 位委员未按表决器，27 位委员没有出席会议。

[法律问题]

按立法机关的议事规则，全国人民代表大会常务委员会的这一表决结果是否意味着通过《公路法》的修改议案？

[参考结论与法理精析]

按我国立法机关的议事规则，一项议案要获得通过，其赞成票须超过全体组成人员的半数。我国相关法律并没有对民意代表机关包括全国人民代表大会及全国人民代表大会常务委员会的具体组成人数作出规定。《全国人民代表大会组织法》只是规定全国人民代表大会的代表不超过 3000 人，对全国人民代表大会常务委员会的具体组成人数从无明确的法律规定。所以在确定全体组成人员时，只能以当时的实有人数为准。在本案中，九届全国人民代表大会常务委员会在组成时共有 155 人，但投票当时仅有 154 人，所以在理论上只能以 154 人作为其全体组成人员数。该议案只有 77 人赞成，没有超过半数。因此，该议案应为没有获得通过。

表决规则是民主的一项技术规则，是现代民主制度的一项重要内容，具体包括表决原则、表决方式、表决的法定人数、表决计算基准和表决意愿（如赞成、反对或弃权）等内容。确定何种表决规则对代议机关的表决结果有直接影响。现代各国的立法机关是代议制民主的实现载体，确定科学的表决规则能保证代议机关正常行使职权，使代议人士的表决意愿能够准确实现，使其议决结果在最大程度上反映民意。但世界各国的代议机关并无统一的表决规则。在我国，表决既是全国人民代表大会及其常务委员会通过法律、议案和决定任免事项的重要法律程序，也是地方各级人民代表大会及其常委会通过地方性法规、议案和决定任免事项的重要法律程序。所以，研究民意代表机关的表决规则，设计科学的表决规则，对于保证我国各级权力机关的正常运行，以最终实现国家一切权力属于人民的宪法原则有重要意义。

（一）表决原则

表决原则是立法机关表决过程中为议员们普遍遵守并依据的标准。世界各国的代议机关普遍采用多数决定的原则。这是代议机关作为代议制民主载体的性质决定的。现代社会利益的分化和利益主体的多样化使民主制度能够取代专制制度而成为人类社会普遍追求的理想，原因就在于其全体参与多数决定的规则。它假定：①多数人的智慧比少数人的智慧更为可靠；②人们一般自己比其他任何人都关心自身的利益。所以对那些关涉全体或大多数人利益的事项需要尽可能多的人参与其中的决策过程。在全体参与的情境下，由于利益结构的多元化，在大多数情况下无法取得全体一致的结果。所以，要想取得议决的结果，多数决定无疑是最合理的议决原则。

多数决定原则又称多数表决原则，它是世界各国代议机关在表决事项时普遍采取的一项原则。在所谓多数中，有绝对多数与相对多数之分。其中，相对多数是基本规则，而绝对多数则是在某些特殊情况下采用的。一般而言，对于那些显为重要的议案的表决需要采用绝对多数制，以寻求更大基础民意的支持，使其具备更为广泛的正当性和合法性。

我国全国人民代表大会及其常务委员会表决一般议案、决定任免事项均采取相对多数决定规则，即推定相对多数人的判断与选择为合理的、正确的，并且把多数人的判断与选择作为决策或意见取舍的标准。我国地方人民代表大会及其常设机构的表决，一般也实行相对多数表决规则。但对于一些重要议案的表决，则实行绝对多数规则。如对于宪法修改，宪法规定必须由全国人民代表大会全体代表的 2/3 以上多数赞成方可通过。《基本法》和《澳门特别行政区基本法》也规定了一些实行绝对多数表决规则的事项，如：当行政长官将立法会第一次通过的议案发回重议后，立法会如需再次通过该议案，需要以全体议员的 2/3 以上多数通过；对行政长官提出和通过弹劾案，必须由立法会全体议员 2/3 以上多数通过。在国外，《美国宪法》第 1 条第 7 款规定，美国国会两院通过议案，须提交总统签署。如总统不批准，则退回国会复议；国会如需要推翻总统的否决，则需要该院 2/3 多数通过。

一般意义上，多数决定是指一个议案须获得参加投票的法定多数人员赞成方可通过。但如果赞成票没有达到一定多数，能否说反对票也须达到一定多数，反对才有效？各国在立法时都未规定构成反对的最低线，而且也未将弃权作为一个独立的意愿表示项来看待。表决本身是为了体现一种民主精神，或者说是体现一种多数人的意愿，因此民主意义上的反对也应具有量的限定。没有量的决定，民主即流于形式。因此，从量上规定反对的最低线，是表决民主与表决科学的一道保护屏障。如前述案例中，虽然赞成票没有超过半数，但反对票的比例极小，在 100 多位全国人民代表大会常务委员会委员中分别只有 6 位和 4 位，而表决结果含义的确定恰是与投反对票的委员意志一致，这似乎与多数决定的表决规则难以吻合。所以，考虑从量上作出保障性规定，即在多数决定的原则下，确定赞成、反对或弃权均须达到一定比例，如以三者均以超过 1/3 为其有效成立的基本条件甚为必要。如果其中两者超过 1/3，取其相对多数者为通过。否则，赞成或反对均应视为无效。出现无效时，立法机关应当向表决人宣布议案推迟表决。

(二) 表决方式

据统计，世界各国表决的方式共约有九种：呼喊表决、举手起立、分组列队表决、点名表决、投票表决、掷还物件或做记号、使用表决器、鼓掌表决。其中有些表决方式只是在个别国家的议会得到采用，不具有普遍性。

确定表决方式的原则应是在便利表决人的前提下保证表决人的真实意思能够得以表达。由此，某些带有浓厚历史色彩、不利于表达表决人真实意思的表决方式，如鼓掌表决或呼喊表决的方式在现代社会已难以得到广泛应用。

从民主角度而言，立法机关在表决时，针对不同的议案应采用不同的表决方式。有人对 80 个国家议会表决方式进行统计，发现有 50% 的国家对选举、人事任免或弹劾事项采取无记名方式表决,对法律案或其他议案一般都采取举手、点名、起立、列队或呼喊等有记名方式表决。由此推断,无记名表决以选举、人事任免或弹劾为主要适用对象,记名表决主要适用于法律案或其他方案的表决。

我国全国人民代表大会及其常务委员会所采取的表决方式,主要有投票表决、举手表决和电子表决器表决。《全国人民代表大会议事规则》第53条规定,会议表决议案采取投票方式、举手方式或其他方式,由主席团决定。宪法的修改,采取投票方式表决。《全国人民代表大会常务委员会议事规则》第35条规定,常务委员会表决议案,采用无记名方式、举手方式或其他方式。一般来讲,投票大多数是无记名方式,是秘密表决方式的一种,举手表决或按电子表决器则属于记名或公开表决。

全国人民代表大会和全国人民代表大会常务委员会在对有关人事议案进行表决时,其议案主要分为两类,一类是全国人民代表大会所进行的选举和其决定任命,一类是全国人民代表大会常务委员会所进行的任命决定。虽然两者在名称上有所区别,但两者的性质是相同的,都属于间接选举。前者一般采取无记名方式而后者则采取记名方式(如按电子表决器),尽管采用有记名的表决方式进行任免案的表决在程序上显得简便,但其合法性却值得磋商。从理论上讲,间接选举也应当遵循选举制度的民主要求,而记名投票显然有悖于普遍、平等、秘密和自由的选举原则。因此,全国人民代表大会及其常务委员会也应当根据表决对象的不同来选择确定不同的表决方式,如对人事任免案采用无记名表决,对重要的法律案或其他议案则可采用举手等记名表决,以切实体现或实现我国立法民主与效率相结合的原则。

(三)表决的法定人数

立法机关举行会议的法定人数与表决的法定人数不同。前者是指出席会议的议员须达到一定人数方可开会,展开对议案的辩论等;而后者是指立法机关达到法定人数方能对某项议案进行表决。有时二者的人数要求并不一致。如英国贵族院,举行会议的法定人数是3人,但就某一法案进行表决时,法定人数则为30人。[1]

我国相关法律未能对立法机关举行会议的法定人数与表决的法定人数加以区分。《全国人民代表大会议事规则》第4条规定,全国人民代表大会会议须有2/3以上的代表出席,始得举行。第52条第1款规定,大会全体会议表决议案,由全体代表的过半数通过。《全国人民代表大会常务委员会议事规则》第4条规

---

[1] 蔡定剑、杜钢建主编:《国外议会及其立法程序》,中国检察出版社2002年版,第69页。

定，常务委员会会议必须有常务委员会全体组成人员的过半数出席，才能举行。第 32 条规定，表决议案由常务委员会全体组成人员的过半数通过。由于表决在我国实属全国人民代表大会及其常务委员会举行会议中的一项程序，故全国人民代表大会及其常务委员会进行表决的法定人数，也必须达到召开会议的法定人数。但这两个议事规则均未能明确全国人民代表大会和全国人民代表大会常务委员会表决时的法定人数。

但是，由于我国法律并未对全国人民代表大会及其常务委员会的组成人数作出明确规定，实践中，在某些特殊情况下，"全体代表"或"全体组成人员"的含义容易产生歧义。全国人民代表大会及其常务委员会正常情况下每届任期 5 年，第七、八、九 3 届全国人民代表大会常务委员会组成时，成员都为 155 人。5 年中全国人民代表大会代表和全国人民代表大会常务委员会委员逝世、被罢免时有发生。据统计，全国人民代表大会常务委员会组成人员，最多时减员达十多人。由于人民代表大会常务委员会委员是在全国人民代表大会代表中选举产生的，全国人民代表大会常务委员会委员的减员必然造成全国人民代表大会代表的减员；而且，还有一些非常委会组成人员的全国人民代表大会代表在任职期间因各种原因，如刑事犯罪、被原选举单位罢免等而缺席。所以，"全体代表"或"全体组成人员"是指组成时的全体人员，还是指空缺后的实有人员，概念不够明确。

国外议会关于会议和表决法定人数的规定各不相同，有的以议员总额为标准，有的以现有议员为标准，除出现空缺另有规定者外，一般都以现有数为计算标准。因此，我国全国人民代表大会及常务委员会会议和表决法定人数的规定以及空缺后的计算标准等也应当借鉴国外一些好的做法，予以明确和完善。

从中国的实际情况看，由于立法本身并未对全国人民代表大会及其常务委员会的组成人数作出一个明确的规定，最多只有一个上限的规定或某种计算标准。所以，每届全国人民代表大会和全国人民代表大会常务委员会的组成人数并不一致，甚至在每届全国人民代表大会或常务委员会正常任期的 5 年内，组成人数的具体数目也在发生变更，所以将"全体代表"或"全体组成人员"的含义界定为当时实有人数更为合理。

（四）计算基准

各国关于表决的计算方法，主要有三种：①以出席会议并参加表决的议员人数为计算基准。对于虽然出席会议，但没有参加表决的，如弃权或未按表决器，不予计算。这种计算方法被称为"出席表决比例制"。②以实际出席会议的议员总数为计算基准，例如，实际出席会议的议员为 150 人，只要赞成票超过半数，即 76 票，议案即为通过。这种计算方法被称为"出席会议比例制"。

③以全体议员人数为计算基准。就是说，不论议员是否出席会议或是否参加表决，赞成必须超过全体议员的一定比例，议案为通过。这种方法也称"全体成员比例制"。一般讲，采用全体成员比例制的表决，要求会议和表决必须有较高的出席率和表决率，否则，表决很难体现多数决定的原则。即使有些议案获得通过，其民主和真实性也要大打折扣。

我国全国人民代表大会及其常务委员会的会议和表决即采用第三种方法。为保证我国会议的出席率和表决率，1993年第八届全国人民代表大会常务委员会制定了《全国人民代表大会常务委员会组成人员守则》，该守则第5条规定："常委会组成人员必须出席常委会会议。因病或其他特殊原因，不能出席常委会全体会议的应通过常委会办公厅向委员长请假，不能出席常委会分组会议的应向分组会议召集人请假。每次会议由办公厅将会议出席情况印发常委会组成人员。"该规定对于提高会议的出席率和表决率起到了一定的积极作用。但是，这一规定在执行中往往不够严格。

（五）表决行为内涵的界定

意愿表示项是指表决人在表决中对议案所表示的赞成、反对或弃权（包括未按表决器），是表决人所作的意愿表示。有些国家在确定表决结果时，只将赞成和反对两种表决行为纳入计算表决结果的范畴。如《美国宪法》第1条第7款规定，两院表决都由赞成票和反对票决定。也就是说，议案的通过与否，以赞成票和反对票的多少来决定。一般而言，无论是绝对多数制还是相对多数制，都要求在表决中，赞成票要达到多数。但在实践中，这一问题并非如此简单。因为除了前文论及出席会议的法定人数和表决的法定人数以外，还有在表决时表决人的表决意愿并不仅以赞成或反对来表示。除此，还应包括弃权、未按表决器等。如何界定诸如弃权、未按表决器等表决行为的内涵对确定表决结果有重大的影响。如美国某州议会在一次表决某一法案时，只有1人赞成，其他人都表示弃权，于是主席宣布："1人赞成，无人反对，赞成者占多数，本案通过。"以这样的方式解读表决结果的含义显然难以实现民主制度设计的初衷。而之所以出现这样的对表决结果解读的困境，是因为没有科学地界定除赞成或反对之外的其他表决行为，诸如弃权等表决行为的含义。

实行只统计赞成和反对两种表决行为，而对弃权票不予理睬的制度，必然造成高比例的弃权票无法对议案的通过发生作用或产生影响。这样的解读方法所得到的结果不符合表决的真实意思，未将弃权作为一个独立的意愿表示项来看待，表决人之所以弃权或不按表决器，表明其对自己表决的议案尚有认识上的差距，不便于草率地肯定或否定。不能简单地将弃权等同于表决人的不负责任，相反，在某些特定情境下，投弃权票的行为比盲目地投赞成或反对票更能彰显其代表意识。从这一意义上讲，弃权或不按表决器，既不同于肯定（赞成），也不同于否定（反对），而是表决人的一个中性选择。因此，不能采取非此即彼的简单方法来否定这种选择，更不能在确定表决结果的含义时对此种表决行为完全忽视。

在我国，从全国人民代表大会及其常务委员会的议事规则看，全国人民代表大会及其常委会的表决中，不仅有弃权项，还有未按表决器项。意愿表示项过于细化，实际等于扩大了中性选择的空间，显然是没有必要的。从性质上讲，弃权与未按表决器属性相同，都是表决人不便表明态度而采取的一种选择。因此，二者完全可归入弃权项一大类，将未按表决器的人数宣布为弃权的人数，这样不仅可以缩小表决人的中性选择空间，而且也是比较合理的。在我国实际的各级人民代表大会及其常务委员会对各种议案的表决中，真正投反对票的只占极小的比例，而投弃权票或不按表决器的占有很大比例，实践中都是将这两种表决行为与反对票同等看待。实际上它们与反对的含义有较大的差异，所以，有必要将其确立为独立的意愿表示项，并在此基础上构建我国各级权力机关的表决规则。

拓展案例

案例一：　　　　　　全国人大常委会人事任免案

1988年选举产生的七届全国人民代表大会常务委员会共有155位委员，在其第二次会议时对一项人事任免案进行表决。共有129位委员出席会议，其中73位委员投赞成票，4位委员投反对票，48位委员投弃权票，4位委员未按表决器，26位委员没有出席会议。

案例二：　　　　　　香港特区立法会的表决规则

香港基本法附件二规定，香港特别行政区立法会第三届立法会的组成分别是："功能团体选举的议员30人，分区直接选举的议员30人。"同时规定："政府提出的法案，如获得出席会议的全体议员的过半数票，即为通过。立法会议员个人提出的议案、法案和对政府法案的修正案均须分别经功能团体选举产生的议员和分区直接选举、选举委员会选举产生的议员两部分出席会议议员各过半数通过。"

[问题与思考]

1. 在案例一中，该人事任免案是否应获得通过？
2. 在案例二中，基本法为什么规定香港立法会对政府和个人提出的议案采取不同的表决程序？

第二节 行政机关的组织与职权

经典案例

四川步云直接选举案

[基本案情]

2001~2002 年乡镇换届选举中，20 世纪 90 年代末出现的乡镇一级竞争性选举试验在全国其他地区基本处于停滞状态的情况下，四川省却出现了约 2000 个乡镇实施竞争选举的巨大发展。四川省有 21 个地级市，180 个县（包括县级市和市辖区），5225 个乡镇（包括街道办事处）。所谓竞争性选举，是指在乡镇长、副乡镇长的选举过程中引进了竞争性因素的新做法。一般的做法是，县委决定乡镇长、副乡镇长候选人，通过乡镇党委，这些候选人交由乡镇人民代表大会主席团向乡镇人大提名，乡镇人民代表大会投票表决通过并予任命。而乡镇人民代表大会的代表基本上是由乡镇党委提名，并在乡镇党委政府的帮助下当选的。这样乡镇长、副乡镇长的选举就在县党委、乡镇党委、乡镇人民代表大会之间形成了一个闭合的流程，其中没有开放的竞争。

乡镇一级的竞争性选举是在旧做法的基础上增加了几个环节，引进竞争的因素，并在一定程度上使得乡镇长、副乡镇长的产生成为一个开放的系统。增加的环节主要有两个，即在县党委决定候选人之前，由一个选举人团在公开报名的众多候选人预备人选中选举若干名，由县党委确定为正式的候选人。然后再按过去的做法完成乡镇政府领导班子的选举。

四川省广泛实行乡镇长公推公选的情况中，遂宁市市中区步云乡是作为一个特例存在。步云乡的乡长选举在很多方面都更接近于国际意义上的选举，而且步云乡的乡长选举在 2001 年底是第二次的竞争性选举，与 1998 年底的第一次乡长竞选相比发生了一些值得注意的变化。1998 年 11 月~12 月底，遂宁市市中区步云乡第一次举行了乡长由全体选民直接投票产生的竞争性选举。这次选举也是建国以来乡镇长直接选举的首个案例。步云乡长的直接选举，比所有其他乡镇的公推公选都更为开放，主要表现在以下几个方面：①步云乡长选举没有干部身份的限制，普通群众也可以报名参加乡长的竞选；②对候选人预备人选的选举不是选举人团的"测评"，而是全乡有投票权的公民的投票；③候选人的竞选运动是允许的。以上就是"四川省乡镇竞争性选举系列案"。

[法律问题]

1. 四川省推行的乡镇长的新型选举方式是否合法？
2. 如何认识我国一些地方出现的各种形式的乡长、镇长竞争性选举的现象？它对我国的民主政治发展的意义如何？

[参考结论与法理精析]

我国实行的是人民代表大会制度，这是我国的根本政治制度。该制度的基本含义是人民代表大会是我国的权力机关，其他国家机关由人民代表大会产生，受人民代表大会的监督，对人民代表大会负责。《地方各级人民代表大会和地方各级人民政府组织法》第9条规定，乡长、副乡长，镇长、副镇长由同级人民代表大会选举产生。第21条规定了乡镇长的人选，由本级人民代表大会主席团或者10人以上代表联合提名。根据上述法律的规定，四川省推行的乡镇长的竞争性选举中步云乡的情况是不合法的，其他地区的选举中，只要在最后由大会主席团向人民代表大会提出候选人，最后由人民代表大会依法选举就是合法的。

（一）乡镇一级竞争性选举发展的原因

可以清楚地看到乡镇竞争性选举的实施者是县党委，在一些地方，是出于市党委的大力推动。从改革设想的提出、具体方案的设计、组织和操作选举的每一个程序、到选举结果的确认、到其后执行剩余的所有程序，全部都在县、区委的领导、规范、参与甚至具体操办下进行的。选举的竞争性和开放性的增强和减弱，选举面的扩大或缩小，选举所指向的职位的高低，等等，都在县委或市委的掌握之中。从体制日常运行的实际逻辑来看，这是自然的。党管干部、下管一级，任命谁为乡镇党委政府领导干部，是县的权限。这个权限同时也包括，在中央规定的选任干部的条例范围内，用什么样的具体方法任命下一级的干部，由各级自主决定。

在当地有关人员谈到推行乡镇长竞争性选举的原因时，认为主要有以下几个：①挽救乡镇的危机，即有的乡镇干部贪污、挪用集资款和公款的案件爆发以后，群众对乡镇干部产生了强烈的抵触情绪。群众拒绝缴纳税费，对乡镇政府提倡的几乎所有的公共事业都采取抵制的态度，工作很难开展，必须通过有群众参与的竞争性选举来重新赢得群众的信任和支持。②有的乡镇想通过竞争性选举提高乡镇政权工作能力和运转效率。四川省南部县的经济生活在20世纪90年代以来发生了很大的变化，市场的作用越来越大，在这种形势下，起核心作用的乡镇党委如何工作是关键的问题。他强调要有新的人才、新的思维、新的工作方法才能解决问题。这样通过新的干部产生方式，把一部分公共事业建设的责任分配到体制外去。③纯粹是为了基层干部产生机制的创新与改革。

（二）乡镇竞争性选举的意义

1. 竞争性选举符合人民主权的原则，顺应了群众要求扩大基层民主的强烈愿望。经济权利和政治权利是公民最根本的权利。群众在经济发展到一定程度时，对民主政治权利的需求越来越明显。过去，乡镇干部习惯于埋头抓农业生产、刮宫引产、催粮催款，在群众手中"拿"走的多，但给予的较少，尤其是群众的民主政治权利没有得到充分保障，心里有怨气，导致一些地方出现了新矛盾、新问题。让群众直接选举自己的当家人，使他们对公民的尊严和权利有了亲切而深刻的感受，为自己成为社会的主人而骄傲和自豪，增强了选民的社会责任感。

2. 竞争性选举使选举地区乃至以外的地区都受到了良好的民主教育。在我国，人民是国家的主人，人民代表大会是人民管理国家和社会事务的基本形式。另外人民还通过各种形式行使这种权利。但由于各种原因，我国公民尤其是农村中的广大居民的民主意识还相当淡薄，他们不了解自己的民主权利，更不懂得自己是社会与国家的主人。通过乡镇长的竞争性选举，广泛而深刻地将广大农村居民的政治积极性、主动性调动起来。让他们直接选出本地的"行政长官"，充分尊重了他们的主人公地位，从而激发了他们的政治责任感。

3. 竞争性选举为我国民主制度的推进注入了新的因素与活力。我国是人民当家作主的国家，我国通过各种民主制度来保证人民享有充分的民主。但是因为历史与观念等方面的原因，目前我国的民主化程度可以说不是很高。比如根据法律的规定，我国公民所直接行使的选举权利，目前只适用于县、乡两级人民代表大会的代表的选举，这不仅与其他民主发达国家存在着较大差距，而且也与国家确定的最终实现全面直接选举的目标有差距。四川等省所推行的乡镇长竞争性选举为我国正在推定的以民主为核心的政治体制、行政体制改革提供了新的内容与视点。

目前发生的乡镇长竞争性选举试验对我国政治与经济的进步具有重要的意义。但是所有的改革都必须在宪法规定的范围之内，都不能超越法律的规定，不能为了改革而牺牲法治，步云乡的直接选举就突破了法治的范围。我们并不是否认直接选举的宪政意义，而是认为直接选举必须有法律的支撑。另外，我们也不能指望，有了这种自下而上的乡镇的竞争性选举改革，就能推动中国走向全面的直接民主化改革。因为，这种改革尤其本身的局限性，只有自下而上与自上而下相结合才是改革进一步推进的正确路径。

拓展案例

案例一：　　　　　　深圳市大鹏镇镇长选举案

大鹏镇是位于广东省深圳市的一个经济较为发达的地区。1999 年中共大鹏镇党委决定实行镇长选举改革。改革后的选举分为以下几个步骤：①由镇党委提出推选镇长的基本办法和镇长候选人的基本条件；②将全镇按党政机关、镇属企事业单位、行政村、居民委员会等划分为17个推选小区；③在广泛宣传、发动群众的基础上，首轮选举由全镇所有选民每人一票直接推荐镇长候选人的初步人选，获得100票以上的将成为镇长候选人的初步人选；④召开由全镇全体党员、干部、职工和农村户代表参加的竞选演讲大会，候选人初步人选在会上发表竞选演讲，然后从其中选出一人作为镇长的正式候选人；⑤镇长候选人经主持会议的镇党委审议确认后，正式将其向镇人民代表大会提名推荐为惟一的候选人；⑥镇人民代表大会召开会议，正式选举镇长。

1999年1月18日~4月29日按上述程序进行了改革后的首次镇长选举。全镇选民投票率超过95%，获100张选票以上提名的有6人，有1人年龄已超过50周岁，不符合参选条件。主持选举的镇党委确定人选并报区委同意，其余5人成为镇长候选人的初步人选。随后召开竞选演讲大会，与会者有1068人。5位候选人初步人选发表竞选演说后，全体与会者当场投票推选出一位候选人。经投票，李伟文得票最多，成为镇党委审议确认并正式向镇人民代表大会提名推荐的镇长惟一候选人。1999年4月29日大鹏镇第十一届人民代表大会第一次会议召开，李伟文以45票全票当选为新一届政府镇长。

案例二：　　　　　四川绵阳乡（镇）长选举案

四川省绵阳市从1998年11月起，在全市10个县（市、区）的11个乡镇进行了乡、镇人民代表大会代表直接提名选举乡、镇长的改革探索。其主要思路分为两大步骤：第一步是根据《全国人民代表大会和地方各级人民代表大会选举法》有关"各政党、各人民团体，可以联合或者单独推荐代表候选人。选民或者代表10人以上联名，也可以推荐代表候选人"的规定，在试点的11个乡镇充分发动群众，以选民自己联合提名候选人的方式，使所有的代表均由选民直接提出，再由选民对乡、镇人民代表大会代表的候选人直接进行差额选举，产生乡、镇人民代表大会。第二步是根据《地方各级人民代表大会和地方各级人民政府组织法》关于"乡、民族乡、镇的人民代表大会代表10人以上书面联名，可以提出本级人民代表大会主席、副主席，人民政府领导人员的候选人"的规定，在市委的领导下，制定乡长、镇长的任职资格条件，在乡、镇人民代表大会通过后，使所有的乡长、镇长候选人都由本乡镇的人民代表大会代表联名提出，共提出候选人23人，除有3个乡、镇的人民代表只提出1个候选人而在人民代表大会选举乡长、镇长时是等额选举外，其余的8个乡镇人民代表大会在乡长、镇长选举中都进行了差额选举。

[问题与思考]

1. 前述各案中乡（镇）长直接选举有何不同？与宪法中有关乡（镇）长产生方式的规定有抵触吗？

2. 如何在乡长选举中既能直接体现民主又可与人民代表大会制度协调？

第三节　司法机关的组织与职权

一、人民法院的法官任免

经典案例

案例一：　　　某地人大常委会随届任命法官案

[基本案情]

某市人民代表大会常务委员会为提高人民代表大会常务委员会的威信，扩大随届任命的范围，对法官也进行随届任命，即新一届人大常委会组成后，要对该市中级人民法院的法官重新任命。为落实这一决定，该市人大常委会还制定了具体的实施办法。

[法律问题]

法官的随届任命有无法律依据？是否符合法治原则？

[参考结论与法理精析]

法官随届任命的做法违背我国现行法律规定，与宪政体制对法官产生方式的要求也是背道而驰的。

（一）实行法官的随届任命没有法律依据

我国实行人民代表大会制度，人民法院由人民代表大会产生，对其负责并受其监督。《宪法》第62条规定，全国人民代表大会有权选举最高人民法院院长；第101条规定，县级以上的地方各级人民代表大会选举并且有权罢免本级人民法院院长；第124条规定，最高人民法院院长每届任期同全国人民代表大会每届任期相同，连续任职不得超过两届。《地方各级人民代表大会和地方各级人民政府组织法》第8条规定，县级以上地方各级人民代表大会选举本级人民法院院长。《人民法院组织法》第34条规定，最高人民法院院长由全国人民代表大会选举；地方各级人民法院院长由地方各级人民代表大会选举。第35条规定，各级人民法院院长任期与本级人民代表大会每届任期相同。

对于法院里除院长以外的其他法官，上述各相关法律都只是规定由院长提名，由人民代表大会常务委员会任免。但并未要求在每一届人民代表大会常务委员会组成时，要根据院长的提请重新对副院长及其他法官进行任免。

由此可以得出的结论是：在人民代表大会换届时，由该级人民代表大会产生的法院的院长也将由人民代表大会重新选举产生。所以，法院的院长必须随届选举。对法院院长而言是有"任期"这一概念的。但各项法律均没有要求人民代表大会常务委员会换届后，要对所有的法官重新任命，甚至也没有要求法官在第一次常委会会议中对法官进行任命。这说明法院的其他法官并不像法院院长那样有任期的概念。事实上，只要法院需要任命法官，即可由法院院长提出人选，由人民代表大会常务委员会随时任命。

有人认为，法律本身并没有禁止新的一届人民代表大会常务委员会组成后重新任命法官，所以，为加强对法官的监督，人民代表大会常务委员会的这一做法并不直接与法律规定相冲突。但"法不禁止即自由"的规则不能成为这一做法的法律依据。而且事实上，这一做法将改变《法官法》为法官设置的明确的职务保障。《法官法》第8条规定，法官非因法定事由，非经法定程序，不被免职、降职、辞退或者处分。而第13条进一步规定一系列应当依法提请免除其法官职务的情形，包括：①丧失中华人民共和国国籍的；②调出本法院的；③职务变动不需要保留原职务的；④经考核确定为不称职的；⑤因健康原因长期不能履行职务的；⑥退休的；⑦辞职或者被辞退的；⑧因违纪、违法犯罪不能继续任职的。所以，如不存在这些法定事由，由人民代表大会常务委员会对法官重新任命将侵犯法律为法官设置的职务保障的权利。

（二）要求法官随届任命是对民主制度的误读

在现代民主制度下，选举是主权享有者的人民的一项最基本的权利，它是整个民主制度的核心。但在不同的政治体制下，人民选举的范围不是完全一致的。其中民意代表机关是实现代议制民主的基本组织，在直接民主由于技术原因多数时候无法实现的当代社会，人民选举民意代表机关的代表就成为了各种民主制度下人民的一项共同职权。但除民意代表机关外，其他机关，如行政机关，是否由选民直接选举产生无统一的制度。在总统制国家，行政机关负责人一般也由选民选举产生。而在议会制国家，政府由民意代表机关产生并对其负责。但无论在哪种体制下，法官由选民直接选举产生是非常例外和少数的制度。而且这种制度的合理性一直受到质疑。[1]在多数情况下是由民意代表机关与其他国家机关（如国家元首）或相应的司法行业的职业组织（如法官委员会等）

---

[1] 参见本书中沈阳市人民代表大会不通过法院工作报告案中的有关论述。

共同决定法官的任命。所以，虽然民意代表机关能够参与法官的任命，但其权力是受到限制的。

另一个需要解释的现象是，在民主制度发展成熟的国家，立法机关和行政机关都有一个不太长的固定任期。这显然是将立法机关和行政机关的官员直接置于民意的监督之下，使选民能在一个合理的期限内判断其所选举的公职人员的表现，并为选民提供定期重新选择的机会。但法官的任职通常无固定任期或是规定一个相当长时间的任期。如瑞典、挪威等北欧国家规定，法官是终身制的，除非本人有明显不合适做法官的表现或者犯了严重的过错而遭到了弹劾。世界上最早的一部成文宪法即美国 1787 年宪法规定，无为，得终身任职。日本宪法对此也作出了明确的规定。

为什么在民主体制下法官的任职要与民意保持距离，一方面规定法官的产生不由选民直接选举产生，另一方面规定其有较长的任期？一个最基本的考虑就是法官的职业性质与议员和行政官员都有不同。法官的审判工作更多的是一种技术性工作。根据法律审理案件是其基本职责，因而对法律负责也就成为其基本义务。法律由民意代表机关依法定的程序经过立法机关、甚至包括行政机关多重的利益博弈后形成的，符合相当长时间内的基本民意，具有稳定性。法官对法律的负责实质是对恒久民意的负责。但民意本身极具变动性，由于多种因素的作用，当下的民意并不总是正确且符合民众的基本利益，将法官置于民意的直接监督之下，将使法官在民意的极不确定性和法律的稳定性之间左右为难，而如果确立法官随时可因民意的取向而去职，则将使大多数法官在大多数时候屈服于民意，而置法律的尊严（实质也是民众的恒久利益）于不顾。所以，科学的司法制度设计从法官的产生到法官的任职保障无不是着眼于其对民意的疏离以求其独立性。

（三）法官随届任命是人民代表大会制度改革的误区

这一改革的背景是为了加强人民代表大会权威，落实人民代表大会及其常务委员会作为国家权力机关的宪法和法律地位。但改革的方向是错误的。

随届任命法官真的能提高人民代表大会常务委员会的威信吗？有人认为，这种做法可以增强法官的紧迫感和责任感，促使其更好地履行职务，从而为人民代表大会常务委员会将行使监督权和人事任免权有机结合找到一条好途径，也就提高了人民代表大会常务委员会的威信。但事实上这只能是某些人的一厢情愿。随届任命一般是在新一届人民代表大会常务委员会产生的第一次会议上集中进行的。在任命前，还要对被任命人员进行调查了解，弄清其是否胜任将被任命的职务，而一个法院的法官人数少则几十个，多则上百个（如法官要随届任命，检察官也必须如法炮制，则人数会更多），用较短的时间集中了解清楚的可能性是非常小的，如果不集中了解清楚，这种任命又将流于形式。

但不可否认，这种思路是正确的。这就是加强人民代表大会常务委员会对于法官任命的监督，但方式有误。正确的方式应该是：建立法官的个别任命的制度。但一旦任命后，就必须尊重法官的判断和法官的独立地位。

人民代表大会常务委员会的威信不应建立在对法官的过度监督上，而应将重点放在对行政机关的监督上。依赖监督法官来加强人民代表大会常务委员会的威信是做不到的，而且有损我国宪法所确立的独立审判制度。

案例二： 吉林省磐石市法官弹劾案

[基本案情]

吉林省磐石市人民法院为了扼制司法腐败，建立了法官弹劾委员会。法官弹劾委员会的组成人员来自于当地的人民代表大会代表、政协委员、党政机关干部和农村群众。如有当事人怀疑审判案件的法官有违反审判纪律的情况，就可以申请启动弹劾程序。随后在弹劾委员会全体委员中随机抽出若干委员，由其进行投票。如有半数以上委员表示对法官不信任，弹劾即为成功。被弹劾的法官将会受到降级、降职或调离审判岗位等处分。

据该法院的院长介绍，这项制度的目的是为了堵塞法官队伍管理在有实无据的情况下，无法对违纪干警进行处治的漏洞。它针对的是，"当对被举报干警实施调查后未找到充分证据，但仍有种种理由怀疑其违法乱纪行为有可能存在时，即启动弹劾程序，并用表决方式认定其是否有问题，是否应对其实施处治"。

当事人王某是一起案件的原告，在他起诉以后，案件长时间得不到判决。在此期间，王某发现案件的审判长和被告曾有密切接触，并在高档酒店聚会。王某怀疑该审判长不能公正裁决，于是向弹劾委员会举报。弹劾委员会随即启动弹劾程序，该审判长被弹劾成功并被撤销副庭长职务。

[法律问题]

1. 吉林省磐石市人民法院建立的法官弹劾制度合法吗？其是否能保障司法的公正？
2. 宪政体制下应如何保障司法的公正？

[参考结论与法理精析]

我们认为，法官不能被这种方式弹劾而去职，因为这种制度于实定法无据，与宪政理念不合，与我国司法制度的正确改革方向背道而驰，不能解决司法不公的问题。

(一) 弹劾法官于法无据，且与现行法律制度相冲突

"弹劾"（Impeachment）是一个有着严格内涵的法律概念，它一般是指法治国家拥有弹劾权的国家机关（一般是议会）基于法定事由，按法定程序，对于有严重违法犯罪行为或失职行为的官员（总统、首相、总理或者法官等政府重要官员），调查和追究其法律责任，决定是否保留其公职的一种法律制度。弹劾通常由下院（众议院）提出，上院（参议院）受理和审判；也有的国家由高等法院受理和审判。弹劾制度最早产生于英国，后为美国和德国、法国等欧洲大陆国家所采用。许多国家都在宪法上规定了弹劾制度，包括弹劾的对象、原因和程序等。如美国宪法规定，总统、副总统和合众国的一切文职官员（包括法官），凡受叛国罪、贿赂罪或者其他重罪、轻罪的弹劾并被定罪时，应被免职；参议院有审讯一切弹劾案的全权。无论何人，非经出席参议员2/3人数的同意，不受定罪的处分；被定罪者应依法经历公诉、审讯、宣判和惩罚等法律程序。所以，弹劾制度必须由国家法律明文规定。但我国《宪法》和《人民法院组织法》、《法官法》等法律都没有规定对法官的弹劾制度，只规定了罢免和惩戒制度。所以吉林省磐石市的法官弹劾制度不是一项法定制度。它的违法性体现在以下几个方面：

1. 弹劾机构的组建没有法律依据。这一机构是该法院组建的，据称其依据主要有三个：一是根据《法官法》，二是根据《法官职业道德基本准则》，三是根据最高人民法院的有关规定。《法官法》规定了法官惩戒种类，其中并无可因弹劾而去职的规定。当时的《法官职业道德基本准则》规定："法官从事各种职务外活动，应当避免使公众对法官的公正司法和清正廉洁产生合理怀疑，避免影响法官职责的正常履行，避免对人民法院的公信力产生不良影响。"法官的司法职务外活动是法官道德操守的重要展示。显然，这三个"避免"是对法官在从事各种司法职务以外的活动时提出的基本要求，目的是为了严格约束法官的司法职务外活动。但这不能成为法官如果被认定为让公众产生合理怀疑，则应视为该受到相应人事处理的法定理由。但最高人民法院并无授权一个地方法院组建法官弹劾委员会作为对法官予以处分的决策机构的规定。所以，该法官弹劾制度的出台没有法律依据，是无效的。

那么，应由何种机构行使对法官处分的权力呢？我国《法官法》规定对法官的处分有警告、记过、记大过、降级、撤职和开除，虽未明确应由何种机关行使，但规定"处分的权限和程序按照有关规定办理"。同时，该法规定，法院院长由同级人民代表大会选举和罢免；副院长、庭长、副庭长、审判委员会委员和审判员由院长提请同级人民代表大会常务委员会任免。因此，对于撤职和开除这两种处分，法院自身是无决定权的。这也是《法官法》没有就法官处分

权力问题作统一规定的原因。法院组建弹劾委员会实施对法官的其他处分也没有法律明文规定。组建行使实质性国家权力的机构必须要有法律根据，这是法治社会的基本要求。所以，我们认为，从立法原意看，这一权力应由法院自己行使，而不可自我让权于弹劾委员会这样一个无法律根据的非正式的机构。

另外，该机构的组成人员来源于人民代表大会代表、政协委员、党政机关干部和农村群众。从表面上看，这是将法院纳入人民监督的范围，让每一位公民都行使监督权，将司法审判置于百姓监督之下进行"阳光审判"。但人民对法院的监督必须依法进行，否则，这样的"阳光"会因为过于强烈而"灼伤"法官，并最终伤害我国的司法制度和宪法、法律的权威。在我国，人民代表大会是人民行使国家权力的机关，法官由人民代表大会常务委员会任命，而且法院必须接受人民代表大会的监督。如果在人民代表大会之外，再设一个于法无据的弹劾委员会，无疑是对现有机制的不信任。

2. 弹劾结论实质性地改变了法律的规定。被弹劾的法官最终会被"调离审判岗位"，虽然没有明确免除其法官资格，但实质是"撤职"。而按法院组织法和法官法的相关规定，只有与法院同级的人民代表大会常务委员会才有权免职该级人民法院法官。所以，这项制度是实质性地抵触了现行宪法和法律。

3. 这项制度体现了"有错推定"的思想，违背了法治的基本原则。据称，这项制度是"为了堵塞法官队伍管理在有实无据情况下，无法对违纪干警进行处治的漏洞"，它针对的是，"当对被举报干警实施调查后未找到充分证据，但仍有种种理由怀疑其违法乱纪行为有可能存在时，即启动弹劾程序，并用投票表决方式认定其是否有问题，是否应对其实施处治"。

以事实为根据，以法律为准绳，是司法机关处理案件必须遵循的基本原则。这一原则要求司法机关处理一切案件必须忠于事实真相，以案件事实（法律事实）为基础，严格依照法律的规定办理案件。以事实为基础，就要坚持重证据，重调查研究；证据必须经过查证属实，才能作为定案的依据。"合理怀疑"只是增加了怀疑的合理成分，但毕竟怀疑不等于事实。这些怀疑需要确凿的证据加以证明，才能作为处理违纪违法甚至犯罪的事实根据。弹劾制度虽然也要求对群众反映的问题要进行调查，对存在问题的可能性要进行评估，并组织听证会，听取弹劾委员会办公室的评估报告和被弹劾人的辩解，但并未强调对所反映的问题必须有充分、确实的证据加以证明，才能予以认定，而是通过投票表决的方式，不信任票超过半数，不信任弹劾案即告成立。如果没有证据，怎么能够认为此干警违纪？法律上的事实必须要有证据予以证明，这是法治的基本原理。仅有理由怀疑其违法乱纪而启动弹劾程序，而弹劾委员会也仅在无实据的情况下根据自己的良心判断被弹劾的法官有无违法乱纪行为，这不是有错推定又是什么？所以，该制度是要将没有充分证据，仅有"合理怀疑"而难以认定的事实，用"票决"的方式加以确认，作为人事处理的事实依据。

4. 被弹劾成功的法官终将因"百姓不信任"而失去自己的职位，这是一种以直接民主的方式来解决司法的问题，使司法权的运行直接置于民意的监督之下，有碍于司法权的独立判断。法官的产生程序已经在一定程度上体现了民意。法官产生以后，就应以独立的姿态面对法律。公正的裁判来源于准确的判断，而这有赖于两个基本条件：判断者心智的合格和拥有自由判断所必需的制度空间。前者要求判断者有健全的思维、丰富的专业知识和良好的专业素养；后者则是国家制度的设计问题，它要求司法机关不依赖于其他机关或组织，裁判者在裁判时仅根据法律和事实，运用自己的知识和判断作出裁决。"在法官作出判决的瞬间，被别的观点，或者被任何形式的外部权势或压力所控制或影响，法官就不复存在了。"（美国法学家戈尔丁语）惟有如此，才能保证法官自由裁判的空间和司法的公正。而设置这样一种弹劾制度只能使法官在审理案件时不仅要考虑法律，还要考虑弹劾委员会各位委员对此案的可能立场，否则自己就有可能被弹劾而失去公职。此时他还能专心对法律负责吗？

（二）宪政体制下如何保障司法公正

无可否认，这一改革的初衷是为了防止司法腐败，追求司法公正。但前已述及，它与我国实定法相冲突。那么能否以良性违宪、良性违法对此作出解释？"良性违宪"是近几年宪法学界某些学者的一种观点，指国家机关的一些举措虽然违背了宪法条文，但却有利于发展社会生产力，有利于维护国家和民族的根本利益，是有利于社会的行为，因而应承认其正当性与合法性。依此类推，能否认为这一改革虽然与现行实定法相冲突，但符合法治原理、有利于实现司法公正，因而是"良性违法"而承认其正当性呢？

在有缺陷的实定法修改之前，一些正确的改革措施会遭遇法律的障碍。此时总有人试图以"良性违宪"或"良性违法"去突破现有法律的规定。姑且不论"良性违宪"、"良性违法"的理论是否正确，在此只是看宪政体制下应如何保障司法的公正？此种制度是不是宪政体制所能接受的防止司法腐败的机制？

在中国，司法改革一直面临这样一个深刻矛盾：加强对司法的监督与由此所带来的司法职能的弱化矛盾。当某一公共权力腐败滋生而引发社会公众不满时，传统智慧就是强化对其的监督。但中国当前的法院及法官已经有了法院内部的监督、检察机关的监督、权力机关的监督、新闻媒体的监督等，监督不是太少而是太多，其独立审判的宪法地位已被挤压到了一个狭小的制度空间内。监督越多，司法职能就会越弱化。所以，中国司法中的腐败行为制度性根源不在法院和法官所接受的监督不够，恰恰相反，是独立性不足。

在法治发达的国家，成熟的宪政体制是遏制司法腐败的根本途径。司法独立是其宪政制度的一个重要组成部分，独立的司法机关是维系良性宪政体制正常运行的根本保障。司法独立是司法公正的根本制度性保障，首先是司法机关的独立，然后是裁判的独立。为保证司法机关的独立，一项重要的制度是实现法官的非民选产生。美国的制宪者曾经指出，法官不能由选举产生的理由是："①因为特殊资格在成员中是极其重要的，所以主要考虑的应该是选择那种最能保证这些资格的挑选方式；②因为在该部门任职是终身的，所以必然很快消除对任命他们的权力的一切依赖思想。"（汉密尔顿语）在美国的有些州，确实也有法官是经选举产生的，但法官选任制的科学性一直是受到质疑的。而值得注意的是，自民主政治确立以来，没有人会对立法机构和行政机构官员的选任制产生疑问。非民选产生的机关不应直接受制于民意之下。

当然在法治发达的国家，也会存在法官的违纪、违法（尽管为数不多）。对于这些法官的惩戒，各国都在宪法中确立了具体的制度，如美国宪法规定由国会进行弹劾，德国宪法规定由宪法法院弹劾法官。除国家机关，有些国家的专门社会组织如司法委员会亦有权惩戒法官，但这类组织有两个基本特点：①有立法机关的授权；②这类机构一般是由各级法院的法官组成的，所以更多地体现了法官职业内部的自律，而不是诉诸于民意去寻求对法官的道德性评价。由此，它没有违反司法独立的根本原则。

但磐石法院的法官弹劾制度的正当性或合理性（如果有的话）恰恰在于其以民意为基础。包括人民代表大会代表、政协委员、机关干部、农村群众在内的人员构成的实质，是要求其在组织上体现各方面的民意；法官基于"百姓不信任"而被弹劾的结果，也体现了其以民意为其权力运作的正当性基础。这是与司法独立的根本原则相违背的，其实现司法公正的初衷也终将难以实现。

（三）我国的司法改革如何开展

一段时间以来，司法改革是我国理论与实践的一个热点。在制度建构中，司法机关扮演了重要的角色，主审法官制、错案追究制、南京市某区检察院对大学生犯罪的不起诉制度，等等，都是司法系统内部的改革。不可否认它们的良好初衷及对扼制腐败行为、促进司法公正的积极效果，但在一定程度上反映了当前司法改革的无序化。

必须明确，司法改革不是司法机关的自我改革，而是我国整个宪政体制改革的一个组成部分。这就需要：①由有权机关制定改革措施；②司法制度与其他制度不可冲突；③重大制度性改革必须从宪法层面进行。所以，司法改革的权力应统一行使。在现行宪法所确立的体制框架内，不应允许有超越这一体制外的力量决定司法改革的方向。司法机关是依法治国的最终确认者与维护者。科学设置、独立司法、规范运行的司法体制是司法机关恰当行使司法权的保障。司法体制改革的目标是为了实现宪法为司法机关所确立的功能，司法机关的权力框架是宪法确立的，所以司法机关自己推出的改革措施应有一定的界限，只能是对司法过程中的具体程序进行改革。在涉及司法机关组织的权力配置方面，司法机关不能关起门来恣意为之。

与此同时，宪法的最高性必须得到承认，宪法权威必须得到尊重。司法体制作为我国宪政体制的组成部分，是现行宪法所确认的。任何针对司法体制的改革都不能超越宪法的规定来进行。从宪政体制和司法权之间的关系看，根据社会需要对司法体制进行的改革，应从现行的宪法框架内加以考虑，使司法权在现有的体制内发挥应有的功能。不能以"合理性"为由，而不顾合宪性判断，况且有的改革措施本身的合理性也不是没有疑问的。

拓展案例

案例一：最高人民法院发布《地方各级人民法院及专门人民法院院长、副院长引咎辞职规定（试行）》

2001年11月，最高人民法院发布《地方各级人民法院及专门人民法院院长、副院长引咎辞职规定（试行）》。该规定第3条指出："引咎辞职是指在其直接管辖的范围内，因不履行或者不正确履行职责，导致工作发生重大失误或者造成严重后果，负有直接领导责任的院长、副院长，主动辞去现任职务的行为。"第4条规定："院长、副院长在其直接管辖范围内，具有下列情形之一的，应当主动提出辞职：①本院发生严重枉法裁判案件，致使国家利益、公共利益和人民群众生命财产遭受重大损失或造成恶劣影响的；②本院发生其他重大违纪违法案件隐瞒不报或拒不查处，造成严重后果或恶劣影响的；③本院在装备、行政管理工作中疏于监管，发生重大事故或造成重大经济损失的；④不宜继续担任院长、副院长职务的其他情形。"第5条规定："院长、副院长引咎辞职应向有干部管理权限的党委和上级人民法院提交辞职申请书，经党委商上级人民法院同意后，依照法定程序办理。"第6条规定："符合本规定第4条情形之一的院长、副院长，本人不提出辞职的，按照干部管理权限，由党委商上级人民法院同意后建议人大或人大常委会依照法定程序罢免、撤换或免除其职务。"

案例二： 北京市第三中级人民法院的组建

北京《京华时报》2012年11月19日以《北京正筹建第三中级人民法院》为题，报道北京增设第三中级人民法院（以下简称三中院）的计划已经获得中央编制办批准，三中院正在筹建之中，预计2013年挂牌运行。与之相对应的，北京还将设立北京市人民检察院第三分院。2011年北京"两会"上，北京市高级人民法院院长曾表示，鉴于目前审判压力过大，向中央编制办申请增设第三中级人民法院。池强当时介绍说，北京原有两个中院负责审理16个区县法院的上诉案件，全年审结案件近6万件。这一数字比起1995年原市中级法院分为两个中级法院时增长了485%。确定北京将增设第三中级人民法院后，北京法院的格局将发生重大变化。但三中院的管辖区域尚未明确。

北京市人事考试网2013年1月21日发布《北京市第三中级人民法院2013年公开遴选法官、法官助理（书记员）工作实施方案》。《方案》指出："根据市委组织部、市人力资源和社会保障局关于印发《北京市2013年市级机关公开遴选公务员工作实施方案》的通知要求，市高级法院拟为市三中院公开遴选法官20名、法官助理（书记员）50名。"

[问题与思考]

1. 最高人民法院有权制定规则规定地方各级法院的院长和副院长在特定情形下辞职吗？
2. 直辖市中级法院组成人员的产生与自治州中级人民法院组成人员的产生有何区别？

二、人民法院的职权

经典案例

最高人民法院关于军事法院管辖权批复案

[基本案情]

2001年9月23日，最高人民法院作出批复：根据《中华人民共和国民事诉讼法》第37条第1款规定的精神，指定全军各级军事法院开始试行办理军内民事案件，并规定了军事法院审理军内民事案件的具体范围，以及当事人向军事法院提起民事诉讼的原则。

[法律问题]

1. 军事法院能否办理民事案件？

2. 最高人民法院能否决定军事法院的管辖范围？

[**参考结论与法理精析**]

根据我国宪法和有关法律的规定，我国的法院分为普通法院和专门法院。军事法院是我国专门法院的一种。关于各类法院管辖权的分配属于国家权力的配置范围。根据法治原理，国家权力的配置应由宪法规定或是民意代表机关通过法律形式来决定。军事法院作为我国的专门法院，是根据宪法由全国人大常委会以法律的形式规定设立的，其管辖权是由法律规定的。在现有的法律中，并没有有关军事法院可以审理军内民事案件的规定。所以，军事法院是不可以审理民事案件的。

如前所述，军事法院的管辖权应由国家立法机关以法律的形式作出规定。最高人民法院作为国家的最高审判机关是无权作出这一规定的。

针对最高人民法院的决定，全国人大常委会应根据宪法与有关法律的规定，主动地对最高人民法院进行监督，要求最高法院撤销这一决定。

(一) 最高人民法院批复的违法性

本案的本质是有关最高人民法院的审判权与全国人大常委会立法权之间的界限问题。按法治原理，在宪政国家，国家机关权力来自于人民，人民以通过自己的制宪行为将权力授予各国家机关。按照我国宪法的规定，全国人大作为国家最高权力机关，其权力直接来源于宪法的授予，它行使国家的立法权。最高人民法院是由全国人大选举产生的国家机关，其地位从属于全国人大。当然，宪法的明文规定并不能解决在行宪过程中的一切权力争议。根据宪政体制的安排，对国家权力的具体界分将由民意代表机关解决，因为民意代表机关有其民意基础。我国军事法院的权力来源于宪法的规定与由宪法授权的立法机关的法律规定。最高法院的这一决定违背了现行的法律规定，超越了自己的职权范围，也侵犯了全国人大常委会的立法权。

1. 这一决定侵犯了全国人大及其常委会的立法权。全国人大及其常委会的立法权是由宪法和《立法法》规定的。《宪法》第 58 条规定，全国人民代表大会和全国人民代表大会常务委员会行使国家立法权。所谓立法权，从形式意义上说是"国家制定、修改或废除法律的权力"。英国思想家洛克从实质意义上将立法权界定为"立法者享有权力来指导如何运用国家的力量保障这个社会及其成员的权利"。在民主政治社会中，立法权普遍归属于各个国家的议会——民意代表机关，这是人民主权的直接体现。我国的立法权属于全国人大及全国人大常委会。《宪法》第 62 条和第 67 条规定了全国人大和全国人大常委会的立法权。第 62 条规定全国人大制定和修改刑事的、民事的、国家机构的其他方面的基本法律。第 67 条规定全国人大常委会的立法权是"制定和修改除应由全国人大制定的法律以外的其他法律"。宪法的这些规定表明了军事法院作为行使国家审判权的机关,其职权范围应由全国人大和全国人大常委会予以界定,其他任何机构都无此权限。而在实际上,这个问题已经由全国人大和全国人大常委会以法律的形式解决了。《人民法院组织法》第 28 条规定专门人民法院的组织和职权"由全国人民代表大会常务委员会另行规定"。《立法法》第 8 条规定"各级人民代表大会、人民政府、人民法院和人民检察院的产生、组织与职权"以及诉讼制度,属于全国人大及其常委会的立法保留范围,其立法权专属于国家的立法机关。对于这些规定,其他任何机关都无权以任何形式予以实质性变通。

2. 这一决定超越了最高人民法院的职权范围,属无权决定。最高人民法院行使的是国家审判权。《宪法》第 123 条规定:"中华人民共和国人民法院是国家的审判机关。"各级人民法院包括最高人民法院的职权是依法对具体案件进行审判并作出裁决。《人民法院组织法》对此问题作了进一步明确规定:"人民法院的任务是审判刑事案件与民事案件,并通过审判活动惩办一切犯罪分子,解决民事纠纷。"这一规定对最高人民法院同样适用。最高人民法院作为国家的最高审判机关,对下级法院和专门法院的职责是进行审判业务上的监督。正如《宪法》第 127 条第 2 款规定:"最高人民法院监督地方各级人民法院和专门人民法院的审判工作⋯⋯"所以,最高人民法院和军事法院之间不是领导与被领导的关系,更不是制定规范和执行规范的关系。

《民事诉讼法》第 37 条第 1 款规定:"有管辖权的人民法院由于特殊原因,不能行使管辖权的,由上级人民法院指定管辖。"最高人民法院声称该批复是根据民事诉讼法这一规定的精神作出的,这显然是对该条款的严重误解。

(1) 前已述及,所有的民事案件均由普通法院管辖,所以即使有下级法院因为某种事由不能行使管辖权,上级法院也只能在普通法院系统内指定,而不能指定军事法院等专门人民法院。

(2) 从民事诉讼法的原意来看,这种指定管辖显然是针对个案的,即因为某个具体案件,有管辖权的法院因为某种特殊原因不能行使管辖权,上级法院为使案件得以及时审理,才能指定另一个法院管辖。对某一类案件的普遍管辖权显然不在这一范围之内。

(3) 尤为紧要的是,该条文的适用有一前提,即下级法院不能行使管辖权。但最高人民法院在该批复中所指的军内民事案件由普通法院管辖并无不当或不能。最高人民法院的批复中的所指的民事案件是:双方当事人都是现役军人、部队管理的离退休干部、军队在编职工或者军内法人的民事案件;申请宣告军人失踪、申请宣告军人死亡的案件。事实上,这些案件长期以来一直都是由普通法院审理的,普通法院专门配备的民事案件审判人员的高素质也能保证这些案件的审理质量。最高法院要改变这种符合法理且运行效果良好的制度,如果是为了充分利用军内的司法资源,改变军事法院的案源不足或有的军事法院无案可审的窘境,则这一决定过于草率和不审慎。军事法院面临的困境完全可以通过对军事法院和地方法院的司法资源重新配置、精简军事法院的编制等方式来解决,这样也利于军队的机构改革与精简。如果是因为这些案件由普通法院审理,在传唤当事人、调查取证、执行等方面存在障碍,则应通过军地沟通和协调解决。所以难以有说服力的理由证明有改革的必要,最高法院改革目的的正当性是值得质疑的。

最高人民法院批复的另一个根据是 1981 年全国人大常委会通过的《关于加强法律解释工作的决议》。该《决议》指出:"凡属于法院审判工作中具体应用法律、法令的问题,由最高人民法院解释。"将最高人民法院的批复看作是对民事诉讼法的解释也是不正确的。一方面,全国人大常委会只是授权最高人民法院在法院审理案件过程中对"法律的应用"问题进行解释。法律解释的目的在于将法律正确应用到具体个案中,所以法律解释不能脱离法律"应用于案件审理"而进行,也不能借解释为名,行改变法律之实。法律解释只能在法律条文所能提供的意思框架内进行,不能违背立法原意。但最高人民法院的批复已经不是在军事法院具体应用法律审理案件的过程中对法律进行解释了,而是要授予军事法院原本没有的职权。

国家之所以要在普通法院的系统之外另设军事法院等专门法院的整套系统,是因为某些特殊类型的案件具有自己的特点,如专业性、保密性。军事法院的职责是审理军人职业犯罪案件。设立军事法院是考虑到军人职业犯罪的特殊性对法官的素质、专业要求、法院的设置体系等方面的专门要求而进行的。所以军事法院的专门性并不是指军人主体的专门性,而是指军人职业犯罪的专门性。军队内部的民事案件在性质上与普通民事案件并无不同,这类案件转入到军事法院会在事实上破坏我国司法制度统一性,也势必会增加军事法院和地方法院在民事案件管辖权方面的争议。从体制上而言,军事法院与普通法院有很大的差别。普通法院是由各级人大产生的,对人大负责,向人大报告工作,受人大监督,法官经人大常委会任命。所以法院和人大的关系密切,但又有独立性,但军事法院是军队政治机关的下属部门,行政上受军队政治部门领导,除军事法院院长由全国人大常委会依法任命外,其他法官与人大的任命无关,法院也不向一定的权力机关负责。所以,军事法院性质上具有军事部门的上命下从的特性,这种性质的机关是否能够保证法院在审理民事案件时所需要的公正和独立性是值得怀疑的。

(二)司法改革与最高人民法院的角色

这一批复反映了当前我国司法改革的无序化,给司法改革以至整个宪政体制带来的危害是不容低估的。司法改革的权力应统一行使。在现行宪法所确立的体制框架内，不应允许有超越这一体制外的力量决定司法改革的方向。我国已确立了依法治国的治国方略。司法机关是依法治国的最终确认者与维护者。科学设置、独立司法、规范运行的司法体制是司法机关恰当行使司法权的保障。但我国现行的司法体制距依法治国的目标相去甚远。司法改革已成为我国法律制度改革的焦点与难点。司法机关内部的改革措施也在不断地推陈出新，最高人民法院的这一批复是其中的一环。司法体制改革的目标是为了实现宪法为司法机关所确立的功能，司法机关的权力框架是宪法确立的，所以司法机关自己推出的改革措施应有一定的界限，只能是对司法过程中的具体程序进行改革。

另一方面，宪法作为我国的根本法，维系了整个社会共同体，为我国确立了总体的宪政框架。所以宪法的最高性必须得到承认，宪法权威必须得到尊重。司法体制作为我国整体宪政体制的组成部分，是现行宪法所确认的。所以任何对司法体制的改革都不能超越宪法的规定来进行。从宪政体制和司法权的关系看，根据社会需要对司法体制进行的改革，应从现行的宪法框架内加以考虑，使司法权在现有的体制内发挥应有的功能。不能以"合理性"为由，而不顾合宪性判断，况且这种改革措施本身的合理性也不是没有疑问的。正如有学者所指出的，我国目前司法改革的误区之一就是混淆体制的合宪性基础与功能的关系，回避制度运作不规则而导致的责任问题。而在实际上，我国当前司法体制运行中出现的问题固然与体制的不完善有关，但根本的问题在于宪政体制范围内的功能没有发挥出来，其实不是体制问题，而是体制的运作问题。[1]

拓展案例

案例一： 华东某省高级人民法院制定司法解释

华东某省的晚报 2003 年 6 月 18 日在头条以《干事创业有法律撑腰》为题，报道了该省高级人民法院制定的一个题为《关于为解放思想、干事创业、加快发展服务的意见》的司法解释。该省高级人民法院就该解释的贯彻，要求全省法院系统掌握好 10 条法律界限，严格区分经济纠纷、改革创新、工作失误与违法犯罪，旗帜鲜明地支持创业者、保护改革者、帮助失误者、追究诬陷者、惩治腐败者。该意见规定有 10 条法律界限，分别是：对在招商引资活动中支付的各种必要费用，只要没有中饱私囊，不作犯罪处理；对引进的新技术、新工艺、

---

[1] 徐秀义、韩大元主编：《现代宪法学基本原理》，中国人民公安大学出版社 2000 年版，第 178 页。

新设备，由于不能熟练掌握而导致生产、销售了有质量瑕疵的商品，一般作为产品质量纠纷处理；在国有公司、企业改制、重组过程中，因资产评估、债权债务折抵、购买价格、价款支付方式等引发的争执，按照清算或者民事纠纷处理；国有公司、企业整体承包、租赁经营者，在收益分配、上缴费用、资金使用等方面发生的争议，按照民事纠纷处理；国家工作人员在工作、生活或人际交往过程中不是基于权钱交易而接受礼品、纪念品的，不作犯罪处理；国家工作人员和公司、企业人员为了单位利益，与自然人或其他单位相互拆借资金的，不作犯罪处理；国家机关工作人员和国有公司、企业人员在改革过程中大胆兴业办事，尽到了注意义务，但由于缺乏经验，致使国家利益、公共财产受到损失的，不作犯罪处理；无中生有，捏造他人犯罪事实，向有关部门告发，意图陷害他人情节严重的，依法惩处。不是有意诬陷而是错告或者检举失实的，不作犯罪处理；对有突出贡献的干事创业者、企业家、科技骨干人员等，确实构成犯罪，主观恶性不大，认罪态度好的，酌情从轻处罚。符合法定条件的，可以依法判处缓刑或免刑，让其继续工作，戴罪立功；对以外商和港、澳、台商以及外地投资经营者为侵害对象，实施抢劫、绑架、敲诈勒索、盗窃等犯罪行为的，坚决予以打击。

**案例二：　　河南高院制定《关于在刑事审判工作中实行
人民陪审团制度的试点议案（试行）》**

《中国青年报》2010 年 4 月 7 日报道，去年，河南省高院经过反复论证，出台了《关于在刑事审判工作中实行人民陪审团制度的试点方案》（以下简称《试点方案》）。按照《试点方案》的要求，凡具有重大社会影响的案件，涉及群体性利益的案件，当事人之间矛盾激化影响社会和谐稳定的案件，人大代表、政协委员或媒体重点关注的案件，当事人多次申诉或重复上访的案件和其他需要人民陪审团参加庭审的案件，都可组织人民陪审团参加庭审，并征询对案件裁判的意见和建议。按照《试点方案》，每个基层法院必须配备不低于 500 人的人民陪审团成员库，由 23 岁~70 岁的未受过刑事处罚的人员组成。可由人大代表、政协委员和基层组织推荐的群众代表组成，另外，品行良好、未受过刑事处罚、热心参与审判活动并符合一定条件的群众，也可自愿报名参加。人民法院拟邀请人民陪审团参加案件庭审的，应当从人民陪审团成员库中随机抽取 20 人~30 人，并根据各成员是否应当回避、能否参加庭审等情况，最终确定 9 人~13 人（单数）组成人民陪审团参加庭审。

庭审中，陪审团可向被告人发问，但需将问题书面递交审判长，由审判长代为发问。庭审结束后宣判前，陪审团要召开会议讨论并形成书面意见，全体成员签名后递交审判长，合议庭评议案件时，应将人民陪审团意见作为重要参考，采纳意见情况应在合议笔录中显示。

人民陪审团的评议意见一般应当庭由审判长宣读，但如果与合议庭的裁决意见出现重大分歧时，则不当庭宣读及宣判，需报请审委会研究或向上级法院请示后决定。如果案情较为复杂未当庭宣判的，法院应安排陪审员的食宿，避免其与原被告任何一方接触，法院承担交通午餐费。

河南省高院副院长田立文介绍说，从2009年6月起试点工作推开至今，河南省已有107件刑事案件按照这样的方式进行审理，参与进来的陪审团成员已达1000余名。

[问题与思考]
1. 省高级人民法院有权制定司法解释吗？
2. 省高级人民法院有权决定审判时实行人民陪审团制度吗？

三、公安、检察院和法院在办理刑事案件中的关系

经典案例

佘祥林案

[基本案情]

2005年3月31日，《武汉晚报》报道："佘祥林，男，1966年3月7日生，京山县雁门口镇何场村九组人，捕前系京山县公安局原马店派出所治安巡逻员。1994年1月20日，佘祥林的妻子张在玉失踪后，张的亲属怀疑张被佘杀害。同年4月11日，雁门口镇吕冲村一水塘发现一具女尸，经张在玉亲属辨认死者与张在玉特征相符，公安机关立案侦查。1994年4月12日佘祥林因涉嫌犯故意杀人罪被京山县公安局监视居住，同年4月22日被刑事拘留，4月28日经京山县检察院批准逮捕。1994年10月13日原荆州地区中级法院一审判处佘祥林死刑，佘提出上诉。湖北省高级法院1995年1月6日作出裁定，以事实不清，证据不足发回重审。1995年5月15日原荆州地区检察分院将此案退回补充侦查。1996年2月7日，京山县检察院补充侦查后再次退查。1997年因行政区划变更，京山县检察院于1997年11月23日将此案呈送荆门市检察院起诉。同年12月15日，荆门市检察院审查后认为佘祥林的行为不足以对其判处无期徒刑以上刑罚，将该案移交京山县检察院起诉。1998年3月31日，京山县检察院将此案起诉至京山县法院。1998年6月15日京山县法院以故意杀人罪判处佘祥林有期徒刑15

年，附加剥夺政治权利 5 年。佘不服提出上诉，同年 9 月 22 日，荆门市中级法院裁定驳回上诉，维持原判。之后，佘祥林被投入沙洋监狱服刑至今。"2005 年 3 月 28 日，佘妻张在玉突然从山东回到京山。4 月 13 日，京山县人民法院经重新开庭审理，宣判佘祥林无罪。2005 年 9 月 2 日佘祥林领取 70 余万元国家赔偿金。

[法律问题]

从宪法学的角度观察，造成佘祥林错案的原因是什么？

[参考结论与法理精析]

我国《宪法》第 135 条规定，人民法院、检察院和公安机关在办理刑事案件中应当分工负责、互相配合、互相制约，以保证准确有效地执行法律。我国刑事诉讼法也有完全相同的规定。这一规定在本质上是一个刑事诉讼的机制问题。那么，为什么一个刑事诉讼的机制问题要规定在宪法中呢？

刑事诉讼的实质是国家公权力按照一定的程序追究犯罪嫌疑人或被告人的刑事责任，将对公民权利造成重大影响。在刑事诉讼进行过程中，基于侦查案件的需要，可能会对嫌疑人进行监视居住、扣留或逮捕，这会影响公民的人身自由；可能会对公民的通信实行监听，这会影响公民的隐私权；可能会对公民财产实行扣押或查封，这会影响公民的财产权。而在定罪后，法院有权对被告施以自由刑或财产刑的处罚，甚至会剥夺公民的生命（死刑判决）。所以，刑事诉讼一旦出现冤假错案，将会对被告以及其亲属造成难以挽回的损失。正是基于刑事诉讼对公民权利的重大影响，法治国家都极其强调刑事追诉权必须谨慎行使。而保证刑事追诉权的谨慎行使的一个举措是在宪法中确认刑事诉讼必须遵循的各项制度及原则，如有些国家从嫌疑人或被告权利的角度规定嫌疑人或被告人有沉默权、不得施加残酷的刑罚、正当法律程序等。我国《宪法》第 135 条是从办理刑事案件的三个机关之间的关系的角度来保障。

宪法中的这些规定不仅是三个机关在办理案件中应该遵循的准则，更重要的是作为宪法规范直接制约着国家刑事诉讼的立法权，即国家立法机关在制定有关刑事诉讼的法律时应该贯彻这些宪法规范，通过具体的程序制度设计真正使三个机关在刑事诉讼中遵循以上原则。

近年来，我国发生了多起刑事冤假错案，都因被害人复活或真凶归案才使被告人冤情得以洗刷。如佘祥林案、赵作海案、聂树斌案、张高平叔侄案。这些案件在很多细节上都有着惊人的相似之处：在案件侦办过程中都存在着严重的刑讯逼供现象；在证明标准上都没有达到"事实清楚，证据确实充分"的程度。原因在于两个方面：一是我国刑事诉讼立法中未能完全体现宪法规范的要求；二是执法机关在办理这些案件的过程中并没有真正遵循宪法及刑事诉讼法有关规范。尤其是,在我国长期以来即有"命案必破"的执法要求,这使得一些办案机关在缺乏直接物证的情况下,通过刑讯逼供的方式获取言辞证据。这就给冤假错案提供了可能性。

拓展案例

案例一: 聂树斌案[1]

1994年8月5日,河北省石家庄市西郊孔寨村附近发生一起强奸杀人案,当时的石家庄市郊区公安分局组成"8·5"专案组并将犯罪嫌疑人聂树斌抓获,警方随即宣布破案。之后,石家庄市中级人民法院一审分别以强奸罪、故意杀人罪判处聂树斌死刑。河北省高级人民法院二审予以改判,以强奸罪判处聂树斌有期徒刑15年,以故意杀人判处死刑,数罪并罚决定执行死刑。

1995年4月27日,经省高级人民法院复核,聂树斌被执行死刑。2005年1月18日,河南省荥阳警方在当地某砖瓦厂内抓获一名可疑男子。经审讯该男子供出自己的真实姓名叫王书金,河北广平人,曾在河北省强奸多名妇女并将其中4人杀害。

河北广平县公安局将王书金押回河北并带其到所交代的作案现场进行指认。在石家庄郊区(现属裕华区)孔寨村附近指认当年作案现场时,受害人康某的亲友告知:这起案件早被当地警方宣布告破,聂树斌早已于10年前被执行死刑。

案例二: 赵作海案[2]

1998年2月15日,商丘市柘城县老王集乡赵楼村赵振晌的侄子赵作亮到公安机关报案,其叔父赵振晌于1997年10月30日离家后已失踪4个多月,怀疑被同村的赵作海杀害,公安机关当年进行了相关调查。1999年5月8日,赵楼村在挖井时发现一具高度腐烂的无头、膝关节以下缺失的无名尸体,公安机关遂把赵作海作为重大嫌疑人于5月9日刑拘。5月10日~6月18日,赵作海作了9次有罪供述。2002年10月22日,商丘市人民检察院以被告人赵作海犯故意杀人罪向商丘市中级人民法院提起公诉。2002年12月商丘中院

---

[1] 来源于《南方周末》2007年10月31日。
[2] 来源于《南方周末》2010年5月10日。

作出一审判决，以故意杀人罪判处被告人赵作海死刑，缓期2年执行，剥夺政治权利终身。省法院经复核，于2003年2月13日作出裁定，核准商丘中院上述判决。

2010年4月30日，赵振晌回到赵楼村。商丘中院在得知赵振晌在本村出现后，立即会同检察人员赶赴赵楼村，经与村干部座谈、询问赵振晌本人及赵振晌的姐姐、外甥女等，确认赵振晌即是本案的被害人。同时并从赵振晌本人处了解到：1997年10月30日夜里，其携自家菜刀在杜某某家中朝赵作海头上砍了一下，怕赵作海报复，也怕把赵作海砍死，就收拾东西于10月31日凌晨骑自行车，带400元钱和被子、身份证等外出，以捡废品为生。因去年得偏瘫无钱医治，才回到村里。2010年5月5日下午，河南省法院在听取了商丘中院关于赵作海案件情况汇报后，决定启动再审程序。

[问题与思考]

从宪法角度观察怎样有效地防止上述各种错案的发生？

第四节 人民代表大会与司法机关的关系

一、人民法院向人民代表大会报告工作

经典案例

沈阳市人民代表大会不通过人民法院工作案

[基本案情]

2001年2月16日《中国青年报》报道，在2月14日召开的辽宁省沈阳市第十二届人民代表大会全体会议上，在对沈阳市中级人民法院的工作报告进行表决时，应到代表508名，出席会议代表474名，报告获赞成票218票，反对的162票，弃权82人，9人未按表决器，致使法院的工作报告未获通过。同日，大会主席团作出了关于《沈阳市中级人民法院工作报告》继续审议的意见：沈阳市第十二届人民代表大会第四次会议对《沈阳市中级人民法院工作报告》进行了审议，经表决未获通过。大会主席团一致意见，由沈阳市人民代表大会常务委员会继续审议，并将审议结果向沈阳市第十二届人民代表大会第五次会议报告。这就是"沈阳市中级人民法院工作报告未获人大通过案"。

[法律问题]

1. 人民代表大会没有通过法院的工作报告，法院应如何承担责任？

2. 人民代表大会没有通过法院的工作报告，人大常委会继续审议是否合适？

[**参考结论与法理精析**]

我国宪法只有人民法院向人民代表大会负责、而没有向人大报告工作的规定。法院向人大报告工作是由《人民法院组织法》和《全国人大议事规则》以及《地方人民代表大会和地方人民政府组织法》等法律规定的。正如后文所指出的，这些法律本身有违宪的嫌疑。而这些法律对于人民代表大会没有通过法院的工作报告，法院应承担什么责任又没有明确的规定。在此之前，由于并没有出现这方面的案例，所以法律本身的问题并没有引起人们的重视。从一般意义上说，法官的工作性质是以自己的知识、根据自己对法律的理解和对事实的认定来裁判案件。法官裁决案件的唯一依据是法律。所以这是一个带有个性化色彩的职业。如果要求法院向人大报告工作，则一旦工作报告未获通过，责任无法确定。首先，责任主体无法确定。根据法律规定，法官只对法律负责，并不要求其接受院长的指示。所以应由院长还是法官抑或院长和法官集体承担无法确定。其次，内容无法确定。是院长辞职，还是别的什么？

人民代表大会没有通过的工作报告由人大继续审议是不合适的。根据法律规定，人大常委会是人民代表大会在闭会期间的权力机关，它从属于人民代表大会。人大常委会继续审议工作报告，无非两种结果：通过或是不通过。如果通过报告，则有更改人民代表大会的决定之嫌。如果不通过，继续审议的意义又何在？所以，人大没有通过的法院工作报告，人大常委会是无权进行继续审议的。如果因会期安排原因，本次人大会议没有时间解决这一问题，应按有关法律的规定召开人民代表大会临时会议讨论解决。

人民代表大会作为国家的权力机关，有权监督由其产生的法院。但宪法同时规定，法院的审判独立。这两个宪法所确立的原则必须兼顾。所以，人大对法院的监督，应主要集中在对法院的人事监督上，如从严把握法官和院长的任命，及时罢免违法犯罪的法官。而对法院具体行使审判工作的过程应充分尊重法院的权威。

（一）司法独立与人民法院向人民代表大会报告工作

司法独立是法治的核心。孟德斯鸠对司法独立的必要性作了深刻的论述。他认为，公民的政治自由是建立在分权制政府的基础之上的。政府所拥有的三种权力应该由三个不同的机关来行使，而且这三个机关既要相互独立，又要相互依存、相互制约。他指出："当立法权和行政权集中在同一个人或同一个机关之手，自由便不复存在了；因为人们将要害怕这个国王或议会制定暴虐的法律，并暴虐地执行这些法律。如果司法权不同立法权和行政权分立，自由也就不存在了，如果司法权同立法权合二为一，则将对公民的生命和自由施行专断的权力，因为法官就是立法者。如果司法权同行政权合二为一，法官便将握有压迫者的力量。如果同一个人或是由重要人物、贵族或平民组成的同一个机关行使这三种权力，即制定法律权、执行公共决议权和裁判权，则一切自由都不存在了。"[1]美国的立宪者首先吸收了在英国早已存在的法官职务终身制等有效的制度，而且认为要授予司法部门必要的权力以有效地防范和抵御来自其他部门的干涉。其途径就是赋予司法机关违宪审查权，即法院必须有宣布违反宪法的法律无效的权力。这一设想通过1803年的马伯里诉麦迪逊案正式确立起来，并成为美国宪政制度的基石。这样，美国宪法就对司法独立问题作出新的定位，把有关司法独立和保障司法独立的规定从静态的低层次的规定提高到动态的高层次的规定。

在实行三权分立的西方国家宪政体制下，以司法独立原则为指导，立法机关对司法权的正常运作是不能作出任何干涉的。立法机关对司法权的制约主要体现在司法官员的任命和处罚上。如美国宪法规定，法官在任职期间，除非有行为不端者，任何人都无权迫使其去职。而所谓行为不端，一般是指犯有重大罪行，如叛国等。

我国是实行人民代表大会制的国家，与实行分权制衡的西方国家不同，我国的人民法院是由同级人民代表大会产生的，并且向同级人大负责。就宪政体制而言，如何配置权力机关与司法机关的权力，如何在保证人大行使民主政治权力的同时，充分尊重和保证人民法院独立行使审判权，是一个重要的宪法课题。但是，法律规定法院向人民代表大会报告工作是有悖于司法独立原则的。

1. 法院向人大报告工作的制度使司法权置于民意的监督之下，有碍于司法权的正常运行。司法权是对社会纠纷进行裁决的权力，即法官要在查明和认定事实的基础上依据法律对当事人的是非曲直作出判断。公正的裁判来源于准确的判断，而准确的判断则有赖于两个基本条件：判断者心智的合格和拥有自由判断所必需的制度空间。前者要求判断者有健全的思维、丰富的专业知识和良好的专业素养，这是对判断者自身的要求。而后者则是国家制度的设计问题，它要求司法机关不依赖于其他国家机关，裁判者在裁判时仅根据法律和事实，运用自己的知识和判断作出裁决。而要实现这一要求，就必须保证司法权的运行独立。这也是司法独立理念的重要内容之一。美国法学家对司法权独立运行的重要性做过这样的论述："在法官作出判决的瞬间，被别的观点，或者被任何形式的外部权势或压力所控制或影响，法官就不复存在了。"司法权的独立运行也就是司法机关独立行使职权，不受行政机关、社会团体或个人甚至立法机关

---

[1]〔法〕孟德斯鸠：《论法的精神》（上），张雁琛译，商务印书馆1997年版，第156页。

的干预或影响。唯有如此，才能保证法官自由裁判的空间和司法的公正。但将司法权置于民意的监督之下显然是剥夺了司法权独立运行的制度空间，是违背司法独立原则的。

从另一方面来说，司法权在本质上是判断权，[1]所以司法权运行的特点是其技术性，以裁判的手段解决法律纠纷，追求的是在法治下的公正。而立法权运行的特点是其民主性，以立法的形式将多数人的意志转化为国家的法律，追求的是民意的充分表达。将司法权的运行置于民意的监督之下势必使法律纠纷的解决出现民主化，是使法律让位于民主，司法过程就将是一个以民主的方法解决技术性问题的过程，这不符合国家权力运行的科学要求，也不利于纠纷的解决。

2. 民主本身的缺陷将在民主参与司法时使司法丧失独立性。民主的道德基础是：人类因其是人（而不是物）应当受到尊重，成年人必须享有较大程度的自治与参与。但在现代这样复杂的社会里完全的自治与直接的政治参与是不可能的，人民只有通过把他们的权力授予给自由选举出来的代表来参政。于是，选举成为民主的核心，定期的、普遍的、自由的、平等的选举以及为实现这种选举而必须的政治交往、结社和表达自由就成为民主的最高原则。选举是公共政策取得合法性和道德约束力的先决条件和程序，也就是说，唯有公共政策是人民授权的权威产品才能得到合法性。由选举产生的民意代表机关应对选民负责，作为由民意代表机关产生的其他公共权力机关应对前者负责，这是其中的应有之意。我国地方人大是地方民意代表机关，是地方民主的产物，代表了地方的利益。作为地方民主产物的地方法院，根据基本的民主理论，应代表地方的利益，对地方的利益负责。这也是在我国为什么宪法与法律都规定地方法院对地方人大负责的理论源由。

但是，人类的政治实践经验表明，民主本身并不是完美无缺的，"大多数人的专制"的幽灵徘徊在民主权利的黑暗角落。在一个经济和社会多元化的民主制度中，利益组合本身并没有固定的模式，一切会随着公众所关心的变化而变化。一旦某种利益组合在社会主体中占有优势地位，就有可能利用民主的机制以合法的形式去侵蚀少数人的利益。民主制度另一可能的缺陷是民主受制于民众的非理性化情绪。相对于决策的实际内容，民主理论过于推崇选举决策者的程序和制定公共政策的程序。在程序实现过程中，民众的非理性情绪最易渗透其中，致使决策的结果远离理性、正义和公平的价值。在西方国家，克服民主缺陷的根本途径是建立宪法监督制度。国家的立法权、行政权和司法权在宪法下产生。任何权力的行使均不可偏离宪法的基本精神：权力制约和人权保障。

---

[1] 孙笑侠："司法权的本质是判断权——司法权与行政权的十大区别"，载《法学》1998年第8期。

任何与宪法相抵触的民主决策的结果都会在司法审查或宪法诉讼制度下受到合宪性的质疑，一旦其合宪性没有得到确认，虽然是民主的结果也会失去效力。

中国全国人大和地方各级人民代表大会是国家和地方的权力机关，由人大产生行政机关、审判机关和检察机关，这些机关对其负责，受其监督。应当说，这种国家权力配置模式是适合中国国情的，有其科学性和合理性的。人民代表大会作为实现人民民主的机关，虽然有权监督司法权的行使，但必须考虑到司法权本身运行的特定要求，对其监督应限制在合理的范围内。

3. 地方法院向地方人大报告工作将使地方法官陷入地方民主和国家法治的两难境地。根据国家法治原则的要求，法院的职责是依据国家的法律审理案件。在我国这样一个单一制的国家，只有一个统一的法律体系（香港、澳门特别行政区和台湾地区除外）。所以司法权应是统一而不可分割的。地方法院只是设置在地方的法院，而不是"地方的"法院。法院在审理案件时所适用的是国家的法律，[1]国家法律所反映的是国家的整体利益，所以地方法院不是地方利益的代表（这也是前述法院本身非政治性的要求）。[2]难题在于：地方利益与国家整体利益并不总是一致的。如果要求地方法院向地方人大报告工作，地方人大可以否决法院的工作报告并要求法院承担责任，民主制度本身的潜在缺陷将会直接影响司法权的正当行使，其后果则是国家法治让位于地方民主。这是地方民主对国家法治的侵蚀。

（二）规定人民法院向人民代表大会报告工作的法律的合宪性问题

法院向人民代表大会报告工作是人大监督法院工作的重要制度。那么，它的法律根据是什么？

宪法并没有规定法院要向人大报告工作，只规定是"负责"，而对行政机关的规定是"负责并报告工作"。法院向人大报告工作的法律依据是法院组织法和全国人大议事规则。一种观点认为，宪法作为国家的根本法，规范的性质具有原则性，国家的立法机关可以以普通立法的形式对宪法的原则规定进行具体化。这种观点有其合理性，但这种合理性是有界限的，即不能以普通立法的形式实质性地修改宪法的规定。普通立法不得与宪法相抵触是立法的一个根本原则。普通立法与宪法相抵触包括两种情形：一是普通立法与宪法规范直接抵触；二

---

〔1〕 也许有人说，我国一定级别的地方人大及地方人民政府可以制定地方性法规和规章，它可为地方法院在审理案件时适用，这不是体现了地方利益吗？但根据我国宪法与相关法律的规定，地方性法规不可与宪法、法律和行政法规相抵触，而规章是根据法律、行政法规和地方性法规制定的，所以其构成了国家法律的一部分。

〔2〕 说明这一点的我国宪政体制的一个实例是：根据宪法与民族区域自治法的规定，在我国的自治区、自治州和自治县等民族自治地方，权力机关与行政机关是自治机关，而法院则不是自治机关。

是普通立法与宪法精神相抵触，宪法精神包括宪法原则、立宪意图等。有关法院向人大报告工作的普通立法并没有与宪法规范直接抵触，所以有必要探究宪法第 128 条规定的人民法院向人大负责但没有报告工作的立法意图。

1954 年、1975 年和 1978 年三部宪法在规定人大与法院的关系时都规定法院应向人大负责并报告工作。[1] 为什么现行宪法不再规定报告工作？是立法疏漏还是另有意旨？我国宪法学界的先驱者之一张友渔教授指出："国务院是国家最高权力机关的执行机关，它是具体执行人大、人大常委会原则上决定的东西，所以执行情况必须报告。法院、检察院的工作性质不同，可以作工作报告，也可以不作工作报告，根据实际需要决定。不宜硬性规定必须作工作报告，但也不能硬性规定不作工作报告。"可以看出，在制宪时，制宪者确实认识到法院和行政机关与人大的关系应区别考量，考虑到法院与行政机关的性质和工作不同，在确立其与人大的关系时应给予其一定的司法独立的权限。这一点也可以从制宪者对有关法院与人大关系的另外一个问题的处理上得到印证：1982 年 4 月，第五届全国人大常委会公布了《中华人民共和国宪法修改草案》，交付全国各族人民讨论。《修改草案》第 72 条规定："全国人民代表大会代表在全国人民代表大会开会期间，全国人民代表大会常务委员会委员在常务委员会开会期间，有权依照法定的程序，向国务院、最高人民法院、最高人民检察院和国务院各部、各委员会提出质询案。受质询的机关必须负责答复。"[2] 但在最后通过的宪法里，去掉了最高人民法院和最高人民检察院。这显然不是立法的疏漏，它表明了制宪者认为司法机关在与人大的关系上应保持相对的独立性，不赞成法院与检察院受人大质询的思想。所以，可以认定，规定法院对人大报告工作的普通立法是有违宪法精神的。当然，我国实行权力机关解释宪法并监督宪法实施的体制，同时最高权力机关又享有国家立法权。这种集立法权与违宪审查权于一身的宪政安排，事实上无法解决法律违宪的问题。这一问题已成为中国违宪审查制度建立的屏障。

（三）人大不通过法院工作报告的法律意义难以界定

从现有的法律来看，人民代表大会听取了人民法院和行政机关的报告以后如何处理并不清楚。法律只是规定全国人大对最高人民法院工作报告是"可以"作出相应的决议，而地方人大对人民法院工作报告如何处理尚没有法律规定。隐藏在这一法律缺陷背后的问题是立法者对报告工作这一行为的性质并没有明确的定位。有学者将此定位为人大的了解权，指出，"听取工作报告和汇报目前

---

[1] 1954 年《宪法》第 80 条；1975 年《宪法》第 25 条；1978 年《宪法》第 42 条。

[2] 张友渔：《宪政论丛》（下），群众出版社 1986 年版，第 171 页。

还只具有一种了解情况性质，……人民代表大会及其常委会审议工作报告很大程度是评价、批评、建议性的"。[1]而从实践来看，各级人民代表大会在听取了人民法院和行政机关的工作报告以后，代表要进行讨论，在代表讨论意见的基础上，人民法院和行政机关对报告进行相应的修改，在本次人民代表大会会期的最后一天，召开人民代表大会全体会议，由代表对报告进行表决，并根据表决的结果作出相应的决议。

在人民代表大会对人民法院和行政机关的工作报告进行表决的情况下，法律没有进一步明确如果报告未获通过则如何处理。在我国，以前由于多方面的原因，工作报告都是以几乎接近全票的高得票率得以通过，致使这一重大的立法缺陷并没有成为实践中的问题。但是，随着依法治国的宪法理念逐步深入人心，中国民主政治的进程加快，人大代表的代表意识逐渐增强，这一问题会日益凸现出来，本文所涉案例只会是一个开端。

从一般意义上理解，如果法院的工作报告没有被人大通过，法院必须承担相应的责任，否则人民代表大会的表决行为就失去了意义。但是，由于法律本身的缺陷，在确定法院须承担责任以后，尚有以下问题需要解决：①法院责任的性质是什么？②责任的具体内涵是什么？③国家机关的责任最终由国家的公职人员来承担，人民法院具体承担责任的国家的公职人员的范围如何确定？

1. 关于法院责任的性质。

（1）国家机关责任性质的三种类型。

第一，政治责任。在现代民主政治环境下，有些国家机关如民意代表机关、行政机关是根据选民意志产生的，它们是政治选择的产物，体现了选民的政治理念与政治倾向。所以这些机关对选民承担了相应的政治义务，即必须实现竞选时所制定的竞选纲领。如果没有做到这一点或在执政过程中出现重大的政策失误，应承担相应的政治责任。国家机关的政治责任有如下特点：①政治责任应是直接或间接根据民意基础产生的机关才能承担。因为民意表达的过程就是政治抉择的过程，这些机关才会负有政治义务。②政治责任本身没有确定的内涵，它的表现形式应是多样化的，如政府在对重大社会事件处理时反应迟缓，致使事件未能及时控制，恶性发展，造成重大损失，政府首脑辞职或向国人公开道歉。③政治责任的指承对象是人民或人民代表，即政治责任是对人民直接承担的，它是一种直接责任。④政治责任既可以是强制性责任，也可以是非强制性责任。如在议会制国家，议会通过对内阁的不信任案，内阁必须辞职，这是一种强制性的政治责任。但内阁也可以自动辞职，这是一种非强制性责任。

---

[1] 蔡定剑：《中国人民代表大会制度》，法律出版社1998年版，第396页。

⑤政治责任没有明确的构成要件,即国家机关在何时承担政治责任,承担什么样的政治责任,并无明确的标准。一般是由责任主体及相关的国家机关来把握。

第二,法律责任。法律责任是特定的国家机关对违反法定义务的行为作出的否定性的评价,并对行为实施者科处强制其作出某种行为或禁止其作出某种行为的处罚。就国家机关而言,承担法律责任的原因是:不履行法定职责、超越法定权力范围或滥用法定权力。国家机关法律责任的特征是:①在一般意义上,所有的国家机关都可能成为法律责任的主体。根据法治原则,国家机关职权法定,法律在授予国家机关特定权力时,这些权力同时也构成其法定职责,国家机关有义务正确地行使这些权力(也可以称为完全履行自己的职责)。任何不行使权力、超越范围行使权力或滥用权力都会导致其承担法律责任。②法律责任是由法律规定的,它有严格的构成要件。③法律责任须以实际损害为前提,且这种损害须与国家机关的违法行为有内在的因果关系。但是,与个人所承担的法律责任不同的是,在确定国家机关法律责任时,一般并不考量国家机关的主观过错。[1]④法律责任是一种被动的责任。即法律责任的认定和归结是由国家特设或授权的专门机关依照法定程序进行的。⑤法律责任的内容是确定的,是由法律规定的。即违法者应承担何种处罚不能由责任主体自由选择,法律责任的认定和归结机关也不能任意确定,而必须根据法律规定来确定。法律责任的指承对象是国家的法律。

第三,道义责任(道德责任)。国家机关的公职人员不仅要受到法律的约束,在行使职权时也要遵循一定的道德规范。如果违反,则要承担相应的道德责任。道德责任也是每个国家机关都有可能承担的。道德责任与法律责任的最大的不同之处在于认定和归结程序的不同。社会中的每个成员都可以把道德责任直接归结于违反者,给予他们批评或谴责,而无需经过特定程序。道德责任与政治责任在某些方面有一致性。如两者都没有确定的内容、都没有明确的构成要件、都有非强制性的特征、指承对象都是人民等。

值得注意的是,上述三种责任的区别只具有相对性,三者之间并不是相互对立、互不兼容的。国家机关在某一事件中,既可能承担政治责任,也可能承担法律责任、道义责任。如根据《美国宪法》第2条第4款的规定,总统如因叛国、贿赂或其他重罪或轻罪会遭到国会的弹劾,如弹劾成功,必须去职,而且还有可能受到普通法院的定罪和刑事处罚。此时总统所承担的就既有政治责任,也有法律责任。

(2)法院责任的性质。法院在不履行职权、超越范围行使职权或滥用职权

---

[1] 如《国家赔偿法》规定,国家机关承担赔偿责任的原则是违法原则,而不是过错原则。

时能否承担政治责任？笔者认为：法院不能承担政治责任，而只能承担法律责任。这是基于以下主要原因：

第一，前已述及，政治责任应是直接或间接根据民意基础产生的机关才能承担，因为民意表达的过程就是政治抉择的过程，这些机关才会负有政治义务，所以在违反政治义务时才应承担政治责任。而法院不是——更准确地说，是"不应是"——根据民意基础而产生的机关，亦即不是民主的产物。因为民主是利益的反映。在进入主体价值平等的现代社会以后，不同主体之间利益分化与利益冲突就不可避免。民主本身是一个过程，这个过程实际就是利益碰撞、交换与妥协的过程。而法院作为一个利益裁判机关，本身不能代表某种利益集团，也就是不能成为民主的代言人，否则就无法保证公正裁判。

作为法院产生的非政治性最显著的标志是法官产生的非民主性。在世界上一些重要的国家，法官的产生方式不是选举产生。如美国宪法规定，联邦法院的法官是由总统提名，参议院任命。美国的制宪者曾经指出，法官之所以不能由选举产生，理由是，"①因为特殊资格在成员中是极其重要的，所以主要考虑的应该是选择那种最能保证这些资格的挑选方式；②因为在该部门任职是终身的，所以必然很快消除对任命他们的权力的一切依赖思想"。[1]在美国的有些州，确实也有法官是经选举产生的，但法官选任制的科学性一直是受到质疑的。"两百多年来，观察家们一直在就选择法官的任命制和选举制的优劣进行辩论。"[2]而值得注意的是，自民主政治确立以来，没有人会对立法机构和行政机构官员的选任制产生疑问。之所以法官的选任制受到质疑，是因为"普选重视的是个人品德，要求把品德高尚的法官推上政治舞台，而使许多有才干的律师不能进行竞选"。[3]而品德高尚远不是法官唯一的素质要求。美国联邦上诉法院法官戴安·伍德（Diane Wood）也指出，民选法官"好处在于更多的公众参与政治，但就保证法官胜任方面不时出现问题"[4]。在日本，最高法院的院长由内阁提名，天皇任命，其他法官由内阁任命；下级法院的法官也由内阁任命，但名单由最高法院提出。在英国，大法官、上院上诉审贵族、上诉法院法官、主事官、高级法院首席法官等由首相提名，英王任命；高等法院的法官由大法

---

[1]〔美〕汉密尔顿等著，程逢如等译：《联邦党人文集》，商务印书馆1982年版，第264页。
[2]〔美〕詹姆斯·M.伯恩斯等著，谭君久等译：《美国式民主》，中国社会科学出版社1993年版，第990页。
[3]〔美〕詹姆斯·M.伯恩斯等著，谭君久等译：《美国式民主》，中国社会科学出版社1993年版，第992页。
[4]宋冰编：《程序、正义与现代化——外国法学家在华演讲录》，中国政法大学出版社1998年版，第182页。

官提名，英王任命；其他法官由大法官任命。确实，在现代民主政治体制下，社会已呈泛政治化趋势，法官的选任也不可避免地带有一定的政治目的，而这是不利于法官独立司法的。相对于选举制而言，任命制能够使法官更好地免受政治因素的约束。正因为如此，法官的任命制成为一种法官产生的主要方式，而选举制的科学性才受到质疑。

法官的任期多是终身的，或是较长期限的。任职资格的长期稳定也是法官摆脱政治性的制度保障。但以民意为基础产生的机关则有固定的、相对较短的任期。因为民意背后的利益一直处于分化和重新组合之中。分化组合后的新的利益分配必须通过民主的方式反映到国家机关的具体组成中。

第二，现代社会的法院，尤其是作为宪法监督机关的最高法院或专门法院对民主的制动功能也要求法院本身的非政治性。[1]在实行宪政的国家，多数民主已经取得了合法的权威和地位，但平等也是民主国家不可动摇的价值追求。不可否认，多数民主有时达到的效果只是实现了多数人的利益，而不是所有人的利益，甚至损害了少数人的利益，这是与宪政所追求的平等价值相背的。所以宪法监督从抽象意义上看，是为了维护宪法的尊严，保证成文宪法不被破坏；但从权力运作的过程看，实际是对多数民主的一种制动功能。考察宪法监督制度的发展过程，人们会发现，政治性的机关难以承担宪法监督的重任，因为其本身参与公共权力的运作，难保公正；而两次世界大战中人权横遭践踏的教训也让人们认识到，以"议会至上"原则为指导在19世纪后期欧洲国家普遍建立起来的议会自己监督自己的机制也难以阻却民主中"多数人的暴政"。随之而来的是一种非政治性的、司法化的宪法监督机构发展起来。[2]那么，为什么非政治性的司法机关能够较好地完成宪法监督的职能？因为司法化的监督是将民主的争议转化为了法律争议来解决，将民主问题的无序化纳入到法治的轨道，司法机关依照宪法条文进行裁判，用法律的程序和用语掩盖了民主问题的政治性，也在一定程度上掩蔽了司法机关在裁决过程中的政治判断力，因而其裁决容易为争议各方所接受。[3]由此也可以看出，要想保证宪法监督的合法与有效，重要的是保证司法机关的非政治性，不能以政治责任来要求司法机关。

第三，法院的活动不是政治性活动。政治性活动本质上是追求主体利益最

---

〔1〕 本部分的写作主要参考了李树忠教授的论文："论宪法监督的司法化"，载焦洪昌编：《开放的宪政》，中国政法大学教务处1999年版。

〔2〕 主要有两种体制，一是英美法系国家中的最高法院，二是大陆法系中的专门机构，如宪法法院、宪法委员会。

〔3〕 美国法院在解决2000年美国总统大选争议中的作用也再一次印证了司法解决民主争议的独特作用——参阅本书中的布什选举案。

大化的活动，带有主动性和结果的不可预知性。而法院的主要活动就是在利益争端的双方居中裁判，裁判的唯一依据是国家的法律。这种活动的特征是被动性和结果的可预知性，它与政治活动是两种性质完全不同的活动。如前所述，既然是政治性的争议，一旦诉诸于司法权解决，法院是要将其转化为法律问题来解决的。法院的这种转化功能是有局限性的，即并非所有的政治争议都可以转化为法律问题由法院来解决，这从另一个角度说明了法院活动的非政治性。这种政治争议一般称为"国家行为"。在美国，最高法院首席大法官约翰·马歇尔在通过马伯里诉麦迪逊案确立司法审查（Judicial Review）制度的同时，为防止法院凌驾于其他国家机关之上而破坏权力分立原则，明确指出，有一类案件法院是不能审查的，即"所涉及的问题是政治性的"。回避对政治问题的审查是法院自律原则之一，体现了司法的自我约束。美国的亚历山大·比克尔教授总结道，法院如果就一个有争议的问题"对司法卷入的后果感到担忧"，或"一个缺乏选举责任或实施能力的机构存在着自我怀疑情绪"，就可以认定此问题为"政治问题"。[1]由此可以看出，法院名义上是对公共权力中其他两权的尊重，实际是使自己免于卷入自己无力解决的政治纷争，以保持自己在社会公众中的权威，这表现了司法智能和司法审慎。[2]

第四，法院从业人员的职业准则要求其在政治上保证中立，不得参与政治活动。要求一个非政治性的机关承担政治责任是不公正的。联邦德国法律规定，法官要与政治相脱离，在任职期间不得公开自己的政治信仰和参加特定的政党活动。在美国，虽然"在选择最高法院和联邦法院法官时，政党的倾向或司法哲学是其中考虑的重要因素之一"，[3]但一旦成为法官，他就不得参与党派活动，而应保持政治中立。

既然法院不能承担政治责任，那么其承担的应是什么责任？要回答这个问题，我们仍然要回到法院职责这一根本问题上来。法院行使的权力是审判权。法院不履行或不正确履行自己职责的可能形态就是不依法行使审判权，包括枉法裁判、徇私舞弊等，这些都应承担相应的法律责任。所以法院的责任性质应是法律责任。

（3）法院工作报告未获人大通过承担法律责任的可能性。既然法院作为非政治性机关，在不履行自己职权时只能承担法律责任，那么，法院的工作报告

---

[1] [美]杰罗姆·巴伦等著，刘瑞复等译：《美国宪法概论》，中国社会科学出版社1999年版，第37~39页。

[2] 有关"国家行为"理论可参看张树义主编：《寻求行政诉讼制度发展的良性循环》，中国政法大学出版社2000年版，第26~32页。

[3] 转引自韩大元主编：《外国宪法》，中国人民大学出版社2000年版，第415页。

在人大不获通过时，法院能否承担法律责任呢？笔者认为，在这种情况下，法院是无法承担法律责任的。原因是：

第一，法律责任是国家特定的机关对违法主体适用法律的后果，人民代表大会作为国家的权力机关，在我国不是法律适用机关。

第二，法律责任有严格的构成要件，在这里法律责任的构成要件并不明确。法律责任的内容是确定的，是由法律规定的。而在法院工作报告不获通过的情况下，法律并没有规定法院责任的内容。

第三，在法律没有规定法律责任的内容时，根据国家法治原则，是不能追究社会主体的法律责任的。

2. 法院责任的承担主体。

（1）国家机关的责任形式。责任制原则是指国家机关和国家机关的工作人员行使职权、履行职务时，均应对其后果负责。责任制形式分为两种：①集体负责制。根据宪法规定，合议制国家机关，如各级人民代表大会及其常委会均实行集体负责制。这些机关在行使职权、决定问题时，由全体组成人员集体讨论，按照少数服从多数的原则作出决定。集体组织中每个成员的地位与权力平等，决策的后果也应由集体来承担。②个人负责制。个人负责制也就是首长负责制。[1] 根据宪法规定，各级行政机关及其所属工作部门以及中央军事委员会都实行个人负责制。在这些机关内，首长的地位要高于其他组成人员，在行使职权、作出决定时，是由首长个人决定并承担相应责任的责任形式。

不同的国家机关实行不同的责任制形式，是由于不同的国家机关不同的性质、行使权力的不同方式和要求所决定的。人民代表大会是国家的权力机关，是人民通过自己的代表行使国家权力的机关，人民代表是其组成人员，它是民意代表机关，在行使权力时，追求的主旨是民意的充分反映，而不是决策效率，而代表是各选举单位选举产生的，每一个代表所代表的民意是等值的，应在权力机关中得到平等反映。所以，每个代表的地位应是平等的，而不应要求某个代表享有超越于其他代表的地位，在作出决策时，只能以少数服从多数为原则，实行集体决策，决策的结果也只能由集体来承担。行政机关与军事领导机关是权力机关的执行机关，具体执行权力机关作出的各项决策，担负着管理社会发展和军事工作的任务，所以行政权和军事权的行使不应以追求民主为主要宗旨，而应以追求效率为主旨，而首长决策无疑是实现效率的最有效的方式。首长个人决策，根据权责相一致的原则，决策的后果也应由首长个人承担。

（2）法院的责任形式。法院应是集体负责制还是个人负责制？如果是集体

---

[1] 许崇德主编：《中国宪法》，中国人民大学出版社1996年版，第187页。

负责制，则"集体"的范围如何界定？是包括法院正副院长，还是全体法官，或是合议庭，抑或审判委员会组成人员？如果是个人负责制，则应是院长负责制，还是法官负责制？[1]

对于这一法院责任制度中的基本问题，我国绝大部分宪法学著作或是避而不谈，或是语焉不详。在仅有的一些论述中观点也并不一致。如有学者以法院由合议庭审理案件为由认为是集体负责制。[2]另外有学者认为应是集体负责制，原因是"他们在通过判决和对重大事项作出决议时，即由全体成员集体讨论，并按少数服从多数的原则形成决议"。[3]从此论述可以看出，他们主张审判委员会的集体负责制。

法院的责任形式具体是什么？笔者认为，法院的责任形式是法官负责制。法院是国家的审判机关，行使的权力是审判权。法院的组成人员是法官，所以实际行使国家审判权的是法官，而不是法院整体。所以法官审判案件时的唯一依据是法律，而不是根据"上级领导"，如院长、庭长的意志来审理案件，[4]也不根据上级法院的意志，更不应遵循党组织及行政机关的旨意（虽然这些现象在实践中已呈司空见惯之势）。根据权责相一致的原则，法官在审判案件时，如果故意不依法裁判，其后果当然应由法官个人承担。[5]对此论断最有力的两个抗辩是：

第一，中国法院审理案件绝大部分是由合议庭作出的。在合议庭讨论案件时，实行的是少数服从多数的原则（为此，三大诉讼法都规定，合议庭的人数必须是单数），这不是集体决策吗？既然是集体决策，决策结果（判决结果）也应由合议庭集体负责。但这种集体决策与权力机关的集体决策是不同的。《民事诉讼法》第42条规定："合议庭评议案件，实行少数服从多数的原则。评议应

---

〔1〕 一个与此有关的有趣现象是：中国所有宪法教科书对权力机关和行政机关的组成人员有明确的论述，而对法院和检察院的组成人员则莫衷一是。

〔2〕 董和平等：《宪法学》，法律出版社2000年版，第452页。

〔3〕 魏定仁主编：《宪法学》，北京大学出版社1994年版，第219页。

〔4〕 院长、庭长应是普通法官的"领导"吗？实际上，"与行政机构或者军队的情况不一样，法官是一种反等级的职业"。见贺卫方："三六九等说法官"，载信春鹰、李林主编：《依法治国与司法改革》，中国法制出版社1999年版，第356页。

〔5〕 齐延平："论司法中立的规范构成"，载信春鹰、李林主编：《依法治国与司法改革》，中国法制出版社1999年版，第356页。此外，工作实践中的一个细节为此提供了有力的佐证：法院制作的判决书、裁定书除盖有法院的印章以外，还要详细列出审判员和书记员的名单，而行政机关对外发布重要文件时只是列出行政首长的名字（与首长负责制相符）和行政机关名称或只标明行政机关的名称，权力机关对外公布的决议不会列出赞成和反对该决议的代表名单。在美国，最高法院的判决书不仅详细阐明判决结果（合议庭的多数意见）和赞成该结果的法官名单，不赞成该判决的少数法官的意见和法官名单也应列于判决书中。

当制作笔录，由合议庭成员签名。评议中的不同意见，必须如实记入笔录。"《刑事诉讼法》第 179 条也有类似规定。如果按多数意见作出的判决证明是故意不依法裁判，则也应是同意此判决的法官以个人名义承担责任，而不应追究持少数意见的法官的责任。

第二，根据《人民法院组织法》和三大诉讼法的规定，法院内部设立审判委员会，审判委员会的职能之一是讨论决定重大、疑难的案件，审判委员会的组织活动原则是民主集中制。由审判委员会讨论决定的案件是集体决策的产物，姑且不论审判委员会是否比合议庭更能保证正确地处理重大、疑难案件甚至其本身存在的合理性，就是由审判委员会讨论决定的案件，讨论结果仍然要通过合议庭的判决表现出来，在法院制作的判决书中署名的仍是合议庭成员，而不是审判委员会委员。所以，审判委员会虽然是集体决策，但不是集体负责，实际上，在中国目前的法律框架内，根本没有审判委员会的责任条款，审判委员会是有权无责。

（3）法官个人负责制与法院工作报告不被人大通过。在行政机关的首长负责制的制度下，如果行政机关的工作报告不被人大通过，行政机关的首长必须辞职，而一方面行政机关实行"上命下从"的领导体制，行政机关的其他组成人员必须服从行政首长的指令；另一方面行政机关的其他组成人员是由行政机关提名任命或由自己直接任命的，所以他们一般必须和行政首长共进退。但就法院而言，如果工作报告未获人大通过，法院院长应该辞职吗？从一般意义上说，这似乎是毋庸置疑的结论。但这一结论经不起理性的考量。因为：①在产生方式上，法院院长和普通法官之间并没有如同行政首长和行政机关其他组成人员间的连带关系。在行政机关，行政首长经议会或全民选举产生以后，其他组成人员都由其提名，经议会确认或批准。所以，这些人和行政首长在政治上产生连带关系，并且共进退。但法官的产生的任命是个别行为。中国的法官产生与院长并没有连带关系，也不与院长共进退。②在行使职权的方式上，法官是审理案件的具体承担者，法院如果发生枉法裁决的事件也只能由法官个人来承担，而不应法院院长来承担，法院院长承担的只能是作为一个法官的责任。

拓展案例

衡阳中级人民法院工作报告否决案

2007 年在 1 月 24 日闭幕的湖南省衡阳市十二届人大五次会议上，市中级人民法院工作报告因代表强烈反对，没有获得过半代表的支持而被否决。

在会议上，当大会执行主席宣布对市中级人民法院工作报告进行大会表决时，衡东代表团某代表从会场上站起，对市中级人民法院的工作报告提出质疑，列举了5个方面的意见，得到了绝大多数代表认同。在随后的投票中，经过计票，出席大会的代表有511人，除去请假的66人，实到代表445名，但中级人民法院的工作报告获得的赞成票只有130票，报告未获通过。

[问题与思考]

我国人民代表大会应如何对人民法院的工作进行监督？

二、人民法院审理地方性法规职权

经典案例

河南洛阳种子案

[基本案情]

2003年5月27日，洛阳市中级人民法院在审理一起种子赔偿纠纷案时，遭遇法律冲突问题。在庭审中，就赔偿损失的计算办法，原告（汝阳县种子公司）与被告（伊川县种子公司）争议激烈，原告主张适用《种子法》，以"市场价"计算赔偿数额；被告则要求适用《河南省农作物种子管理条例》，以"政府指导价"计算。经审判，洛阳市中级人民法院下达（2003）洛民初字第26号民事判决书，原告和被告都不服判决，向河南省高级人民法院提起上诉。洛民初字第26号民事判决书写道："《种子法》实施后，玉米种子的价格已由市场调节，《河南省农作物种子管理条例》作为法律位阶较低的地方性法规，其与《种子法》相抵触的条（款）自然无效。"

洛阳中院判决书的这一表述激起河南省人大的强烈反响，河南省人大认为："洛民初字第26号民事判决书中宣告地方性法规有关内容无效，这种行为的实质是对省人大常委会通过的地方性法规的违法审查，违背了我国人民代表大会制度，侵犯了权力机关的职权，是严重违法行为。"10月18日，河南省人大常委会办公厅下发了《关于洛阳市中级人民法院在民事审判中违法宣告省人大常委会通过的地方性法规有关内容无效问题的通报》，要求河南省高院对洛阳市中院的"严重违法行为作出认真、严肃的处理，对直接责任人和主管领导依法作出处理"。洛阳市中院党组根据要求作出决定，撤销判决书签发人民庭赵广云的副庭长职务和李慧娟的审判长职务，免去李慧娟的助理审判员，该决定最终未履行。

河南省高级人民法院受理此案后，向最高人民法院进行了请示。最高人民法院于2004年3月30日作出《关于河南省汝阳县种子公司与河南省伊川县种子公司玉米种子代繁合同纠纷一案请示的答复》，指出《立法法》第79条规定："法律的效力高于行政法规、地方性法规、规章。行政性法规的效力高于地方性法规、规章。"《中华人民共和国合同法解释（一）》第4条规定："合同法实施以后，人民法院确认合同无效，应当以全国人大及其常委会制定的法律和国务院制定的行政性法规为依据，不得以地方性法规、行政规章为依据。"根据上述规定，人民法院在审理案件过程中，认为地方性法规与法律、行政法规的规定不一致，应当适用法律、行政法规的相关规定。河南省高级人民法院做出终审判决，维持洛阳市中级人民法院的原判。这就是"河南种子案"。

[法律问题]

洛阳中级人民法院是否有权认定本地的地方性法规与全国性法律相冲突或无效而不予适用？

[参考结论与法理精析]

中国法律体系结构的复杂性决定着各种法律渊源之间的效力并不等同。当法院在审理案件中有不止一个法律规范可予适用时，法院就必须对各种法律渊源的效力作出认定。根据我国《行政诉讼法》的规定，法院在审理行政诉讼案件时要根据法律、行政法规和地方性法规，参照规章。而《立法法》规定，法律的效力高于地方性法规。宪法也规定，地方人大在制定地方性法规时，不得与宪法、法律和行政法规相抵触。所以洛阳中院在审理案件时，必然要确定本省地方性法规的有关规定与《行政处罚法》、《种子法》的规定相冲突。这是法院在审理案件时不可回避的程序，无此，则不能有效地行使审判权。

河南省人大的行为无任何法律依据，所以是不合适的。我国宪法规定，人民法院由人大产生，受人大监督。但宪法同时规定，人民法院依法独立行使审判权，不受行政机关、社会团体和个人的干涉，人民法院受人大监督。但监督的方式是以不危及法院的独立审判为原则。河南省人大的指示行为已超过了这个限度。

在任何国家，法院审理案件的唯一依据是法律，这是司法权运行的根本准则。但适用法律的规则是什么，在各国则有很大的不同。这与各国的法律传统、法律体系的特色、司法权的角色等都有很大的关系。而实践中对一规则形成影响的主要是两个制度：违宪审查体制和法律体系的构成。在国外，宪法得到普遍的适用，但体制不同。就法律体系的构成而言，议会立法是主要的法律形式。

在成文宪法国家，由于普遍承认宪法的最高性和宪法的司法适用性，所以法院审理案件的依据是宪法和不与宪法相抵触的法律。而确定法律不与宪法相抵触的制度，各国又迥然不同。这是一个违宪审查制度的问题。在美国，实行的是司法审查制度，即由法院在审理具体案件过程中对该案件所适用的法律进行合宪性审查的制度。[1]只有在法律的合宪性得到确认以后，法院才会予以适用。在德国，实行宪法法院监督宪法实施的制度。普通法院在审理案件的过程中，一旦有当事人提出案件所涉法律违宪，普通法院就将中止对案件的审理，将该法律提交到宪法法院以决定其合宪性，然后再根据宪法法院的裁决继续审理原案件。而在法国，宪法委员会实行的是事先审查模式，即议会制定的法律在生效以前可按宪法确定的程序由宪法委员会确定其合宪性，法院在审理时不再对此提出疑问。

在中国，这一问题要复杂得多。原因主要有三个：①宪法本身无司法适用性；②没有行之有效的违宪审查制度；③法律体系结构的复杂或曰混乱。

中国宪法本身肯定自己的最高性，并且规定一切法律、行政法规和地方性法规都不得同宪法相抵触。但在实践中，宪法本身并没有在司法过程中被适用。[2]法律的合宪性是由全国人大常委会予以确定。所以在理论上，中国法官在审理案件时是不需要考虑其所适用的法律的合宪性的。[3]而且这些法律渊源的效力并不等同。《立法法》对此有详细的规定。宪法规定，法律、行政法规和地方性法规都不得同宪法相抵触；行政法规要根据宪法和法律制定；地方性法规不得同宪法、法律和行政法规相抵触。宪法规定了具体的审查机制，如全国人大常委会可以撤销同宪法、法律相抵触的行政法规；地方性法规在生效前的备案制度。如果这些机制能够正常运行，中国的法院所面对的就是一整套事先得到合宪性确认的、相互协调的法律体系，法院也就不会陷入因不同法律相互抵触而无所适从的窘境。但现行的审查机制并非行之有效，宪法的这些规定并没有得到有效的实施。所以在实践中，不同渊源的法律规范之间的冲突并不鲜见。法院就必须在此作出抉择。而理性的选择标准当然是根据宪法和立法的有关规定，在相互冲突的法律渊源中选择适用效力高的法律规范，而放弃效力低的法律法规。也就是说，本应由全国人大常委会解决的问题留给了法院，但全国人大常委会可以回避的问题法院是无论如何也回

---

[1] 在中国，似乎有一种误解，认为在美国只有联邦最高法院才有违宪审查权。但实际上，联邦地区法院和巡回法院的法官在审理案件中也面临着法律的合宪性问题并要求他们作出判断。只不过联邦最高法院的司法审查权是最终性的。

[2] 关于这方面的问题，可参阅本书中齐玉苓诉陈晓琪一案中的有关论述。

[3] 中国的法官在审理案件时既不需要适用宪法，也不需要考虑所适用的法律依据的合宪性。所以法官即使不知道宪法为何物依然可以判案，这大概是中国司法之怪现状之一。

避不了的。所以，问题的关键不在于法院有无权力不适用与法律相互冲突的地方性法规，而是法院在审判中必须解决这个原本不属于自己权力范畴的问题。否则，审判就无从继续下去。

但问题还不仅于此。如在两种法律效力等同或无法确定的法律渊源发生冲突时，法院自己就无法解决这一问题了。如地方政府的规章和国务院的部门规章之间、地方性法规和国务院的部门规章之间等，哪种法律规范的效力为高，实是难题。此时，就必须要有另外的解决途径。《行政诉讼法》规定，地方政府规章和国务院部委规章不一致的，由最高人民法院送请国务院裁决。《立法法》规定了法院如认为地方性法规和部委规章不一致时的解决途径。

如果否认人民法院在审理案件过程中可以自行在效力等级不同且相互冲突的法律规范中选择适用规范，从现实角度而言，案件的审理将无法继续下去。从宏观言，这将对中国的法制建设带来极大危害。在理论上，法律规范的选择适用技术和法律解释技术、法律推理技术及程序运用技术一起构成了法官职业的专门技术。正如美国的汉密尔顿所言："法官在相互冲突的两种规范中作出司法裁决是常见之事。"[1] 如果在审判权运行的过程中出现的法律规范的冲突阻碍司法程序的正常进行而寻求司法程序以外的机制来解决，这势必会进一步削弱法院在我国的弱势地位，弱化法院在社会中的司法权威，使审判独立进一步形同虚设。

另一方面，我国的地方法院由于在人财物等方面受制于地方的行政机关，法院的独立性和国家司法权的统一性已受到严重削弱，很多地方法院已成为"地方的"法院，沦落为保护地方一己之利的工具。如果再进一步，法院在相互冲突的地方性法规和国家法律之间只能为维护地方利益而选择适用地方性法规，地方法院就将彻底偏离宪法为其设定的角色，全国性的法律将被地方性法律所取代，国家统一的法律体系和司法权将被完全分割，法治也将无法存在。在一个国家，法治的核心是法院，法院应是法治的守护人和最终确认人。但位居立法权之下，受制于地方权力机关的法院显然无法承担这一任务。

拓展案例

甘肃酒泉中级人民法院案

[基本案情]

1998年3月15日，酒泉市民马玉琴就其与酒泉地区惠宝制冷设备有限公司

---

[1] [美]汉密尔顿等著，程逢如等译：《联邦党人文集》，商务印书馆1997年版，第393页。

（惠宝公司）之间的冰柜维修纠纷向地区技术监督局投诉。地区技术监督局经过调查取证之后认定，惠宝公司没有家电维修证书，而且大多数维修人员也没有技术证明书，于是以违反了《甘肃省产品质量监督管理条例》第13条和第30条为由，作出行政处罚决定，要求惠宝公司立即免费维修冰柜并赔偿马玉琴经济损失3000元。

惠宝公司对该处罚不服因而向酒泉市人民法院提起行政诉讼，酒泉市人民法院（1998）酒法初字第58号行政判决书以事实证据及处罚决定送达手续不合法为由，判决撤销了酒泉地区技术监督局的处罚决定。后者不服一审判决而向酒泉地区中级人民法院提起上诉。1998年2月15日，酒泉地区中级法院作出终审判决，认为《甘肃省产品监督管理条例》第13条和第30条关于产品质量监督管理部门对维修者实施行政处罚的规定与《中华人民共和国产品质量法》及《中华人民共和国行政处罚法》的有关规定相冲突，不能作为行政处罚的依据。故此，作出撤销酒泉地区技术监督局的行政处罚决定。

针对酒泉地区中级人民法院的判决，甘肃省人大认为，酒泉中院无权认定省人大法规无效，并称这是一起"全国罕见的超越审判职权的严重违法事件"。这就是"酒泉中级人民法院'宣判'甘肃省地方性法规违法案"。

[问题与思考]

在上述两案中，甘肃、河南两省人大分别认定酒泉、洛阳两中院的判决"严重违法"，其中河南人大并要求河南省高院对洛阳市中院的"严重违法行为作出认真、严肃的处理，对直接责任人和主管领导依法作出处理"的行为是否适当？

三、人民代表大会对人民法院的监督

经典案例

全国人大常委会制定"个案监督条例"

[基本案情]

2000年，全国人民代表大会常务委员会拟定了《全国人民代表大会和地方各级人民代表大会常务委员会对具体案件监督的若干规定》（有学者将其简称为"个案监督条例"）。该规定提出，为了加强各级人民代表大会对人民法院和人民检察院的监督工作，促进司法公正，各级人民代表大会常务委员会可以对法院和检察院办理的具体案件进行监督（理论上将此种监督称为"个案监督"）。该规定同时规定了各级人民代表大会常务委员会对具体案件进行监督的若干原则及监督的程序。

[法律问题]

各级人民代表大会常务委员会有权对人民法院和人民检察院正在办理的案件进行监督吗?

[参考结论与法理精析]

从学者们所表述的观点来看,[1] 多数学者认为,"个案监督"是指权力机关可以对司法机关办理的具体案件进行监督。但实际上,由于目前个案监督的内涵都是学理解释,尚有一系列问题仍待明确:①监督的主体问题。可能的主体有人民代表大会、人民代表大会常务委员会、委员长会议或主任会议、人民代表大会或人民代表大会常务委员会下设的工作机构。②监督的对象问题。如果对司法机关办理的所有案件进行监督肯定不可能。这样,以何标准确定受监督的对象?③监督的时间问题。是在审理前实施,还是在审理中或审理后实施;是一审之后实施,还是二审终结后实施?④监督的提起方式问题。是由当事人向监督主体要求其监督,还是由监督主体主动监督?⑤监督的形式问题。是仅对案件的审理过程及审理结果提出一般性的意见和建议,还是作出有法律效力的决议或决定,甚至采取宪法和组织法赋予的组织重大问题调查委员会进行调查?⑥监督的法律责任问题。包括被监督者的法律责任和监督者的法律责任。对于这些问题,学者们并无一致见解,甚至观点迥异。

在实践中,虽然全国人民代表大会及其常务委员会尚未开展具体案件的监督,但各级地方人民代表大会已广泛开展了此项工作,备受社会各界和新闻媒体的关注。全国人民代表大会常务委员会也从总体上认同了这一制度,并将以法律来具体规范。[2]

从更宽阔的视野来观察,人民代表大会组织对个案监督还有以下理论和实践问题尚需探讨:

1. 关于个案监督的法律依据问题。由于现行的法律对此没有做任何具体规定,学界和实务界殚精竭虑,从所有的法律中寻找任何与此有关的规定,以论证监督的合法性。除了多数人列举的宪法中关于司法机关对权力机关负责、全国人民代表大会议事规则和代表法中关于代表的质询和听取最高人民法院和最高人民检察院工作报告、地方人民代表大会组织法中人民代表大会听取人民法院和人民检察院的工作报告和代表的质询外,还有人认为人民检察院组织法中

---

[1] 有关这方面的论述,可参看周启后:"权力机关监督具体案件刍议",载《人民检察》1994年第4期;宁乃如:"小议权力机关对两院的监督",载《法制日报》1995年2月16日;翟峰:"关于地方人大常委会个案司法监督形式的探讨",载《现代法学》1993年第4期;胡学书:"关于地方国家权力机关对具体案件监督权的探讨",载《法制日报》1991年12月5日。

[2] "全国人民代表大会将规范个案监督",载《人民法院报》1999年2月6日。

关于各级人民代表大会常务委员会对检察院讨论的重大案件的决定权的规定和地方组织法中关于各级人民代表大会可以组织特定问题调查委员会的规定也是个案监督的法律依据。归结于一点，所有这些引经据典、解释发挥都没有抓住问题的实质。问题的实质就是行政权、审判权、检察权都是由权力机关通过宪法赋予的，行政机关、审判机关、检察机关又都是由权力机关产生并对它负责的，理所当然要接受它的监督。但从权力机关对司法机关可以进行监督能否推断出权力机关可以对司法机关的具体案件进行监督尚需进一步探讨。

2. 我国宪法与人民检察院组织法都规定，人民检察院是我国的法律监督机关。根据有关诉讼法的规定，人民检察院对人民法院审理案件中的违法行为进行监督，如果认为人民法院的判决不合法，可以通过法定途径提出抗诉。如果法律规定人民代表大会也可以对法院办案的合法性进行监督，这两种监督体制如何协调？如果两者对同一案件的合法性发生争议，那么哪一组织的认定具有终极决定效力法律并无明确规定。

3. 正如我们在论述人民代表大会对法院的质询时所指出的，人民代表大会是一个以集会的方式行使权力的民主代议机关。而司法机关是以法律为基准结合具体案件，依严格的程序对当事人的行为进行合法性判断的机关。以人民代表大会来监督司法机关的个案审理，无疑是以民主的方式解决技术的问题，这与权力机关的性质是不相符的。

4. 腐败现已成为我国一个严重的社会问题。腐败的根源在于权力的失控。行政腐败、司法腐败已成为人们耳熟能详的名词。江泽民同志说："司法腐败是最大的腐败。"学界和实务界之所以主张确立个案监督制度，最主要的目的也就是试图以人民代表大会的监督来防范司法机关的腐败。但正如有学者所指出的："应当以理性和科学的态度对待这场改革，绝不可饥不择食，慌不择路，更不可负薪救火。"[1]目前，人民代表大会组织尚是国家机关中的一块净土。但这并不是人民代表大会自身能洁身自好，而是因为人民代表大会主要是以集会的方式制定具有普遍约束力的法律或决议来行使职权，只是间接对公民的权利产生影响，而行政机关和司法机关在行使职权时是直接对公民的权利产生影响。如果以个案监督来扼制司法腐败，势必会给人民代表大会介入案件的审理提供了合法保障，也给权力机关的腐败打开了方便之门，这是不是负薪救火、饮鸩止渴？

基于以上这些疑问，我们认为，从法理上讲，虽然不能断然否定个案监督的合法性（毕竟，人民代表大会对司法机关的活动有监督权，而个案监督是监

---

[1] 刘海年："关于个案监督的思考"，载信春鹰、李林主编：《依法治国与司法改革》，中国法制出版社1999年版，第563页。

督的一种形式），但如果说其有充分的法律依据，也难以令人信服。国家机关的职权法定，这是宪政国家的一个重要法治原则。个案监督既是权力机关对司法机关监督的一种形式，但其本身也是权力机关的一种重要权力，因为这直接关系到权力机关对司法机关的控制问题。一旦实行，其对司法机关的独立性和执法公正性的负面影响是不可小视的。针对我国当前司法腐败的现象，考虑到个案监督对扼制司法腐败的意义以及一些地方存在的个案监督的实践，目前尚不能完全否定这一制度。但是，应在制度上尽可能地弱化其可能带来的负面影响而充分地发挥其对扼制司法腐败的有限作用。

基于以上分析，以下各要素是必须遵循的：

1. 坚持人民代表大会组织集体行使职权的方式。对何种案件提起监督、监督程序的启动、决定监督的方式、对监督后果所作的决议都要人民代表大会或常务委员会以会议决议的方式作出处理，而绝不能将此变相为人民代表大会常务委员会负责人等少数人或人民代表大会下设职能部门的行为。

2. 严格掌握监督对象。只能对那些社会影响较大、人民群众反映强烈的重大典型、明显违法的案件进行监督。

3. 应严格遵守事后监督的原则。只能对那些当事人已经穷尽司法救济手段、法院判决已经发生法律效力的案件进行监督。不可以防患于未然为借口，对人民法院或人民检察院正在办理或审理或法院判决还没有发生法律效力的案件进行监督。

4. 监督的形式，只能是在人民代表大会或常务委员会的全体会议上以会议决议的方式对司法机关提出建议或询问，要求其予以答复或建议其启动审判监督程序对案件进行再审，并对人民代表大会或常务委员会全体会议汇报结果。不可以越俎代庖，对案件的实体问题作出决议，要求司法机关接受。虽然各级人民代表大会及常务委员会可以组织特定问题的调查委员会，但组织关于特定案件调查委员会更要谨慎从事。调查结果也仅能对案件的事实部分作出认定，而不可代替法院作出判决。

拓展案例

案例一：　　　　某市人民代表大会对法院的质询案

山东省某市人民代表大会代表王某是一家国有公司的总经理。在一次召开的人民代表大会会议上，王某联合其他代表向该市人民法院提出了一份质询案，要求法院院长就该院所审理的一起两公司之间的合同纠纷案向人民代表大会作出说明。在法院院长作出说明后，其他代表认为其解释合理，但王某表示仍不满意，并试图联合其他人民代表大会代表联名提出对该院长的罢免案。后来经查实，王某任职公司系该案件的原告，在诉讼中败诉。王某对法院的判决极为不满，遂决定在人民代表大会举行会议时联合其他代表通过对法院院长的质询向法院施加压力，迫使法院改变判决。

案例二：　　　　　　　四川夹江打假案

刘某是四川省成都彩虹电器集团（以下简称彩虹集团）的法定代表人，同时兼任四川省人民代表大会代表。1995年7月28日，彩虹集团向四川省技术监督局稽查一队举报说，他们发现四川省夹江县彩印厂未经他们的允许擅自印刷他们公司的产品包装盒。四川省技术监督局在彩虹集团的协助下，在成都市成华区公安分局几位警察陪护下，派员去该省乐山市夹江县彩印厂查封了该厂印制的近2万个彩虹牌电热灭蚊药片包装盒（该种药片是彩虹集团产品），同时查封了有关的印刷设备和厂房，并于1995年10月上旬对该彩印厂及其法定代表人万建华作出分别罚款5万元和4万元的处罚决定；因对该行政强制措施和行政处罚不服，夹江县彩印厂和万建华先后在夹江县人民法院和成都市中级人民法院提起了行政诉讼（这两场诉讼均是被告四川省技术监督局胜诉）；该案在审理时，四川省正在召开人民代表大会会议，在会议上，刘某联合其他代表向四川省高级人民法院院长提出质询案，要求高级人民法院院长说明为什么夹江县人民法院和成都市中级人民法院要受理一个造假者的起诉。代表们不顾高级人民法院院长的解释，纷纷指责法院受理制假人的起诉是对造假者的保护。

[问题与思考]
人民代表大会代表能否就法院所受理审判的案件进行质询？

第五节　中央与地方的关系

一、联邦制国家联邦中央与州的关系

经典案例

美国英民地产充公案

[基本案情]
1783年美国独立战争胜利后，弗吉尼亚州的法律规定对在战争期间效忠英

国的人进行驱逐，并对其土地实行充公。马丁从一位英国贵族那里继承了地产，但州政府根据这项法律，宣称该项地产已归州所有，并于1789年将其由州政府转移给一个名为亨特的人，亨特将其土地出租。马丁遂依据美国和英国在1783年签订的"和平条约（Peace Treaty）"和1794年的杰伊条约，拒绝放弃该地产。亨特的租户依据弗州的法律起诉至法院，要求驱逐马丁，并在弗州的最高法院获得胜诉。根据1789年《司法法》的授权，马丁上诉到联邦最高法院，并获得了有利于他的法院命令，但弗州上诉法院拒绝承认联邦法院有权审理州法院的决定。于是联邦最高法院再次发表意见，阐述联邦最高法院对此问题的见解。这就是美国早期的"英民地产充公案"。

[法律问题]

在联邦体制下，联邦最高法院是否有权审查州法院的判决？

[参考结论与法理精析]

联邦最高法院认为自己有权审查州法院的判决。作为美国司法史上的里程碑，地产充公案确立了联邦最高法院是联邦法律的最终阐释者的作用，从而为合众国统一各州对联邦法律的解释奠定了基础。美国联邦最高法院的法官霍姆斯（Holmes）曾经指出："假如我们失去了宣布国会法案无效的权力，我并不认为合众国就会寿终正寝。但如果我们不能对各州的法律作出如此宣告，我却真的认为联邦将受到威胁。"在美国宪法史上，该案与马伯里诉麦迪逊案一样重要。联邦最高法院通过马伯里诉麦迪逊案确立了横向司法审查的原则，而纵向司法审查原则却是通过本案确立的。这一原则确立的直接功能就是有效地保证联邦司法权的统一。

（一）美国联邦法院对州法院判决的司法审查问题

美国是一个联邦制国家。联邦宪法在各州的"原始主权"上建立了全民政府，所以形成了联邦与州的双重政府结构。在法律体系上，有联邦和州两套相互独立的法律体系。在法律效力上，联邦宪法第6条确立了联邦宪法为联邦最高法的原则，各州的法官同联邦法官一样受其约束，并要求所有联邦和州的法官宣誓遵守这一规则。同时，宪法还规定各州要忠实于任何为维护联邦宪法而制定的联邦法律。在司法组织系统上，在美国宪法正式生效以前，当时的13个州已建立了完整的司法体系，它们负责审理全州的绝大部分刑事和民事案件。对于这些案件，州最高法院有最终管辖权，也就是说，州最高法院对州法律的解释是最终的；作为联邦政体和有限政府的一部分，联邦法院对此无权问津。而联邦法院的设置在制定宪法以及后来的行宪初期一直是一个有争议的问题。在制宪会议上，围绕联邦法院的管辖范围，制宪者产生了严重分歧。以汉密尔顿为首的联邦党人要求宪法同时规定联邦最高法院和下级法院系统，从而形成完整、严密的联邦司法权力系统。但是，以杰弗逊为代表的民主派只准备建立一个不带下级法院的联邦最高法院，从而架空联邦司法权力，使司法权实质上归于各州。而争议的结果则是宪法第 3 条，即宪法只明确规定设置联邦最高法院，联邦下级法院则由国会予以立法设置。在司法管辖权上，美国宪法第 3 条规定了联邦法院的管辖范围：根据宪法、联邦法律和条约产生的诉讼；涉及大使、公使和领事的案件；一切海事案件；不同州公民间的诉讼案件；联邦政府为一方的诉讼案件；2 个或 2 个以上州的诉讼案件；同州公民之间同州转让土地的所有权的诉讼；一州或其公民与外国或外国公民间的诉讼。根据联邦宪法第 3 条的授权，国会于 1789 年制定了第一个《司法法》。《司法法》设置了联邦地区法院，并规定联邦地区法院有权审理涉及联邦法律的刑事案件，并在联邦政府是一方时，与州法院同时具有管辖权。1891 年国会立法建立联邦上诉法院，并取消了对上诉权的限制；同时规定联邦最高法院有是否受理上诉的自由裁量权。所以联邦司法管辖权有两个源头——联邦问题管辖权和不同州问题管辖权。

但联邦和州之间的司法权力并不是绝对分开的。宪法只是给予了概括性规定，联邦司法权的具体范围，仍需国会以法律规定。正如有学者指出：对于这个问题，"宪法供给汽油，但控制油门的是国会。"[1]另外，前已述及，联邦宪法、联邦法律和以联邦名义缔结的条约对整个联邦有约束力；而且，联邦法院和州法院对某些案件具有"同时管辖权"。这样，就必然产生一个问题：应该是由州法院还是由联邦法院来负责对这些法律的解释？1789 年美国国会制定的《司法法》部分地解决了这一问题。《司法法》规定，联邦最高法院对州法与联邦法有冲突的案件有终审权。另外，州法院在大多数由联邦法律引起的案件中可以保留与联邦法院合议的权力，凡涉及不同州公民之间的案件，既可以由州法院审理，也可以由联邦法院审理。第 25 条规定：一切涉及联邦宪法、联邦法律与联邦条约的案件的终审权都将掌握在联邦最高法院手中；联邦最高法院有权对所有经过州法院审理的、但其审理结果被认为是没有给予联邦宪法和联邦法律最完全尊重的案件进行"复审，或推翻原来的决定"。这一规定在本案中经受了司法考验。也正是通过本案，联邦法院对州法院判决的纵向司法审查最终确立起来。

在本案中，弗吉尼亚州最高法院在判决中声称：根据对联邦宪法的正确解释，联邦最高法院的上诉管辖权不能扩展到本院。而且，建立联邦法院的国会立法[2]第 25 条中的扩展联邦法院管辖权部分是违背联邦宪法的。所以联邦最

---

[1] [美] 杰罗姆·巴伦等著，刘瑞复等译：《美国宪法概论》，中国社会科学出版社 1999 年版，第 13 页。

[2] 即指 1789 年的《司法法》——笔者注。

高法院对本院的诉讼议程完全没有管辖权，因此本院拒绝服从它的训令。

针对弗州最高法院的辩称，联邦最高法院指出：这项判决所涉及的问题是极其重要且敏感的，对它们的正确解答，决定着维护宪法本身最为坚实的原则。联邦宪法的制定和建立者，并非处于主权的各州，而是如宪法前言所表明的，是"合众国的人民"。人民能够把所有他们认为合适而必要的权力授予联邦政府，并根据他们的爱好，扩展或限制这些权力。同样无疑的是，如果认可各州普遍契约，那么他们就有权禁止各州使用这些权力。联邦政府不能声称它具有宪法未曾赋予的权力，它只具有宪法明示或隐含的权力。但另一方面，由于宪法本身的原则性，不可避免地采用广义文字。因为宪法并非被设计来适应区区几年的紧急需要，而将承受漫长岁月的流逝。所以宪法权力表达于广义的文字中，允许立法机构不时自行采取手段去实现合法目标。以上这些原则将对解决本案具备指导意义。

根据宪法第6条，各州法官在审理案件时，不仅要根据本州的宪法和法律，还要根据"国土的最高法律"，亦即联邦宪法、法律和条约。所以必须承认宪法授权审理某些案件：它们虽然属于联邦司法权力范围，但受到各州法官审理。这表明，联邦司法的上诉权必须扩展到州法院。

宪法是用来运作于各州主权之上的。宪法中的一系列条款都在实质上限制了各州的主权。所以，当各州被剥夺了某些最高方面的主权，当各州的立法受到国会的某些限制之时，联邦最高法院就难以认同这样的观点：处于各州法院之上的上诉权不符合我们政体的特色。联邦法院无疑能够修正各州的立法和执法行为，并在它们违反宪法的时候，宣布它们欠缺法律效力。不能将联邦法院的这种权力理解为限制和削弱了州法官的独立性。对于联邦政府授予的权力，各州的法官并不独立，他们受制于联邦宪法。如果他们超越或曲解了宪法，就没有理由再给他们的判决以绝对和不可抗拒的权力。

联邦司法管辖权的理论基础在于：各州的法官出于对本州的依恋、对他州的嫉妒以及本州利益的纠葛，有时确实可能会阻碍或控制司法的正常管辖。因此，对于各州之间、不同州的公民之间等类型的案件，宪法允许当事人在国会权威之下，寻求联邦司法权的管辖。对于其他案件，如起因于联邦宪法、法律和条约的案件，由于这些案件涉及民族安全、和平与主权，也必须由联邦法院管辖。

联邦司法管辖权的另一个根据是：为了在全国范围内对宪法问题形成统一决定。在不同的州，联邦法律、条约甚至宪法本身会受到州法官的不同解释。如果不存在一种权力以修正这些冲突并使它们和谐一致，那么宪法在各州就将不一样，甚至有完全不同的解释或效力，而这将是危险的。解决这一问题的途径是赋予联邦法院对州法院的司法审查权。

还有一点证明了联邦上诉管辖的必要性：联邦宪法对各州公民提供了平等保护。如果联邦法院对州法院无上诉管辖权，则在一个具体案件中，原告可以选择对其有利的州法院起诉，而被告将被剥夺所有宪法意欲保障的权利。为了避免出现这种情况，只有寻求国会的权力，把州法院的诉讼转移到联邦法院。

联邦上诉管辖权的最后一个理由是：联邦法院的法官由总统提名，由国会通过而获得任职资格，并且终身任职。所以，在行使司法权力时，只需要考虑法律，而无须去探求一时的民意。但有些州的法官是由民选而产生的，基于不可避免的谋求连任的心理，在审理案件时他们必须考虑到民意的倾向，法律也就不是判决所需考虑的唯一因素了。

所以联邦法院的上诉管辖权可以有效地纠正州的法官因受民意的干扰而可能出现的判决错误。所以，联邦法院的上诉权力确实扩展到了州法院之上。而1789年《司法法》第25条的规定并不违宪。

（二）本案的意义

在美国宪法史上，本案是一个里程碑式的案件，与马伯里诉麦迪逊案齐名，但是，本案所确立的联邦法院对州法院的判决进行司法审查的原则并不是从一开始就得到普遍接受。相反，这一原则受到很多方面，尤其是州的抵制。从美国建国到19世纪六七十年代，至少有7个州的最高法院明确拒绝这一原则。他们的根据是州权理论，即各州作为独立主权实体，自己有权审查联邦法律是否合宪，如果不合宪，则可以宣布其无效，此所谓"废弃理论"。直至美国内战结束以后，这种理论才终遭"废弃"。在此后，州政府官员，包括法官，如果拒不执行联邦法院的判决，联邦法院即可以蔑视法庭罪处罚之。而本案"一直是联邦最高法院对州法院行使管辖权的关键依据"。[1]

拓展案例

美国麦卡洛克诉马里兰州案

[基本案情]

在美国建国之初，汉密尔顿出任华盛顿政府的财政部长。上任之后他即着手一项规模庞大的财政计划，他建议国会发行国债、保护关税以巩固联邦之财政基础；奖励工商及资本的发展；设立国家银行，以协助处理有关政府的金融

---

[1] [美] 杰罗姆·巴伦等著，刘瑞复等译：《美国宪法概论》，中国社会科学出版社1999年版，第12页。

财政问题。汉密尔顿的建议普遍地遭到州权派的批评,其中最引起争论的则是国家银行的设置问题。但是,1791年2月,国会根据宪法第1条第8款中关于国会有权通过一切"必要和适当"(necessary and proper)的法律的原则通过了建立合众国银行的法案。华盛顿在征询内阁成员的意见之后签署了这一法案。1791年第一国家银行得以成立,期限20年。第一国家银行在存在期间,对于稳定国家的财政以及维护工商业的利益等各方面均有良好的表现,贡献突出。

1811年,第一国家银行的执照的有效期限20年届满,联邦派要求颁发新的执照,但是由州权派控制的国会拒绝了这一要求,于是第一国家银行停业。之后各州纷纷设立银行并大量发行纸币。由于大多数州银行经营不善,且各州发行的纸币之币值参差不齐,导致了工商业的极度混乱和困难。同时由于缺乏一个国家银行的统一协调运作,联邦的财政和金融在1812年~1814年对英国战争期间发生严重的危机,联邦政府资金匮乏,备战不利。尤其重要的是各州银行发行纸币从根本上违反了联邦宪法第1条第10款的规定:禁止各州铸造货币及发行纸币。正是由于上述种种原因,成立国家银行的呼声又起,而且许多州权派议员改变了他们最初的观点。于是1815年1月,国会又通过了1个国家银行法案,但是这一法案却被麦迪逊总统以违宪为由而否决。后来由于国家金融统一问题紧迫以及财政经济吃紧,麦迪逊总统改变了态度,并于1815年年底在给国会的国情咨文中提出,建议国会制定一个国家银行法。于是国家第二银行法于1816年4月得以顺利通过,并得到总统签署。

第二国家银行于1816年夏天依法设立,但是,在南部各州及西部各州却没有受到欢迎,甚至遭到敌视。后来由于该银行管理经营不善,它既未能抑制当时的投机趋势,又未能改善国家的财政金融状况,化解危机,反而使无数银行与企业倒闭,并造成大量的失业。尤其是第二国家银行的一些分行居然公然地从事投机和金融诈骗活动,致使该银行几遭破产,声誉扫地,于是反对该银行的舆论弥漫全国。当时一些州纷纷采取各种措施对第二国家银行予以抵制,它们有的在州宪法中直接规定禁止在该州境内设立国家银行分行,有的则间接地对其课以重税,以达到禁止其存在的目的。其中,马里兰州的众议院于1818年2月通过了一项立法,对所有在该州营业而未经过该州议会许可的银行所发行的钞票征收印花税,该项立法规定:凡是未经本州权力机关许可而在本州设立的银行,其所发行的每张钞票都必须缴纳印花税,具体纳税额为:5美元券为10美分,10美元券为20美分,20美元券为30美分,50美元券为50美分,100美元券为1美元,500美元券为10美元,1000美元券为20美元。任何上述机构若事先每年交纳1万5千美元,则可被免除上述之操作。同时,该项立法还规定了处罚措施,即凡是违反上述规定者,则处以500美元的罚金。表面上看,马里兰州的这项立法是针对所有在该州营业的银行，实际上却是直接针对国家第二银行巴尔地摩（Baltimore）分行的。该行的出纳员麦卡洛克（McCulloch）认为马里兰州根本无权向联邦银行征税，于是对马里兰州的该项立法置之不理，故意将未曾纳税的钞票支付出去以示抵制。对于巴尔地摩分行拒不遵守州法的做法，马里兰州提起了诉讼，州法院依法对其处以罚款，并且这一判决得到了马里兰州最高法院的维持。而联邦政府则完全支持巴尔地摩分行出纳员麦卡洛克的立场，所以，麦卡洛克又以州法违宪为由将案件上诉到了联邦最高法院。这就是"麦卡洛克诉马里兰州案（McCulloch v. Maryland，1819 年）"。

[问题与思考]

1. 美国宪法第 1 条第 8 款规定：国会有权制定为行使上述各项权力和由本宪法授予合众国政府或政府任何部门或官员的一切其他权力所必要和适当的法律。对于这一"必要和适当（necessary and proper）条款"应该如何理解？

2. 联邦政府设立国家银行，这是否符合联邦宪法的规定？

二、我国地方单位的建立与行政区划的变更

经典案例

北京市行政区域调整

[基本案情]

2010 年 7 月国务院正式批复了北京市政府关于调整首都功能核心区行政区划的请示，同意撤销北京市东城区、崇文区，设立新的北京市东城区，以原东城区、崇文区的行政区域为东城区的行政区域；撤销北京市西城区、宣武区，设立新的北京市西城区，以原西城区、宣武区的行政区域为西城区的行政区域。

批复要求北京市要尽快明确新设区政府驻地位置，并按程序报批。行政区划调整涉及的各类机构要按照"精简、统一、效能"的原则设置，涉及的行政区域界线要按规定及时勘定，所需人员编制和经费由北京市自行解决。要严格执行中央关于厉行节约的规定和国家土地管理法规政策，加大区域资源整合力度，优化总体布局，促进区域经济社会协调健康发展。

[法律问题]

1. 北京市市辖区的行政区域的调整应按何种法律程序进行？
2. 新成立的北京市东城区和西城区的国家机关如何组建？

[参考结论与法理精析]

行政区划是国家为治理的需要，按一定原则、标准和程序将国家分为若干

层次和区域的管理区域。我国行政区划的层次多，共分为4级地方行政区域；类型多，如在省级行政区划中，即有省、自治区、直辖市和特区四种类型，而在县级，则有县（旗）、自治县（自治旗）、不设区的市、市辖区等多种类型。近些年，我国现行的行政区划中存在诸多不适应社会经济发展需要的因素，各地方纷纷在调整本行政区域内的行政区划。

按照我国宪法和法律的规定，行政区划调整的决定权主体有3个，分别是全国人大、国务院、省一级人民政府。其中，全国人大的职权为批准省、自治区和直辖市的建置和特别行政区的设立及其制度。国务院的职权为：省、自治区、直辖市的行政区划的变更，省、自治区人民政府驻地的迁移；自治州、县、自治县、市、市辖区的设立、撤销、更名和隶属关系的变更以及自治州、县、自治县、市人民政府驻地的迁移；自治州、自治县的行政区域界线的变更，县、市的行政区域界线的重大变更以及涉及海岸线、海岛、边疆要地、重要资源地区及特殊情况地区的隶属关系或行政区域界线的变更；批准省、自治区、直辖市设立派出机关。省、自治区、直辖市人民政府的职权是：县、市、市辖区的部分行政区域界线的变更和乡、民族乡、镇的设立、撤销、更名和行政区域界线的变更及政府驻地的迁移，其中前者是1985年的行政法规《国务院关于行政区划管理的规定》中国务院进一步对省一级人民政府的授权。

但是，以上各规定都是有关行政区划变更的决定权的归属，法律目前尚无这方面的程序性规范。如在新旧行政区划调整的过程中，调整程序如何启动；调整决定作出后，新旧行政区划的国家机关，包括人民代表大会、人民政府、人民法院和人民检察院如何衔接等问题均没有规定；而在新组建某一行政区域时，由谁负责筹建新成立的行政区域的国家机关也不明确。

如在北京市行政区域调整中，2010年6月28日，国务院下发国函〔2010〕55号文，正式批复了北京市人民政府关于调整首都功能核心区行政区划的请示。但国务院的批复只涉及北京市现有行政区域的变更，而没有涉及在过渡时期，被撤销的行政区域原有国家机构如何行使职权的问题。由于此前北京市在2007年完成了区县人民代表大会代表的换届选举，北京市人大遂决定2011年下半年进行新区换届选举。从2010年6月底到2011年下半年选举前将是过渡时期，在过渡期内，北京市人大设立"人民代表大会（临时）"代行新成立的行政区域的权力机关。但我国现行《宪法》、《人民代表法》、《地方组织法》和《选举法》对临时召开人大会议有明确规定，只涉及本级人民代表大会。对于因行政区域变更导致临时召开人大会议的并没有明确的法律文本依据。

所以，为了更有效地规范行政区划调整中国家机关的组建和衔接问题，有权决定行政区域变更的全国人大常委会及省级地方人大常委会，有必要依据

《宪法》、《地方组织法》来发布决定，说明过渡时期国家机关如何继续依法行使职权、如何处理国家机关之间的关系、如何正确处理国家机关（特别是公、检、法机关）与公民之间的关系等事项。同时，人大应当通过筹备组发布公告，向社会公众正式宣告行政区域变更过渡期的起止期间，便于法院和检察院依法有效地履行职权，同时也有利于保护公民权利。另外，行政区域变更过程中如何征求所涉及公民的意见也是值得重视的问题。在北京市的行政区域调整过程中，没有经过事先严格的可行性论证，公开性和透明度不够。关于行政区域变更的重大决策往往由少数人左右，党委集体领导作用没有得到充分体现。此次北京市新设东城区、西城区，虽然由中央直接决策，北京市委具体组织实施，但是，到国务院下发 55 号文之前，北京市国家机关和市民绝大多数并不知情，有"突然"之感。

拓展案例

案例一：　　　　　海南省三沙市的组建

2012 年 6 月 21 日，民政部网站刊登《民政部关于国务院批准设立地级三沙市的公告》。国务院于近日批准，撤销海南省西沙群岛、南沙群岛、中沙群岛办事处，设立地级三沙市，管辖西沙群岛、中沙群岛、南沙群岛的岛礁及其海域。三沙市人民政府驻西沙永兴岛。

17 日上午，中国海南省人民代表大会常务委员会经过表决通过成立了三沙市第一届人民代表大会筹备组，这标志着三沙市的政权组建正式启动。

新成立的筹备组将批准设立选举委员会主持三沙市人大代表的选举，负责召集三沙市第一届人民代表大会第一次会议，并由代表大会选举产生三沙市人民代表大会常务委员会和市人民政府市长、副市长，市中级法院院长和市人民检察院检察长。三沙市人民代表大会代表名额为 60 名，由选民直接选举产生。

案例二：　　　　　天津市行政区划调整

2009 年 10 月 21 日，国务院同意撤销天津市塘沽区、汉沽区、大港区，设立天津市滨海新区，以原塘沽区、汉沽区、大港区的行政区域为滨海新区的行政区域。滨海新区人民政府驻新港街道新港 2 号路。

[问题与思考]

1. 三沙市的组建与北京市东城区、西城区的组建在法律程序上有何不同？

2. 为什么近些年各直辖市纷纷调整自己的行政区划?

三、我国中央政府与特区的关系

经典案例

案例一:　　　　　　香港特别行政区诉马维昆案

[基本案情]

马维昆等3人于1995年8月11日被当时的港英政府指控串谋妨碍司法公正,1997年1月3日,港英政府正式以串谋妨碍司法公正的普通法罪名向法院提交公诉书,法院于1997年6月16日开始审理此案。1997年7月1日,中国政府恢复对香港行使主权,英国对香港的管制正式结束,香港成为中华人民共和国的一个特别行政区,《中华人民共和国香港特别行政区基本法》(以下简称《基本法》)开始生效。1997年7月3日新的特别行政区法院重新开始审理此案。但是,被告人的大律师突然要求政府撤销指控,理由是:虽然《基本法》第8条规定,香港原有法律,即普通法、衡平法、条例、附属立法和习惯法,除同本法相抵触或经香港特别行政区的立法机关作出修改者外,予以保留。但这种"保留"要经过全国人民代表大会经过它的常务委员会或者香港特别行政区立法机关,采取"主动的"采纳行为,明确把这些"原有"法律采纳为香港特别行政区法律才行。但是全国人民代表大会常务委员会不仅没有这样做,反而以和《基本法》抵触为由,废除了《英国法律应用条例》(香港法例第88章)。虽然香港特别行政区临时立法会于1997年7月1日通过了《香港回归条例》,把原有法律采用为香港特别行政区法律,但由于香港特别行政区临时立法会不是一个根据《基本法》产生的组织,所以根本不是香港特别行政区的立法机关,其所通过的《香港回归条例》也就自然无效。所以,香港回归中国后普通法不能继续在香港特别行政区生效,原来提交香港高等法院的政府公诉书已经自动失效,也就是说特别行政区成立前的犯罪已经不应被继续视为犯罪。由于案中涉及的问题关系重大,因此主审法官径直将这个案件转交高等法院上诉法庭审理裁决。

[法律问题]

1. 香港特别行政区成立以后,普通法在特别行政区是否还有法律效力?
2. 如何认识香港特别行政区临时立法会的性质?

[参考结论与法理精析]

(一)法院意见

香港特别行政区高等法院上诉法庭经过审理,于1997年7月29日作出判决。该判决也成为香港特别行政区成立以后第一个涉及《基本法》实施问题的重要判决。香港高等法院上诉法庭认为,根据《基本法》第 8 条、第 18 条及第 160 条的规定,很明显,在中国恢复对香港行使主权后,"原有"的普通法仍然有效。因此,回归前港英政府的公诉书并没有在 1997 年 7 月 1 日随着中国政府恢复对香港行使主权而自动失效。《基本法》第 8 条十分明确地指出:"香港原有法律,即普通法、衡平法、条例、附属立法和习惯法,除同本法相抵触或经香港特别行政区的立法机关作出修改者外,予以保留。"高等法院上诉庭的法官们认为,《基本法》第 8 条使用"予以"一词,表示特别行政区政府不需作出任何专门的采用程序,在 1997 年 7 月 1 日政权交接之时,香港的原有法律,除同香港《基本法》相抵触者外,自动采用为香港特别行政区的法律,这是毫无疑问的。

法院在判决中认为,《基本法》是具备至少国际、国家及宪法三层面(意义)的独特文件。《基本法》不单是国际条约即《中英联合声明》下的成果,也是中国全国性法律和香港特别行政区的"宪法"。《基本法》落实《中英联合声明》已阐明的基本方针政策,重点在于保持香港现行的社会、经济和法律制度 50 年不变。《基本法》的目标是保障这些基本方针政策的实施,使香港特别行政区保持稳定繁荣。因此,主权移交后的延续性,是至为重要的。《基本法》是一份独特文件,既反映两国所订条约,也涉及主权国与实行不同制度的自治区的关系,订明政府不同分支的架构和功能,并罗列公民的权利和责任。由此可见,《基本法》具备至少国际、国家和宪法三个层面的意义。此外,需要注意的是,《基本法》不是由接受普通法训练的律师所拟定的。《基本法》以中文拟定,也备有法定英文文本。不过如果两者出现分歧,则以中文文本为准。从上述有关《基本法》的背景和特点可见,要解释《基本法》条文,殊不容易。

香港特别行政区高等法院上诉法庭的这些论述表明,《基本法》严格遵守了《中英联合声明》的精神,其整体意旨是,除了中国恢复对香港行使主权所需的改变外,香港过渡力求平稳,原有制度得以延续。因此,本案中被告所主张的香港特别行政区必须通过正式程序才能"保留"、"采纳"原有法律的论点不是《基本法》的原意,法院不予采纳。

至于香港特别行政区临时立法会的法律地位问题,上诉法庭认为临时立法会是由全国人民代表大会管辖下的香港特别行政区筹备委员会成立的特别行政区临时组织,这是中国作为香港的主权国家作出的行为,香港特别行政区法院作为地区法院无权去质疑主权国通过的法律和作出的行为。即使在回归以前香港法院也不可以审查英国议会或者女王会同枢密院对香港所作出的立法或者行为。根据《中华人民共和国宪法》的规定,全国人民代表大会是中国的最高国家权力机关,与全国人民代表大会常务委员会一起行使国家立法权。据此,上诉法庭一致认为，临时立法会是由香港特别行政区筹备委员会行使全国人民代表大会按照中国法律授予的权力依法成立的机构，香港法院作为中国的一个特别行政区的地方法院，无权质疑这一主权国的国家行为以及成立这一组织的背后原因。香港特别行政区法院在本案中可以行使管辖权的事项包括：是否全国人民代表大会有任何决议或者决定建立特别行政区筹委会；是否特别行政区筹委会有任何决定或者决议建立特别行政区临时立法会；特别行政区筹委会是否确实成立了临时立法会，临时立法会的成立是否确实依照全国人民代表大会和特别行政区筹委会的决定或者决议。只要上述这些事项没有问题，那就不能质疑临时立法会的合法性。况且，1997年3月14日，全国人民代表大会在审议香港特别行政区筹委会工作报告后，事实上"决定批准这个报告"，认可了临时立法会的合法地位，尽管《基本法》上并没有临时立法会的设置。

因此，基于上述事实，法院认为，特别行政区临时立法会是一个根据全国人民代表大会有关决定、决议而合法成立的立法机构，临时立法会通过的法例，包括1997年7月1日通过的《香港回归条例》也就当然具有法律效力。因此，香港回归前原来提交香港高等法院的政府公诉书在中国恢复对香港行使主权后仍然有效，有关触犯以前"原有"法律的行为仍然应该追究其法律责任。

（二）临时立法会合法性中的中央与地方关系

特区法院在本案中的判决，尤其是其对于临时立法会的合法性的肯定，对于保证香港的稳定起了重要的作用。正如香港特别行政区律政司司长梁爱诗所言："1997年7月，特别行政区政府成立不久，在马维昆一案，被告人挑战临时立法会的法律地位，如果不是法院在很短的时间内，肯定了它的地位，特区的立法机关通过的法律的合法性将会受到长期的质疑，必然影响特区的稳定。"[1]它是1997年7月1日香港特别行政区刚成立，就立即出现的一个特殊的里程碑式的案件，从司法上直接检验《基本法》和"一国两制"的可行性的标准案件。本案争论的焦点问题是普通法在香港特别行政区的效力问题，而要解决这一问题首先又要确定香港特别行政区临时立法会的法律地位问题。

在香港回归初期的一段时间，香港特别行政区临时立法会的合法性都是一个备受争议的问题。对临时立法会持否定立场的人士一个基本依据是无论是《中英联合声明》还是《基本法》都没有有关临时立法会的规定，因此它是一个没有法律根据的机构，所以它作出的一切决定都是没有效力的。那么，临时立法会是如何产生的？它是一个合法的机构吗？

---

[1] 梁爱诗司长致词，载肖蔚云、饶戈平主编：《论香港〈基本法〉的三年实践》，法律出版社2001年版，第1页。

1. 临时立法会产生的背景。1990年4月4日通过的《基本法》附件二规定：香港特别行政区第一届立法会按照《全国人民代表大会香港特别行政区第一届政府和立法会产生办法的决定》产生。同日，全国人民代表大会通过《全国人民代表大会香港特别行政区第一届政府和立法会产生办法的决定》，该决定规定："全国人民代表大会设立香港特别行政区筹备委员会，负责筹备成立香港特别行政区的有关事宜，根据本决定规定第一届政府和立法会的具体产生办法。"而且，全国人民代表大会采纳了香港方面相关人士在港英政府授意下所提的建议，在该决定中规定："原香港最后一届立法局的组成如符合本决定和香港特别行政区基本法的有关规定，其议员拥护中华人民共和国香港特别行政区基本法、愿意效忠中华人民共和国香港特别行政区并符合香港特别行政区基本法规定条件者，经香港特别行政区筹备委员会确认，即可成为香港特别行政区第一届立法会议员。"此所谓"直通车"式的衔接方案。根据港英政府立法局议员的任期情况，1995年香港立法局将进行换届，而正常情况下此届立法局议员的任期将为4年，即跨越1997年。为了实现上述决定中的"直通车"方案，该决定进一步规定："香港特别行政区第一届立法会议员的任期为两年。"

但"直通车"方案的实行有一个前提，那就是港英政府最后一届立法局议员的产生方式与香港特别行政区第一届立法会的议员的产生方式相同。在议员的产生方式上，香港回归以前的很长一段时间内，港英立法局的议员是由香港总督委任的。直至1985年，港英立法局首次有部分议员由选举产生，但不是普选产生（在选举产生的24名议员中，12名由功能团体选举产生，另12名由选举团选出）。港英当局为了在撤退前在香港留下自己的政治遗产以博取香港人的好感，以"还政于民"为口号，决定在1988年实行立法局议员全部由选民选举产生。但中方认为，考虑到香港的历史和现实，发展香港的民主必须循序渐进，匆忙搞直接选举将超出香港的承受能力，对香港的繁荣和稳定不利。另一方面，规定未来香港权力体制的《基本法》要到1990年才能制定出来，如果英方在《基本法》制定之前，在1988年仓促改革，就有可能在1997年香港回归、《基本法》实施时要对议员的产生方式作重大改变，这将有可能使香港人误以为中方没有在香港实行民主的诚意而影响香港的稳定和政权的顺利交接。所以，中国方面反对在香港过早地实行直接选举。经过谈判，中英双方同意，英方放弃1988年进行直接普选的计划，1991年立法局议员换届时设立18个由分区直接选举的议席，1995年增至20个，其他40名中，30名由间接选举产生，[1] 10名由

---

[1] 间接选举是指将香港的各行业进行分类，划为若干个界别，如保险、劳工界等，选民投票选举产生各个界别的代表，再由每个界别的代表投票选举若干名议员。

选举委员会选举产生，[1]并按照《基本法》规定的有关内容改组立法局，以便同1997年特别行政区的权力结构相衔接。中方承诺1997年第一届立法会设立20个直接选举的议席，选举委员会选举产生议员10人，功能团体选举产生议员30人（这一承诺在1990年4月4日的《全国人民代表大会香港特别行政区第一届政府和立法会产生办法的决定》中得到了落实）。这样，双方的协议使"直通车"方案的实现变为可能。正如著名《基本法》问题专家许崇德教授所言："'直通车'方案的最大优点是平衡过渡，避免震动，从而有助于保持香港繁荣发展的势头。虽然从原则上说，它是一种妥协，但既然'一国两制'、'港人治港'，前后都是资本主义，只要1995年港英能严格按照基本法的要求组织选举，那么，1997年换班的必要性就不太大。"[2]

但希望保持"直通车"方案只是中国人的善良愿望，英国政府并没有信守诺言。1992年，上任不到半年的香港末代总督彭定康在没有和中方事先磋商的情况下抛出了自己的政改方案。这一方案与中英达成的协议及《基本法》的相关规定相差甚远，主要体现在两个方面：①在间接选举方面，政改方案提出了新增加9个功能团体，但其划分类别的内容与中英曾达成的协议完全不一致；另外，中英协议中的功能团体选举的含义是由各界别的选民选举产生本界别的代表，再由本界别的代表选举产生立法会议员。但彭定康的政改方案将其改变为以职业界别划分选民的直接投票选举立法会议员。②关于选举委员会的组成，中英协议中的委员来自于4个类别，各占25%，但政改方案将其改为全部由直接选举产生的香港各区的区议员组成。

彭定康的政改方案一经提出，即遭致中方的强烈反对。英国政府被迫提出与我国政府进行谈判以解决矛盾。从1993年4月到11月，中英两国共进行了17轮谈判，除在一些小的问题上达成协议外，在以上重大问题的分歧方面并没有出现转机。彭定康在没有与中方达成协议的情况下，于1993年12月10日正式公布其政改方案，并于15日提交香港立法局讨论通过。1995年9月，港英最后一届立法局议员即按此方式选举产生。

彭定康政改方案的正式实施标志着《基本法》和全国人民代表大会通过的《全国人民代表大会香港特别行政区第一届政府和立法会产生办法的决定》中所确立的"直通车"方案遭致破坏，无法实施。面对此情况，中方只能放弃这一

---

[1] 在中国和英国政府达成的协议中，选举委员会包括800名委员，由四个方面的人士组成：①工商、金融界（200人）；②劳工、社会服务、宗教等界（200人）；③专业界（200人）；④立法会议员、区域性组织代表、香港地区全国人民代表大会代表、香港地区全国政协委员的代表。这一点在《基本法》附件一里得到了具体规定。

[2] 许崇德：《学而言宪》，法律出版社2000年版，第373页。

方案，全国人民代表大会于 1993 年 3 月授权全国人民代表大会常务委员会设立香港特别行政区筹备委员会预备工作委员会，提前规划成立特别行政区的有关事宜。1994 年 8 月 31 日，全国人民代表大会常务委员会通过《关于郑耀棠等 32 名全国人民代表大会代表所提议案的决定》，又一次授权筹备委员会"负责筹备成立香港特别行政区的有关事宜，规定香港特别行政区第一届立法会的具体产生办法"。如前所述，1990 年全国人民代表大会已通过了一个《全国人民代表大会香港特别行政区第一届政府和立法会产生办法的决定》，授权香港特别行政区筹备委员会"规定第一届政府和立法会的具体产生办法。"为何此处需要又一次授权？原因就在于根据前次授权，香港特别行政区筹备委员会根据全国人民代表大会的决定只能在"直通车"方案框架内规定第一届立法会的产生办法，而问题在于此时"直通车"方案已无法实施。香港特别行政区筹备委员会只能突破 1990 年的决定，但全国人民代表大会又无具体的方案，所以需要再一次的授权以使其获得在"直通车"方案之外设计第一届立法会产生办法的权力。

2. 临时立法会设立过程。香港特别行政区筹备委员会在获得授权以后，面临这样的困境：一方面，香港特别行政区第一届立法会的组成必须符合相关的规定（即直接选举的议员为 20 人，功能团体选举的为 30 人，选举委员会选举的为 10 人；而且功能团体的分类与选举委员会的组成都需要符合《基本法》的相关规定和中英之间达成的协议（否则表明中方自己也不遵守这些规定，即使有港英政府的违规在前）；但另一方面，在香港回归之前，香港在英国人的管治之下，筹备委员会不可能到香港去组织和主持选举。但如果不在 1997 年 7 月 1 日香港特别行政区成立之前组建完毕特别行政区的立法机构而等到香港回归后再去香港进行立法会的选举，则将在特别行政区出现一段时间的立法真空，这将可能造成香港特别行政区政治的不稳定。所以香港特别行政区筹备委员会决定在英国不合作、无法在香港进行普选的情况下，先成立一个临时立法会作为特别行政区过渡的立法机构。其存在的时间不超过 1998 年 6 月 30 日，在临时立法会任职期间内按《基本法》规定的条件和程序进行第一届立法会的选举。

1996 年 3 月 24 日，全国人民代表大会香港特别行政区筹备委员会召开第二次全体会议，制定了《关于设立香港特别行政区临时立法会的决定》。1996 年 10 月 5 日，香港特别行政区筹备委员会第五次会议通过了《香港特别行政区临时立法会的产生办法》。1997 年 5 月，筹备委员会在深圳召开会议，选举产生了香港特别行政区的临时立法会。

3. 临时立法会的合法性问题。如前所述，在香港回归前后的一段，临时立法会的合法性一直受到某些人士的质疑。在香港回归后最初所发生的一些关涉《基本法》的案件中，临时立法会受到了来自司法的挑战。在本案以及随后发生的香港无证儿童案中皆是如此。

但考察临时立法会产生的完整程序即可发现这样的指控是不成立的。临时立法会是在港英政府不顾中英之间达成的协议与《基本法》的相关规定，擅自实行政改方案，致使"直通车"方案无法实施，中方为避免特别行政区成立之初的立法真空而被迫在香港回归之前组建的在特别行政区成立初期行使立法权的临时机构。有人认为，1994年全国人民代表大会常务委员会的授权并未明确授予香港特别行政区筹备委员会组建香港特别行政区临时立法会，所以筹备委员会无权决定成立临时立法会。这种理解显然有误。既然全国人民代表大会及其常务委员会授权筹备委员会"负责筹备成立特别行政区的有关事宜"，且没有禁止成立临时立法会这样类似的组织，就不能认为筹备委员会的这一决定超出了授权的范围。最为重要的一点是：全国人民代表大会肯定了筹备委员会的这一决定。1997年3月14日八届全国人民代表大会在审议了特别行政区筹备委员会主任委员钱其琛所作的关于全国人民代表大会香港特别行政区筹备委员会工作报告，并通过了一个决议批准这个报告。

全国人民代表大会在其决议中认为，全国人民代表大会香港特别行政区筹备委员会成立一年来，为筹建香港特别行政区所做的工作是富有成效的。筹备委员会根据《中华人民共和国香港特别行政区基本法》和全国人民代表大会及其常务委员会的有关决定中关于"一国两制"、高度自治、"港人治港"的方针，通过了《关于推选委员会产生办法的原则设想的决议》、《关于设立香港特别行政区临时立法会的决定》、《关于对〈中华人民共和国国籍法〉在香港特别行政区实施做出解释的建议》、《关于处理香港原有法律问题的建议》、《关于香港特别行政区第一任行政长官、临时立法会在1997年6月30日前开展工作的决定》等一系列决定、决议和建议；组建了香港特别行政区第一届政府推选委员会，主持推选委员会选举产生了香港特别行政区第一任行政长官和临时立法会议员，对香港政权交接及平稳过渡有关的重大经济问题、法律问题，以及庆祝香港回归的有关活动安排等提出了建议和意见，为香港特别行政区的成立和香港的平稳过渡奠定了基础，并且有利于香港的长期稳定和繁荣发展。会议希望香港特别行政区筹备委员会再接再厉，继续支持香港特别行政区第一任行政长官的工作，为圆满完成全国人民代表大会所赋予的任务而努力。

全国人民代表大会的上述决议清楚地说明，成立临时立法会不仅是特别行政区筹备委员会职权范围内的事情，而且已经得到全国人民代表大会的确认、认可。

对临时立法会合法性的另一个质疑是其不是经过香港选民选举产生的，不符合立法机关产生的一般规则。这种说法是片面的。首先，世界各国和各地区的立法机关的议员并非都是选举产生的。如香港在 20 世纪 80 年代以前，立法局议员长期都是香港总督委任的。所以不能因其不是选举产生的就怀疑其合法性。其次，特别行政区临时立法会并不是由中国中央政府指定的，而是由选举委员会选举产生的。选举委员会本身是一个具有广泛代表性的机构。所以，临时立法会的产生方式尽管确实民主程度偏低，但毕竟有一定的民意基础。

综上所述，临时立法会的合法性是毋庸置疑的，这一点也得到了香港特别行政区法院的认同。在香港回归初期若干关涉临时立法会合法性问题的案件里，香港各级法院，包括香港终审法院，对此一直都是持肯定态度的。

（三）关于普通法在香港特别行政区的效力问题

本案的辩方律师认为，根据《基本法》的相关规定，香港回归以前的法律要采用为新的特别行政区法律，必须要由全国人民代表大会经过它的常务委员会或者香港特别行政区的立法机关采取"主动的"采纳行为，明确把这些原有法律采纳为香港特别行政区的法律。但全国人民代表大会常务委员会非但没有这样做，反而以和《基本法》相抵触为由，废除了《英国法律应用条例》。而且基于前述的临时立法合法性问题，所以普通法在香港并没有经过要式行为的转换，因此不能继续具有效力。

那么，普通法在香港特别行政区继续有效是否需要专门的要式转换行为？《基本法》第 8 条规定："香港原有法律，即普通法、衡平法、条例、附属立法和习惯法，除同本法相抵触或经香港特别行政区的立法机关作出修改者外，予以保留。"从对该条文的正常理解而言，只要没有被相关国家机关宣布与《基本法》相抵触或经香港特别行政区立法机关修改的，都应继续有效，这一效力应是自动获得的，而无须专门的转换行为。这一观点能够得到广泛的认同。本案中，控方律师针对辩方的指控所做的抗辩也采此立场。控方大律师认为，根据《基本法》，普通法就是香港特别行政区法律的组成部分，不需要再通过特别的采纳行动，只需用排除的方法明确宣布那些不再适用的法律就可以了。因此，无论如何，全国人民代表大会常务委员会确实已经把香港原有的法律采纳为香港特别行政区的法律了。

《基本法》的以下相关条款也表明了这一点。其第 5 条规定，香港特别行政区不实行社会主义制度和政策，保持原有的资本主义制度和生活方式，50 年不变。第 18 条第 1 款规定，在香港特别行政区实行的法律为本法以及本法第 8 条规定的香港原有法律和香港特别行政区立法机关制定的法律。第 19 条规定，香港特别行政区享有独立的司法权和终审权。香港特别行政区法院除继续保持香港原有法律制度和原则对法院审判权所作的限制外，对香港特别行政区所有的案件均有审判权。第 81 条第 2 款规定，原在香港实行的司法体制，除因设立香港特别行政区终审法院而产生变化外，予以保留。第 87 条规定，香港特别行政区的刑事诉讼和民事诉讼中保留原在香港适用的原则和当事人享有的权利。第 160 条规定，香港特别行政区成立时，香港原有法律除由全国人民代表大会常务委员会宣布为同本法抵触者外，采用为香港特别行政区法律，如以后发现有的法律与本法抵触，可依照本法规定的程序修改或停止生效。在香港原有法律下有效的文件、证件、契约和权利义务，在不抵触本法的前提下继续有效，受香港特别行政区的承认和保护。

这些条款中使用的"予以"等字眼明白无误地说明香港"原有"法律无须任何特别的程序都可直接在 1997 年 7 月 1 日成为特别行政区的法律，除非那些被全国人民代表大会常务委员会明确废止的"原有"法律。至于第 160 条中的"采用"是否意味着要有特别的"采用"程序，控方大律师认为，不能孤立地看这个条款，必须看《基本法》的整体，同时看其他有关条款，《基本法》在这个问题上上下文并没有矛盾。就这个条文前后本身来看，也已经包含了原有法律应该自然继续有效的意思，不需要任何特别的程序。

1997 年 2 月 23 日第八届全国人民代表大会常务委员会第 24 次会议在审议了香港特别行政区筹备委员会关于处理香港原有法律问题的建议后，通过了《关于根据〈中华人民共和国香港特别行政区基本法〉第 160 条处理香港原有法律的决定》，不仅进一步明确香港原有法律，包括普通法、衡平法、条例、附属立法和习惯法，除同《基本法》抵触者外，一律自动采用为香港特别行政区法律，而且详细列举了香港原有法律中的哪些法律其全部或者一部分抵触了《基本法》，全国人民代表大会常务委员会决定不采用为香港特别行政区法律。从实际情况看，香港原有的 640 多个条例及 1160 多个附属立法中，只有 14 个从总体上不被采用为香港特别行政区的法律，整体上采用部分不采用的只有 11 个。而在此范围之外的都应是保留的范围之内。全国人民代表大会常务委员会做出该决定本身就是"采用"香港原有法律的行为，是对香港原有法律进行的一次"违宪审查"。全国人民代表大会常务委员会基于与《基本法》抵触的原因废除了《英国法律应用条例》，并不影响普通法在香港特别行政区的效力。

所以，不能因为全国人民代表大会常务委员会废除了《英国法律应用条例》而否认普通法在香港的效力。正如香港著名《基本法》学者陈弘毅指出的："《英国法律条例》的不予采用的实际意义，只限于英国的立法不能再适用于香港这一事实，并不表示英伦普通法和衡平法将在香港失去效力。"[1] 而且，在香

---

[1] 陈弘毅："香港回归的法学反思"，载《法学家》1997 年第 5 期。

港特别行政区成立伊始，香港特别行政区临时立法会就通过了一个决议，明确地肯定了普通法在特别行政区的效力。前已论述，香港特别行政区临时立法会的合法性并不存在疑问，所以，临时立法会的决议进一步明确了普通法在香港特别行政区的效力。

（四）本案的意义

这个里程碑式的判决，不仅进一步肯定了普通法在香港的适用性和临时立法会的合法性，而且明确了中国政府作为主权国家，其国家行为是不可以被地方司法挑战的基本规则。对于特别行政区而言，这个判决从政治和法治上来看，其意义在于确立了新的香港特别行政区的法治，肯定了由中国最高国家权力机关确立的香港特别行政区的新的法律制度，而且通过司法间接地进一步肯定了为中国恢复对香港行使主权所采取的国家行为的正当性，同时它也向国际社会表明香港特别行政区成立后，仍然是一个法治健全、司法独立的文明社会，任何争议都可以通过司法程序得到和平圆满解决，包括像本案这样"敏感"的政治性很强的案件都可以由司法来解决。在中国内地，有关宪法诉讼问题还处在讨论阶段，但是并没有因为中国内地没有这样的对立法行为进行"抽象"司法审查的制度，新的香港特别行政区就不可以这样做。这也充分体现了"一国两制"政治构想的包容性。

另一方面，《基本法》为特别行政区所确立的政治架构中的司法独立原则经受了考验。在整个诉讼过程中，尽管面临对中国最高权力机关的国家行为的司法挑战，但是中央政府，无论全国人民代表大会、全国人民代表大会常务委员会或者国务院，内地任何一个机构或者个人都没有干预香港特别行政区法院对案件的审理，没有给任何诉讼当事人施加任何压力。新的特别行政区政府也没有给予法院施加任何压力，只是严格依法在法庭上据理力争，通过司法途径和平解决问题，这充分体现了中央对落实特别行政区高度自治、港人治港的诚意，说明香港特别行政区享有高度的司法独立，特别行政区的司法机关不仅独立于本地政府，而且也独立于中央。

案例二：　　　　　　　香港特别行政区诉吴恭劭案

[基本案情]

1998年1月1日，"香港市民支持爱国民主运动联合会"经相关部门的批准，组织了一次公开游行示威活动。这次示威活动包括1个公众集会和1个从维多利亚公园到位于下亚厘毕道的香港政府中区政府合署的游行。游行进行期间，有人看见游行队伍中吴恭劭等2人沿途挥舞着一面被涂污了的中华人民共和国国旗和一面涂污了的香港特别行政区区旗,并高声呼喊"建立民主中国"的口号。游行终结时,他们把两面旗帜缚在香港中区政府合署的栏杆上,后被警察收走。警方发现这两面旗帜均被严重涂污,其中中华人民共和国国旗的中央被剪出一个圆形的大洞,左上方最大一颗的五角星被黑色墨水涂成黑色,星型图案本身被刺穿,旗帜的背面也有类似的损毁情况。另外,旗帜上的其余4颗较小的星型图案,被人以黑色墨水写上"耻"字,而在旗帜背面,4颗较小的星型图案之中位置最低的那一颗被画上一个黑色叉号。而香港特别行政区区旗则被撕去一截,失去了部分紫荆图案,该图案也被画上黑色叉号,其余4颗红星中有3颗被画上黑色叉号,旗帜被人用黑色墨水写上"耻"字,旗帜上面还有另外一个中文字,由于旗帜被撕毁已无法辨认,旗帜的背面也有类似的损毁情况。该2人中的1人在接受记者采访时说:"撕毁及涂污国旗、区旗是表达对非民选执政者的不满和抗争行动。"

香港特别行政区政府因此控告吴恭劭等2人的行为分别触犯了香港立法会制定的《国旗条例》第7条及《区旗条例》第7条,以两项侮辱国旗及区旗罪向法院提出控诉。

但被告方辩称,《国旗条例》及《区旗条例》将侮辱国旗和区旗的行为列为刑事罪行,违反了《公民权利和政治权利国际公约》和《基本法》对表达自由的保障,与《基本法》第39条关于《公民权利和政治权利国际公约》适用于香港的有关规定继续有效的规定相抵触。

香港裁判法院1998年5月18日作出一审判决,判决两人侮辱国旗罪及区旗罪的两项罪名成立。两名被告不服,向高等法院原诉庭提出上诉。1998年12月8日在双方共同提出申请之下,该案转由高等法院上诉法庭审理。上诉法庭于1999年3月经审理后裁定,上述两个条例的有关规定违反了《公民权利和政治权利国际公约》第19条对表达自由的保障,与《基本法》的规定相抵触,遂于3月23日判决被告人的上诉成功,撤销对两名被告的有罪判决。特别行政区政府不服,继续上诉到特别行政区终审法院。特别行政区终审法院于1999年5月20日裁定受理上诉申请。

[法律问题]

《中华人民共和国国旗法》(以下简称《国旗法》)在香港特别行政区是否有法律效力?其实施机制如何?

[参考结论与法理精析]

香港特别行政区终审法院1999年10月开始对该案进行审理,并于同年12月15日作出判决。

终审法院认为该案涉及重要的法律问题,不仅涉及许多复杂的人权、宪法和法律问题,而且也触及中央与特别行政区的关系。《国旗条例》和《区旗条例》是符合《基本法》的,两条例对表达自由的限制是有充分的理据支持的,香港特别行政区对国旗及区旗的保护是基于"公共秩序"的理由,并且是必要的,与《基本法》第 39 条并不抵触。

(一) 案件背景

1. 《国旗法》在香港特别行政区的实施问题。《国旗条例》和《区旗条例》是香港回归后,特别行政区政府为执行《基本法》的有关规定而制订的。根据《基本法》第 18 条的规定,全国性法律除列于《基本法》附件三者外,不在香港特别行政区实施。凡列于附件三的全国性法律,由香港特别行政区在当地公布或立法实施。1997 年 7 月 1 日,根据全国人民代表大会常务委员会关于《基本法》附件三所列全国性法律增加的决定,1990 年通过的《国旗法》适用于香港特别行政区,由香港特别行政区公布或立法实施。1997 年香港回归后,特别行政区立法会随即制定了《国旗条例》,同时也制定了《区旗条例》。《国旗条例》第 7 条规定,任何人公开及故意以焚烧、损毁、涂划、玷污、践踏等方式侮辱国旗,即属违法,一经定罪,可处第五级罚款及监禁 3 年。《区旗条例》也将在香港公开及故意以玷污方式侮辱区旗的行为列为刑事罪行。

2. 《公民权利和政治权利国际公约》在香港特别行政区的效力问题。《公民权利和政治权利国际公约》于 1966 年 12 月 9 日在联合国大会上通过,并于 1976 年 3 月 23 日正式生效。英国于 1976 年 7 月 20 日正式批准该条约。该条约第 19 条规定了公民的表达自由:①人人有保持意见不受干预之权利。②人人有发表自由之权利;此种权利包括以语言、文字或出版物、艺术或自己选择之其他方式,不分国界,寻求、接受及传播各种消息及思想之自由。③本条第②项所载权利之行使,附有特别责任及义务,故得予以某种限制,但此种限制以经法律规定,且为下列各项所必要者为限——(甲) 尊重他人权利或名誉;(乙) 保障国家安全或公共秩序或风化。

根据普通法的制度,国际条约并不能在缔约或参加国内自动生效,必须通过本国立法机关的立法行为予以转换。1978 年 11 月 10 日,英国向联合国人权委员会提交的报告中也明确指出,《公民权利和政治权利国际公约》本身在香港并无约束力。所以,该条约要在香港生效,必须通过香港自己的立法予以实施。1991 年,港英政府的立法局通过《香港人权条例》,作为《公民权利和政治权利国际公约》在香港的实施性法律。

(二) 案件中的法律问题

正如特别行政区终审法院判决书中所指出的,这个案件不是一个单纯的香港特别行政区居民的表达自由问题,它不仅涉及许多复杂的人权、宪法和法律问题，而且也触及中央与特别行政区的关系。

根据《基本法》第18条和全国人民代表大会常务委员会1997年7月1日的决定，全国人民代表大会常务委员会1990年6月28日通过的《国旗法》属于在香港特别行政区实施的全国性法律。该法第19条规定，"在公众场合故意以焚烧、毁损、涂划、玷污、践踏等方式侮辱中华人民共和国国旗的，依法追究刑事责任；情节较轻的，参照治安管理处罚条例的处罚规定，由公安机关处以15日以下拘留"。《刑法》第299条正式规定了侮辱国旗罪。

按照《基本法》的规定，《刑法》不在香港特别行政区实施。所以《国旗法》中的对侮辱国旗的刑事处罚问题只能由香港特别行政区立法会自行立法。但一个问题是：《国旗条例》对该种行为的刑事处罚是否侵犯香港居民的表达自由？

正如特别行政区终审法院在判决书中所言："本诉案的争议点是，究竟把侮辱国旗和区旗的行为列为刑事罪行的法定条文，是否与发表自由的保障相抵触。"言论自由和表达自由无疑是一项基本人权，在香港特别行政区有充分的法律保障。终审法院认为，国旗是国家的象征，代表国家的尊严、统一和领土完整。区旗是特别行政区作为"一国两制"方针下中华人民共和国不可分离部分的独有的象征。国旗及区旗对香港特别行政区的重要性可见于1997年7月1日子夜来临的历史性时刻，在香港举行的标志着中华人民共和国恢复对香港行使主权的交接仪式上，以升起国旗及区旗揭开仪式序幕的这一事实。终审法院认为，根据有关案情，案中两答辩人的行为明显地构成了以玷污方式侮辱国旗及区旗的罪名。

终审法院认为，发表自由是民主社会的基本自由，也是香港及其他文明社会的制度和生活方式的核心，因此法院对其宪法性的保障必须采纳宽松的解释，这种自由应该包括发表大多数人反感或讨厌的思想及批评政府机关和官员行为的自由。但是，通过立法禁止侮辱国旗及区旗并不是对这种发表自由的广泛限制，而是一个有限度的限制。因为不论有关人士发表了什么信息，有关立法只是禁止发表的一种形式，即侮辱国旗及区旗这样一种形式，但并没有禁止以其他形式去发表同样信息的自由。即使在国旗及区旗上涂划赞美的字句而不像通常情况为了传达抗议的信息而在国旗、区旗上乱写字句，也可能构成这两个条例第7条所指的罪行，即以涂划方式侮辱国旗及区旗的罪行。因为一条旨在维护具有象征意义的旗帜的尊严而制定的法例，必须全面保护旗帜免遭侮辱。

（三）国家利益在特别行政区法院中的考量

言论自由及其法律限制的问题在很多国家已经发生过不少这样的案例，大部分国家也都有这样的立法，而且各国、各地的基本立场应该说也是基本相同的。就像终审法院的判决书所表明的那样，法院确实要尽力保护作为民主基石的言论和发表自由，《基本法》和国际人权公约也都对此加以肯定，这是没有问题的，实际上香港社会也一直享有这样的自由权利。但是，同样地，根据法律包括国际人权公约的要求，法院同样必须关注公共秩序和社会整体利益，不能顾此失彼，损害社会，这样的判决理由是完全成立的。本案的特别之处在于，它不仅涉及表现自由和维护公共秩序之间的关系，而且同样重要的是它还涉及了中央与特别行政区的关系。本案中法院要维护的"公共秩序和社会整体利益"，不仅仅指香港特别行政区本地的公共秩序和社会整体利益，而且也包括整个国家的利益，法官不仅仅要在本地居民的法定表现自由和香港特别行政区本地的公共秩序和社会整体利益之间取得一个平衡，而且还要在本地居民的法定表现自由和整个国家的公共秩序和社会整体利益之间取得一个平衡，而后者在1997年香港回归以前香港的法官是不用考虑的。

正如大法官在判决书中所指出的，就香港所处的时间、地点及环境而言，香港在回归中国后已经处于新的宪制秩序之下。1997年7月1日中华人民共和国对香港恢复行使主权并根据"一国两制"的方针设立香港特别行政区，香港是中华人民共和国不可分离的部分。在这种情况下，不仅保护区旗免受侮辱是香港特别行政区整体利益所在，而且根据香港本地法律保护国家的国旗免受侮辱，同样是香港特别行政区整体社会利益所在，也属于法院要保护的公共秩序这个概念的范围，是香港特别行政区大众福祉和整体利益之所在。为了维护这样的公共秩序和整体利益、保护大众福祉，对表现自由的行使方式作出合理的、必需的限制是允许的。香港特别行政区法院的这个判决具有深远的影响，它说明特别行政区法院在香港回归后，已经不再把香港本地的整体利益和公共秩序局限在香港本地，而是认识到根据本地法律同时维护整个国家的形象和利益同样是特别行政区的整体利益所在，是维护特别行政区公共秩序所必需的。认识到整个国家的利益和香港特别行政区本地的利益是一致的，要给予同样的保护，这对刚刚回归中国的香港特别行政区的法院来说是十分可贵的。

拓展案例

案例一： 全国人大常委会授权澳门管辖横琴岛澳大校区

2009年6月27日，十一届全国人大常委会第九次会议27日表决通过决定，授权澳门特别行政区对设在横琴岛的澳门大学新校区实施管辖,横琴岛澳门大学新校区与横琴岛其他区域实行隔离式管理。这意味着,横琴岛一部分将成为实施"一国两制"的新区域。

全国人大常委会的决定包括以下内容:

1. 自横琴岛澳门大学新校区启用之日起,在本决定第3条规定的期限内,对新校区依照澳门特别行政区法律实施管辖。横琴岛澳门大学新校区与横琴岛的其他区域隔离管理,具体方式由国务院规定。

2. 横琴岛澳门大学新校区位于广东省珠海市横琴口岸南侧,横琴环岛东路和十字门水道两岸之间,用地面积为1.0926平方千米,具体界址由国务院确定。在本决定规定第1条的期限内,不得变更新校区土地的用途。

3. 澳门特别行政区政府以租赁方式取得横琴岛澳门大学新校区的土地使用权,租赁期限自新校区启用之日起,至2049年12月19日止。租赁期届满,经全国人民代表大会常务委员会决定,可以续期。

全国人大常委会决定的背景是:澳门大学校园面积有限,难以适应在校学生的数量,学校发展受到严重制约。由于澳门地域狭小,澳门本地已无适合的土地供澳门大学扩建。横琴岛是珠海市第一大岛,与澳门隔河相望,最近距离仅200米,面积86平方公里,是澳门的3倍。澳门特别行政区政府提出,希望在珠海市横琴岛为澳门大学提供新校址,并由澳门特别行政区依照澳门法律实施管辖。国务院常务会议同意这一请求,建议由全国人大常委会作出决定。

案例二: 全国人大常委会因"刚果(金)案"解释香港基本法

2011年,美国一家公司向香港特区法院提出控告,向刚果民主共和国追讨8亿港元债务。刚果(金)的代表律师认为,香港应跟从内地,给予刚果(金)绝对豁免权,而刚果(金)应该在港免遭起诉。特区终审法院于是决定提请全国人大常委会释法。8月26日,全国人大常委会表决通过了关于香港特别行政区基本法第13条第1款和第19条的解释。根据释法结果,香港应跟从内地,给予刚果(金)绝对外交豁免权。

[问题与思考]

1. 全国人大常委会决定将珠海的部分地区纳入澳门特区管辖的法律依据是什么?

2. 香港或澳门特区政府在国家责任豁免方面可以采取与中央不一致的政策吗?

四、刑事案件管辖中的中央与特区关系

经典案例

张子强案

[基本案情]

张子强是20世纪90年代香港一个重要的犯罪集团头领。这个犯罪集团一直是香港以至香港周边地区的重大犯罪集团，创下了多项内地和香港犯罪史上的纪录。早在1991年6月及1992年3月张子强就暗中与内地同党策划，在香港使用冲锋枪封锁街道，抢劫观塘物华街及大埔道7家金铺，掠得金饰价值700多万港元，并对闻讯赶来的警察用枪进行扫射，震惊整个港岛。1991年7月12日，他又纠集同党在香港启德机场货运站外持枪抢劫了银行押款车，掠走巨款17亿港币。1991年9月，香港警方拘捕了张子强，起诉至法院后，法院判处其18年有期徒刑。1995年，张子强因犯罪证据不足被释放。

张子强出狱后，在香港及内地发展自己的同党，组织起更大规模的犯罪集团，在香港、澳门、广东从事多种犯罪行为。自1995年到1998年3月，该团伙就在广州、深圳多次实施杀人抢劫、袭击监狱、绑架人质等犯罪活动；并策划向澳门何姓富豪住宅投掷燃烧弹，因被巡警侦破而失败；自内地偷运800公斤炸药、2000枚雷管及500米导火线来港，密谋准备向政府报复及继续进行恐怖、绑架等犯罪活动；以电话恐吓香港保安局局长，在香港策划掀起一连串炸弹浪潮，包括在赤柱监狱实施爆炸、绑架当时香港政务司司长陈方安生女士。张子强还计划将香港排名前十位的大富豪轮流绑架一次，令整个香港社会为之侧目。

1998年，张子强及其同党共36人被中国广东警方抓捕归案，由检察机关向珠海市中级人民法院等法院提起公诉。被起诉的被告共有36人，其中张子强等18人是香港特别行政区永久性居民，另外18人是中国内地居民。12月5日，广东省高级人民法院作出终审判决，5名主犯被依法判处死刑，其他同伙被分别判处无期徒刑或者长期徒刑。

[法律问题]

内地法院行使对张子强案的管辖权是否侵害了香港特别行政区的司法管辖权？

[参考结论与法理精析]

张子强案属于内地和香港特别行政区的法院都有管辖权的案件，是香港回归后涉及两地关系的标志性案件，如何处理有关的管辖权冲突，是对正确处理

中央和特别行政区关系的一个考验。张子强案经内地法院审理以后，在香港引起了强烈反响。有人认为，即使两地对此案都有管辖权，但依"一国两制"之精神，香港有优先权。所以，内地法院行使管辖权是对特别行政区司法权的侵犯，有违《基本法》所确立的特别行政区高度自治的精神。

由于两地刑法和刑罚不同，内地刑法规定有死刑制度，香港则废除了死刑，所以由两地不同的法院根据两地不同的刑事法律来处理，其结果差异明显。虽然这个案件中的当事人罪行严重，情节极其恶劣，后果极为严重，但是如果由香港特别行政区行使管辖权，对这些人最严厉的惩罚就是判处终身监禁，而不会判处死刑。所以，有人认为这是故意规避香港法律，故意置这些人于死地。

这些观点是不成立的。张子强案应不应该由内地法院受理解决，这要看内地有关的法律规定和案件事实。根据2012年3月修订的《刑事诉讼法》和2011年2月修订通过的《刑法》，中国处理刑事管辖问题的主要原则是属地管辖，其次还有属人管辖原则、保护管辖原则和普遍管辖原则。

《刑事诉讼法》第24条确立了犯罪的属地管辖原则，即"刑事案件由犯罪地的人民法院管辖"，这是世界许多国家和地区实行的一项基本刑事司法管辖原则。关于如何确立"犯罪地"，《刑法》第6条第1款规定："凡在中华人民共和国领域内犯罪的，除法律有特别规定的以外，都适用本法。"该条第3款规定："犯罪的行为或者结果有一项发生在中华人民共和国领域内的，就认为是在中华人民共和国领域内犯罪。"最高人民法院1998年6月发布司法解释，确立了以犯罪行为发生地为主、犯罪结果发生地为辅来确定犯罪地的原则，即"犯罪地是指犯罪行为发生地。以非法占有为目的的财产犯罪，犯罪地包括犯罪行为发生地和犯罪分子实际取得财产的犯罪结果发生地"。对于如何确立"犯罪行为"，刑法规定，犯罪行为既包括具体实施犯罪的行为，也包括为实施犯罪所采取的预备行为。《刑法》第22条第1款规定："为了犯罪，准备工具、制造条件的，是犯罪预备。"犯罪预备既可以依附于主犯罪行为定罪，也可以单独定罪科刑。

在张子强案中，张子强等人实施的许多犯罪预备行为发生在内地，例如在广东实施非法买卖、运输爆炸物，非法购买、走私武器弹药等行为；在广州、深圳、东莞多次密谋、策划绑架香港富商，显然是为在香港实施绑架、爆炸等犯罪做准备的。根据内地法律，这些行为本身已经构成了独立的犯罪，内地执法和司法机构已经具备管辖权。即使是这些行为只是为了在香港实施犯罪而做的准备，仍然可以以预备犯罪的罪名实施管辖。对此，世界大部分国家和地区也都确认了这一原则，即本地法院对发生在本司法管辖区内的犯罪预备行为可以实施管辖，即使犯罪的结果发生在本司法管辖区之外。因此关于本案的管辖权，内地公安机关有侦查权，内地检察机关有提起公诉权，而内地法院有审判权。

另一方面，香港特别行政区的执法、司法机构对该案件同样具有管辖权。这不仅因为主犯张子强等人是香港特别行政区永久居民，而且主要犯罪行为地是在香港：张子强等抢劫金店、绑架富商等犯罪行为发生在香港。无论按照属人管辖原则还是属地管辖原则，香港特别行政区执法、司法机构依据香港特别行政区的法律对这两个案件都有毋庸置疑的管辖权。那么，问题是：在内地和特别行政区对同一案件都具有管辖权时，应根据何种规则确立具体由哪一个法院行使管辖权，并且不损害特区的高度自治权？

在出现管辖权冲突，两个或者两个以上司法区域都有管辖权的情况下，国际上的惯常做法是采用最先受理原则，由实际最先受理该案件的法院行使管辖权。即任何一个对案件有管辖权的司法机构只要实际最先受理了案件，就可以实际行使管辖权，其他有管辖权的司法区域只能不行使或者象征性地行使一下管辖权。该原则的一个优点是能够及时有效地缉捕疑犯，惩罚犯罪，尽可能减小犯罪的后果，避免犯罪的扩大。

张子强案件由广东警方最先侦破，38名嫌疑犯也是由广东警方抓捕归案的，之后由内地的检察机关最先提起公诉，内地的法院最先受理。因此内地司法机构审理这个案件符合公认的最先受理和实际控制的管辖原则。香港特别行政区尽管也已经就张子强等人的行为展开了调查，但是根据香港特别行政区的法律还没有足够的证据采取强制措施，并向香港特别行政区的法院提起公诉，因此香港特别行政区法院实际上并没有受理这个案件。因此可以说还没有实际上的管辖冲突发生。

所以，不能认为当内地和香港特别行政区司法机关对同一案件均有管辖权，根据"一国两制"的原则和《基本法》所确立的特别行政区高度自治制度，特别行政区法院就当然地享有优先管辖权。正如香港前大法官杨铁梁所指出的，那种认为对同一案件两地都有管辖权时香港理根据"一国两制"原则理应有优先管辖权的论点是一种霸道的观点。那么，如果有人在香港和新加坡犯罪，香港是否有优先权呢？[1]

拓展案例

李育辉案

1998年，广东汕头居民李育辉在内地策划并准备到香港实施杀人抢劫。他

---

[1] 肖蔚云、饶戈平主编：《论香港基本法的三年实践》，法律出版社2000年版，第67页。

在内地购买了毒药带到香港以传教为名,在香港德福花园诱骗5名香港居民喝下有毒药水,致使5人当场死亡,李育辉抢走巨款逃回内地。随后,李育辉被汕头警方抓捕归案,查获赃款100多万元。汕头警方侦查完结后,汕头市人民检察院向汕头市中级人民法院提起公诉,李育辉被判处死刑。

[问题与思考]

李育辉案与张子强案有何区别?内地法院是否有管辖权?

五、基本法解释中的中央与特区关系

经典案例

案例一: 吴嘉玲案

[基本案情]

这一案件涉及无证儿童居港权的问题。1997年7月9日,香港特别行政区临时立法会制定了《1997年入境(修订)(第3号)条例》。该条例只承认香港永久性居民中的中国公民在内地的婚生子女构成香港永久性居民,并具体规定了这批人进入香港居住的法律程序:首先,向中国内地公安部门提出申请,审核确认身份后,领取由特别行政区政府颁发的居留权证明书;其次,凭此证明书领取由内地公安部门签发的前往香港的通行证(亦称单程证,以区别于往返的双程证),该证的发放数量每天最多为150个,实行排队轮候制,按登记顺序发放。该条例还规定申请必须在香港以外进行,香港入境事务处不受理申请。另外,该条例还规定对其生效前8日内偷渡来香港的人有"溯及力",即这些人应被作为偷渡者遣返回去,只有其取得居留权证明书和单程证后,始能来港。

在香港回归前夕,由于社会上流传香港回归后将实行严格的内地人士到港居留的管制制度,再加上没有耐心等待,有些家长便让自己的子女采取偷渡的方式来港。特别行政区政府成立后,对偷渡来港的无证儿童进行拘捕,并欲将其遣返回内地。一千多名受到影响的儿童的父母认为特别行政区政府的行为违反了《基本法》的有关规定,纷纷向法院起诉香港政府的入境事务处,形成系列诉讼。香港高等法院原诉庭择其四案,加以审理并形成判例以适用于其他个案。这就是在特别行政区成立初期有重大影响的吴嘉玲、吴丹丹诉入境事务处处长案和陈锦雅案以及其他有关案件。

在高等法院原诉庭的诉讼中,原告方的律师声称:①根据《中英联合声明》和《基本法》的规定,该批儿童自特别行政区成立后应自动拥有自由出入境的权利,特别行政区政府利用条例,要求来港者必须先向内地公安部门申请居留

权证明书的做法变相剥夺了他们的权利，不符合《基本法》及特别行政区仍沿用的普通法精神；②政府入境条例要求申请人必须向内地有关部门申请单程证，违背了特别行政区实行高度自治的精神；③条例有关溯及力的规定既不合理，也不合法；④条例只允许婚生子女享有居留权是对非婚生子女的歧视。而反观内地法律，并不区分婚生子女与非婚生子女，两者享有同等的权利。

针对原告律师的主张，政府律师抗辩称：①特别行政区政府制定该条例，实行居留权证明书制度，并没有违反《基本法》，相反是协助《基本法》第24条中港人在内地所生子女享有居港权的人来港。如果有关人士拥有居港权，便须通过一种合理的程序去确认这种身份。《基本法》第24条并未规定任何有关人士可不经任何程序任意进出本港，在未确认其身份前，先将其进行遣返并无不当。②要申请居留权，自然得在来港前申请，若坚持自己已来港便要在香港申请，不但违反程序，而且对那些仍在内地轮候的人士不公。更为重要的是，根据《中华人民共和国公民出境入境管理法》的规定，这些未经内地有关部门批准出境的人士，不论其是否拥有居港权，均已触犯内地法律，应负刑事责任。③所谓港人在内地所生子女应自然取得香港居留权，属于《基本法》第24条管辖范围，不受《基本法》第22条，即"中国内地其他地区的人进入香港特别行政区须办理批准手续"的管辖问题，就立法程序看，《基本法》第22条和24条同源自《中英联合声明》附件一第14款，所以是互有关联的。《基本法》将22条置于"中央和特别行政区的关系"一章，正是中央政府对来港定居的内地人的规定；而将第24条置于"居民的权利和义务"一章中，只是对永久性居民的界定。所以由内地公安部门发放单程证，并未侵犯香港的高度自治权。④诚如内地《基本法》专家许崇德教授所言，《基本法》第22条已订明了行使居留权的限制，入境条例只是落实该条的限制而已，所以否认该条例溯及力的论点不能成立。

香港高等法院经审理后，作出裁决如下：①虽然《基本法》第24条明确了哪类人享有居留权，但并未提及如何确定和核实这些人的身份以及他们如何行使这类权利，这是《基本法》特别保留空间，容许特别行政区政府进行立法。《基本法》作为特别行政区的基本大法，不可能规定详细，其具有原则性、指导性、简洁性和包容性。②特别行政区政府的入境条例设立居留权申请书制度，不仅没有违反《基本法》，而且是维护《基本法》的有关规定，使《基本法》得到合情合理的落实。那种所谓声称根据《基本法》第24条享有居留权便可不循合法程序偷渡来港的观点，其要害恰恰在于没有任何合法途径证明有关偷渡来港者的确有资格享有《基本法》第24条赋予的权利。若按这种观点行事，任何人都可声称自己拥有居留权而偷渡来港，这将架空《基本法》的原则性规定，损害《基本法》的权威,并极大的破坏和冲击特别行政区的法治和安定。③《基本法》第22条适用于根据第24条拥有居港权的内地人士。第22条表明在制定《基本法》时,已考虑到包括港人在内地所生子女到香港来定居,在人数方面香港所能承担的程度。因此,配额制是符合《基本法》的。为落实《基本法》第22条的规定,政府的入境条例也是有溯及力的。④港人在内地的非婚生子女与婚生子女享有同等的权利,也应遵循与婚生子女来港一样的程序。

面对高等法院的判决,原告方和被告方均表示不满,向香港终审法院上诉,从而形成轰动一时的"香港无证儿童案"。

香港特别行政区终审法院经审理后认为:《基本法》的某一项条款是否需要提请全国人民代表大会常务委员会解释,由特别行政区法院自己在审理案件时决定。如果符合以下两个条件,终审法院就将提请全国人民代表大会常务委员会解释:第一是类别条件,即该条款是否属于特别行政区自治范围以外的条款;第二是需要条件,即法院在审理有关案件时,需要解释自治范围以外的条款,而该解释会影响到案件的判决。法院在验证该条款是否符合类别条件时,应考虑实质上最主要需要解释的是哪些条款。终审法院裁定第24条是属于特别行政区自治范围内的条款,而且对本案而言是最主要的条款,因此,无须提请全国人民代表大会常务委员会解释。

根据以上认识,香港终审法院在没有提请全国人民代表大会常务委员会解释基本法的情况下,于1999年1月29日作出了终审判决,其要点是:①香港永久性居民在中国内地所生子女,无论是婚生的还是非婚生的,都有权在香港居住;②只要有了特别行政区政府的居港权证,不必得到内地政府的批准就可以在香港居住,已经来港的儿童,即使未经内地政府批准,也不能遣返;③香港终审法院享有宪法性管辖权。如果全国人民代表大会及其常务委员会的立法与《基本法》相抵触,香港法院有权审查(examine)并宣布全国人民代表大会及其常务委员会的立法行为无效(invalid)。

作为此案的余波,针对香港终审法院的判决,由于担心由此引起的移民潮破坏香港的安定和社会秩序,特区行政长官董建华于1999年5月建议国务院提请全国人民代表大会常务委员会解释《基本法》。全国人民代表大会常务委员会于1999年6月24日对《基本法》进行了解释。

[**法律问题**]

1. 香港特别行政区法院是否可以对全国人民代表大会和全国人民代表大会常务委员会的立法行审查并宣布其无效?

2. 特别行政区政府在败诉后采用建议的方式,寻求国务院提案解释《基本法》的部分条款,而在事实上终止了终审法院判决的判例法效力,这是否妨碍了香港的司法独立？

案例二：　　　　　　　　　　　　庄丰源案

[基本案情]

这一案件涉及内地中国公民在港所生子女的居港权问题。庄丰源是一名在香港出生的中国公民。他的父母都是内地的中国公民，于1997年持双程证从内地到香港探亲，1997年9月29日，其母在香港生下庄丰源。由于其父母均不是香港永久性居民，不能在香港长期逗留，而必须回到内地，但他们留下了庄丰源在香港，由其在香港的祖父照顾，并长期不归。香港政府认为其不能获得香港永久性居民的身份，因而决定将其遣返。但庄丰源的家长不服，认为根据《基本法》第24条第2款第1项有关"在香港特别行政区成立以前或者以后在香港出生的中国公民"属于香港特别行政区永久性居民的规定，认为庄丰源具备构成永久性居民的条件，遂作为代理人向香港法院提起诉讼，要求承认其永久性居民的身份。

香港特别行政区政府承认其于特别行政区成立以后在香港出生的事实，但认为基于以下两点，庄丰源不能获得永久性居民的身份：

1. 香港法例第115章《人民入境条例》附表1第2（a）段规定在香港出生的中国公民若要成为永久性居民，则在其出生时或其后任何时间，其父母的任何一方必须已在香港定居或已享有香港居留权。1999年7月16日，香港特别行政区立法会对此规定作出修改，规定任何人如属以下任何一项，即为香港特别行政区永久性居民：在香港出生的中国公民，而且其出生日期在1987年7月1日之前或其出生日期在1987年7月1日当日或之后，且在其出生之时或其后任何时间，其父或母已在香港定居或已享有香港居留权。特区政府指出，该修订的效力是：在1987年7月1日之前出生的人士，不受关于父母规定的期限，而在当日之后的人士则受此规限。由于庄丰源在1987年7月1日之后出生，则其要获得永久性居民的身份，要求其父或母已在香港定居或已享有香港居留权。

2. 按《基本法》第24条第2款第1项的正确解释，其含义必然是该条款并不赋予非法入境、逾期居留或在香港临时居留的人在香港所生的中国公民居留权。故此，香港法例第115章《人民入境条例》附表1第2（a）段与《基本法》是相符合的。

香港高等法院原诉庭法官司徒敬经审理后认为，香港法例第115章《入境条例》附表1第2（a）有关父母的规定与《基本法》第24条第2款第1项相抵触。所以他裁决庄丰源具备香港特别行政区永久性居民的资格，享有香港特别行政区居留权。

香港特别行政区政府不服，上诉至香港高等法院上诉庭。上诉庭法官梅贤玉、梁绍中和罗杰志驳回香港政府的上诉，维持原审法官的判决。特别行政区政府遂上诉至香港终审法院。

终审法院的审理主要围绕以下两个问题展开：

1. 关于《基本法》第24条第2款第1项是否是自治范围外的条款。在香港高等法院的诉讼中，案件的核心问题是香港法例第115章《人民入境条例》附表1第2（a）段是否与基本法第24条第2款第1项相抵触。但案件上诉到香港终审法院以后，特别行政区政府又提出另一个重大的问题：即根据《基本法》第158条的规定，基本法第24条第2款第1项属于特别行政区政府自治范围以外的条款，香港终审法院在审理此案前，应将此条款提请全国人民代表大会常务委员会解释。

庄丰源的代理人认为，《基本法》第24条第2款第1项订明了享有居留权的永久性居民的其中一个类别。因此，这个条款属于香港特别行政区自治范围内的条款而非自治范围之外的条款。但代表政府的资深大律师在陈词时提出该条款属于自治范围以外的条款。原因在于：①决定某项条款是否属于自治范围之外的条款须考虑的因素是：实施《基本法》该项条款会对中央人民政府管理的事务或中央和特别行政区之间的关系产生实质（指实在而非重大）影响。②按此验证标准，第24条第2款第1项属特别行政区自治范围之外的条款。非法入境者、逾期居留者或在香港临时居留的人，若非因为非法入境、逾期居留或在香港临时居留，他们在香港所生的中国籍子女便会在内地出生，并受出境须经批准和父母至少其中一人须为香港永久性居民的规定限制。他们离开内地进入香港，对内地出入境管制及治安（这属于中央人民政府管理的事务），以及对从内地前往香港的出入境事务（这属于中央和特别行政区关系）产生实质影响。

特别行政区政府将其搜集的相关数据提供给法院以证明其主张。数据显示，从1997年7月1日~2001年1月31日的43个月内，共有1991名在香港出生的中国公民，这些人士的母亲如不是非法入境者，便是持双程证者或短暂逾期居留人士，而他们的父亲如不是在香港临时居留，便是本身并非香港居民。这类儿童每月约有46人，每年约有555人。如果不采纳政府对《基本法》第24条第2款第1项的理解，这些人士都将获得香港特别行政区永久性居民的身份，从而获得在香港的居留权。

但香港终审法院认为，依法院之见，即使按过去43个月的数字分析，也不能说如特别行政区政府被判败诉，会令香港承担任何重大风险。因为上述1991

名这一数字也应与在这段时间在香港出生并有资格成为永久性居民的中国公民的人数互相对比。这批中国公民总数达 22 850 人，他们的母亲虽然是非法入境者或持双程证者或短暂逾期居留人士，但由于他们的父亲如不是已在港定居，便是具备香港永久性居民身份，故他们亦有资格成为永久性居民。

但香港特别行政区政府进一步从 1999 年 6 月 24 日全国人民代表大会常务委员会对《基本法》第 22 条第 4 款和 24 条第 2 款第 3 项的解释的序言中寻求支持。该解释的序言称："鉴于议案中提出的问题涉及……终审法院 1999 年 1 月 29 日的判决对……《基本法》有关条款的解释，该有关条款涉及中央管理的事务和中央与特别行政区的关系，终审法院在判决前没有依照……《基本法》第 158 条第 3 款的规定请常委会作出解释，而终审法院的解释又不符合立法原意，经征询……常委会香港特别行政区基本法委员会的意见，……常委会决定，根据中华人民共和国宪法第 76 条第 4 项和……基本法第 158 第 1 款的规定，对《基本法》第 22 条第 4 款和第 24 条第 2 款第 3 项的规定，作出如下解释……"特别行政区政府声称，根据该表述，可以得出基本法第 24 条属于特别行政区自治范围外条款的结论。

对于这一见解，香港终审法院并不认同。特别行政区终审法院列举了学者们对全国人民代表大会常务委员会解释的两种不同理解。香港的《基本法》学者陈弘毅认为，全国人民代表大会常务委员会在其于 1999 年 6 月发布的解释文本中，根本没有明言自己认为第 22 条第 4 款和第 24 条第 2 款第 3 项这两条款是涉及中央政府及特别行政区关系的。负责起草解释文本的官员乔晓阳在向全国人民代表大会常务委员会作报告时强调：第 22 条第 4 款和第 24 条第 2 款第 3 项是密不可分的。陈弘毅理解，乔晓阳的这种说法就是表明常务委员会对两项条款都作出解释是有道理的。即使严格而言，只有前者涉及中央政府和特别行政区之间的关系。所以，常务委员会根本没有明确表示第 24 条第 2 款第 3 项是一项涉及中央政府和特别行政区政府关系的《基本法》条款，而解释的文本和乔晓阳的发言均没有作出此种暗示。

但内地的《基本法》学者吴建番教授则持不同看法。他认为，全国人民代表大会常务委员会的解释表明第 22 条第 4 款和第 24 条第 2 款第 3 项均属于特别行政区自治范围以外的条款，理应提请全国人民代表大会常务委员会对两者都作解释。

针对涉案双方分别以两位不同学者对全国人民代表大会常务委员会的解释作出的不同理解为自己主张的论据，香港终审法院认为不可以事实来决定实施某条款所产生的实质影响，借此验证该条款是否属于自治范围之外的条款。参照第 158 条第 3 款的背景及目的来解释该条款所用字句时，采用这样的验证标准是没有道理的。而且，这样的实质影响验证标准意味着《基本法》的大部分条款，即使不是全部条款，均有可能属于范围之外的条款；而某项条款是否属于这类条款则取决于事实。从《基本法》第158条第3款看不出任何迹象显示这项条款的施行是取决于事实调查，即调查某项条款所带来的影响。第158条第3款集中论述有关条款时，要求法院考虑该条款是否具有涉及中央人民政府管理的事务或中央和特别行政区关系的特性。第24条第2款第1项规定在1997年7月1日之前或之后在香港出生的中国公民为永久性居民。这项条款的特性是，它是用来界定其中一类享有居留权的永久性居民。考虑到条款的特性，它并不涉及中央人民政府管理的事务或中央和特别行政区的关系。这是一项关于特别行政区政府自治范围内的条款而并非范围之外的条款。因此，终审法院无须向全国人民代表大会常务委员会提出解释。

2. 关于《基本法》第24条第2款第1项能否包括非法入境、逾期居留或在香港临时居留的人所生的中国公民获得永久性居民的含义。对于第24条第2款第1项，特别行政区政府主张，藉两种独立途径之其中一，法院即应解释第24条第2款第1项的含义必然是不包括在香港的非法入境、逾期居留或在香港临时居留的人所生的中国公民。该两种途径为：①参照该条款的背景及目的对其作出解释；②对该条款作出解释，应考虑全国人民代表大会常务委员会的解释中有关第24条第2款其他各项的立法原意已体现在筹备委员会关于实施第24条第2款的意见。

关于第24条第2款第1项的立法背景，特别行政区政府认为，《基本法》第24条第2款界定了谁是香港特别行政区永久性居民，而第24条第3款则赋予他们居留权。根据该定义，某些人士会包括在内，那些不包括在内的会被排除在外。在这种意义上，第24条第2款的目的可说是要界定香港特别行政区永久性居民的范围，从而限制特别行政区的人口。所以第24条第2款第1项的立法背景包括两个方面：一是第24条第2款其他类别；二是中英两国政府于1984年签署的《联合声明》以及当中涉及出入境法律方面的背景。

但香港终审法院认为，如以第24条第2款其他各项作为第24条第2款第1项的立法背景来看，就会发现，根据第24条第2款其他各项取得永久性居民身份取决于有关人士的父母任何一方的身份，即必须是至少有一方是香港永久性居民。但第24条第2款第1项并未提及这一点，由此观之，父母的身份并不是该项所要求的。

在1983年之前，任何具有英国国籍的人士单凭在香港出生的事实便可取得在香港的出入境权利。但自1983年以后，这项制度被废除。特别行政区政府认为，这一变化可作为理解第24条第2款第1项的立法背景。但特别行政区终审法院认为并非如此。因为当时英国政府意识到有大量移民从英联邦国家进入英国的危机，为了要处理危机所带来的问题，便改变了以 jus soli 决定公民身份的政策[1]。所以不能以此理解基本法第 24 条第 2 款第 1 项亦有这样的立法意图。

特别行政区政府提出，与庄丰源情况相同的人士，若非其父母在其出生时在港探访，他会在其父母一向居住的内地出生，而他亦须符合父母至少其中一人在其出生时为第 24 条第 2 款第 1 项或第 24 条第 2 款第 2 项所指的永久性居民的规定，才可根据第 24 条第 2 款第 3 项凭借血缘而取得永久性居民身份。即使符合该项规定，他仍须取得第 22 条第 4 款指的出境批准。

但特别行政区终审法院认为，情况确实如此。但不能因此说，既然不同类别各有不同的规定，第 24 条第 2 款第 1 项便视为含糊的条款。

基于以上分析，终审法院的最终结论是：参照第 24 条第 2 款第 1 项的立法背景及目的来考虑这项条款所用的文字后，可见其含义清楚明确，就是在 1997 年 7 月 1 日前后在香港出生的中国公民享有永久性居民的身份。这项条款的含义没有含糊不清之处，亦即在合理情况下不能得出另一对立的解释。所以庄丰源享有香港特别行政区永久性居民的身份。

该判决作出后，香港政府表示尊重法院判决。政府发言人认为在"庄丰源案"的判决中，终审法院清楚表明接受全国人民代表大会常务委员会对《基本法》解释的约束。这个案件已经审结，特别行政区政府接受并会执行有关判决。随后，根据终审法院的这个判决，庄丰源立即取得了居港权和香港永久居民身份。

在中央方面，由于该判决涉及 1999 年 6 月 26 日全国人民代表大会常务委员会《关于〈中华人民共和国香港特别行政区基本法〉第 22 条第 4 款和第 24 条第 2 款第 3 项的解释》的适用，全国人民代表大会常务委员会法制工作委员会发言人就此发表看法说："我们注意到 1999 年 6 月 26 日全国人大常委会对《香港基本法》有关条款作出解释以来，香港特别行政区法院在涉及居港权的案件的判决中，多次强调全国人大常委会对《基本法》所作出的解释对香港特别行政区法院具有约束力，并以此作为对一些案件判决的依据。但是香港特别行政区终审法院 7 月 20 日对庄丰源案的判决，与全国人大常委会的有关解释不尽一致，我们对此表示关注。"全国人民代表大会常务委员会法制工作委员会表示，该判决和 1999 年 6 月 26 日全国人民代表大会常务委员会就《基本法》第 22 条第 4 款和第 24 条第 2 款第 3 项所作的解释不尽一致，该解释指出，香港特别行政区《基本法》第 24 条第 2 款前 3 项规定，香港特别行政区永久性居民为：

---

[1] Jus soli 是指土地的权利，亦即以出生地决定儿童的公民身份的原则。

①在香港特别行政区成立以前或以后在香港出生的中国公民；②在香港特别行政区成立以前或以后在香港通常居住连续7年以上的中国公民；③第①、②两项所列居民在香港以外所生的中国籍子女。其中第3项关于"第1、2两项所列居民在香港以外所生的中国籍子女"的规定，是指无论本人是在香港特别行政区成立以前或以后出生，在其出生时，其父母双方或一方须是符合《基本法》第24条第2款第1项或第2项规定条件的人。可见，全国人民代表大会常务委员会强调的是子女出生时必须父母双方或者一方已经是香港永久居民，子女才能取得居港权。看来特别行政区终审法院对此有不同的理解。

香港长期以来就一直存在严重的内地妇女来港生子问题，在香港回归前情况极为严重，虽然香港回归后情况有所改善，但是香港政府仍然担心该判决可能会引发更多的内地孕妇偷渡来港分娩，加重香港本地医疗服务、福利、教育的压力。根据香港入境事务处的统计数字，1997年7月1日~2001年1月31日，43个月内在香港出生的内地公民就有多达1991人，有些是合法来港的内地中国公民在港所生子女，有些是非法来港的内地公民所生子女。香港特别行政区政府表示要和内地公安机关加强合作，防止大规模偷渡来港分娩的情况出现。

[参考结论与法理精析]

（一）《基本法》的解释问题

隐藏在种种内地儿童居港权问题背后的问题，是《基本法》的解释权之争。在各具体案件中，对《基本法》相关条款的解释直接影响到案件的审理和判决。《基本法》第158条规定了《基本法》的解释制度。具体包括如下内容：①《基本法》的解释权属于全国人民代表大会常务委员会。②全国人民代表大会常务委员会授权香港特别行政区法院在审理案件时对本法关于特别行政区自治范围内的条款自行解释。③香港特别行政区法院在审理案件时对本法的其他条款也可解释，但如需要对本法关于中央人民政府管理的事务或中央和香港特别行政区关系的条款进行解释，而该条款的解释又影响到案件的判决，在对案件作出不可上诉的判决前，应由香港特别行政区终审法院提请全国人民代表大会常务委员会对有关条款作出解释。如全国人民代表大会常务委员会作出解释，香港特别行政区法院在引用该条款时，应以其为准。但此前作出的判决不受影响。

《基本法》第158条的规定表明，像中国所有法律一样，《基本法》的解释权属于全国人民代表大会常务委员会，这就与内地的法律解释制度统一起来，体现了"一国"的要求。同时也要保留香港普通法下的法律解释制度，由全国人民代表大会常务委员会授权香港特别行政区法院在审理案件时解释《基本法》的条款。但如果要解释的条款涉及有关中央人民政府管理的事务或中央和香港特别行政区的关系，那么香港特别行政区法院在对案件做出不可上诉的终局判决前，应由香港特别行政区终审法院提请全国人民代表大会常务委员会对有关条款作出解释。香港特别行政区法院在引用该条款时，应以全国人民代表大会常务委员会的解释为准。可见《基本法》对该法的解释作了不同的规定，实质是试图协调内地和香港两地不同的法律解释制度，是精心设计的特别的法律解释制度，它把内地由立法机关解释法律的制度和香港由法院解释法律的制度融合在一起，从而同时满足了"一国"和"两制"的要求。这是一个新的独特的宪法制度安排。

全国人民代表大会常务委员会对《基本法》的解释权来源于宪法。宪法第67条规定，全国人民代表大会常务委员会解释法律，《基本法》由全国人民代表大会制订，其解释权当然属于全国人民代表大会常务委员会。全国人民代表大会常务委员会的权力来源于全国人民代表大会的授权。全国人民代表大会是国家的最高权力机关，是人民主权的最高代表者，所以全国人民代表大会常务委员会对《基本法》的解释权是固有的，在全国人民代表大会认可的情况下是最高的。《立法法》第43条进一步肯定国务院、中央军事委员会、最高人民法院、最高人民检察院和全国人民代表大会各专门委员会以及省、自治区、直辖市的人民代表大会常务委员会都可以向全国人民代表大会常务委员会提出进行法律解释的要求。

另一方面，《基本法》是一部全国性的法律，不仅在香港实施，也在全国范围内实施。为了保证《基本法》在全国范围内得到统一的、正确的理解与实施，由全国人民代表大会常务委员会行使解释权，也是完全必要的。

香港法院对《基本法》的解释来源于中央的授权。在中国的法律理念里，法律的解释是作为一种独立的权力而存在的，它有别于法律适用，可以与法院的审判权相分离。作为审判机关的中国法院，除最高人民法院外，其他法院没有法律解释权。就是最高人民法院，其法律解释权也是来源于全国人民代表大会常务委员会的授权，并作为一种独立的权力而存在，行使时并不结合其在审的具体个案进行。在制度上，宪法和法律的解释权属于全国人民代表大会常务委员会，《立法法》具体规定了全国人民代表大会常务委员会对法律解释的情形。[1]1981年《全国人民代表大会常务委员会关于加强法律解释工作的决议》进一步将法律解释权进行了具体划分，分别授予全国人民代表大会常务委员会、最高人民法院、最高人民检察院和国务院以不同的法律解释权。所以，在中国内地，地方法院和专门法院都是没有法律解释权的。

但香港在回归以前属英国管制，所适用的法律制度属普通法系，在普通法

---

[1] 参见《立法法》第42条的规定。

制度下，司法终审权和宪法、法律的最终解释权都属于法院。在这种制度下，法律制定出来后，立法机关就不再有发言权，法律的命运就操纵在法院的手里。但是法院对法律的解释并不能当作一种独立的权力来行使，它必须结合所审理的具体个案进行。由于实行严格的司法独立，司法机关在处理案件时如果需要解释法律，是不会征求立法机关和行政机关的意见的。如果立法机关对法院的解释有意见，可以修改乃至废除或重新制定有关法律，而不会解释法律。这就是普通法下的法律解释制度。尽管在英国统治之下，香港法院所享有的法律解释权十分有限，但是，其基本精神和其他普通法地区的制度是一样的。

《基本法》规定，香港回归后，原有的法律制度和法律传统基本保持不变。《基本法》在正式生效后必然为香港法院所适用，所以无法剥夺香港法院对《基本法》的解释权。基于这种认识，《基本法》授权香港法院在一定情况下可以解释《基本法》。另一方面，授权香港法院解释《基本法》也是现实的考虑。《基本法》在香港实施，各级法院都必须根据《基本法》审理案件，如果遇有《基本法》含义不明的情形都需要由全国人民代表大会常务委员会解释，全国人民代表大会常务委员会既会不堪重负，也有违特别行政区高度自治的精神。

所以，《基本法》对本法解释权的分配是"一国两制"精神的体现，适当地考虑了香港和内地两地法律解释的传统，力求在两种冲突的法律制度间寻求恰当的契合点。但是，从上述一些案例看，这种制度安排并非完美无缺。以下问题是在实施《基本法》时必须考虑的。

1. 《基本法》第158条规定，香港法院在一定情况下不可以自行解释《基本法》，而要通过终审法院提请全国人民代表大会常务委员会进行解释。或是基于普通法根深蒂固的法院解释法律的信念，或是基于其他目的，香港法院在出现《基本法》规定的须提请全国人民代表大会常务委员会解释法律时不予提请而是自行解释，又该如何？由于香港特别行政区法院享有终审权以及考虑到法院的既判力，则这一问题显得尤为不容小视。

2. 如果在一个案件里，香港法院认为没有出现《基本法》所规定的不可自行解释《基本法》而必须提请全国人民代表大会常务委员会解释的情形，而中央认为已出现，这样的争议如何解决？这一问题实际又包括两种具体情况。第一种是《基本法》第158条所指"自治范围内的条款"和"关于中央人民政府管理的事务或中央和特别行政区关系的条款"具体为何？有人认为，《基本法》第二章"中央和特别行政区关系"所含之条款即属于全国人民代表大会常务委员会解释范围，其他均属于自治范围内条款。这种说法既无法律根据，也不符合实际情况。如在《总纲》一章中有关国旗和国徽的规定显然不是特别行政区自治范围内的事项。另外，《基本法》其他章节中亦有一些。但问题是，到底哪些属于自治范围的条款，哪些又是中央政府管理的事项或是中央和特别行政区关系的事项？这个问题不明确，可能会在司法实践中引发新的争议。第 2 种情况是特别行政区法院在审理案件时认为只需要适用自治范围内的条款就足够了，而有关中央管理事项条款或中央和特别行政区关系条款在该案中并不适用，但中央认为后者要在该案中予以适用，从而引发解释权的争议，这一问题如何处理？在案例 1 和案例 3 中，实际上就已经出现了这种情况。特别行政区终审法院认为居港权问题完全是特别行政区自治范围内的事项，其所适用的是《基本法》第 24 条，并未涉及第 22 条，所以没有必要提请全国人民代表大会常务委员会解释。也就是在判案的根据上，中央和香港法院出现分歧而引发了解释权的争议，这种情况如何处理？香港终审法院认为其有权自行分辨何者为特别行政区自治范围内之事务并作出决定。对于这种认识，中央能否赞同？我们认为，在双方发生这方面的争议时，中央应享有最终的决定权。

3. 法律规定，全国人民代表大会常务委员会对《基本法》的解释无溯及力。这种规定是符合法治原则的，但实施起来可能会产生一定的问题。《基本法》只是规定，在出现应由全国人民代表大会常务委员会解释《基本法》的情形时，应由终审法院提请全国人民代表大会常务委员会予以解释，但并未规定在全国人民代表大会常务委员会未作出解释前，本案的审理应如何处理。如果全国人民代表大会常务委员会的解释正在进行中，而香港法院已经按自己对《基本法》的理解对本案作出了判决，则《基本法》的规定岂不落空？如果有人不带善意地反复利用《基本法》的不溯及既往条款，不断地作出有违《基本法》、有损中央权威和香港法制传统的判决又该如何？

我们认为，上述这些问题有些可以依靠完善《基本法》来解决，而更重要的是要在中央和香港特别行政区的法院系统之间建立彼此信任和善意的解决问题的机制。双方都须认识到，两种法律体制的冲突要想达到协调会有一个长期的过程，其间还需经历阵痛期。在此过程中，就中央而言，应冷静对待特别行政区法院的判决，固然不能排除香港有人希望利用司法审查权形成对内地的制约，但也不能由此产生对香港司法权的不信任乃至猜忌，更不应认为对香港的终审权应当采取措施予以收回以防其对"一国"的损害。就香港而言，应对中央实行"两制"方针和尊重其司法独立有充分的信任，但同时亦应充分理解内地的政治体制及全国人民代表大会常务委员会对《基本法》解释权的固有性，而不可非善意地利用司法裁决的终局性形成对中央权威的挑衅。

（二）香港法院有无权力宣布全国人民代表大会和全国人民代表大会常务委员会的立法行为无效

从一般意义上理解，香港特别行政区作为我国的一个特别行政区，虽然实行高度自治，但仍是一个地方单位。香港法院作为我国的地方法院，无权审查国家最高立法机关的立法行为。而且我国实行的是人民代表大会制度，全国人民代表大会是国家的最高权力机关，其他中央国家机关都由其产生，对其负责，而无权审查其决定，更不用说一个地方法院的香港法院了。但是，正如后文所分析的，香港问题的特殊性又使得这个问题似乎并不如此简单。

在吴嘉玲案的判决中，香港终审法院认为："包括全国人大和全国人大常委会在内的国家权力机构所作的决定与行为，香港特别行政区法院都可以检视其是否符合《基本法》。"此所谓"宪法性管辖权"或"违宪审查权"。[1]这一表述在内地引起了轩然大波。当时正在珠海参加澳门特别行政区筹备委员会政务、法律小组会议的内地宪法学专家肖蔚云、邵天任、吴建璠和许崇德四位教授认为，香港法院的这一表态违反了《基本法》的规定，是对全国人民代表大会及其常务委员会地位、对"一国两制"的严重挑战。他们认为，"根据宪法的规定，全国人民代表大会是国家最高权力机关，人民代表大会的立法行为和决定是任何机构都不能挑战和否定的。""审查香港法律是否符合《基本法》是全国人民代表大会的权力，不是终审法院的权力。"[2]在中国历史上，确实还没有任何一个法院包括最高人民法院敢于审查最高国家权力机关制定的法律，这就难怪内地法律界作出那么激烈的反应。面对此种情况，香港特别行政区政府认为这是一个宪法性问题，遂于1999年2月24日去函香港特别行政区终审法院，要求其澄清判决书中有关全国人民代表大会的论述。2月26日香港特别行政区终审法院作出了一个澄清，明确指出："特别行政区的司法管辖权来自于《基本法》。《基本法》第158条第1款说明《基本法》的解释权属于全国人大常委会。法院在审理案件时，所行使解释《基本法》的权力来自于人民代表大会常务委员会根据第158（2）及第158（3）的授权。"香港终审法院在1月29日的判词中，"并没有质疑人大常委会根据第158条所具有解释《基本法》的权力，及如果人民代表大会常务委员会对《基本法》作出解释时，特别行政区法院必须要以此为依归。"香港特别行政区终审法院在澄清中明确肯定，全国人民代表大会及人民代表大会常务委员会依据《基本法》的条文和《基本法》所规定的程序行使任何权力是不能质疑的。这个补充说明尽管消除了内地法律界的疑虑，化解了一个可能的政治法律冲突。但是，在香港本地有关本判决的争论仍然无法平息。那么，何谓香港法院的"违宪审查权"？香港法院到底有无权力审查全国

---

[1] 在内地学术界，有些人认为香港人所谓的"违宪审查权"是指香港法院认为其有权根据中国宪法审查全国人民代表大会和全国人民代表大会常务委员会的立法是否符合宪法，因而大加鞭挞香港法院的"违宪审查权"。这其实是一种误解。

[2] 《人民日报》1999年2月8日。

人民代表大会和全国人民代表大会常务委员会的立法行为呢？

我们先看何谓香港法院的"违宪审查权"。香港学者陈弘毅认为，香港法院的违宪审查权是"指特别行政区法院就特别行政区立法机关的立法的审查权，如裁定特别行政区立法是否因与《基本法》相抵触而无效。"[1]所以，这里的违宪审查与一般意义上的含义并不完全等同，亦即此"宪"是指香港《基本法》，而非我国的宪法。

下一个问题，香港法院有无"违宪审查权"。香港在回归以前属英国管制，在法律理念和法律制度上都深受其影响。在普通法理念里，司法审查或曰违宪审查（都是指法院对立法机关的立法行为进行合宪性审查）是其传统。在英国资产阶级革命以前，著名的法学家科克就曾说过，当议会的法律违背普遍正义和理性的时候，普通法将高于议会法案，法院可判这样的法律归于无效。而在美国，司法审查也是通过1803年的马伯里诉麦迪逊案确立起来的。但在英国，司法审查的传统并没有延续下来，原因在于其通过资产阶级革命，形成了"议会至上（Supremacy of Parliament）"的宪政体制，再加上其不成文宪法的制度，任何由英王会同议会制定的法律，法院必须忠实执行而不能质疑其合宪性（实际上也无法质疑）。1990年制定的《基本法》保留了香港法院原有的审判权和管辖权，也保留了香港的普通法，又赋予香港特别行政区法院对《基本法》的解释权（虽然这种解释权是有限的），并规定特别行政区立法机关制定的任何法律都不得同《基本法》相抵触。据此，有学者认为，香港回归后特别行政区法院应享有违宪审查权。[2]而香港回归以前法院是否有违宪审查的权力又成为很多学者论述香港回归后特别行政区法院是否有违宪审查权的一个重要依据。

香港回归以前，英国专门为香港这块殖民地制定了《英王制诰》和《王室训令》，作为在香港实施的宪法性法律。香港法院在1991年以前并没有审查香港立法机关的法律是否与这两个宪法性文件相抵触而无效的权力。但有学者主张，实践中没有相关的案例，"并不表示法院在法理上没有违宪审查权"。[3]所以，不能据此认为香港回归后法院也不应有违宪审查权。况且，在1991年后，香港立法局制定了《香港人权条例》，香港法院可以根据该条例审查香港立法机关的立法，如发现其有侵犯人权的情形可宣布其无效。根据该条例，形成了一系列的判例。但有学者指出，由于中国政府在香港回归前已指出，《香港人权条例》因抵触《基本法》而在香港回归后不予保留，所以由此产生的判例亦应不

---

〔1〕 陈弘毅："论香港特别行政区法院的违宪审查权"，载《中外法学》1998年第5期。
〔2〕 陈欣新："香港与中央的'违宪审查'协调"，载《法学研究》2000年第4期。
〔3〕 陈弘毅："论香港特别行政区法院的违宪审查权"，载《中外法学》1998年第5期。

予保留。[1]

实际上，香港回归以前法院是否有违宪审查权事实上并不重要。因为这个问题本身就是一个见仁见智的问题。由于判断标准的不同，学者间的结论也就出现了分歧。所以，它虽然是一个事实判断的问题，但无法追寻一个单一的结论。不论香港在英国管制时代其法院是否有违宪审查权，普通法传统均要求法院必须对法律进行解释并在相互冲突的法律规范体系中决定具体的适用规则。[2]《基本法》明确了在香港保留普通法，这就给香港法院违宪审查权提供了足够的法理依据。至于有学者所主张的《基本法》已为香港特别行政区立法机关制定的法律是否可能抵触《基本法》设置了3个保障或者说审查机制，因而无需保证法院的违宪审查权的论点是没有说服力的。[3]美国总统可以对国会制定的法律行使否决权，国会自己也可以自行修改自己制定的法律，但美国法院照样确立了司法审查权。所以，问题的实质并不是香港法院是否有必要行使违宪审查的权力，而是法院在司法过程中无法回避的一项司法活动。

但是，肯定特别行政区法院享有违宪审查权并不等于承认其可以对全国人民代表大会和全国人民代表大会常务委员会的立法行为进行审查以决定其是否符合《基本法》。在中国学者以往的论述中，并没有明确区分这两种违宪审查权，即对香港立法会制定的法律进行审查和对全国人民代表大会及其常务委员会的立法行为进行审查。在中国的宪政体制下，全国人民代表大会作为国家的最高权力机关，人民代表大会常务委员会作为人民代表大会的常设机关，其地位也是不容挑战的。如果允许特别行政区法院对其决定提出挑战，则将从根本上违背我国目前的宪政体制。所以，我们关于此问题的基本观点是：香港特别行政区法院可以审查香港立法机关制定的法律是否符合《基本法》，但不可审查全国人民代表大会及其常务委员会的立法是否与《基本法》相符。

另外一种观点是，由于《基本法》第11条明确了《基本法》是特别行政区具有最高效力的法律，这一规定对全国人民代表大会及其常务委员会亦有效力。所以特别行政区法院应有权对全国人民代表大会或全国人民代表大会常务委员会低于《基本法》效力的法律或决定进行审查。[4]这种观点是没有说服力的。《基本法》虽然规定，香港特别行政区实行的制度和政策以《基本法》的规定为

---

[1] 傅思明："《基本法》的实施对香港法制走向的两大影响"，载肖蔚云、饶戈平主编：《论〈基本法〉的三年实践》，法律出版社2001年版，第20页。

[2] 参见本书中的马伯里诉麦迪逊案。

[3] 傅思明："《基本法》的实施对香港法制走向的两大影响"，载肖蔚云、饶戈平主编：《论〈基本法〉的三年实践》，法律出版社2001年版，第20页。

[4] 陈欣新："香港与中央的'违宪审查'协调"，载《法学研究》2000年第4期。

依据，但不能由此得出全国人民代表大会或全国人民代表大会常务委员会其他有关香港特别行政区立法的效力比《基本法》低的结论。

（三）全国人民代表大会常务委员会对《基本法》规定的特别行政区自治范围内的条款可否解释

《基本法》第158条第2款规定，全国人民代表大会常务委员会授权特别行政区法院就本法所规定的特别行政区自治范围内的条款自行解释。而本条第1款又规定全国人民代表大会常务委员会行使《基本法》的解释权。正如前文所指出的，从立法含义看，全国人民代表大会常务委员会对《基本法》的解释权是固有的，而香港法院的解释权是中央授予的。问题是，这种授予是否意味着全国人民代表大会常务委员会就不能再行使这种权力了？从理论而言，对《基本法》自治范围内的条款已授权特别行政区法院行使解释权，如果中央也可继续行使解释权，会不会造成解释的混乱？另一方面，授权特别行政区法院自行解释，如果法院的解释违背"一国两制"宗旨和明显偏离《基本法》条文意旨，又当如何？

特别行政区终审法院在"刘港榕案"中明确指出，全国人民代表大会常务委员会根据《基本法》第158条第1款的规定对《基本法》作出解释的权力来源于中国宪法，而这项权力是"全面而不受限制的"。尤其是常务委员会的这项权力的适用范围扩及基本法的每一项条款，而非受限于158条第3款所指的"范围之外"的条款。在"庄丰源案"中，特别行政区终审法院进一步指出："若常委会对《基本法》某项条款，不论是根据第158条第1款（涉及任何条款），或根据第158条第3款（涉及"范围之外的条款"），香港法院均须以其解释为准。因此，常委会解释《基本法》的权力在特别行政区是完全获得承认及尊重的。"

所以，不能认为全国人民代表大会常务委员会对《基本法》的解释仅限于自治范围以外的条款。一般而言，由于自治范围内的条款已由全国人民代表大会常务委员会授权特别行政区法院解释，全国人民代表大会常务委员会应充分尊重特别行政区法院的解释权。只有在特别行政区法院的解释明显违背立法原意时，全国人民代表大会常务委员会才可依法定程度进行解释。

拓展案例

谈雅然等诉入境事务处长案

谈雅然、陈伟华和谢晓怡是在内地出生的中国公民，他们根据内地的有关领养法律被香港特别行政区的居民合法领养。在领养时，他们的领养父母双方或一方已成为香港特别行政区永久性居民。香港特别行政区政府入境事务处认为领养儿童不能根据《基本法》第 24 条的有关规定获得香港特别行政区永久性居民的身份，因此不能得到香港的居留权。该 3 名儿童的养父母不服，起诉至香港法院。但香港高等法院不支持他们的诉求。他们遂上诉至香港终审法院。香港终审法院于 1997 年 7 月 20 日作出终审判决，包括如下内容：①全国人民代表大会常务委员会 1999 年 6 月 24 日对《基本法》第 24 条第 2 款第 3 项的解释完全没有提及有关领养子女的地位问题。所以，全国人民代表大会常务委员会对《基本法》的解释在本案中并不适用。②《基本法》第 24 条第 2 款第 3 项的特征是，它是用来界定其中一类享有居留权的永久性居民，并不涉及中央人民政府管理的事务或中央和特别行政区的关系。这是一项特别行政区自治范围内的条款而非范围之外的条款。因此，本院无须就该案件向全国人民代表大会常务委员会提出解释。③由于全国人民代表大会常务委员会并没有作出具有约束力的解释，香港法院有权援引普通法以解释《基本法》。

[问题与思考]

《基本法》第 158 条规定，当特区法院审理案件时需要对基本法中涉及中央权力及中央与特区关系条款进行解释时，特区法院应提请全国人大常委会解释。如全国人大常委会作出解释，特区法院应以此为准。请结合谈雅然案，讨论上述基本法条款实施中存在的问题。

第六节 选举制度

一、我国人民代表大会代表的选举

经典案例

2003 年深圳人大代表竞选案

[基本案情]

2003 年 5 月，广东省深圳市进行区级人民代表大会代表换届选举工作。肖幼美是深圳市罗湖区人民代表大会代表候选人。她所在的第 12 选区有深圳市委党校等规模较大的单位，800 多名选民中有大部分都是单位选民；除她以外，该选区的其他 3 名候选人都是隶属于规模较大的单位，只有她是 30 多名居民联合推荐的代表。由于选区选举办公室没有安排选民联合推荐的候选人与选民见面，肖幼美担心选民对她不了解而不投票给她,所以她决定张贴海报宣传自己。选举工作办公室表示法律没有禁止候选人张贴海报,所以既不支持也不反对。肖幼美的竞选海报上写有"倾听来自基层的呼声,监督政府的作风与体制改革;反映广大群众的意愿,做沟通政府与市民的桥梁"等口号。

吴海宁是本次深圳市区级人民代表大会代表换届选举中南山区麻岭选区 2 名正式候选人之一,他是经151位选民联名推荐成为候选人的。为了让更多的选民了解自己当选后的主张,吴海宁印刷了《致麻岭社区选民和广大居民的一封信》,并挨家挨户将信送到各家的信箱。在信中,吴海宁承诺:"如果当选,将自己出资聘请专职工作人员,在麻岭社区设立南山区人民代表大会代表吴海宁办公室,一周7日,全天候24小时接待与倾听选区选民、群众反映社情民意,及时与政府有关部门沟通。"另外,吴海宁还在其居住区周围张贴海报,海报上写的是:"做一个无私无畏,敢于为民说真话、办实事的人民代表大会代表。"

[法律问题]

在直接选举中,候选人能否张贴海报宣传自己?

[参考结论与法理精析]

在直接选举中,候选人自发地通过张贴海报等方式宣传自己,是让选民了解自己的政见、主张的有效方式。这一方式有利于选民增加对候选人的认识,从而提高选民投票的理性,提升直接选举中的民主品质,对于促进我国的民主化进程有积极的作用。

候选人被提名以后直至选举投票正式开始之时,应是选民通过各种方式对候选人了解的时间,也是候选人通过各种方式宣传自己的政见、主张以争取更多选民认同自己的主张,从而支持自己当选的过程。所以在此过程中,候选人不应无所事事,而应利用各种场合和方式与选民沟通、交流以形成良性互动。

但我国选举法没有任何有关候选人可以通过何种方式宣传自己的规定,选民对于候选人的了解只能来源于法定组织(非候选人)对候选人的介绍。我国目前在候选人的介绍与宣传中候选人基本上是无所作为。《选举法》第33条规定,选举委员会或人民代表大会主席团应当向选民或者代表介绍代表候选人的情况。推荐代表候选人的政党、人民团体或选民、代表可以在选民小组或者代表小组会议上介绍所推荐的代表候选人的情况,但是在选举日必须停止对代表候选人的介绍。

可以看出,法律关于候选人的介绍与宣传的规定太过简单,在选举法中只有一条。而且这条规定的内容自身的科学性和民主性也是值得考虑的。

1979 年选举法规定:"各党派、团体和选民,都可以用各种形式宣传代表候选人。"但1982年第一次修改选举法时对此作了重大变更。现行选举法规定,介绍与宣传代表候选人的主体只能是选举委员会或人民代表大会主席团，而推荐候选人的政党、团体或选民、代表只能在选民小组或代表小组会议上介绍候选人。

但无论是政党、团体、选民、代表还是选举委员会、大会主席团对候选人的了解都是有限的，所介绍的只能是候选人的有限的、表层的情况，这种介绍的真实可靠性也值得怀疑。至于候选人自己对人民代表大会代表性质和作用的认识、自己若当选有何工作设想等选民都无从了解。以至于在选举中多数选民对候选人不了解、甚至不认识，投票只能是盲目的、随意的。这严重侵犯了选民的知情权。对于候选人来说，这是剥夺了他们直接向选民推荐自己的机会。从某种意义上说，这也是对他们权利的侵犯。

地方立法显然在这方面比中央立法更为完善。为保证选民对候选人的充分了解，全国有20多个省、直辖市和自治区在选举法实施细则中规定选区或选举委员会可以组织候选人和选民见面。[1] 通过座谈会、选民大会、候选人的走访等形式可以使选民和候选人之间的有限的单向交流变为内容丰富的双向交流，这是对选民知情权的确认和尊重，有利于选民充分了解候选人；也增强了选民的主人翁意识，使选民认识到人民代表大会代表是自己意志的反映者和利益的代表者，应该投自己最信任的人的票。从候选人的角度讲，这给候选人提供了一个向选民直接推荐自己的机会，这也是对他们权利的确认和保护。

但是，候选人和选民见面还只是二者双向交流的初级阶段，有很大的局限性。在形式上，选民和候选人的直接接触范围过小，还没有达到完全公开的程度。在内容上，还要受到选举委员会的规定范围的限制。而且见面制度虽然具有一点竞争的意思，但还不是候选人之间自由的、平等的竞争。所以，从发展角度而言，必须建立我国的竞选制度，这既是对选民利益的保障，也是平等对待所有参选者所必须的。

但实行竞选在我国似乎一直遭到本能的抗拒。1982年，在全国人民代表大会常务委员会向全国人民代表大会所作的修改选举法的报告中对候选人介绍方式的改革有如此解释：原选举法的规定是为了使选民能够充分地了解候选人的情况。"但是在实践中发现这一规定不够严谨，可能产生不同的理解"。[2] 故此要作出修改。这种解释是含糊其辞的。何谓"不同的理解"？也许在这一规定下可能产生带有竞选色彩的宣传候选人的行为。所以对竞选的担忧才是促成这一

---

[1] 史卫民、雷兢璇：《直接选举：制度与过程》，中国社会科学出版社1999年版，第39页。

[2] 北京大学法律系人民代表大会与议会研究中心编：《人民代表大会工作全书》，中国法制出版社1999年版，第144页。

修改的真正原因。在我国传统的政治思维中，竞选一直是与资产阶级民主相联系的，被认为是资本主义的东西而为我们所不齿，且与我国的社会主义制度难以兼容。但实际上，社会制度与选举方式之间没有任何联系。斯大林早就说过："竞选将让选民用自己的标准去衡量候选人，抛开不适当的候选人，提出最优秀的人来充当候选人。"[1]中国共产党也并未一直拒绝竞选，早在抗战时期的陕甘宁边区就已实行过竞选。《陕甘宁边区选举条例》第25条规定："各政党及职业团体提出候选人名单，进行竞选活动，在不妨碍选举秩序下不得加以干涉和阻止。"[2] 1941年和1944年的《陕甘宁边区各级参议会选举条例》对此作了进一步的完善。而在建国后，主流政治思想却对竞选产生无理性的排斥，将其上升到关乎社会制度的政治高度，这是没有道理的。

从长远来看，为了尽快完善我国的选举制度，健全社会主义民主政治，还是要实行竞选。宪法学家吴家麟说，没有差额的选举，不是真正的选举；没有竞选的差额，不是真正的差额选举。[3]实际上，竞争是商品经济的基本规律，也是推动社会发展的动力。竞选只是把竞争机制引入选举这一政治领域，它不是资本主义的专利品，完全可以为我们所用。建国初期，也有党和国家领导人主张人民代表大会实行竞选，只是到1957年极"左"思潮泛滥，反右开始，竞选才被当作资产阶级的东西受到批判。到20世纪80年代，有人主张在选举中引入竞争机制，指出，实行竞选不仅能保持社会政治、经济的活力，还有助于形成竞争者对上、下负责的法定责任，有助于选民对竞争者进行监督，并可以从制度上促进参选人了解社会和人民，密切党群关系和干群关系。实践中，以前也有一些地方实行竞选。结果调动了选民和候选人两个方面积极性，深受群众拥护。对于竞选中可能出现的一些弊病完全可以通过完善的制度设计来避免。

拓展案例

媒体人李某参选案

2011年5月，媒体人李某微博确认其将参选成都某区人大代表："本人将于今年9月正式参选人大代表，在户口所在地成都，组成参选班子，严格遵守我国宪法参选相关规定。此想法去年已微博公布，现思考良久正式参选，本人

---

[1]《斯大林文选》（下），人民出版社1962年版，第80页。
[2] 袁瑞良：《人民代表大会制度形成发展史》，人民出版社1994年版，第248页。
[3] 蔡定剑：《中国人民代表大会制度》，法律出版社1996年版，第180页。

(是）合法公民，无任何势力操纵，愿为选区人民表达他们之合法愿景，监督政府，推动社会。恳请各界人士指点参选路径及办法。同意的举手。"最终因审核未通过无法获得候选人资格。

[问题与思考]
公民个人如何主动参选如何能够成为正式候选人？

二、人民代表大会选举的效力

经典案例

岳阳市长选举案

[基本案情]
2003年1月1日，湖南省岳阳市召开第五届人民代表大会第一次会议第三次全体会议，现任岳阳市长是新一任市长的惟一候选人，共有432位代表投票，431票有效，但赞成票没有达到半数，惟一的候选人在选举中落选。1月4日市人民代表大会再次举行会议，进行市长的第二次选举，仍以原候选人为惟一候选人，416张选举票中有335张选举票赞成，原市长当选为新一任市长。

[法律问题]
市级人民代表大会在选举市长时，如果惟一的候选人没有当选，第二次选举中能否不改变候选人而继续进行？

[参考结论与法理精析]
对于人民代表大会在选举市长时，惟一候选人在第一次选举中没有当选能否再次以其作为惟一候选人进行第二次选举，我国相关法律并没有对此问题作出明确规定。但根据《地方各级人民代表大会和各级人民政府组织法》的相关规定，可以认定这种行为是不合法的。该法第24条第2款规定，地方各级人民代表大会在选举本级国家机关领导人员时，"获得过半数选票的当选人数少于应选名额时，不足的名额另行选举。另行选举时，可以根据在第一次投票时得票多少的顺序确定候选人，也可以依照本法规定的程序另行提名、确定候选人。"由此规定，就市级人民代表大会选举市长时，可以得出以下几点结论：

第一，如果在第一次选举中，市长候选人没有获得半数选票，可以进行市长的另行选举。

第二，另行选举时，可以另行提名、确定候选人。但如不另行提名、确定候选人，可以以第一次选举时的候选人再次作为候选人再次选举，但必须根据第一次投票时得票多少的顺序确定候选人。联系该法的第 22 条有关"人民政府正职领导人员的候选人数一般应多于 1 人,进行差额选举;如果提名的候选人只有 1 人,也可以等额选举"的规定,可以看出,只有在第一次选举时的候选人不止一人时才可以不另行提名,而根据第一次得票的顺序确定候选人。

所以,在法律上,岳阳市的市长选举是不合法的。从法治角度分析,这种做法也是不正当的,因为在第一次选举中,候选人已没有获得半数以上的赞成票,表明其没有获得人民代表大会代表的信任。但在间隔一个极短的时间内,在不改变候选人的情况下人民代表大会主席团决定进行第二次选举,是强行要代表进行第二次投票,强迫代表必须选出此人为市长。由于候选人的各方面情况在此期间不可能有什么改变,人民代表大会代表对其真实的评价不会发生任何实质性变化,这只能是强迫代表违心地改变自己的立场和对候选人的评价,侵犯了代表的合法权益。《全国人民代表大会和地方各级人民代表大会代表法》第 11 条第 6 款规定:"代表对确定的候选人,可以投赞成票,可以投反对票,可以另选他人,也可以弃权。"

拓展案例

独立候选人参选案

中国青年报 2003 年 5 月 21 日报道,在深圳市福田区人民代表大会代表选举中,独立候选人、深圳高级技工学校校长王亮在其所在的 29 选区以 1308 票的高票击败正式候选人。

2003 年 5 月 15 日,深圳市福田区有包括王亮在内的 4 位候选人分别在不同选区,以独立候选人身份直接参选区人民代表大会代表。

福田区 29 选区约有近 3000 名选民。除社区居民外,还有另几家单位在同一选区。在人民代表大会换届选举中,该选区推荐的两名正式候选人分别是一个企业集团和一个国家机关的负责人。由于选举委员会的工作疏漏,在划分选区时,深圳高级技工学校被遗漏,致使该校错过了推选正式候选人机会,学校师生决定采取直接选举方法投票选举。他们推举的候选人是海外归来的硕士、深圳高级技工学校校长王亮。2003 年 5 月 15 日上午,经过投票选举后,两位正式候选人的得票数均未达到法定票数,而直接参选的独立候选人王亮的票数却位居榜首。

经过人民代表大会选举小组研究,决定留下两位获票最多的候选人(正式候选人和独立候选人各1名)。当天下午4时,组织29区选民第二次投票选举,选举工作一直延续到晚上8时30分左右才结束。第二次投票选举结果:王亮获得1308票,比另一位被推荐的正式候选人票数高出331票。

[问题与思考]
独立候选人参选有效吗?

三、选举争议与司法审查

经典案例

布什诉戈尔案

[基本案情]
2000年的美国总统大选主要在共和党候选人布什和民主党人戈尔之间展开。选举双方势均力敌,选情直到选举前一天还是混沌不清,布什和戈尔在民意测验中非常接近。由于美国总统特殊的选举制度(后文将详细介绍),这些细微的差别将直接影响到选举结果,双方争夺最为激烈的地方主要集中在佛罗里达、宾夕法尼亚、密苏里和威斯康星等州。所以,舆论认为,投票率的高低将是决定选举胜负的关键。

2000年11月7日是美国总统大选投票的日期。截止到当天晚上23:45,共有42个州公布了选举结果,布什以237:231领先于戈尔。到11月8日凌晨00:10,布什与戈尔的选举人票比是246:242。按选举制度,哪位候选人获得270张选举人票,谁就将获得胜利,而佛罗里达州(以下简称佛州)有25张选举人票,所以,谁赢得佛州,谁就将赢得本次总统选举。佛州的选举结果成为全世界瞩目的焦点。

2:18,佛罗里达州的选举结果公布,布什赢得该州,这样布什就获得了271张选举人票,从而成功地当选为美国下届总统。2:30,民主党总统候选人戈尔向布什打电话,向其表示祝贺,承认自己在本次大选中失败。但到3:10,大选出现戏剧性变化。由于两位候选人在佛罗里达州的得票率非常接近,最新的统计结果表明,布什领先戈尔600张选票,而不是先前报道的5万张,但佛州尚有2300多张海外选票需要10天时间才能最终得到统计,所以该州的选举结果还不能完全确定。得知这一信息,戈尔立即打电话给布什收回他的祝贺和认输声明。根据该州法律规定,如果胜负在半个百分点以内,选票就要进行重新统计。

11月8日,佛州选举委员会正式报告布什得票为2 909 135张,戈尔得票为2 907 351张，两人相差1784张。根据佛州法律，佛州选举委员会开始重新计票。到11日，佛州共67个县中除赫南多和棕榈滩两县尚未统计完外，重新计票结果表明两人差距进一步缩小，布什只领先戈尔300票。但重新计票是用电脑进行的。民主党要求对选票进行人工统计，因为选票在电脑统计时容易出现误差。11月11日，棕榈滩县开始进行人工重新计票。布什阵营试图阻止人工计票，因而向联邦法院提出请求，要求法院禁止在佛州进行人工计票。13日，美国佛州迈阿密联邦地区法院法官米德尔布鲁克驳回布什的申请，拒绝下达禁制令阻止佛州以人工重新点票。他指出，出现在州的选举问题属于各州的责任范围，因此，对选举机制提起诉讼属于州的管辖范围，而不是联邦地区法院。佛州点票过程是中立的，他看不出联邦法院有任何理由干预佛州的点票工作。14日，佛州州务卿哈里斯女士宣布了佛州的官方统计选票结果，确认布什比戈尔多300票，并表示，17日是海外选票截收的最后期限，届时将宣布佛州的最终选举结果。戈尔向佛州利昂县上诉法院提出要求佛州州务卿哈里斯女士考虑人工重新计票的结果，但被法院驳回。戈尔决定向佛州最高法院上诉。

佛州最高法院定于11月20日举行听证会，就有关该州选票人工重新统计的合法性举行听证。第二天，最高法院的7名法官一致作出裁决：佛州必须接受人工重新计票的结果，人工计票将进行6天。这一裁决对戈尔有利。

根据美国宪法规定，各州必须在12月12日之前选出选举人，再由选举人于18日选出总统。一旦逾期，该州的选举人票将被作废。根据宪法与佛州法律的规定，为避免本州的选举人票作废，佛州议会可以不考虑选举结果而自行任命25名选举人。佛州最高法院也预料到了这种结果，特地规定了人工计票的最后期限。针对佛州最高法院的裁决，布什于22日正式向联邦最高法院提出紧急上诉，要求联邦最高法院干涉佛州的人工计票行为。联邦最高法院是否会受理此案尚难预料，但很多人认为其介入的可能很小，因为根据法律规定，选举问题一般应属州的管辖范围。

11月26日，佛州州务卿哈里斯女士正式宣布了该州的计票结果。结果显示，布什领先戈尔537张选票。

12月1日，美国联邦最高法院举行佛州选举的特别听证会。在90分钟的听证会上，布什和戈尔双方的律师进行了针锋相对的辩论。焦点问题是佛州最高法院推迟计票截止日期并允许将人工计票结果纳入佛州总票数的判决是否违法这一问题上。布什的律师奥尔森（Olson）主张，佛州最高法院的判决"改变了法律并取代了州议会的作用"，因此是越权行为，违反了美国宪法和选举法，造成了选举后的混乱和争端。但戈尔的律师哈佛大学法学院的宪法学教授特赖布反对说，两位候选人在佛州的得票非常接近，因此佛州最高法院的裁决可以"确保所有选票得到统计以及计票的准确性"；并且，佛州选票争端属于州的法律范畴，联邦最高法院无权受理该类诉讼。12月4日，联邦最高法院9名大法官作出一致裁决，在判决书中指出：佛州最高法院关于允许人工计票并将人工计票的结果纳入到该州最终选举结果中的判决"缺乏充分的根据"，决定把该案件退回佛州最高法院进行重审。联邦最高法院的这一判决显然对布什有利，因为戈尔要想获胜，就必须在12月12日之前赢得诉讼。

双方在联邦最高法院诉讼的同时，佛州利昂县上诉法院的法官索尔斯也作出了一项裁决，驳回了戈尔要求对迈阿安密、棕榈滩和拿骚3个县有争议的选票重新统计的诉讼。戈尔的首席律师博伊斯当即表示将向佛州最高法院提出上诉。12月8日，佛州最高法院就此作出裁决，推翻了利昂县上诉法院的判决，同意戈尔阵营的要求，即重新统计棕榈滩和迈阿密两县有争议的选票。判决书中指出："这次总统选举应当经过仔细审查，以明确佛州公民所投的选票，而不应当由与投票过程无关的种种机制来决定。选举的结果由选民的意志来决定这一根本原则，构成了佛州立法机关制定选举法规的基础。法院在解决选举争端的过程中始终坚持这一原则。"这一判决是戈尔阵营的重大胜利，使戈尔又一次看到了获胜的希望。但实际上又使美国总统选举陷入了新的一轮诉讼之中，能否在法律规定的12月12日之前结束尚难预料。

针对佛州最高法院新的判决，布什的律师当天晚上向联邦最高法院提出紧急书面请求，要求阻止在佛州进行人工重新计票。12月9日，佛州的有关各县开始对有争议的选票进行人工计票，以执行佛州最高法院作出的裁决。据测算，重新计票需要5个工作日才能完成，这将无法在12月12日之前完成，但随即联邦最高法院接纳了布什的申请，下令停止在佛州进行的人工点票工作。这一命令是联邦最高法院以5∶4的多数作出的。

12月11日，联邦最高法院再次就佛州总统选举计票工作举行听证会，12日以5∶4的投票结果推翻了佛州最高法院关于人工重新计票的判决，从而制止了在佛州重新开始人工计票，并将这一案件退回佛州最高法院重审。这个判决有利于布什。

法院在多数意见的判决书中指出：佛州最高法院的判决违反了宪法，因为很明显，任何重新计票都将违反宪法确定的在12月12日最后期限以前确定选举人的规定。最高法院还指出，佛州最高法院要制定重新统计选票的标准，即规定什么样的选票可以接受，什么样的选票不是有效票。先要有一个公平原则，然后才决定是否重新统计选票。

但联邦最高法院的裁决不是以全体一致的多数通过的，而是以5∶4这一最为接近的票数通过判决,这表明最高法院对此问题分歧严重。

12月13日,戈尔指示计票委员会暂停工作,随后发表了电视讲话,表示退出总统竞选,祝贺布什当选为美国第43届总统,并承诺这次不再收回他的祝贺。由此,持续了36天的总统选举纠纷终于走向了终点,布什成功地当选为下一届美国总统。

[法律问题]

1. 法院对总统选举的纠纷有无管辖权?
2. 如何看待法院对选举事务的司法审查?

[参考结论与法理精析]

司法审查的主要功能在于司法机关有权以与宪法相抵触为由,宣布立法机关的行为无效。在现代民主政治体制下,基于人民主权原则,立法机关由民选产生,直接代表民意,它是一个各种利益主体进行政治角逐的合法场所。所以,立法机关的任何最终行为也是政治斗争的结果。作为一个非民选产生无民意基础的司法机关何以能够审查作为民意反映的立法机关行为?这是司法审查理论的一个致命软肋,从杰斐逊到吉布森到林肯都在不断地提出这个诘问。而从汉密尔顿到马歇尔等竭力主张司法审查的联邦党人也在不断地试图回答这个问题。在马伯里诉麦迪逊案以及后来的一系列司法审查案件中,马歇尔大法官以及其他联邦最高法院的法官们系统地论证了司法审查的正当性:①法院的职责是在具体个案中应用法律。只有解释法律才能应用法律。所以,法律是什么,只能由法院通过针对具体个案的法律解释来决定。如果宪法不能通过司法解释而应用于个案,其存在就毫无意义,而法院解释宪法又无法回避一个基本问题——法律是否与宪法相抵触?②司法审查有助于保护处于多数民主之下利益受损的少数社会群体。③联邦党人有关司法权特性为司法审查提供了理论正当性。[1]但是,司法审查的正当性并不能掩盖司法审查的政治性以及司法介入政治纷争的真相。所以,司法审查并非仅此一种法律行为而超脱于政治之外。实际上,将政治纷争纳入司法解决的轨道,是现代民主政治的一种精妙艺术,也是司法权对社会的一大积极贡献。可以说,"政治司法化"是人类制度文明的一大创造。由于法院并不直接介入政治斗争领域,只是根据宪法条文来审理纠纷,运用法律的程序和用语实现其职能,再加上其相对超脱的地位和长期在社会中形成的威信,其裁决结果容易为争端各方所接受。正如本次总统大选中面对联邦最高法院的裁决,戈尔所言:联邦最高法院的判决并不能令他信服,但它应是

---

[1] 方流芳:"罗伊判例:关于司法与政治分界的争辩——堕胎和美国宪法第14修正案的司法解释",载焦洪昌、李树忠主编:《宪法教学案例》,中国政法大学出版社1999年版,第83页。

"不容置疑的",他会坦然接受它。

那么,由"政治司法化"而引起的"司法政治化"是否有损司法的独立性与公正性以及对民意的过分不当干涉?这种担心不是多余的。有相当多的法官、学者和律师认为,不到万不得已时,法院不宜干涉民主过程。[1] 联邦最高法院在提出司法审查理论时也意识到司法审查本身就是一把双刃剑,在伤及国会的同时,也有可能造成自伤。所以,如何既恰当地行使司法审查权以确保宪法的准确实施和司法的权威,又不致使自己给公众造成过分侵蚀民意的印象就成为伴随联邦最高法院的法官们司法生涯的一道难题。这一难题的答案部分地在于政治问题理论。马歇尔大法官在马伯里诉麦迪逊案里就指出:有一类宪法案件联邦法院是不能审查的,因为"所涉及的问题是政治性的"。政治问题的不可审查性是联邦法院对司法权自我限制的基本理论。但是,由于"政治问题"本身的弹性内涵,这一理论并没有完全解决司法介入民主的理论困惑,尤其是在一些政治性显著的纠纷中。在这些纠纷中,担心过分卷入其中而招致自损一直是悬在联邦最高法院法官们头上的一把达摩克利斯之剑。这里,尤以司法介入选举争议为甚。

由于选举是选民民意的直接表露,是各种政治力量进行较量与整合的第一战场,其政治性比其他任何活动都为强烈。选举结果亦是各种政治力量对比的直接反映。正如本次总统大选中戈尔一方的基本主张:选举结果应由选民来决定,而不应是由法院决定。司法介入选举结果确认的纷争必将冒更大的自损风险。联邦最高法院显然也意识到了这一点。从最后的判决结果看,除多数判决意见书外,尚有4份少数意见书,也表明联邦最高法院对此问题的严重分歧以及掩藏在此之后对联邦最高法院卷入这一争端的深深忧虑。正如持少数意见的大法官史蒂文森尖锐指出的:本案中最终出现的联邦问题不是实质性的,联邦最高法院应否受理才是本案决定性的问题。"对掌管司法体制的人们的信赖是法治的真正脊梁。"然而,"对本院多数所采取的那一立场的认可只会把对全国法官工作的评价由充满信心而转变为愤世嫉俗。"所以,"尽管我们可能从来没有完全的把握知道今年总统选举的胜利者是谁,但失败者是谁是完全清楚的。失去的是国民对于作为法治的不偏不倚的捍卫者的法官的信赖。"但应注意的是,就是在联邦最高法院的多数意见中,大法官们也并没有打算自己扮演选举结果最终裁决人的角色,而是从选举统计的技术性角度裁定撤销佛州最高法院的判决,将选举的最终结果留给选民自己决定。

---

[1] 张千帆:《西方宪政体系》(上),中国政法大学出版社2001年版,第48页。

拓展案例

律师程某参加人大代表选举纠纷案

2011年，北京市各区县人民代表大会代表进行换届选举。北京悟天律师事务所律师程某被十多位选民联名推荐为北京市昌平区人大的初步候选人，但在之后被昌平区选举委员会东小口分会确认不能成为正式候选人，最终无缘当选人大代表。

2011年12月9日，程某向昌平区法院起诉昌平区东小口地区选举分会和他参选的佳运园社区居委会，要求确认两机构在组织本届区人大代表选举中活动的9项行为违法：确认2011年11月8日他所在的71选区投票程序违法、选举结果无效；同时要求确认两机构误导非北京户口人无选举权、不公布71选区范围、正式候选人的产生程序、误导选民只能投票从正式候选人中"四选三"、不设置秘密写票间以及工作人员贴身指导写票的行为违法。这是我国选民第一起起诉人大代表选举结果无效、选举程序违法的诉讼。

另外，程某还向全国人大常委会、北京市人大常委会、昌平区人大常委会投诉，要求认定东小口71选区本次区人大代表的选举无效，要求重新依法确定正式候选人和重新组织选举，并要求依法对破坏选举或者妨害选民依法自由行使选举权和被选举权的行为查处纠正。同日，他还向检察院控告，要求依法追究该选举机构的负责人姜某等人破坏选举罪的刑事责任。

[问题与思考]

1. 法院应否受理程某的起诉？
2. 在保障公民选举权方面，我国应如何确定司法机关与其他机关各自的职能以实现不同机关之间的合理分工与相互配合？

第七节　政党与国家权力

一、政党的地位与功能

经典案例

德国政党财政补贴案

1965年3月18日，联邦德国国会通过了1965年度财政预算法案。该法案

第1条规定，内政部长有权依据预算法案支付380万马克以供政党履行基本法第21条的任务。黑森州政府认为该预算法案第1条规定与基本法第30条、第21条、第20条等条款相抵触，遂根据基本法第93条提起抽象规范审查的程序，请求联邦宪法法院宣告该规定无效。此所谓"政党财政补助案"。

[法律问题]
1. 政党不能从国库获得财政资助的原因何在？
2. 政党在现代民主国家的功用何在？

[参考结论与法理精析]
联邦宪法法院认为黑森州政府的申请合法。1958年，黑森州政府曾认为国家对资助政党竞选的个人予以减税或给予税收优惠待遇违背宪法而向宪法法院提起诉讼。当时宪法法院裁决不仅对选举本身，而且对负责选举的政党予以资助都是合宪行为。宪法法院认为上一案件的标的是有关国家对政党予以"间接"资助，而此案是有关国家对政党予以"直接"资助。两案标的不同，因此宪法法院应受理这一案件。另一方面，预算法案第1条授权规定属联邦法律。根据《基本法》第93条第1项第2款和《宪法法院法》第76条的规定，州政府若认为联邦法律与基本法相抵触，可要求宪法法院裁决。所以该预算法案可作为《宪法法院法》所指规范审查程序审查的对象。

联邦宪法法院认为本案的申请有理由。联邦宪法法院在1958年6月24日的判决中指出：政党是为选举准备的组织，所以政党的资金应先用于选举的准备。选举是社会的公共事务，从宪法的角度来说，也是政党的主要任务。所以，不仅是对选举本身，而且对负责选举事项的政党，也应由国家予以资助。但宪法法院的这种观点被联邦和州的立法机关理解为：对于政党所有的政治活动，宪法许可由国家通过预算拨款予以补助。宪法法院认为这种理解有误，它与联邦基本法第21条及第20条第2项的规定不符。惟有当政党参与国会选举而影响人民政治意见的形成时，才能从国家预算案中给竞选所必要的费用，而不是对政党的所有活动都可以给予补助。

（一）政党的宪法地位

政党是一种特殊类型的社会组织，起始于近代社会。但在政党发展的初期，政党并没有得到社会公众的普遍首肯。出于对封建社会的行会、朋党等对社会进步力量压制的厌恶，不少人对政党表示出了极端的不信任。如美国总统华盛顿在其告别演说中就指出：一个派别对另一个派别的交替统治，由于党争所产生的天然报复心理而使斗争愈演愈烈。在不同的时代和国家中，这种交替统治干下了最令人厌恶的罪行，它本身就是一种可怕的专制主义。所以，早期宪法中并没有政党的地位，组织政党被当作公民的一项结社权利而予以规制。但政党本身是社会利益多元化和社会主体自主性的直接反映。政党的出现乃至发展壮大是市场经济中的必然现象。在 19 世纪后期,开始有国家以立法的形式对政党予以规范,主要是政党参与选举的条件与程序。另外,随着工人阶级政党的出现,在一些国家通过了专门的立法对这些政党予以管制。到 19 世纪末 20 世纪初期,政党对社会的介入充分展开,已成为国家和政治生活中具有特殊作用的力量。政党对社会的作用本身就是双方面的。它能够有效地组织选民参与选举,将分散的单个选民的意志整合成系统的政治纲领,从而成为实现民主的力量,但同时能够利用社会偏激和非理性的民意达致自己的非法政治主张,从而成为反民主的力量而给国家和社会带来灾难。正是由于政党社会功能的双面性,二战以后,各个国家普遍将政党与一般的社会组织加以区别,以宪法或法律的形式对政党予以管制,将政党纳入国家法治的轨道,力求缩减政党负面功能展示的空间。宪法中有关政党的制度设计以德国基本法最为完善和形成体系。最为重要的是,德国基本法将政党活动的合宪性纳入了宪法法院审查的范围之内,从而为司法判断政党在国家中的地位开创了先例。

(二) 政党的功能与国家财政补助

德国基本法的制定者要求其在一个自由与开放的程序中形成人民的意见与意思,并在此基础上建立民主与自由的基本秩序。而政党是对人民意见和意思的形成起辅助作用。联邦宪法法院认为,由国家对政党的所有活动都给予资助显然与这项基本决定的宗旨不相符合。

1. 政党在人民意思与国家意思之间的位置。《基本法》第 5 条所保障的言论、出版、广播、电视、电影等公民的自由权利,对于一个自由民主的国家秩序的形成具有重要意义,它是公共意见自由形成的前提条件。由此衍生出公民自由从事政治活动的基本权利,如言论自由、结社自由、集会自由及请愿权,这都是为了保证人民意见及意思的自由形成,而同时为基本法所保护。这种在公共意见中所表现出来的目的观、政治观和立场可称为"人民政治意思形成的前阶段"。在一个民主国家中,人民意见的形成必须自由、开放而不受限制地进行。原则上,它是通过参与国会选举活动来实现的。但人民意见的形成与国家通过其机关所为的"国家意见"的形成应加以区别。《基本法》第 21 条第 1 项是关于人民意思的形成的,而《基本法》第 20 条第 2 项是关于国家意思的形成的,只有当人民通过选举而以宪法机关行使国家权力时,人民意思才和国家意思合二为一。

但是,人民并不仅仅靠选举来表达其政治意见,还可以通过各种不同种类的团体、协会来影响政府的措施和立法机关的决定。在这其中,政党所起的作用很大。通过政党,人民可以影响国家机关的决定。

所以，在很多时候，人民意思和国家意思相互结合。在一个民主的国家体制下，这种意思的形成过程必须由人民到国家机关中来进行，而不能反其道而行之。国家机关是通过人民政治意见的形成程序（即选举）来产生的。原则上，国家机关不得介入人民意思的形成程序中，也就是此程序原则上必须是"非国家"性的。因此，只有当具有宪法上的合法性理由时，才能允许国家机关介入这一程序而与自由形成人民意思的民主原则不相违背。如通过对选举权作合宪的变更来影响选举进而影响人民意思的形成；或者政府和立法机关公开解释其政策、措施、计划及将要解决的问题。这些虽然会影响人民意思的形成，但为宪法所允许。

2. 政党与宪法机关的关系。首先，政党在介入人民政治意见的形成时，它是在行使宪法机关的功能，甚至可以称政党为国家或宪法机关。虽然《基本法》第21条肯定了政党是形成人民意思在宪法上的必要工具，但政党毕竟不是国家机关，它只不过是自由组成，并且植根于社会政治领域的团体，用以参与人民意思的形成并在一个制度化国家中发挥作用，所以国家无义务去满足政党的资金需求。其次，政党主要凭借参与选举来对人民政治意见的形成发挥作用。在现代社会的民主政治中，如果没有政党，选举可能根本就无法进行。政党可以称之为个人与国家的"中间体"，是人民的"传声筒"，是实现人民意思的工具。当其处于执政党地位时，可以使人民与政治领导间产生联系。若是少数党处于在野地位，则可以扮演反对党的角色而发挥影响力。总之，通过政党可以汇集政治意见、利益和政治势力，并加以协调、平衡。在现代民主体制下，政党对于国家最高官员的任命具有决定性的影响。所以基本法要求人民意思形成不受国家机关的影响，其目的就在于避免政党与国家在组织上相结合而形成事实上的"政党国家化"。

所以，政党从国家财政预算中获得资金补助，与基本法的意志不相符合。即使政党就其所有活动每年或每月接受国家的部分资助，虽然不至于使政党纳入国家机关体系的组织中，也可以使两者相接触，无异于将政党交给国家照料，国家也就可以通过政党影响人民意见形成的程序，但这种影响又无宪法上的合法化之理由。所以1965年预算案关于规定对政党予以资助是违宪的。至于这一裁决是否侵害到《基本法》第21条所保障的政党自由或侵害到政党平等的原则在所不问。

有人说，国会议员可以从国家财政预算中领取车马费，众议院党团也可以从国家获得补助。国会议员同时也是政党成员，党团是同一政党的议员组成的，故国家也应对政党所有政治活动予以资助。此说不符基本法的规定。国会议员担任公职，给予他们车马费的目的，在于确保其在国会中的决定自由，并使其能够自由行使自其代议地位所产生的权利与义务。所以支取车马费的权利属于实质的国会权,可以从"自由代议"民主的原则加以说明,这与国家资助政党不可相提并论。国家资助政党与"自由代议"的民主原则无关。同样地,对于众议院党团的补助,是为了其有能力支付其工作所需的办公处所及工作人员的费用。党团是联邦众议院的组成部分,为联邦众议院的议事规则所承认并赋予其特殊权利,也是联邦众议院进行议事活动的必要设置,目的在于保证国会议事程序的实现。虽然党团与政党有密切关系,而且政党可通过党团及其所属的议员来影响国家的决定,包括最高国家机关领导人的任命和国会、政府的决定,但毕竟党团是联邦众议院的组成部分,而不是政党的一部分,更不是和政党一回事。

对政党不予国家财政补助,会不会使政党无法履行《基本法》第 21 条规定的任务呢?这实际上是怀疑人民成立组织并加以维持的能力,而且否定民主国家秩序的先决基础,也没有事实证明政党若没有国家补助就无法履行其任务。退一步说,即使政党因缺乏国家补助而无法生存,在一个民主国家里,也是人民应承担的风险,事关人民意思自由形成的原则,不应由宪法来规避。另一方面,也有人说,由国家对政党予以补助,可以使政党免受其他资金来源的影响,而正常地履行其任务。但宪法保障政党免受国家干涉的自由,却不保证政党不受有财力的个人、企业或团体的影响。《基本法》第 21 条第 1 项第 4 句规定政党须将其资金来源公开,其目的并不是禁止私人以庞大资金捐助来影响政党,而是体现其实行事实上及政治上利益代表的一种形式,辅之以须公开捐助者的要求。政党受到资金来源的影响只是政党自身的责任。况且,也不是所有的捐助者都试图去影响政党的决定。

3. 政党的宪法功能与国家的财政资助。基本法要求政党公开其资金来源,目的在于使公众了解政党资金的来源,以公开政党背后的赞助者来防止那些不透露名称的势力凭借其经济影响力通过政党的财务进而控制公共意见。这种宪法要求的目的在于使选民得以充分了解政治意思形成的整个过程,并明了哪些团体、组织或私人通过捐助在试图影响政党。换言之,通过公开资金来源的方式,使以上行为置于公众的监督之下,确保政党获得平等的机会。

基本法要求政党公布其资金来源的另一目的是使政党得以在开放及自由的政治意思形成中发挥其宪法上的功能。宪法并没有将此任务托付给一般团体、组织或社团。国家对一般团体、组织或社团的财政资助问题,宪法没有给予规定。以国家给予这些团体资助就认为也应给予政党资助属不当之论。因为这些组织虽代表一定利益,但和政党的性质有所差别。国家给予他们资助是基于经济、社会及文化上的原因,并不抵触民主意思形成之原则,与对政党的资助情形有别。

宪法制定者认为政党的标准形象在一个开放的多党体系中自由组成,靠自己的力量发展,受基本法约束,且在自由民主的基本秩序范围内致力于人民政治意思的形成。宪法制定者所认定的政党自由且独立于国家之外的观念反映了他们在汲取魏玛时代和纳粹时代政党现象的教训，目的在于防止不幸事件的再次发生，防止出现非民主的政党，用以确保自由民主的制度。同时，为防止政党与宪法机关相勾结，确保自由的政党制度，不允许对政党长期提供经济资助成为国家任务之一。即使偶尔对政党予以资助，也与《基本法》第21条所揭示的自由政党的形象不合，与此有关的规定也就违宪了。

4. 政党的财政补助与选举的财政补助。国会选举是民主国家形成意见的重要方式。在代议的民主制度中，国会选举必须定期、反复地举行，使人民有机会表达其政治意见。所以选举是国家机关必须举行的一项公共任务。国家机关必须建立选举制度并就选举事项提供必要的设备以资运用。另一方面，在现代大众民主体制下，若没有政党选举几乎无法举行。所以政党对于选举具有特殊的意义，国家给予政党为竞选所必要的费用资助在宪法上具有正当性。至于立法者是否就竞选费用的资助予以规定，乃是宪法政策上的问题，法院不能决定。如果立法者规定给予政党竞选费用资助，仍应注意到《基本法》第21条所保障的自由政党制度；也要注意到分配标准，不得抵触基本法所保障的政党机会平等原则。政党机会平等原则不仅适用于狭义的选举领域、选举准备，如是否许可政党参选的问题、政党争取捐款及在广播电视上作竞选宣传的问题上，也适用于整个选举的前阶段，即关于竞选费用的支给。

（三）总结

本案的起因是关于给予政党财政补助是否合乎宪法的问题，实质是有关政党在现代民主国家中的功用问题。关于这一点，宪法法院有许多正确而清楚的见解。在代议制的民主制度下，政党是一种中间体，其通过传达人民的信息到国家中来形成国家政策。从这一原则出发，形成以下法治原则下政党的各项重要制度：

1. 政党自由平等制度。包括政党组建自由，政党独立于国家之外，不能"党国不分"。

2. 政党财务独立制度。虽然每一个政党不论在野还是在朝，必须有一定的资金维持其生存。理想主义者为使政党"清纯化"，避免政党为解决资金问题而力不从心或受某些利益集团的控制，无法实现政党的正常功用，希望国家给予政党财政资助，这样也可以消除某些资金雄厚的势力在背后操纵政党。但宪法法院认为这样势必使国家意志渗透到政党之中，影响政党的决定及作用的发挥。而且，如果国家要给予政党资助，必须要通过法定途径由国家立法机关在预算法案中体现出来。在这一过程中，由于执政党将会起主导作用，就有可能利用这一机会为自己谋利或是借此收买反对党，危及政党自由及平等原则，进而危及国家的民主自由制度。禁止国家给予政党资助可能会使一些政党因没有足够的资金而无法存在,但这对于一个民主国家来说是不可避免的风险。

3. 政党财务公开制度。国家不禁止个人、企业或组织对政党提供资金援助,但政党必须公布其资金来源,使得公众了解政党背后的捐助者并加以监督。因为政党自由是建立在公开竞争的基础之上的,政党体现了人民的结社权;在自由竞争中,那些经不起选民、财务考验的政党自然应该被淘汰掉。利用国家财政资助政党,只会使一些没有生命力、不能代表选民意志的政党苟延残喘,这除给选民增加经济负担外,对于国家的民主制度是毫无裨益的。

拓展案例

美国党禁初选案

20世纪50年代初,私人控制的美国德州县级组织"坚鸟党团"全由白人组成,以种族歧视的方式操纵民主党的地方初选,其所决定的人选一直在州的初选竞争中获胜。在地区法院的审讯中,其主席对排除有色人种的组织宗旨供认不讳。由于德州立法对这类地方初选过程缺乏详细的立法调控,"坚鸟党团"无法被定罪,案件上诉到联邦最高法院。最高法院指出:虽然初选不是最终的选举,但它是选举过程的一部分;如果一州允许政党去做政府自己所不能做的事情,那就无异于允许滥用这些程序去挫败第15条修正案。因而歧视行为仍然违宪。

[问题与思考]
1. 政党的行为与普通公民及国家机关的行为各有何区别?
2. 违宪审查机关可以宣布政党违宪并解散吗?

二、政党与选举

经典案例

石荷州《县乡选举法》违宪争议[1]

[基本案情]

申请人为石勒苏益格-荷尔斯泰因(以下简称石荷州)州议会中的绿党联盟,被申请人为石荷州州议会。石荷州《县乡选举法》第10条第1款规定,政党或选举团体欲获得县乡议会中的席位,必须得到所在选区5%以上的选票。申请人在

---

[1] 韩大元主编:《中国宪法事例研究(四)》,法律出版社2010年版,第247页。

2006年向被申请人提出议案,建议废除该条款。被申请人在2006年12月3日作出的回复决定中,拒绝了申请人的提议。据此,申请人认为,由于被申请人拒绝其提案,导致5%的选举门槛条款继续存在,从而侵犯了两项基本权利,一项是根据石荷州宪法第3条第1款[1]以及根据基本法第38条第1款[2]和第28条第1款第2句[3]享有的选举平等权;另一项则是基本法第21条第1款[4]所保障的政党在选举中的机会平等权。此案经过辗转,诉至联邦宪法法院。

[法律问题]

石荷州《县乡选举法》的5%的选举门槛条款是否侵犯了申请人根据石荷州宪法及联邦基本法享有的选举平等权?

[参考结论与法理精析]

(一)法院意见

宪法法院最后判决认为,石荷州州议会拒绝绿党联盟提案的行为,侵犯了后者根据州宪法和基本法所享有的基本权利。但是,在这类机关争议中,根据《联邦宪法法院法》第72条第2款,宪法法院只能判定诉争的举措是否构成对州宪法和基本法的抵触,并不能进而宣布该举措无效。

(二)5%条款的由来及其价值

一战以后,魏玛共和国采用绝对比例代表制小党只要有最低限度的支持就可以在国会里取得一个席位,从而催生了高度地方化、分裂、极端且互不妥协的政党体制,没有任何一个政党拥有绝对多数的支持可以使它能够单独组成政府。这样就造成了政治的高度分裂,给极端主义的政治势力带来机会。希特勒最终借助于魏玛宪法的体制合法地窃取了国家的政权,建立了法西斯专制,给德国和世界人民带来巨大的灾难。

二战结束后,为了克服魏玛宪法在政党体制方面的缺陷,德国转而采取了混合选举制,并制定《政党法》,遏制党派林立的趋势。《基本法》规定:"政党应参与国民政治愿望的形成。政党可以自由成立,它们的内部组织必须遵循民主原则。它们必须公布经费的来源;凡是政党的目标或其成员的行为意在损害或推翻根本的民主秩序,或对德意志联邦共和国的存在有不利的影响,都将被视为违反宪法。联邦宪法法院有权对违反宪法的行为进行裁决。"这使得政党被纳入国家宪政体制,在保证其合法的同时,以宪法和法律的形式规范政党行为。

---

[1] 该条款规定:州、县、乡的议员由普遍、直接、自由、平等和无记名的选举产生。

[2] 该条款规定:德国联邦议院的议员由普遍、直接、自由、平等和无记名的选举产生。

[3] 该条款规定:在州、县和乡镇中,须通过普遍、直接、自由、平等和无记名的方式选举产生人民代表机构。

[4] 该条款规定:政党参与人民政治意志决策的形成。

另一方面，为了合理地控制议会中政党的数量，德国采用多数原则与比例原则相结合的混合选举制。同时规定，政党获得选票低于5%的政党没有资格获得分配席位。1953年第二届联邦议院选举开始遵循5%的限制性条款以来，拥有议席的政党便从12个降为6个，而至1957年第三届议院起，拥有席位的政党便长期稳定在3~4个了。

拓展案例

巴伐利亚州党案[1]

第二次世界大战以后，德国在《基本法》中采取了混合选举体制：一半众议院议员由比例代表制选出，另一半则由单一成员选举制选出，并且在和地区代表制相结合的基础上，比例代表制还受到"5%规则"的立法限制。这项规则可防止由于政党选举时采用比例代表制，导致了政党众多的现象发生。由于这项规则的目的是充分保障议会稳定，防止代表基础太薄弱的分裂政党进入议会，它的合宪性得到宪法法院的肯定，并被德国各级政府采纳。

在1957年的"巴伐利亚州党案"中，"5%规则"的合宪性受到挑战。巴伐利亚州党在本州内势力强大，但在全国范围内未能获得5%的选票，因而不能进入联邦众议院。该党在联邦宪法法院宣称："5%规则违反了《基本法》第3条第1款、第38条第1款以及第21条对政党的保障，并且该规则以整个联邦而非各州为计算单位，因而违反了《基本法》的联邦主义特性。"宪法法院第二庭维持了"5%规则"的合宪性。

[问题与思考]

德国联邦基本法和各州宪法为什么要规定"5%条款"？

三、我国政府组成人员的任免与党委的领导

经典案例

甘肃某地任命行政官员案

[基本案情]

我国《地方各级人民代表大会和各级人民政府组织法》规定，市长、副市

---

[1] 张千帆：《宪法学导论：原理与应用》，法律出版社2004年版，第398页。

长、区长、副区长应当由本级人民代表大会选举产生，在本级人民代表大会闭会期间，由同级的人民代表大会常务委员会决定副市长、副区长的个别任免。甘肃省某地区改市建制后，人民代表大会会议没有召开，就宣布了党委决定的市政府、区政府组成人员。

[法律问题]

不经人民代表大会选举任命市长是否合法？

[参考结论与法理精析]

我国实行人民代表大会制度，人民代表大会是国家的权力机关，由其产生同级人民政府，所以地方各级人民政府的正职负责人只能由同级人民代表大会选举产生。相应的，地方各级人民政府的正职负责人也只能由同级地方人民代表大会罢免。《宪法》第101条规定，地方各级人民代表大会分别选举并且有权罢免本级人民政府的省长和副省长、市长和副市长、县长和副县长、区长和副区长、乡长和副乡长、镇长和副镇长。根据《中华人民共和国地方各级人民代表大会和地方各级人民政府组织法》第8条和第10条的规定，县级以上地方各级人民代表大会，有权选举或罢免同级人民政府的正职领导。

根据法律的规定，市长的选举，必须经过若干程序：召开市级人民代表大会，在人民代表大会会议上，大会主席团或20位以上的代表联名可以提出市长候选人人选，由主席团酝酿协商确定正式候选人。正式候选人可为1人，此时实行等额选举；也可以为2人，此时实行差额选举。正式候选人确定以后，须召开人民代表大会会议的全体会议，实行无记名投票选举，获得过半数的赞成票的候选人始得当选。所以，除经人民代表大会选举的市长，其他任何人或组织，包括党委均无权宣布市长的任命。所以在案例中甘肃省某市党委的做法是与法律的规定完全相抵触的。

根据《地方各级人民代表大会和地方各级人民政府组织法》第10条、第26条的规定，要罢免一位市长的职务，必须履行以下法律程序：在该市人民代表大会举行会议期间，首先由大会主席团，或者同级人民代表大会常务委员会、或者1/10以上代表联名提出相关罢免案，然后由主席团提交大会审议表决。显然，我国的相关法律对县级以上各级人民政府的正职职务的免除，在权限、程序上有着明确而严格的规定，除同级人民代表大会以外，任何组织、机构，都没有罢免一省、一市或一县之长的权力。

党的领导是我国政治制度的根本特征。但党的领导必须通过合法的方式和程序而进行，不能超越宪法和法律之上实现对国家的领导。宪法序言规定：宪法是国家的根本法，"全国各族人民、一切国家机关和武装力量、各政党和各社会团体、各企业事业组织，都必须以宪法为根本的活动准则，并且负有维护宪法尊严、保证宪法实施的职责。"《宪法》第 5 条第 4 款进一步规定:"一切国家机关和武装力量、各政党和各社会团体、各企业事业组织都必须遵守宪法和法律。一切违反宪法和法律的行为,必须予以追究。"

但某些地方的党组织还不适应在宪法的框架内实现党的领导。在人事任免上,往往忽视人民代表大会的作用,超越宪法和法律的规定直接任命或免除本应由人民代表大会选举或罢免的行政机关的领导人员,尤其是在社会出现公共危机时,将那些对社会重大事故或危机负有责任的行政官员实行"就地免职"以示对人民负责的做法,更是一些党组织的惯性思维。

如前所述,任何政党,包括执政党,都必须遵守宪法和法律。建设法治国家更是宪法对执政党的要求。所以,执政党必须以宪法规范自己的行为,其对国家的领导只能通过宪法设定的权力运作程序实现。对于行政机关负责人的任免,党组织不能凌驾人民代表大会之上独立自专,但可以通过向人民代表大会推荐候选人或通过人民代表大会代表中的党员代表联名的合法途径实现党的领导。而对于渎职或不负责任的党员领导干部,则可以通过向人民代表大会提出建议的方式,要求人民代表大会罢免其职务。

拓展案例

案例一: 河北省委免除行政官员案

据新华网 2003 年 4 月 24 日报道,针对个别地区"非典"疫情汇报不积极的现象,河北省委常务委员会 4 月 24 日研究决定:全省 11 个地市在疫情汇报上如果达到 3 次不报、3 次不按时报或 3 次不准时汇报的,市长就地免职。

案例二: 三鹿奶粉事件与石家庄市长的免职

新华社石家庄 2008 年 9 月 16 日电 中共河北省委常委扩大会 16 日研究决定,同意石家庄市委提出的有关建议,在前一阶段事实调查认定的基础上,对部分"三鹿奶粉事故"负有领导责任的相关人员作出组织处理。

初步调查所获得的证据表明,"三鹿奶粉事故"目前主要发生在奶源生产、收购、销售环节。为此,中共石家庄市委向河北省委报告,建议经由相关法律程序,免去石家庄市分管农业生产的副市长张发旺的职务,同时免去石家庄市畜牧水产局局长孙任虎的职务。石家庄市人大常委会 16 日晚召开会议,已经按照有关法律程序,通过了对上述人员的行政免职决定。

鉴于对奶源质量监督不力，石家庄市食品药品监督管理局局长、党组书记张毅，石家庄市质量技术监督局局长、党组书记李志国 16 日也被上级主管机关免去了党内外职务。

[问题与思考]

上述两个案件相比，相关官员的免职程序有何不同？何种程序符合宪法和法律的规定？为什么？

第四章

宪法保障制度

第一节 违宪审查体制

一、普通法院的司法审查

经典案例

案例一：　　　　　　　美国马伯里诉麦迪逊案
　　　　　（Marbury v. Madison，5U. S. （1 Cranch）137（1803））

[基本案情]

美国建国之初形成了以托马斯·杰弗逊（Thomas Jefferson）为首的（民主）共和党和以约翰·亚当斯（John Adams）为首的联邦党，两党矛盾尖锐。1797年亚当斯当选为美国第二任总统。1800年是新的总统选举年，亚当斯为追求连任，任命约翰·马歇尔（John Marshall）出任国务卿，协助他展开与（民主）共和党候选人杰弗逊的竞争。结果杰弗逊获胜。联邦党人不仅在总统选举中遭受失败，而且失去了国会的控制权，因而想方设法控制司法部门。1801年1月20日，即将下台的亚当斯任命上任不久的国务卿马歇尔出任联邦最高法院首席大法官。

联邦党人不仅希望控制最高法院，还试图控制下级法院。1801年2月13日，国会通过了新的《巡回法院法案》（Circuit Court Bill），将联邦巡回法院的数量从3个增加到6个，从而新设了16名巡回法院法官；同时，在首都华盛顿这一对政治可能产生重大影响的特区增加了5个地区法院。1801年2月27日，国会通过了一项《哥伦比亚特区组织法》（the District of Columbia Act），规定总统可以任命特区42名任期5年的治安法官（Justice of Peace），这一任期将跨越下一届总统选举，新当选的杰弗逊总统除了修改这一项立法外将无法替换治安法官。以上两个法案对美国当时的法院系统作了重大调整，亚当斯借机任命联邦党人士作为联邦法官，以使联邦党人对联邦政治的影响长期化。1801年3月2日，亚当斯任命了42名哥伦比亚特区治安法官，3月3日午夜以前参议院同意了这些任命，亚当斯旋即签署任命状并经国务卿马歇尔盖章后生效，这些人被称为"午夜法官"（Midnight Justice）。但这些任命状只有一部分在3月3日晚上送达，其他人的任命状由于交通条件所限，没有及时发出。

当选总统杰弗逊对联邦党人这种不择手段强占政治地盘的做法深为恼火。第二天，即1801年3月4日，当上任后的杰弗逊得知还有17份治安法官的任命状没有送出时，立即指令他的国务卿詹姆斯·麦迪逊（James Madison）拒绝发送这些任命状。与此同时，（民主）共和党人控制的新国会通过决议废除了《巡回法院法案》，但没有撤销《哥伦比亚特区组织法》。

由于麦迪逊拒发任命状，那些已得到法官任命却未接到任命状的人无法上任，被任命为华盛顿郡的治安法官威廉·马伯里（William Marbury）便是其中一个。于是，他以1789年《司法法》（Judiciary Act of 1789）第13条[1]为依据，向联邦最高法院提起诉讼，要求法院发出命令状（writ of mandamus），令杰弗逊及国务卿麦迪逊交出任命状，从而形成了美国历史上有名的马伯里诉麦迪逊案（Marbury v. Madison）。

[法律问题]

1. 美国联邦最高法院是否有权宣布违宪的法律无效？
2. 美国式的司法审查制度作为违宪审查的模式有何优缺点？

[参考结论及法理精析]

（一）法院判决

马歇尔首先阐明了违宪的法律不是法律，法官不得适用（具体参见本书第一章的内容），然后进入到下一个问题，即哪一机关有权判断法律是否违宪？他指出：阐明法律的意义是司法机关的职责，"确定法律是什么是司法机关的权限和职责。那些把规则适用于具体案件的人们，必定有必要对规则进行阐释和解释。假如两个法律相互冲突，法院必须决定哪一个适用。如果一部法律是违宪的，而该法与宪法都适用于同一案件，那么，法院要么无视宪法，适用该法；要么无视该法，适用宪法。法院必须决定这些相互冲突的规则中哪一个适用于该案，这就是司法职责的本质。假如法院认为应适用宪法，认为宪法高于任何立法机关的普通立法，那么，管辖该案的应是宪法而不是立法机关的普通法案。"

根据以上推论，马歇尔认为，尽管马伯里的权利受到侵害并应得到法律救

---

[1] 该条规定，联邦最高法院有权对合众国公职人员发布职务执行令状。

济,但最高法院对这一属于政治性的问题没有管辖权;马伯里所依据的《司法条例》相关规定是违宪的、无效的,不能适用于本案。据此法院驳回了马伯里的请求。

(二) 法理精析

1. 马伯里诉麦迪逊案的背景。在马歇尔长达 35 年的联邦最高法院首席大法官任期内,马伯里诉麦迪逊案是对美国宪政体制影响最大的一个案件。

本案起源于美国建国之初的党派之争。马歇尔面临的是一个进退两难的局面。他如果受理该案并依据1789年的《司法条例》的规定发布强制令命令国务卿麦迪逊交出任命状,麦迪逊肯定不会遵从法院的命令,因为当时最高法院的权威很有限,用汉密尔顿的话来说就是"既无钱又无剑",根本无法强迫政府和国会服从法院的判决。如果法院发出了命令状而麦迪逊不服从法院的命令,对于本身并无强制力量的法院来说,将会严重影响其权威。而如果让马伯里撤回这一诉讼,正好让(民主)共和党人达到其目的;况且马伯里之所以向联邦最高法院告状,就是指望联邦党人控制的法院站在他们的立场上,维护自己的权利。所以,不受理案件或受理案件而不确认马伯里的权利受到侵犯将意味着联邦党人在这场政治斗争中不战而败,也表明出法院这一政府分支在面临另外两大分支——行政和立法机关的政治压力时的软弱和无能。

马歇尔既要顾及联邦党人的尊严,同时也要维护联邦最高法院的权威,富有政治经验的他采取了一个相当有策略的处理措施,即既要避免与立法机关、行政机关直接交锋,又要实现对立法权和行政权的有效遏制,树立司法的权威。在判决中,他首先肯定了马伯里的权利受到了侵犯并且有权得到法律救济,但他又否定了这一救济应由最高法院提供,其原因在于马伯里所依据的法律是违宪而无效的。不仅如此,马歇尔还以此案为契机,为最高法院争取到了宪法并未明确授权的权力,即审查国会制定的法律是否违宪并宣布违宪法律无效的权力。他巧妙地利用了一个法律技术问题在判决的最后驳回了马伯里的诉讼请求,避免了与行政机关的正面冲突。然而,一旦行政机关接受了这一结果,那就意味着同时也默认了这样一个原则:联邦最高法院有权解释宪法并判断国会的立法是否违反宪法。这一判决使得最高法院真正获得了对立法机关、行政机关制衡的方法,从而使宪法所遵循的三权分立和制衡的原则真正完整地得以体现,对此后美国宪政体制的定型和巩固具有极为深远的影响。

2. 马伯里案与司法审查制度的确立。美国宪法第 6 条确认宪法是全国的"最高法律",行政、立法和司法三机关之间具有一种制衡关系,司法机关可以对立法、行政机关进行监督。但宪法本身对司法审查制度却无明文规定。在

1787年费城制宪会议期间，对于司法审查曾有过争论。有人坚决反对赋予法院以审查法律的权力。而大资产阶级的代表联邦党人则主张法院应有权审查法律的合宪性。联邦党人代表人物汉密尔顿认为限制立法机关越权的最好机构就是法院，他认为在立法、行政、司法三大机构中，司法是最弱的一个部门，"司法部门既无军权，又无财权，不能支配社会的力量与财富，不能采取任何主动的行动。故可正确断言：司法部门既无强制，又无意志，而只有判断，而且为实施其判断亦需借助于行政部门的力量。"[1]于是他认为，既然司法部门既无刀枪，又无金钱，对宪法造成损害的可能性最小，由它来监督宪法则最合适。由于制宪代表们的意见有分歧，宪法没有对此作出规定。但汉密尔顿的论述为今后美国司法审查制度的确立奠定了理论上的基础。

事实上在1803年以前，各州法院和联邦下级法院基于其普通法传统，已经在实际上行使了违宪审查权。据统计，从1787年至1803年州法院宣布州立法无效者在20件以上，1790年联邦巡回法院在关于康涅狄格州立法的判决中确立了联邦法院审查州立法是否合宪的先例，在1790～1803年间，联邦巡回法院宣布5项州法令因违反了联邦宪法而无效。州法院和联邦巡回法院这些司法活动为以后美国司法审查制度的确立做了实践上的准备。

而真正使美国司法审查制度确立起来的判例是1803年的马伯里诉麦迪逊案。它确立了司法审查制度的三个基本内涵：①宪法是国内的最高法，不仅高于州的立法，也高于联邦国会制定的法律，这不仅是一种理念，而且可以在司法实践中得到实施；②确立了司法机关解释和实施宪法的权威地位，即在涉及宪法的争议活动中法院拥有阐释宪法的权力；③法院对宪法的解释对其他机关具有法律上的约束力，其他机关必须遵守联邦最高法院的最高效力的解释。

但是，马歇尔这种为最高法院自我授权的做法在最初受到了很多人的批评，最典型的批评来自于约翰·B.吉布森法官，他是在宾夕法尼亚州最高法院的法官。1825年在宾州最高法院审理埃金诉劳布案时，吉布森法官指出：①司法机关的正常的和主要的权力并未扩展到取消立法机关所制定的法令；②凡适用于具有平等地位的政府部门之一的东西，也应适用于政府的其他部门，既然司法机关有权解释宪法，那么立法机关至少应有同样的宪法解释权，因为不解释宪法就不能依据宪法的精神制定法律；③相互制衡的概念本身并不包含司法否决权的思想。

然而，这些批评却并没有能阻碍司法审查制度的建立和完善。经过司法实践，司法审查逐渐成为美国宪法的一个基本原则和制度，并在美国的政治生活

---

[1] [美]汉密尔顿等著，程逢如等译：《联邦党人文集》，商务印书馆1980年版，第391页。

中起到了举足轻重的影响。许多起初反对马歇尔意见的人，后来也赞同马歇尔的意见。吉布森本人在发表不同意见的 25 年后，公开表示收回成见，转而支持马歇尔的意见。著名的美国历史学家比尔德认为本案大大地提高了联邦最高法院的权威，从根本上实现了联邦最高法院建立以来的创造性的突破。

当然，作为一种在宪法上没有明确规定而仅由司法机关的判例而能够确立的司法审查制度，其形成不是偶然的，而具有独特的生成环境："美国当时的社会经济发展要求一个更为强有力的联邦政府和联邦最高法院，司法审查得以真正确立是一种社会的公共选择；英美法形成的遵循先例的司法传统对这一制度的确立意义重大，司法审查又是传统的产物；美国当时各派都具有相当的政治力量以及基于这种力量基础之上才可能出现的妥协，制度的确立是一种政治力量对比的产物；马歇尔此后长达 30 余年担任的首席大法官以及他对最高法院权威之精心呵护，司法审查又是司法人员稳定和司法经验积累的产物；后代法官对马伯里案发掘并赋予司法审查的意义，司法审查又是后代法官的再创造。"[1]

（三）美国司法审查制的作用及影响

约翰·马歇尔 1801 年接任院长时，联邦最高法院是联邦三个机关中最为弱势的一个部门，其工作乏善可陈，第一任首席大法官约翰·杰伊（John Jay）在 1795 年任期结束后拒绝再任。在马歇尔就任法官时，为防止马歇尔控制下的联邦最高法院对国会的挑战，新国会还进一步以法令的形式迫使联邦最高法院从 1801 年 12 月至 1803 年 2 月休庭。但当最高法院重新开庭后，马歇尔即抓住马伯里一案的机会，真正树立了最高法院的权威。

但在马伯里案后，司法审查并没有立即成为美国政治法律中具有重要影响的制度，这从审查案件的数量可以得到证明。从 1789 年至 1860 年间，被法院宣布违宪无效的州法律只有 60 件，而宣布违宪无效的联邦法律只有两件。南北内战后，联邦法院开始较多地干预国家和社会事务的管理，宣布法律违宪无效的案件有了一定的增加。19 世纪末 20 世纪初，美国的社会矛盾加剧，社会上要求法院积极地干预各种社会问题的处理，联邦法院的司法审查作用有了显著的加强。从 1890 年至 1937 年间，法院宣告各州法律违宪无效的多至 4 万件，宣告联邦法律违宪的也增至 50 件。这一时期是司法审查的积极主义阶段，或者说是司法审查的鼎盛时期，司法审查在美国已经成为固定的重要制度。进入 20 世纪以后，虽然仍然有一些对司法审查制度的质疑声音，但其作为美国宪政制度的重要组成部分的地位已经无可质疑，对宪法的实施、宪政体制的维护和公民权利

---

[1] 朱苏力："制度是如何形成的？——关于马歇尔诉麦迪逊案的故事"，载《比较法研究》1998 年第 1 期。

的保护起到了重要的作用，并且在世界上产生了重要的影响。

1. 联邦最高法院通过其作出的有权威性的宪法解释使美国宪法不断适应时代的需要，从而使宪法得以稳定二百多年之久。美国宪法是二百多年前制定的，是世界上第一部成文宪法，是"四轮马车时代的产物"，而且条文极其简略。但就是这样一部宪法，在今天的信息时代照样能够适用，一个基本的原因就在于联邦最高法院通过司法审查不断适时解释宪法，使宪法条文的含义能顺应时代潮流的变化而变化，从而保证宪法的永久活力。这正如一位西方法学家所言："美国宪法为解释所发展，为判例所修饰，为政治传统、习惯所扩张。"[1]

2. 司法审查制度确保了联邦和州之间的权力均衡，使联邦制得以稳定发展。司法审查使联邦最高法院成为了联邦制的监护人。因为审查州和地方政府的法律已经成为联邦最高法院司法审查的最重要内容。在司法审查历史上，联邦立法有很多被最高法院宣布为违宪，但更多的被宣布为违宪的法律是州和地方的法律。正如大法官霍姆斯在50年前所谈到的，"假如我们失去了宣布国会某一法案无效的权力，美国不会因此而完蛋。但是我们确实认为，假如我们对一些州的法律不宣布其无效，联邦就会遭殃。"

3. 司法审查制度使最高法院成为公民权利的最有利的保障者。宪法是为保障人权而设。但仅有宪法是不能保障人权的。宪法保障人权的功能必须通过违宪审查制度才能实现。美国的司法审查制度使法院能够判定那些侵犯公民权利的法律违反宪法并宣布其无效，从而使公民免受来自于公共权力尤其是立法权的侵害，从而保障公民权利的实现。

4. 违宪审查制度不仅对美国宪政制度的完善和发展起到了重要作用，而且对世界各国的实施都产生了极大的影响。有人称，美国宪法在域外最有力的影响也是它的司法审查。到目前为止，据有关统计资料显示，全世界现有64个国家实行美国式的司法审查制度，如加拿大、澳大利亚、挪威、丹麦、瑞典、日本、菲律宾、印度、智利、洪都拉斯、玻利维亚、哥伦比亚等国。

不仅如此，自20世纪初，司法审查制度在欧洲大陆法系国家也受到了广泛的关注。在法国，从1902年开始，比较立法协会的拉尔诺德会长发起了一场旨在建立美式违宪审查制度的运动。许多政治家都支持他的观点，一些公法方面的著名学者，如泰勒米、狄骥、欧里安、梅斯特等，同意鼓动普通法院的法官敢于宣布违反宪法的法律无效。德国自1925年11月帝国法院的一个判决开始，普通法院就肩负起了根据魏玛宪法审查法律合宪性的重任。意大利在20年代末也曾大规模地讨论过由普通法院对立法的司法审查，并且在战后建立宪法法院

---

[1] 转引自 J. M. 迦纳：《政治科学与政府》，商务印书馆1946年版，第808页。

之前曾采纳过一段时间的美国司法审查模式。虽然这些国家最终没有采取美国式的司法审查制度，但司法审查制度中所蕴含的宪法思想被它们普遍接受。这些思想包括：宪法是国家的最高法律，它不仅高于地方立法，也高于中央国会的立法；为了保障宪法的最高法地位，必须由某种司法性的机关来审查其他法律是否与宪法相一致，并有权宣布其无效乃至撤销。所以，二战后的欧洲大陆各国虽然没有采取美国式的司法审查制度，但建立了宪法法院或宪法委员会等专门机构监督宪法的实施。

案例二：日本的杀害尊亲属加重处罚案

[基本案情]

这一案件发生在日本。被告相泽千代从14岁起就被其亲生父亲相泽武雄进行持续的性虐待，并被迫为自己的父亲生下了5个孩子（其中2个婴儿夭折，另外还有5次流产）。此后，医生劝被告人相泽千代，如果她再怀孕，身体将遭受极大伤害，被告于是接受了节育手术。在长达十几年的性虐待过程中，被告之所以没有逃脱，是担心同住在一起的妹妹会遭受相同的厄运。在这期间，被告在工作中与一位比自己小7岁的男性相恋，并计划结婚。当被告人的父亲得知被告要结婚的想法时，无比暴怒，殴打被告并将被告监禁在家中。1968年10月5日，被告在饱受父亲的凌辱之后，实在忍无可忍，用和服的腰带将父亲绞死。

当时的日本刑法第200条规定，晚辈杀害自己的父亲、祖父、母亲或祖母等直系尊亲属的（即杀害尊亲属），其法定刑应重于一般杀人罪，该罪名的法定刑只有死刑和无期徒刑两种选择。但是结合本案的特殊背景，大多数观点认为被告没有必要被判刑。根据日本法律的规定，减刑最多2次，也就是被告的宣告刑不能低于3年零6个月；而缓刑又只能适用于3年以下有期徒刑或更轻的刑罚，若被告杀害尊亲属的罪名得到认定，将无法获得缓刑。被告不想被判实刑，因此辩方请求法官判决刑法第200条违反宪法规定，对于合宪性判断，一审和二审法院作出了不同的理解，并最终上诉到了日本最高法院，从而形成了日本的杀害尊亲属加重处罚案，此案在日本宪法史上极为重要，是日本最高法院首次判定法律违宪的案例。

担任一审的宇都宫地方法院判定《刑法》第200条违宪，并根据发案前后的客观因素，认定被告的行为是防卫过当，免予处罚。然而，二审的东京高级法院则认为上述法条合宪，在此基础上给予最大程度的减刑，判决3年零6个月的有期徒刑。对此辩护人提出《刑法》第200条违反平等原则，提出上诉。最高院驳回了二审的判决，认为被害人对被告实施的侵害应受谴责，而杀害尊亲属罪应加重处罚的法律属于违宪，判定被告犯一般杀人罪，判处2年零6个月有期徒刑，缓期3年执行。

《日本宪法》第14条第1款"一切国民在法律面前平等，在经济、政治和社会关系上，不得因种族、信仰、性别、社会地位以及门第受到歧视"中规定了平等原则，日本最高法院解释平等原则，宪法第14条第1款规定保障国民在法律之下的平等，同款后半部分列举的事项是例示性的，并不是只包括这几种歧视，只要不是基于合理的根据的歧视性的对待，就应禁止。最高法院认为，另外将杀害尊亲属作为一个罪名不能说违宪，但就杀害尊亲属的处罚过重这一规定而言，是违反了宪法的。

据此，最高法院以刑法有关条款违宪为由撤销了二审法院的判决，主要理由是：①《宪法》第14条的平等条款可以解释为，如果一种区别对待在相应具体案件中缺乏合理根据，这种区别对待应该禁止。②《刑法》第200条的立法目的在于，对于受到一般社会强烈的道义谴责的配偶之间或尊亲属之间的犯罪行为予以严惩以防止该类案件的发生。对于尊亲属间的犯罪行为区别对待、加重处罚的刑法的相关规定并非缺乏合理的根据。③但是加重的程度过于严厉，作为达到上述立法的目的手段有失均衡，因此，其区别具有明显的不合理性，该刑法条款违反宪法。由此，最高法院在解释宪法的平等条款时，用对立法目的与达到该目的采取的手段进行比较的手法，进行了违宪判断。

[法律问题]
1. 日本为什么要建立美国式的司法审查制度？
2. 日本的司法审查制度效果如何？

[参考结论与法理精析]
日本1889年制定了亚洲的第一部宪法即明治宪法，该宪法确立的是天皇专制政权，没有建立违宪审查制度的可能。1945年，日本在二战中即将战败，以美、英、中三国名义发布的波茨坦宣言，要求必须在战后振兴民主主义并扫除有关障碍、确立思想和信仰的自由以及尊重基本人权、自主地建设倾向于和平路线的负责任的政府。为了履行这样的国际法义务，必须对明治宪法进行彻底修改。日本当代宪法学界的泰斗宫泽俊义教授认为，正是波茨坦宣言诱发了一场导致国体变化的宪法革命，并以由此产生的从天皇主权体制向国民主权体制的社会转型作为新宪法秩序的正当性根据。

第二次大战结束后，美军占领当局对日本的宪政体制进行改造，其中的一个重要方面是要充分加强法院的地位和作用；特别是为了保障新宪法的持久效力、防止日本今后通过制定或修改法律的方式逐步消解宪法的规定，建议把对立法是否符合宪法的审查权赋予审判机关。日本政府根据占领当局的要求，起草新宪法。

1945年10月，日本政府开始对曾担任京都大学宪法学教授的佐佐木惣一提出的宪法修改方案进行研究。佐佐木在战前曾因维护学术的独立和尊严而辞职，被公认为是不畏军国主义势力强权的有气节的进步知识分子，所以他的方案受到了政府的重视。这一方案规定："①对于有关帝国宪法条规的疑义，由法律规定的宪法法院依法审判。②对基于皇室典范的各种规则以及法律、命令是否违反帝国宪法，宪法法院应宫内大臣政府以及帝国议会提出的请求而进行审判。但对正在宪法法院受理之中的案件的判决，有必要就判决本文中援引的各种法律涉及的宪法上的疑义进行决定时，宪法法院依职权进行审判。③对前款规定之外的事项政府或者帝国议会的有关行动是否违反帝国宪法，宪法法院应帝国议会或者政府提出的请求而进行审判。当众议院或者特议院有请求时，政府必须为之提出请求。④对正在最高司法法院或者最高行政法院受理之中的案件的判决，法院认为有必要就宪法上的疑义进行决定并提出请求时以及诉讼当事人提出同样申请时，宪法法院进行宪法审判。⑤对第2款、第3款以及前款规定之外的事项，在法律规定属于宪法审判的范围时，宪法法院进行宪法审判。"

可以看出，佐佐木教授试图采取奥地利的宪法法院模式，即通过建立专门进行违宪审查的司法性机构，根据享有提诉权的主体的申请对法律政令是否合乎宪法进行审查。违宪审查不必以具体的诉讼案件为前提。但当时负责宪法改革的国务大臣松本蒸治所领导的宪法问题调查委员会反对在日本建立违宪审查制度，无论是德国式的宪法法院，还是美国式的司法审查。这引起了美国占领当局的警惕。麦卡瑟当即决定由占领当局自行起草与波茨坦宣言内容相吻合的新宪法方案交日方审议通过。总司令部民政局在1946年2月接到指示后马上成立起草作业运营委员会。委员会成立后马不停蹄地展开草案工作，一个星期后草案完成，经过审议修改后交给日方代表。日本对于美国占领当局独自为日本起草宪法极为不满，但仍被迫接受。美国人在起草该部宪法草案时，以美国本土的制度为蓝本，将普通法院的司法审查制度引进到日本，但作了一定的修正。草案第73条规定："最高法院为终审法院。当法律、命令、规则或者政府行为是否符合宪法的问题需要决定时，在基于或涉及宪法第三章的所有场合都以最高法院的判决为终审判决；在其他的所有场合，国会得对最高法院的判决进行再审。付与再审的最高法院的判决只有在获得国会议员2/3多数赞成时才得以撤销。国会应该制定关于最高法院判决再审的程序规则。"这意味着只有在涉及宪法第三章所规定的人权和公民基本权利义务时，最高法院才享有对违宪法规的最终审查权，而在其他场合则以维护国会主权原则，把对最高法院关于违宪的判决本身的再审权赋予国会，只是对撤销决定的表决采取绝大多数通过的加重方式。但在后来日美双方围绕改宪的磋商过程中，所谓有限司法审查制中的"有限"被剔除了，剩下的只是地地道道的美式司法审查制。具体内容如现行日本国宪法第 81 条规定的那样："最高法院为有权决定所有法律、命令、规则或者处分是否符合宪法的终审法院。"

在后来的实践运作中，日本的司法审查模式也基本与美国相同。首先，虽然宪法只规定最高法院有司法审查权，但事实上下级法院亦有这一权力，只是下级法院的违宪判断可以被享有终审权的法院推翻或修改，最高法院曾在判例中承认了下级法院的这一权力；其次，日本采取附带性违宪审查制，法院不能脱离具体案件抽象地对法律和命令等是否符合宪法进行审查，因此违宪判决的效力只限于对本案的法律适用，不能导致成文规范的一般性失效，日本最高法院也曾在个案中表明其不就抽象性宪法问题作出裁判。

自 1947 年起，日本最高法院总体上非常消极地对待自己的违宪审查权，在战后 50 年的司法审查实践中，基于刑事案件的宪法判决约有 700 件，基于民事案件、行政案件的宪法判决约有 150 件，而其中明确作出的违宪判决只有 8 件；[1] 美国联邦最高法院的违宪判断即比日本要多。另外，日本和韩国作为实行两种不同违宪审查体制的国家，违宪裁判也完全不一样。据统计，在韩国 1988 年建立宪法法院之后截至 2003 年的 15 年时间内，共受理宪法案件 1413 起，宪法法院作出违宪判决的占 333 起（违宪的案件囊括了所有形式的违宪，例如"与宪法不一致"、"部分违宪"、"在适当解释的情况下合宪"、"完全违宪"。完全违宪判决在 333 起案件中占据了 208 起）。[2] 可以看出，韩国宪法法院较之于日本最高法院更为积极地追究违宪者的违宪责任。

日本最高法院怠于追究相关主体违宪责任的情况受到了很多学者的批评，而最高法院也为自己怠于行使审查权进行了辩解。1960 年～1966 年担任最高法院法官的横田喜二郎在卸任后发表了关于违宪审查权的一部著作，着重强调了法院应该慎重行使违宪审查权，其理由是：①责任重大。宪法赋予法院的违宪

---

〔1〕 日本最高法院的 8 件违宪判决的前 6 件是：①1962 年的在走私案中"没收第三方证据"违宪案；②1973 年"杀害尊亲属案"中裁决有关杀害尊亲属加重处罚的刑法规范违宪；③1976 年"议员得票不均衡案"中裁决有关议员席位分配不均衡的法律违宪；④1975 年在"限制药房距离案"中裁决有关药房设置距离要求的药事法违宪；⑤1987 年的"森林限制分割案"中裁决森林法中有关禁止请求分割森林的规定违宪；⑥1985 年 7 月的"议员名额分配不均衡"违宪案。Lawrence W. Beer and Hiroshi Itoh, *The Constitutional Case Law of Japan, 1970 through 1990*, University of WashingtonPress, 1996, p. 24. 另外，2005 年日本最高法院在"邦外人选举违宪诉讼案"中判决立法机关不修改公职选举法的相关规定违宪，2008 年判决《国籍法》当中的具体部分违宪。这些判决是日本最高法院的最新作出的违宪判决。

〔2〕 [韩] 尹大奎、李海霞："通往韩国宪政主义的新路径"，载《浙江社会科学》2004 年第 3 期。

审查权是非常重大的权限。法院可以根据上述权限，以违反宪法为理由使国会制定的法律、政府发布的命令、规则、处分变为无效。行使如此重大的权限必然伴随相应的责任，在实际操作过程中应该慎之又慎。②三权分立的原理。三权分立原则要求，立法权、行政权、司法权各自独立，相互不受干涉，司法权原则上不应该干涉立法或行政业务。司法的主要任务是在解决具体纠纷过程中适用法律，确定该事项的合法或非法以及相应的权利义务关系。宪法赋予司法机关行使违宪审查权属于三权分立原则的例外。③民主主义的理论。在民主国家里制定法律的国会代表国民的意志，作为国民意志表现的法律应该受到尊重。由国会选举产生的内阁总理及各大臣也因间接代表国民的意思而具有民主主义的正统性。相反，法官并非由国民选举产生，同时没有必要向国民直接承担责任。从民主主义的角度可以把由法官断定国会的法律或行政机关的命令无效看作反常现象。[1]横田法官的意见可以说是代表了当时乃至当今日本司法界大部分人对于如何行使违宪审查权的看法。但是，从上述统计数字看，日本最高法院怠于行使的并不是违宪审查权，而是作出违宪判断的权力。事实上，日本最高法院一直积极地进行宪法判断，只不过其违宪判断很少。

另一个需要注意的现象是，日本地方法院对于违宪判断总体上要比最高法院积极。[2]例如在日本首相参拜靖国神社是否违反日本宪法政教分离的规定上，地方法院明显呈现与最高法院两种不同的立场，即更积极地进行违宪判断。据统计，日本地方法院已多次判决首相参拜靖国神社违宪。如在1992年7月，日本大阪高等法院在针对日本首相中曾根康弘于1985年8月15日以公职身份参拜靖国神社违宪的诉讼中，判决其参拜具有违反宪法的嫌疑；而在2004年4月7日，日本福冈地方法院明确判定时任首相的小泉纯一郎参拜靖国神社违反宪法的政教分离的条款。[3]但是，地方法院的违宪判决一般都很难得到最高法院的支持。这其中的原因与地方法院不如最高法院那样有如此多的政治顾忌有关。

正是基于对最高法院怠于作出违宪判断不满，日本社会主张对现有制度加以改革。1993年，曾担任日本最高法院法官10年之久的著名法学家伊藤正己出版了个人回忆录，在书中他详细分析了造成日本最高法院司法消极主义的各种原因，认为要改变这种局面最好是放弃美式司法审查制，采取欧洲大陆的宪法法院模式。这一看法在宪法学界以及公众传媒中激起了很大的反响，反对和赞成的声音均很强烈。2004年11月，日本自民党发表了本党关于宪法修改的建议

---

〔1〕 童之伟、姜光文："日本的违宪审查制及其启示"，载《法学评论》2005年第4期。

〔2〕 See Huroyuki Hata, Go Nakagawa, "Constitutional Law of Japan", *Kluwer Law International*, 1997, p. 46.

〔3〕 见王新生："福冈法院：首相参拜靖国神社违宪"，载《世界知识》2004年第9期。

稿,其中规定:"司法法院在认为存在违宪问题时请求宪法法院进行审判。"可以看出,社会上对于最高法院的司法消极主义已有共同体会,在要求予以改革方面也有较强共识。但究竟是在现有的普通法院司法审查的基础上进行调整与完善,还是单独设立宪法法院,目前尚有较大分歧。

拓展案例

案例一: 美国的麦卡洛克案

1791年2月,美国国会根据宪法第1条第8款中关于国会有权通过一切"必要和适当"(necessary and proper)法律的规定制定建立国家银行的法案。华盛顿总统签署了这一法案。1791年第一国家银行成立,期限20年。第一国家银行对于稳定国家的财政以及维护工商业的利益等各方面起到了重要作用。但是,国家银行的设立是不符合当时美国州权派意志的。1811年,第一国家银行的执照的有效期限届满,联邦派要求颁发新的执照,但是由州权派控制的国会拒绝了这一要求,于是第一国家银行停业。之后各州纷纷设立银行并大量的发行纸币。由于各州银行发行的纸币的币值参差不齐,导致了工商业的极度混乱和困难,使得联邦的财政在1812年~1814年对英国战争期间发生严重的危机。尤其重要的是各州银行发行纸币违反了联邦宪法第1条第10款的规定:禁止各州铸造货币及发行纸币。正是由于上述种种原因,成立国家银行的呼声又起,一些州权派议员也改变了他们最初的观点。于是国家第二银行法于1816年4月得以通过。

由于第二国家银行存在诸多问题,未能改善国家的财政金融状况,也没有抑制当时的投机趋势,一些分行公然地从事投机和金融诈骗活动,所以在州权观念强烈的南部及西部各州没有受到欢迎,并且一些州采取各种措施对第二国家银行予以抵制,有的在州宪法中直接规定禁止在该州境内设立国家银行分行,有的则间接地对其课以重税,以达到禁止其存在的目的。马里兰州众议院于1818年2月通过了一项立法,对所有在该州营业而未经过该州议会许可的银行所发行的钞票征收印花税,凡是违反规定者,则处以500美元的罚金。这一立法实际是直接针对第二国家银行设在该地的巴尔地摩(Baltimore)分行制定的。该行出纳员麦卡洛克(McCulloch)认为马里兰州根本无权向联邦银行征税,于是对马里兰州的该项立法置之不理,故意将未曾纳税的钞票支付出去以示抵制,这一行为受到了州法院的罚款处罚,而联邦政府则完全站在支持巴尔地摩分行出纳员麦卡洛克的立场。麦卡洛克又以州法违宪为由上诉到联邦最高法院,从

而形成麦卡洛克诉马里兰州案（McCulloch v. Maryland，1819 年）

案例二：　　　　　　　日本的《国籍法》违宪案

根据日本《国籍法》，日本男子与外国女子婚外生子时，如果男子在子女未出生时就承认他们，则子女可获日本国籍；而如果男子在子女出生后才承认他们，则子女不能入籍。本案中，10 名原告出生后才获日本生父承认，根据《国籍法》，未能加入日本籍。其中 1 名原告 2003 年向法院起诉，指控《国籍法》违宪；另外 9 名原告 2005 年提起同样的集体诉讼。东京地方法院 2005 年和 2006 年分别判决原告胜诉，但东京高等法院二审推翻这一判决，10 名原告随后向最高法院提起上诉。最高法院大法庭 2008 年 6 月 4 日认定，《国籍法》把父母婚否作为其子女获得日本国籍的依据，这种规定违背法律面前人人平等的宪法原则。最高法院裁定二审判决结果无效，原告方有资格获日本国籍。这是日本近些年来最高法院非常罕见的违宪判决，也仅是最高法院自 1947 年先例违宪审查权以来所作的第 8 起违宪判决。

[问题与思考]
1. 美国式的司法审查制度需要何种类型的法治环境？
2. 为什么日本最高法院的违宪判决较少？

二、宪法法院审查体制

经典案例

案例一：　　　　　　　1958 年吕特案

[基本案情]

哈蓝是一个在纳粹时期拍反犹太电影的导演，声名狼藉。在二战后，他又拍摄了一部含有比较强的反犹情绪的影片。吕特是一个社会活动者，以消除民族仇恨、弥补战争创伤为己任。他在德国电影周举办时向电影租片商与电影制造商作开幕演说时，指出哈蓝曾经为纳粹时期影片"犹太甜心"出任导演，并对哈蓝的电影组织群众杯葛和在放映电影的剧院前示威，导致哈蓝的影片票房收入下降。事后，吕特又以公开信的方式向媒体作进一步说明，指出哈蓝在相当长一段时间内是纳粹影片的第一导演，而其本欲在电影周上播放的影片"犹太甜心"正是为纳粹对犹太人追捕屠杀进行辩护的重要作品之一。公开信还指出德国在全世界的道德声望不得被以赚钱为目标的商人重新加以毁坏；哈蓝的复出将使得列强对德国战后重建的疑惧由原先之日趋转淡重新变为激烈；正直的德国人民必须挺身抗议与抵制。吕特的这些行为激起了哈蓝的强烈不满，以吕特侵犯了他的公民经济权利为由，向汉堡法院提出对吕特的禁制令。汉堡法院判决哈蓝胜诉，吕特不服，以事涉言论自由之侵害而向联邦宪法法院提起宪法诉愿。联邦宪法法院第一庭于 1958 年 1 月 15 日作出判决，判决"地方法院的判决"违宪，侵犯了吕特的言论自由权。

宪法法院承认，个人的基本权利确实可以全面地用以对抗国家公权力，以体现其公法性质，但法院也注意到这样一个事实：实际上，早在吕特案之前，许多学者已经表明这样的观点，即最重要的基本权利不仅仅是针对国家的，而且在私法关系中的个人之间具有完全或直接适用性。这一理论表明，一般而言，某些宪法权利应该对个人或者私人团体具有拘束力，在方式与程度上与其对于政府的功能大体上没有什么不同。

[法律问题]

德国的违宪审查体制与美国有何区别？

[参考结论与法理精析]

本案是德国宪法法院进行专门性违宪审查的典型案例。德国宪法法院审查体制是一种专门的违宪审查体制，与美国式的司法审查体制不同。除德国式的宪法法院外，法国的宪法委员会也是专门进行违宪审查的模式。

（一）专门机关审查的特征

在宪法中最早明确规定设立宪法法院的国家是 1920 年的奥地利共和国。此后，这类违宪审查体制在欧洲大陆法系国家迅速发展起来。除原来的一批欧洲国家如联邦德国、意大利、奥地利、西班牙、土耳其等比较早地实行这类体制外，原苏联的加盟共和国在苏联解体而独立后，其中一些国家包括俄罗斯也设立了宪法法院。东欧和南欧原来的一些社会主义国家曾经设立了宪法法院，实行不完全的宪法法院审查制，如南斯拉夫、捷克斯洛伐克等，这些国家在剧变后更建立了完全的宪法法院审查制。身处亚洲的韩国，由于在法律理念上更接近于德国，于 1988 年成立了宪法法院，实行与德国相类似的宪法法院审查制。目前世界上实行这类体制的国家为四十余个。该体制以德国为代表，故被称之为"德国型"。

1. 违宪审查的主体。在专门机关行使违宪审查权的国家内，宪法法院并不审理普通的民事或刑事案件，而专司违宪审查权，这就使得违宪审查权的集中成为可能。违宪审查权集中的有利之处是明显的，即在于能够统一违宪审查的标准，使宪法的解释在全国范围内能够获得一致。所以，在这些国家，一般是由设置在中央的宪法法院统一行使违宪审查权，当然在德国这个联邦制国家，除联邦宪法法院外，各州也独自设有自己的宪法法院。

违宪审查权主体的单一性便于统一违宪审查的标准,但其不利之处在于使得违宪审查权的作用无法充分发挥出来。如在德国,联邦宪法法院为了能够集中时间和精力审理重大的宪法诉讼案件,不得不通过简易程序将绝大部分宪法诉愿案件进行处理,这在事实上弱化了宪法法院违宪审查的职能。

2. 审查方式。在专门机关审查体制下,一般而言既有事先审查,又有事后审查。由于国情不同,各国情况又有差别。在法国,事先审查是宪法委员会进行违宪审查的唯一方式。根据1958年宪法第61条的规定,各项组织法和议会两院的内部规章在执行以前均应提交宪法委员会审查以裁决其是否符合宪法;法律在颁布以前,可以由总统、总理、两院议长、60名国民议会议员或60名参议院议员提交宪法委员会审查,被宣布为违反宪法的条款不得公布,也不得执行。德国是宪法法院模式的典型。在德国审查方式下,既有事先审查,又有事后审查。公民在普通诉讼中可以就法律的合宪性提出质疑,由普通法院向宪法法院提出审查的请求,宪法法院以外的其他法院也可以径自向宪法法院提出请求。无论是当事人还是其他法院提出,宪法法院的审查都不局限于被请求审查的系争法律的某一条款,即不仅审查适用于该案的部分,而且要审查整个法律是否合乎宪法并对其作出裁决。审查的效力不仅对该案有效,而且适用于其他同类案件。这一点与普通法院进行的审查仅限于适用于案件的法律,且审查的效力仅限于个案存在明显的区别。

3. 适用的程序。附带性审查在程序上必须结合个案进行审查,这已是常识,毋需多言。同时在程序规则上,由于是附带性审查,只能适用普通的民事或刑事诉讼规则,没有也不需要专门的程序立法。而在专门机关行使违宪审查权的体制下,立法机关需要为其制定专门的程序规则以保证违宪审查权的顺利行使。

4. 审查对象。总体上,专门机关体制下宪法法院或宪法委员会的违宪审查权比司法审查体制下普通法院的违宪审查权要更为广泛,除了共同的法律、法规的合宪性审查权外,宪法法院或宪法委员会还有对选举争议、政党违宪、弹劾案、国家机关之间权力争议等类型案件的审理权,表明了宪法法院或宪法委员会在更大程度上参与了政治权力的运作,这与宪法法院或宪法委员会本身较之于普通法院具有更强的政治性是有密切联系的。

5. 判决效力。在实行专门机关审查的体制下,宪法法院的判决具有一般效力,即有权撤销违宪的法律或者行政命令,使其失去法律效力。从理论上,违宪的法律或者行政命令应当自始无效,即判决具有溯及力。但是,各国考虑到保障现存的法律秩序和法律关系的稳定,限制了判决的溯及力,违宪的法律或者行政命令通常自判决宣告之后失效。

(二) 专门机关违宪审查体制的原因

1. 二战之前的议会至上理念导致违宪审查不可能发生。议会至上理念是卢梭人民主权理论的必然结果。卢梭作为人民主权理论的集大成者,其所创立的人民主权理论对法国大革命和法国宪法乃至欧洲大陆其他国家宪法观的影响是无与伦比的。卢梭人民主权理论的出发点与归宿是自由。正如卢梭自己所言:"人生而是自由的,但却无往而不在枷锁之中。"因而其理论的宗旨就在于"探讨在社会秩序之中,从人类的实际情况与法律的可能情况着眼,能不能有某种合法的而又确切的政权规则"。[1] 人们可以同时既是自由的,又是被统治的。实现这一目标的方式即是采取社会契约的方式,这一契约的实质就是"每个结合者及其自身的一切权利全部都转让给整个集体"。这样,"我们每个人都以其自身及其全部的力量置于公意的指导之下"。根据契约,每个人转让了自己的天然自由,公意是全体成员的共同意志。这样,当个人服从公意时,他不过是在服从他自己。

公意如何体现?在卢梭看来,公意集中表现为固定社会形态中一切权利或义务的法律。卢梭指出:"当全体人民对全体人民作出规定时,他们便只是考虑着他们自己了……这时人们所规定的事情就是公共的,正如作出规定的意志是公意一样。正是这种行为,我就称之为法律。"[2] 由于主权本身是至高无上的,法律即是至高无上的。所以,在法律之上,不应有其他的规范,诸如宪法之类。

受卢梭人民主权理论的影响,在欧洲各国的资产阶级革命中,议会普遍成为资产阶级反对封建统治的载体。欧洲大陆各国资产阶级革命的基本路径是:为反对以国王为代表的封建势力,资产阶级首先以"不出代议士不纳税"为由,进入产生于封建社会、原本由封建贵族掌控的议会,首先在议会中获得地位,并逐渐与议会中的封建贵族拉开距离,形成自己独立的政治意志,并以议会为平台,与封建权力展开斗争,最终控制议会,掌握了国家的立法权。同时,由于议会起源于欧洲的封建社会,一直是国王的有力制约者,资产阶级借助于议会这一有效的形式,推动了革命的发展,逐渐从封建国王手中获取了行政权和司法权。所以,议会成为资产阶级在政治上的代言人。受此路径的影响,议会无可置喙地在资产阶级的政治意识里获得了至高无上的地位,应该掌握一切权力,正如法国大革命时期的政治家西耶士在其所发表的《第三等级是什么?》一文中开宗明义地指出:"第三等级是什么?是一切。"在此背景下,对立法施加限制即是对人民的意志施加限制,而这与人民主权的理论是截然对立的。

受上述人民主权理论和资产阶级革命形态的影响,人们不能接受宪法对议会的立法施加限制。法国的埃斯曼曾经明确指出,宪法不是创造作为国民形成

---

[1] [法]卢梭著,何兆武译:《社会契约论》,商务印书馆1980年版,第7页。
[2] [法]卢梭著,何兆武译:《社会契约论》,商务印书馆1980年版,第50页。

物自然结果而存在的国家,而不过是决定国家和政府的形态。它与法的其他形式一样,都是法的表现形式之一。宪法与一般法律比较,仅仅是规定了一些比较重要的内容,修改起来更加困难而已,并不具有比一般法律处于更为优越的性质;宪法的修改权应当赋予作为统治代表机关的立法机关。[1]因而,在二战之前的欧洲大陆主要国家宪法基本排除了法律受到宪法限制的可能。在法国,自1791年制定第一部宪法直至1946年制定的第四共和宪法,由于不承认宪法自身的最高效力,基本上排除了对法律进行违宪审查的必要性。如1791年法国宪法规定,国家的"一切权力只能来自国民"。"立法权委任给由人民自由选举的暂时性的代表所组成的国民议会。""在法国,没有比法律权力更高的权力;国王只能根据法律来治理国家,并且只能根据法律才得加以服从。"

2. 二战后理论的变化。受卢梭人民主权理论的影响,德国1919年魏玛宪法完全确立了议会至上的原则,并以此为基础构建了魏玛民主体制。但这一体制恰为希特勒的上台并废除魏玛的民主体制并最终走上独裁道路提供了合法性依据。随着希特勒独裁专制体制的建立,议会至上的原则也遭覆灭,议会只不过沦为希特勒合法剥夺公民基本权利和自由的工具。根据1934年制定的《保护德意志人民紧急条例》以及其他相关法律,魏玛宪法所保障的德国公民的人身、言论、出版、集会、结社等一系列的基本权利都被剥夺。

经过二战的教训,德国人认识到主权者的意志必须受到限制,议会的立法如果不受到宪法的限制,必将摧毁民主制度本身;而且立法不再是保护公民基本权利的手段,而是限制和剥夺公民基本权利的工具。因而,二战后,不仅是在德国,即使没有经过德国式的纳粹独裁统治的欧洲大陆其他国家,议会制也遭受到不受信任的质疑。作为对议会至上原则反思的一个重要成果,欧洲大陆各国制定的宪法普遍确立了宪法至上的原则,并建立了相应的违宪制度。

3. 选择专门机关审查的原因。二战后,欧洲各国虽然普遍建立了违宪审查制度,但基本没有建立美国式的司法审查制度,而是选择了宪法法院制度。这是多重因素综合影响的结果。

(1) 大陆法系的传统反对普通法院介入法律的审查。20世纪初,一些大陆法系国家,如法国曾试图引进美国式的司法审查制度,但最终都未能成功。德国自1925年11月4日帝国法院的一个判决开始,普通法院就肩负起根据魏玛宪法第102条审查法律合宪性的重任。但是普通法院不直接根据宪法审理具体案件。它们不能阻止"议会对宪法的不计其数的事先违反",特别是它们不能以此

---

[1] 转引自胡锦光:"宪法监督体制成因研究",载张庆福主编:《宪政论丛》(第2卷),法律出版社1999年版,第100页。

来保护基本权利。

（2）一些国家历史上曾存在专门审查的模式。如 1919 年的魏玛宪法曾规定："联邦法律优于各邦法律。各邦法律与联邦法律发生疑义或者冲突时，联邦或者各邦之中央主管官署得依照联邦法律之详细规定，请联邦最高法院判决之。"依据魏玛宪法第 108 条关于"联邦应依照联邦法律，设立德意志国事法院"的规定，1920 年的《国事法院法》规定，国事法院主要管辖各邦之间、联邦与各邦之间产生的"非私法上的争议"案件，以及审判弹劾案；国事法院审理违宪案件时，以联邦行政法院院长为主席，由联邦最高法院及行政法院各派 3 名法官组成合议庭审理。1949 年的联邦德国基本法所设立的宪法法院在一定程度上是国事法院的演化。德国学者冯·梅伦论述到波恩宪法与魏玛宪法的关系时指出，1949 年新的德国宪法的制定者们在决心对联邦法律进行违宪审查时，魏玛时代的经验是理所当然地被考虑进去的。波恩宪法确保了违宪审查的制度和程序的建立，这种制度从魏玛时代就得到了重视，但是，真正的原动力是从德国纳粹滥用立法权的经验教训中产生的。

（3）凯尔森的规范主义法学理论以及奥地利在二战之前的宪法法院实践也给欧洲大陆法国家提供了有效的借鉴。1920 年在凯尔森的倡导下，奥地利宪法即设置了宪法法院专司违宪审查权。虽然这一制度在二战期间随着奥地利被德国占领而消亡，但其经验却给二战后的包括德国在内的欧洲大陆法国家提供了启发，使它们认识到宪法法院制度既能够有效地保障宪法实施，又不会纵容司法权。

案例二：　　　　　　俄罗斯的格里扎克诉讼案

[基本案情]

俄罗斯现行宪法第 20 条第 2 款规定："死刑在其废除之前可以由联邦法律加以规定。但它只能作为对侵害生命的特别严重犯罪的极刑适用，并赋予被告由陪审团参加的法庭审理其案件的权利。"而 1993 年 7 月 16 日俄罗斯联邦最高苏维埃通过的决议，则允许在尚未实行陪审团制的地区里，由 1 个审判员和 2 个陪审员组成的合议庭来审理上述案件。

俄罗斯联邦宪法法院法规定，公民个人或公民的联合组织、以及联邦法律中规定的其他机关和人员，只要法院所审理的具体案件中适用的或应当适用的法律、规范性文件侵害了他们的权利和自由，就可以向俄罗斯联邦宪法法院提出书面控告。任何审级的法院在审理具体案件时，如果对该案件中适用的或应当适用的法律的合宪性产生怀疑，也可以以书面询问的形式请宪法法院审查该法律的合宪性。根据这一规定，俄罗斯公民格里扎克向俄罗斯联邦宪法法院递交了宪法控告。在控告书中格里扎克指出，由没有陪审团参加的法庭来审理他的可能被判处死刑的犯罪案件，侵害了他的宪法权利。格里扎克认为，俄罗斯最高苏维埃的上述决议是错误的，不平等的。也正是按照俄罗斯联邦宪法法院法的上述规定，莫斯科市法院向俄罗斯联邦宪法法院提交了书面询问。询问中指出，公民古什和格里申所犯的罪行，属于应被判处死刑的犯罪。他们在初步调查之后，提出了应由陪审团参加的法庭来审理他们案件的书面请求。莫斯科市法院作出的裁定满足了他们的要求。但由于莫斯科市法院尚未实行陪审团制，所以把该案件移交俄罗斯联邦最高法院，请最高法院按照俄刑事诉讼法典第 44 条规定的程序，移交实行陪审团的边疆区（州）法院审理。俄罗斯联邦最高法院刑事审判庭根据俄罗斯联邦现行宪法第二编的规定，撤销了莫斯科市法院作出的上述裁定。第二编规定："有陪审团参加的法庭审理案件的程序，由联邦法律规定。在该联邦法律生效之前，继续沿用法院以前审理相应案件的程序。"莫斯科市法院认为，确定案件属地管辖原则的俄罗斯联邦刑事诉讼法典第 41 条和第 42 条第 3 款的规定与俄罗斯联邦现行宪法的众多规定相抵触，妨碍被告宪法权利的实现。这个案件被称为"格里扎克宪法诉讼案"。

［法律问题］

1. 俄罗斯联邦宪法法院是什么性质的机关？
2. 俄罗斯联邦宪法法院是否有权对联邦苏维埃通过的决议进行审查？

［参考结论与法理精析］

根据宪法法院法的有关规定，俄罗斯公民格里扎克向俄罗斯联邦宪法法院递交了宪法控告，同时，莫斯科市法院也提出了询问。俄罗斯联邦宪法法院两院中的一院审理了俄罗斯联邦刑事诉讼法典第 41 条和第 42 条第 3 款的规定，以及 1993 年 7 月 16 日俄罗斯联邦最高苏维埃通过的决议中第 1 点和第 2 点的规定是否违宪的案件。1999 年 2 月 2 日，俄罗斯联邦宪法法院就该案件作出决议时指出：俄罗斯联邦刑事诉讼法典第 41 条和第 42 条第 3 款的规定，以及 1993 年 7 月 16 日俄罗斯联邦最高苏维埃通过的决议中第 2 点的规定，不与俄罗斯宪法相抵触。但是，俄罗斯联邦最高苏维埃通过的决议中第 1 点的规定与俄罗斯宪法相抵触。自俄罗斯联邦宪法法院该决议通过之时起，俄罗斯联邦最高苏维埃于 1993 年 7 月 16 日通过的决议中第 1 点的规定，不得再用来作为拒绝上述公民关于有由陪审团参加的法庭审理其犯罪案件的请求。在任何情况下，都应当保障被告享有由陪审团参加的法庭来审理其犯罪案件的权利。俄罗斯联邦宪法法院的决议还宣布：自该决议通过时起，一直到有关死刑的联邦法律生效之前，任何法庭（包括有陪审团参加的法庭）都不得适用死刑。最后俄罗斯联邦宪法法院决议在批评联邦会议时指出，联邦会议在俄罗斯联邦宪法通过后，有足够的时间来制定有关死刑的联邦法律，但是，时至今日，仍然未制定颁布该联邦法律。有鉴于此，联邦会议得立即对立法进行修改，以在全国保障俄罗斯联邦现行宪法第20条第2款所赋予被告的权利。

现代国家最早的宪法监督制度起源于美国1803年的马伯里诉麦迪逊案，之后美国的这种由普通司法机关进行违宪审查的制度产生了极大的影响，以至于欧洲国家在20世纪初也纷纷模仿美国建立由普通司法机关进行违宪审查的宪法监督制度，但是这种模仿没有取得很大的成功。后来，欧洲国家发明了由专门的机关来进行违宪审查的宪法监督制度，这种制度运作良好，并且对很多国家产生了示范效应。从世界各国宪法发展的情况来看，宪法实施的监督呈现加强的趋势，而对于监督宪法实施的发展趋势则是：宪法监督制度的专门化。这包括监督宪法实施的主管机关的专门化和监督宪法实施的法律规范的具体化，也就是说专门化、经常化、制度化、司法化的宪法监督的倾向正在加强。

俄罗斯联邦的宪法监督制度就是属于欧洲模式的宪法监督制度，它产生于苏联解体之前。1990年4月，苏联根据对宪法的修改法和宪法监督法选举产生了宪法监督委员会[1]。从1990年4月宪法监督委员会诞生到1991年底苏联解体，这1年零8个月的时间里，宪法监督委员会在其工作期间一共审议了26个涉及合宪性的问题，并对这些问题作出了相应的结论意见、呈文或说明。当时，各加盟共和国仿效联盟国家，也建立了自己的专门的宪法监督机关，但是，它们向前迈了一步，即将自己的专门的宪法监督机关直接称为"宪法法院"。1991年5月，俄罗斯联邦最高苏维埃通过了俄罗斯历史上第一部《宪法法院法》，之后，俄罗斯就建立了其历史上前所未有的宪法监督机构——宪法法院，其性质是专门的宪法监督机关。苏联解体之后，1993年，俄罗斯通过了新宪法，根据新宪法的规定，在1994年7月和1996年12月，俄罗斯先后签署了由议会通过的《俄罗斯联邦宪法法院法》和《俄罗斯联邦司法体系法》。根据这两部法律的

---

[1] 事实上，早在1977年苏联修改宪法的时候，许多法学家就提出了设立宪法监督委员会的设想，这一设想一直到10年之后才得到了以戈尔巴乔夫为首的苏共中央的支持。1988年12月1日通过的苏联宪法修改补充法规定设立苏联宪法监督委员会。1989年12月23日，第2次苏联人民代表大会通过了《苏联宪法监督法》，具体规定了宪法监督委员会的组织和活动程序。同时还通过了《苏联宪法第125条修改补充法》，对1988年12月1日通过的苏联宪法修改补充法关于规定设立苏联宪法监督委员会的专条作出了相应的修改和补充。1990年4月，苏联最高苏维埃受苏联人民代表大会委托，选举产生了苏联宪法监督委员会。总的来说，宪法监督委员会是在1977年苏联宪法所规定的苏联继续实行最高国家权力机关宪法监督体制之下运作的。一方面，宪法监督委员会协助最高国家权力机关履行宪法监督职能，另一方面，宪法监督委员会可以根据自己的动议监督宪法的实施。但是，宪法监督委员会以协助最高国家权力机关履行宪法监督职能为主，以独立地监督宪法实施为辅。

规定，俄罗斯联邦宪法法院是负责宪法监督的司法机关，是宪法的解释机关。俄罗斯宪法法院的主要职权为以下几个方面：①审理联邦法律文件的合宪性的权力；②解决国家机关之间的权限纠纷的权力；③根据公民的控告和法院的询问，对具体案件中适用或者应予以适用的法律的合宪性进行审查的权力；④联邦宪法解释权；⑤审理与指控弹劾总统相关的案件的权力；⑥就其管辖之内的问题向联邦议会提出立法动议的权力；⑦其他职权。

本案中，由于俄罗斯宪法规定，由陪审团参加法庭审理可能被判处死刑的案件，这是公民的宪法性权利。俄罗斯联邦公民格里扎克因其宪法权利被侵害而向联邦宪法法院提起控告，那么，根据宪法和有关法律的规定，这属于联邦宪法法院的职权。联邦宪法法院最后作出的判决维护了宪法所赋予公民的权利。同时，联邦宪法法院还向联邦议会提出了立法的动议，即尽快对立法进行修改，以在全国保障联邦宪法赋予被告的宪法权利。

拓展案例

与日本不同，韩国1988年宪法建立了德国式的宪法法院制度，以宪法裁判所承担监督宪法实施的职责。从建立开始，韩国裁判所体现了积极的司法能动主义。一方面，在数量上，宪法裁判所建立后的1988年9月至2005年2月的统计数据是，在364件违宪法律审判事件的决定中，广义的违宪决定有149件，占41%的比例。如果包括根据违宪诉愿程序进行的违宪法律审查的话，在1481件决定中，其中广义的违宪决定有369件，占25%的高比例。另一方面，宪法裁判所曾作出了很多在法理上重要的判决，对在社会理论性角度上或者是在现实重要性的角度上，曾经有过比较引人注目的诸多的决定。其中能发现在同种类的事件当中，宪法裁判所作出了有比美国联邦最高法院的判决更先进、更进步的判例。

［问题与思考］
1. 为什么韩国的宪法法院作出的违宪判决较多？
2. 法国的违宪审查制度和德国的宪法法院制度有何区别？

三、宪法委员会审查体制

经典案例

案例一：　　　　　　　　法国结社案

［基本案情］
追求个人自由是1789年法国大革命的一面旗帜，这其中就包括结社自由。

《人权宣言》取消了对开设报社的事前限制。但1808年的《法国刑法典》对结社自由作了新的规定，指出，只有获得政府同意，并在使公共权力机关满意的条件下，才能组成超过20人的社团。到19世纪末期，议会开始制定法律保护结社自由。1884年，议会立法承认工会和贸易组织的活动；1898年承认合作社自由；1901年制定了专门的《结社契约法》。该法取消了刑法典的事前限制，允许通过递交简单的申请表而组织社团。该法第二章规定：个人可自由结社，而无须获得批准或事前通告，但只有使其自身符合第五章条款，它们才能享有法律资格。第五章规定了结社程序：所有社团都必须通过其创始人的努力使其自身公开；社团应在省政府被通告。第六章规定了社团的诉讼资格，每一个作出正常通告的社团，皆无须任何特殊批准，可在法院诉讼并可获得财产。第三章规定了对结社自由的限制。即如果结社是基于非法目的、违背法律或良好道德，或其目标是为了削弱国家的领土完整或政府的共和形式，那么这类社团一律无效。在此情形之下，根据任何相关个人的请求或公共检察官的动议，民事审判庭应宣布社团解散。

所以在20世纪，法国政府对结社的基本立场是禁止事前限制，政府只能在事后进行追惩。但在30年代法西斯所制造的紧张社会气氛中，法国议会采取了一系列的措施以保障社会治安。1936年法国议会制定了《武装集团和私人民兵法》。该法规定，下列社团应予以解散：在街上煽动武装游行；以军事组织形式展示其武装集团或私人民兵之特征，但为军事训练而获得政府批准的协会除外；其目标是削弱国家的领土完整，或武力攻击政府的共和形式；基于祖籍、种族或国籍针对某人或团体而煽动歧视、仇恨或暴力。

以上这些法律的效力直至第五共和国时期仍然有效。1968年，法国因阿尔及利亚问题发生学生暴乱，法国总统戴高乐援引1936年的《武装集团和私人民兵法》，禁止了16个左派组织。1970年，蓬皮杜内阁根据1936年的《武装集团和私人民兵法》解散了一个发表左派言论的社会团体。作为对右派政府的抗议，法国著名存在主义哲学家萨特等左派知识分子成立了一个新的名为"人民之友"的组织，而该名称恰与以前被解散组织的报纸名称相同。根据1901年《结社契约法》的第五章，新组织向巴黎市警察局发出通告，以获得该组织的法人地位。但巴黎警察局长认为新组织乃是刚被禁止的旧组织的翻版，因而在内政部长的批示下，拒绝向该组织传递承认通告的收据。新组织的发起人向巴黎的行政法院起诉警察局长。经审理后，行政法院认为传送收据以承认社会团体的法人地位是警察局长必须履行的义务，因而立即推翻了局长的决定。内政部长承认巴黎行政法院的决定正确，所以向议会寻求支持。根据内政部的建议，内阁提议以立法的形式修改1901年议会立法，规定结社需要事前获得司法部的批准。对于那些看起来违反 1901 年法律第三章或第八章的结社，修改后的法律规定检察官须把社团的事先通告提交地方普通法院。只有检察官未提交法院或法院未在规定时限内判决该结社违法或是以前组织的翻版，行政机关才能传送通告收据，以承认该组织的法人地位。由于不能保证该法律修改案在参议院获得通过，内阁根据宪法第 45 条，使众议院对法律具备最终的决定权。1971 年参议院议长把这项法律提交给宪法委员会，要求宪法对此作出合宪性判断。

[**法律问题**]

1. 法国宪法委员会的性质及运作机制与美国最高法院有何区别？
2. 1971 年宪法委员会的裁决有何意义？

[**参考结论与法理精析**]

（一）宪法委员会的意见

宪法委员会经过审理后作出裁决，指出：根据宪法前言、1958 年制定的宪法委员会组织法、1901 年结社法的修正案以及 1936 年的《武装民兵和私人组织法》的规定，可以得知，受共和国法律承认和宪法前言肯定的基本原则包括结社自由。据此，结社可以自由形成，并通过简单事先通告而公开化。因此，除了可针对特殊类型的结社所采取的行动，即使他们看起来可能无效或具有非法目标，社团之形成不得受制于事前行政或司法的限制。但被提交到宪法委员会的法律修正案的立法目的在于规定一种程序，使社团在实质上在公开以前受制于行政或司法的审查，以决定其是否合法。这一法律在本质上影响了社团的创立。所以，该法律必须被宣布违宪。

（二）法国宪法委员会的功能和地位

法国宪法委员会是法国第五共和国的一大创造。在 1958 年制定的现行宪法中，宪法委员会被列为国家的第四大机构，排列在共和国总统、政府和议会之后，而处于司法机关、特别高等法院和经济与社会理事会之前。宪法对宪法委员会的组成、职能及运作规则作了较为详细的规定。宪法委员会的一个重要职能是对议会活动进行监督，所以有人把其称为"一门对准议会的大炮"。第五共和国立宪者当时的想法是通过宪法委员会监督立法机构，保护行政权的行使和国家机器的良性运作。

对宪法委员会的性质，在法国各界有不同的看法。[1]法国政府认为，尽管宪法委员会具有完整的组织形式，但它并不是一个司法审判机构，它是调整

---

[1] 韩大元主编：《外国宪法》，中国人民大学出版社 2000 年版，第 83~84 页。另请参见李树忠："从宪法的法律性看宪法的司法化"，载焦洪昌主编：《开放的宪政》，中国政法大学教务处统编。

公共权力运行的组织。朱力亚教授认为宪法委员会对议会的监督不是司法性的，而是制度性的。这种监督发生在法律生效之前，有创造性；而司法监督一般发生在法律成立之后，有摧毁性。宪法委员会前委员吕歇教授认为可以把这种对公共权力机构的"调整"委托给一个司法机构。但更多的人认为宪法委员会是司法审判机关，其裁决与其他的司法机构有同等权威。1958年通过的关于宪法委员会组织的法令明确了其性质：就所有提交给它审理的案件而言，宪法委员会有权知道在申诉时的各种理由与抗辩。1961年宪法委员会对自身性质作出决定：现有宪法已使之成为可以审理议员提出的法案和法律修正案，审理国际协议与普通法律的合宪性问题。1962年有人提出"就全民公决而言，宪法委员会的角色具有司法性质"。不可否认，宪法委员会确实有很强的政治性，它本身就是政治斗争的产物。如前所述，立宪者在设计宪法委员会时，就是通过其监督立法机构，保护国家行政权的行使。但是，正是通过本案和其后的一系列关于基本人权的裁决，使宪法委员会树立了人权捍卫者的形象，起到了和很多国家司法机关同样的保护人权的作用，这是其司法性加强的表现。

法国的宪法委员会在运作上与美国联邦最高法院有显著的不同。一方面，美国联邦最高法院对法律合宪性的审查是一种附带性审查模式，即对法律是否合宪必须结合具体个案进行。在形式上，美国联邦最高法院也只是表明其认为个案所拟适用的法律不合宪因而决定在该案中不予适用。所以，其效力应是个别的，只是因为英美法系的判例法传统才使得该法律在其他案件亦不得适用。而法国宪法委员会的运行机构与美国联邦最高法院有很大的不同，它基本是事先审查的模式，即在法律生效以前，根据国家总统、总理、两院议长和60名参众两院议员的提请，对其进行合宪性审查。另一方面，在美国，由于判例法制度，联邦最高法院并不是唯一的进行违宪审查的机关。由于司法审查的传统，美国各级法院在审理个案时，都必须对案件依据的法律的合宪性进行审查。联邦法院审查的依据是联邦宪法，而州法院审查的依据主要是州宪法。只不过联邦最高法院的违宪审查权有终局性。而在法国，宪法委员会是唯一的可以进行违宪审查的机构。

（三）1971年法国宪法委员会判决的意义

"结社法案"被称为法国的"马伯里诉麦迪逊案"。1958年法国的制宪者在设计宪法委员会这一角色时，为其赋予的功能是保证立法和执法的权能分配，使议会和政府均不可恣意为之，最主要的是防止立法权形成对行政权行使的不当阻碍。但宪法并未授权宪法委员会基于不同宪法渊源去判决立法因侵犯公民权利与自由而违宪。制宪者拒绝承认宪法序言提及的公民权利有任何法律效力去为宪法委员会审查议会立法提供宪法基础。如有人指出："这类体制在理论上是诱人的，但对我们而言，通过在法院诉讼来审查议会立法，似乎与法国公共生活的传统冲突太大。在我们看来，授权宪法委员会成员去阻止违宪法律之实施，就已足够。但假如再进一步，就有使我们引入法官政府（Government by Judges）之风险，这将削弱议会的作用，并以有害方式阻碍政府之行动。"但宪法委员会此后的审查远远超过了设计者的初衷。1971年的判决使宪法委员会为自己扩展了权力空间，扩大了自己的管辖权，也使自己在整个宪政体制框架内处于更为重要的地位，实际上使自己成为法国公民基本人权的守护人。1974年的改革，规定60名议员可将议会通过的法案提请宪法委员会裁决其合宪性。这样，就为反对党和执政党间的政治斗争提供了一个司法解决渠道。自此，宪法委员会已不再是执政党的私人工具，而名正言顺地独立于政治力量之外。正是自1971年的"结社法案"裁决开始，宪法委员会逐步获得了自己独特的宪法地位。

案例二：　　　　　　　法国禁止同性婚姻违宪

[基本案情]

科丽娜和索菲女士是一对女性同性恋者，居住在法国马恩省，已经在一起生活14年，双方之前的正常婚姻为她们带来的4个孩子与其一起生活。二人申请结婚，但婚姻登记机关以法国民法只承认异性婚姻为由拒绝登记。二人遂向法院提起诉讼，主张目前法国民法对同性婚姻予以禁止的条款与现行宪法精神不符，因此提交宪法委员会裁定原民法条款是否违宪。法国宪法委员会28日作出裁决表示，该国民法中禁止同性结婚的条款合乎宪法原则。

[法律问题]

1. 法国民法典是1804年制定的，宪法委员会可以对其进行合宪性审查吗？
2. 在法国，公民个人可以向宪法委员会提起违宪审查的申请吗？

[参考结论与法理精析]

按照法国原有违宪审查体制，法律只有在生效之前，经由总统、总理、议会两院议长及60名国民议会议员或60名参议院议员提请，宪法委员会可以对其合宪性审查，这是一种典型的事前、抽象性审查。这一制度是1958年宪法规定的，因而，1804年制定的民法典在原有的机制下是不可能接受宪法委员会合宪性审查的。另外，由于宪法只允许总统等人在法律生效前向宪法委员会提出审查申请，一旦法律生效后，即使受该影响的公民个人亦无权向宪法委员会申请审查。

然而，在当今世界，许多国家都允许个人在具体诉讼中提出针对案件可适用法律的违宪异议，并由有权机关从实体上加以判断。2008年，法国启动对宪法的修改，其中一项重要内容就是允许公民个人在诉讼中向宪法委员会申请对法律的合宪性进行审查，从而建立起公民直接就法律是否违宪提出异议的受理机制。根据修正后的宪法，在刑事、民事、行政等案件的审理过程中，当事人可以主张相关法律违宪并请求宪法委员会进行审查，受理案件的普通法院如果认为确实存在法律条文侵犯当事人宪法权利、自由的情形，亦可以经最高行政法院或最高法院提请宪法委员会审查该法律条文的合宪性。在宪法委员会裁决期间，诉讼程序中止进行。

在普通诉讼中引入法律违宪异议审查机制使得宪法委员会获得了对法律合宪性的事后审查权。自此，法国由宪法委员会保障的法律合宪性审查制度又向前迈出决定性的一步，具有事前与事后审查的复合特征，成为名副其实的欧陆模式的宪法法院。法国宪法委员会自2010年3月1日开始接受自然人提出的违宪申请，本案是第一次宪法委员会经由个人申请启动对法律的合宪性进行审查的案例。这次修宪使法国顺应时代潮流，建立起了事后审查和具体审查的体制。

本案中，宪法委员会虽然没有宣布禁止同性婚姻的民法条款无效，但强调未来如何处理同性结婚的问题，将交由立法部门讨论。在宪法委员会裁决以及法国总统等方面的推动下，2013年4月23日法国国民议会（议会下院）投票通过了同性恋婚姻及收养子女法案。法案经总统签署后，将使法国成为全球第14个立法确认同性婚姻合法化的国家。该法案在当天投票中以331票赞成、225票反对得到最终通过。法国国民议会2月12日投票通过该法案后交参议院（议会上院）审议，后者4月12日通过并提出了数处技术性修改建议。此次通过的是法案的最后读本。2012年年初，作为社会党总统候选人的奥朗德曾经做出60项承诺，其中包括帮助同性恋者获得结婚及收养子女的权利。同性恋婚姻法案在法国被视作总统奥朗德当政后实施的首项重大社会改革。

拓展案例

案例一： 《数据储存法》违宪案

位于德国西南部卡尔斯鲁厄市的德国联邦宪法法院15日开始审理《数据储存法》违宪案。这起案件原告超过3.4万人，是德国最高法院联邦宪法法院有史以来受理的最大一起集体诉讼案。

德国 2008 年依据欧盟方针通过《数据储存法》,规定个人电话及网络通信数据将被保留 6 个月供反恐或司法调查使用。超过 3.4 万德国人发起了约 60 起指责该法违宪的诉讼,原告反对不加甄别地将没有嫌疑的公民通讯数据储存 6 个月,认为此举侵犯了公民的个人隐私。

联邦宪法法院于 2010 年 3 月 2 日作出判决,2008 年初生效的《数据储存法》侵犯公民的通信隐私,被判违宪。德国联邦宪法法院院长汉斯·于尔根·帕皮尔在宣读判决书时说,无缘由地将个人电话和网络通信数据储存 6 个月的行为侵犯了公民保护通信隐私的基本权利。因此,当前形式的《数据储存法》被判违宪,到目前为止储存的数据应被立即删除。

案例二: 《里斯本条约》合宪性案

2007 年 12 月 13 日,欧盟各国领导人在葡萄牙首都里斯本正式签署《里斯本条约》,标志着此前一直困扰欧盟的制宪危机暂时告一段落。根据规定,《里斯本条约》在获得 27 个欧盟成员国批准后才可生效。

德国联邦议院和联邦参议院 2008 年先后批准了旨在取代《欧盟宪法条约》的《里斯本条约》。德国法律规定,德国联邦总统霍斯特·克勒在条约上签字才意味着德国正式批准该条约。在德国议会通过《里斯本条约》后,部分议员向德国联邦宪法法院起诉,指控《里斯本条约》违背德国宪法,损害德国议员的权利。德国联邦总统霍斯特·克勒因此决定推迟签字,等待联邦宪法法院裁决。德国联邦宪法法院 30 日裁定,在对《里斯本条约》作出加强德国联邦议会权限的修改前,德国联邦总统霍斯特·克勒不得签字批准该条约。宪法法院认为,《里斯本条约》有关德国议会参与欧盟决策过程的附加条款存在缺陷,必须加以修改,在此之前德国不会批准该条约。德国联邦宪法法院副院长安德烈亚斯·福斯屈勒当天说,德国宪法允许德国加入《里斯本条约》,但同时也要求在国家层面上加强德国国会在欧洲一体化方面的责任和发言权。

《里斯本条约》最迟须在 2010 年年初生效,所以联邦宪法法院的判决令德国联邦议院不得不尽快修改有关附加条款,加速推动《里斯本条约》的批准。

[问题与思考]

1. 德国的宪法诉愿模式与美国的附带性审查模式有何区别?

2.《里斯本条约》案议员提起审查要求与《数据储存法》案中公民提起诉讼有何区别?

四、英国的弱司法审查

经典案例

Bellinger v. Bellinger 案[1]

Bellinger v. Bellinger 涉及变性人婚姻的效力问题。原告 Elizabeth Ann Bellinger 通过变性手术由男人变成了女人。1981 年,在做完变性手术之后,Bellinger 和一个男性结婚。由于手术并未给予 Bellinger 以女性生理上的特征,初审法院认为 Bellinger 在法律上仍是男性,所以无法与其丈夫结婚,其婚姻有效的诉求被驳回。法院作出该判决的依据是英国 1973 年制定的《婚姻诉讼法》第 S11 条〔c〕项,该项规定若婚姻双方"不是一男一女"[2]则婚姻无效。原告 Bellinger 认为该法这一项与《欧洲人权公约》第 8 条和第 12 条相违背。1950 年的《欧洲人权公约》第 8 条规定了隐私与家庭生活受尊重的权利,第 12 条规定了结婚的权利。原告认为依据上述两条,变性者的结婚权利为《欧洲人权公约》所保障,而欧洲人权法院要求缔约国承担相应的义务以保障第 8 条和第 12 条权利的实现。1998 年英国议会通过了《人权法案》,将《欧洲人权公约》通过国内立法在英国实施。

Johnson 法官和上诉法庭都驳回了原告的诉讼请求。主审法官援引了 Corbett v. Corbett 案作为先例,在 Corbett 案中被告 1935 年的出生证上注明为男性,但通过荷尔蒙药物和变性手术,1960 年开始其以女性名字和身份开始生活。1963 年 9 月被告与男性原告结婚,1963 年 12 月双方感情破裂,原告主张婚姻无效,法官认为原告主张成立。在判决中,法官确立了四项性别判断的标准:①染色体因素;②性腺因素;③生殖器因素;④心理因素。在 Berllinger 案中,法官认为,原告虽然进行了变性手术,但依据 Corbett 案所确立的性别判断标准仍为男性,而男性无法与男性结婚,因此其要求确认婚姻效力的主张被驳回。

本案中,虽然法庭一致驳回了 Bellinger 要求承认婚姻效力的诉讼请求,但主审法官 Johnson 宣告 1973 年《婚姻诉讼法》与 1998 年《人权法案》不相一致。上诉法庭也承认了这种不一致。但 Johnson 法官同时表示,虽然宣告了法律之间的不一致,但法庭无意挑战议会的立法权和议会至上的原则,法律是否违

---

[1] Bellinger v. Bellinger [2003] UKHL21.

[2] S11 [c] of the Matrimonial Causes Act 1973 provides that a marriage is void if "the parties are not respectfully male and female".

宪以及其存废问题应交由议会来最终决定。

事实证明，法院的不一致宣告往往促使议会修改或增补其不一致的法律。自 2002 年 7 月始，英国在承认变性者婚姻权立法上开始了一系列的改革。这其中，包括了一系列新的诉讼中法院态度的转变，逐渐抛弃了在 Corbett 案中所秉持的性别判断标准。2004 年英国议会制定了《性别识别法》填补了法律的空白。

[法律问题]

1. 英国法院有权宣布法律无效吗？
2. 英国法院的司法审查与美国法院的司法审查有何区别？

[参考结论与法理精析]

英国是普通法地区，但又是一个典型的不成文宪法国家。在一般的普通法地区，法院有权审查议会立法是否违反宪法，并宣布法律无效。这一制度起源于美国的马伯里诉麦迪逊案，后被其他普通法国家和地区所借鉴，如加拿大、澳大利亚、我国的香港地区等。但英国是一个不成文宪法国家，实行议会至上原则，法院无权对法律的合宪性进行审查，亦无法对法律的合宪性进行审查（因为没有一个效力具有最高性的成文宪法）。但这一情况在英国 1998 年制定《人权法案》（Human Right Act，2000 年生效）后有了改变。根据《人权法案》的规定，英国法院具有了一定程度的司法审查权。学者们将之称为"弱司法审查模式"（相对于美国的"强司法审查模式"而言）。

"弱司法审查"概念最早提出者是 Mark Tushnet 教授，用以指代以英国为代表的保留议会至上的前提下的司法审查模式，以与美国式的司法具有至上性和最终性的司法审查模式的"强司法审查"对应。

英国的弱司法审查模式是因应《人权法案》的制定而产生的，《人权法案》是英国为在本国实施《欧洲人权公约》而制定的。根据《人权法案》的规定，一切公共机构（public authority）在行使权力时，都必须与公约所保护的权利保持一致，否则就是违法。政府内阁主管部长在新的法律草案二读（Second Reading of the Bill）时，必须作出"该法案与欧洲人权公约一致"的声明（a statement of compatibility）或者"虽然该法案与欧洲人权公约不相容，但政府依然希望通过此项法案"的声明。而法院在解释和适用国内法时，也应尽可能（wherever possible）以一种与公约规定的权利保持一致的方式进行解释；如果所有的解释方法穷尽之后，依然认定基本立法（国会立法）的规定与公约权利不相一致，法院不可以宣布该法律或者其中的某个条款无效，但可以公开宣告它（们）与《欧洲人权公约》不一致；但法院所做出的不一致宣告，并不影响法律条款的有效性，相关法案或者其条款可以继续实施或执行，也不约束正在进行的诉讼当事人的权利和义务。但这并不意味着法院的不一致宣告没有意义。法院

"不一致宣告"做出后，如果内阁主管部长觉得有强有力的理由（compelling reasons）且必要时，在议会批准之后，他可以修改相关法律，使其与《人权法案》及《欧洲人权公约》保持一致。

实践中，2000年之后，被称为是"消极否定"的"不一致宣告条款"对英国的法律发展和人权保护还是起到了积极且广泛的影响。6年间（2000年~2006年），法院依照第4条的规定发布有效"不一致声明"共计15次。在联合王国政府（应H的申请）诉伦敦东北区精神健康复审裁判所案（2002）、联合王国政府（应国际运输公司的申请）诉内政大臣案（2003）、贝林杰诉贝林杰案（2003）等案件中，法院作出"不一致的宣告"后，相关法律迅速被修改；在联合王国政府（应安德森的申请）诉内政大臣案（2003）后，议会迅速废除了《刑事司法法》中的相关条款；而在另外一些案件中，还没有等到法院宣告不一致，相关法律条款就被废除了。

另外值得注意的是，为了更好地实现分权原则和人权保障，2005年英国议会通过了《宪政改革法》（The Constitutional Reform Act），决意为英国设立一个独立的最高法院，将上议院司法委员会、枢密院司法委员会等机关的司法终审权收归该最高法院统一且独立行使。这一改革既改变了数百年来司法权附属于立法权的传统，强化了司法体系自身的独立性和权威性，使法院更能够积极地根据《人权法案》对议会立法进行有限的司法审查。英国最高法院对自身的定位是：首先，英国最高法院与美国及其他国家的最高法院不同，不能推翻（strike down）议会的立法；其次，英国法院可以通过判例法来更加清楚地解释国内法律和法令，而且当国内法关涉到欧洲法和《欧洲人权公约》时，它有权做出"不一致宣告"。

拓展案例

阿奴福里加瓦诉英国入境署秘书长案
(Anufrijeva v. Secretary of State for the Home Department)[1]

申请人阿奴福里加瓦是一个向英国提出申请庇护的政治难民。2003年11月20日，英国国务大臣拒绝了申请人的庇护申请，此项拒绝于11月20日由国务大臣在其内部纪要中载明。相关条例规定英国政府给予政治庇护的申请人的资助随着其

---

[1] R. (on the application of Anufrijeva) v. Secretary of State for the Home Department, [2003] UKHL 36, [2003] 3 ALL E. R. 827 (H. L.).

政治庇护的申请被拒绝而终止,当申请人不再是政治庇护的申请者时,对其的政府资助将被停止,而停止的时间点是"英国国务大臣记录庇护被决定停止的时间"。但申请人在 2003 年 11 月 20 日后的 4 至 5 个月并没有收到拒绝的通知。

1998 年《人权法案》第 8 条规定:"每个人的个人和家庭生活,住房和通信有受到尊重的权利,不能受到公共权力机构的侵害,除非涉及到国家安全或公共安全利益等因素"。申请人认为,在申请被拒绝到拒绝通知到达申请人的这段时间,其有权继续获得政府资助;英国政府对其庇护申请的处理不当导致了时间的拖延以及其没有足够的经济补助并遭受了精神损害,侵害了《人权法案》第 8 条所保障的权利。

Steyn 法官认为此案牵涉到如下几个问题:首先,第 8 条规定的基本权利到底有哪些?其次,什么情况下有义务做出积极的行为来保护第 8 条规定的权利?最后,什么情况下管理不善会导致对权利的侵害?

上议院认为申请人的主张得不到相关规定字面涵义的支持:当申请被拒绝并且这样的拒绝被记录,申请人便不再是政治庇护的申请人了,而这发生在 11 月。但一位上议院的法官 Steyn 不同意上述观点,他认为根据法治原则要求将相关规定解读为这样的拒绝要被"适当地记录在案"。而法治原则要求申请人收到申请被拒绝的通知方才是"适当地记录在案"。

Steyn 法官把一个原本影响力并不大的案件变成了一个影响力很大的法律问题,即法官可以通过司法判决的方式决定英国议会制定的法律是否符合宪法。法官通过"解释"的方法把一项原本看起来稀松平常的个案变成了一个具有普遍性的司法审查问题。

[问题与思考]
1. 英国法院的弱司法审查与美国法院的司法审查有何区别?
2. 同是普通法国家,为什么法院的司法审查模式并不完全相同?

五、我国的立法机关审查

经典案例

孙志刚案

[基本案情]

孙志刚 2001 年毕业于武汉科技学院。2003 年 2 月,他应聘来到广州一家服装公司。2003 年 3 月 17 日晚 10 点,他出门去上网。由于来到广州时间较短,孙志刚尚未办理暂住证,而且他出门时也未随身携带身份证。当晚 11 点左右,与他同住的成先生（化名）接到了孙志刚用手机打来的电话。孙志刚在电话中说，他因为没有暂住证而被带到了黄村街派出所（隶属广州市公安局天河区公安分局），并让成先生带着身份证和钱去保释他。于是，成先生赶往黄村街派出所，到达时已接近晚上12点。但成先生被警方告知"孙志刚有身份证也不能保释"。在那里，成先生亲眼看到许多人被陆续保了出来，他先后找了两名警察希望保人，但那两名警察都说不行，且没有解释原因。

第二天，孙志刚的另一个朋友接到孙志刚从收容站里打出的电话。据他回忆，孙志刚在电话中有些结巴，说话速度很快，感觉他非常恐惧。于是，他通知孙志刚所在公司的老板去收容站保人。孙志刚的一个同事去了一次，但被告知保人手续不全。在开好各种证明以后，公司老板亲自赶到广州市收容遣送中转站，但收容站工作人员表示要下班了，要保人得等到第二天。

2003年3月19日，孙志刚的朋友打电话询问收容站，得知孙志刚已经被送到医院。在医院护理记录上，医院接收孙志刚的时间是3月18日晚11点30分。3月20日中午，当孙志刚的朋友再次打电话询问时，得知孙志刚已经死亡，死因是心脏病。值班医生介绍，孙志刚入院时曾说自己有心脏史，据此推断孙志刚死于心脏病。但是，这个说法遭到了孙志刚家属的反驳，其父亲表示，从来不知道儿子有心脏病。法医尸检的结果也推翻了院方的诊断。中山大学中山医学院法医鉴定中心4月18日出具的检验鉴定书明确指出："综合分析，孙志刚符合大面积软组织损伤致创伤性休克死亡。"尸检结果表明：孙志刚死前几天内曾遭毒打并最终导致死亡。

孙志刚被殴打致死事件经新闻媒体广泛报道后，引起了高层的关注。在中央和广东省领导的督促下，该案件得以迅速侦破，多名参与殴打孙志刚的犯罪嫌疑人被逮捕。2003年6月8日，广州市中级人民法院和广州市天河区人民法院开始审理孙志刚案。审理结果是一名被告被判处死刑，其他被告分别被判处从无期徒刑到有期徒刑不等的刑罚。

孙志刚案经媒体报道后，在社会中引起强烈反响。人们由孙志刚被害致死引发了对收容审查制度的反思。2003年5月14日，俞江等3位法学博士根据《中华人民共和国立法法》（以下简称《立法法》）第91条第2款的规定，向全国人民代表大会常务委员会提出建议书，建议全国人民代表大会常务委员会对1982年国务院制定的《城市流浪乞讨人员收容遣送办法》进行审查。随后，贺卫方等5位学者也向全国人民代表大会常务委员会建议全国人民代表大会常务委员会组织特定问题调查组，调查孙志刚被害事件。全国人民代表大会代表陈舒向全国人民代表大会常务委员会提出建议，要求国务院建立对错误收容的赔偿机制。

2003年6月22日，国务院公布《城市生活无着的流浪乞讨人员救助管理办法》，该办法自 2003 年 8 月 1 日实施，同时宣布 1982 年国务院发布的《城市流浪乞讨人员收容遣送办法》废止。

[法律问题]

1. 俞江等 3 位中国公民向全国人民代表大会常务委员会建议的法律依据何在？其意义如何？

2.《立法法》对行政法规等规范性法律文件的审查如何规定？应如何完善我国包括对规范性法律文件的审查在内的宪法监督制度？

[参考结论与法理精析]

（一）收容遣送制度的合宪性解析

我国的收容制度起始于 1954 年，其本是以福利救助的面目出现，但整个的实施过程中所体现出的却是一种对农民的敌视性压制措施。

1949 年《中国人民政治协商会议共同纲领》和 1954 年新中国的第一部正式宪法都规定了公民的迁徙自由。但在宪法实施后不久，农民开始大量涌入城市，给城市的管理增加了巨大的压力。为缓解人口流动给城市带来的压力，1958 年全国人民代表大会常务委员会通过的《中华人民共和国户口登记条例》规定，每个公民的迁徙都必须经过迁出和迁入所在地公安机关的批准，由此形成了户籍制度，"户籍制度从形式上说是一种世界通用的居住地登记形式，它本身具有人口登记、管理、稽查、了解人口数量变动与分布以及维护社会治安等多项功能。"[1]但是，我国的户籍制度实际上剥夺了公民的自由迁徙权，从而将公民分为城市公民和农村公民两大部分。在中国，"户籍制度的实质是一种可悲的国民歧视"。[2]城市公民具有城市户口，与此相联系的是各种福利制度，如教育、住房、就业、医疗保险等。这些制度的存在使城市公民成为享有特权利益的社会集团，而农村人要想进入这个集团，享受由其身份所带来的利益，只有通过考学、招工等少量途径。能够借此途径进入城市公民这个集团的农村公民只是极少部分人，而这些人一旦进入，也就拥有城市户口，成为城市公民。所以在建国以后的几十年，城市公民和农村公民之间仅存在少量的单向流动。而对于那些因种种原因进入城市临时居住的农民则通过收容遣送制度予以控制。所以，在建国后的相当长时间内，农村与城市相对隔绝是中国社会的一大基本特色。

肇始于 20 世纪 70 年代的改革开放使中国出现自建国以来的第二次农村人口涌入城市的高潮，农村中因集体经济制度改革而解放出来的剩余劳动力将就业的目光转向城市，寻找各种务工和经商的机会。随着我国改革开放政策的实施

---

[1] 周翼虎、杨晓民：《中国单位制度》，中国经济出版社 1999 年版，第 53 页。
[2] 黎鸣主编：《中国的危机》（上），改革出版社 1998 年版，第 197 页。

和逐步加深,这一进程得以继续。有专家统计,全国每年大约有6000万至8000万农民工涌向城市,形成规模庞大的"民工潮"。[1]在这些进入城市的农民中,有相当一批在或长或短的时间内无法实现就业。于是,曾经存在的收容遣送制度再一次成为城市管理者保留的制度。1982年,国务院制定《城市流浪乞讨人员收容遣送办法》使该制度有了法律依据,其合法性在形式上得到了确认。但以法治基本原理对其予以解析,就会发现其存在诸多违法性:

1. 收容遣送制度的出发点是对那些在城市无固定生活来源的农民提供救助,但实质是剥夺他们在城市的居留权,是对农民的不合理的差别待遇。该办法第6条规定,被收容人员必须服从收容和遣送。这些对被收容者的强制性规定,远远超出了社会救助的范围。所以,这种基于身份差别的暂住证制度和收容制度不是公正地约束每个人,而是只约束户口不在本地的人,不是保护和提高人的自由和尊严,而是内在地包含着对一部分国民的自由的侵犯,内在地包含着对他们人格尊严的贬低与践踏。

2. 以行政法规的形式限制公民的人身自由,违反了《中华人民共和国宪法》(以下简称《宪法》)和《立法法》对公民人身自由的保障。我国《宪法》第37条规定:"中华人民共和国公民的人身自由不受侵犯。任何公民,非经人民检察院批准或者决定或者人民法院决定,并由公安机关执行,不受逮捕。禁止非法拘禁和以其他方法非法剥夺或者限制公民的人身自由,禁止非法搜查公民的身体。"《立法法》第8条规定,限制人身自由的立法权由全国人民代表大会及其常务委员会专属所有。第9条规定,全国人民代表大会及其常务委员会的该项职权不得授权国务院行使。但该办法授权公安机关作为实施的主体使其带有强烈的强制性色彩。人身自由是我国宪法规定的公民最基本的自由,是各种个人自由的前提和基础。只要不妨害他人的自由和社会公共利益,个人的居止行动不受限制。流浪者伴随人类社会而存在,从宪法角度而言,他们只是出没于公共场所,作为公民,只要没有实施妨碍他人利益和社会公共利益的行为,即是合法的。这种流浪可以被视作个人自由的一种极端表现形式,不可因其生活无着落而剥夺其在城市居留的权利。

3. 这一制度在实践中极容易遭到滥用。该行政法规本身只授权民政部和公安部制定实施细则,但实际上有很多省市又制定了自己的实施细则,根据各自管理的需要任意增加应予收容的类型。而在实践中,存在大量的诸如孙志刚那样有工作单位、正常居所和身份证,只缺一张暂住证仍被收容的情况。孙志刚被收容表现了收容制度极易在实践中遭致滥用,而整个孙志刚事件表明了人的

---

[1] 袁亚愚主编:《中国农民的社会流动》,四川大学出版社1994年版,第116页。

价值和尊严在公权力面前的脆弱和无助，也表明了公权力的失范已严重超出了社会的容忍度，而且相关制度和规范也因其严重不公和非正义而已无法再存在下去。

（二）《城市生活无着的流浪乞讨人员救助管理办法》与《城市流浪乞讨人员收容遣送办法》的区别

《城市生活无着的流浪乞讨人员救助管理办法》所确立的是社会救助制度，而《城市流浪乞讨人员收容遣送办法》所确立的是收容遣送制度，两者有着本质的区别：

1. 社会救助的性质是社会福利措施，是国家作为公民利益的维护者对那些在城市没有生活来源的人提供其在城市期间的基本生存保障；收容遣送是一种社会强制措施，是城市的管理者为了城市管理的需要，对那些在城市无生活来源的外来人口予以强制性地遣返到其户口所在地。

2. 社会救助制度是为了维护被救助者的个人利益，即那些暂时无固定生活来源的外来人口在城市的居留权和生存权，体现了国家对公民人道主义的关怀；后者是为了维护社会公共秩序而对个人利益予以限制，即剥夺没有生活来源的外来人口在城市的居留权，在收容过程中又限制了公民的人身自由等权利。

3. 社会救助是一种被动性的措施，对于任何承担救济职责的组织或机构而言，必须有人主动提出救济请求，救济组织才可施以救济；除对那些因未成年或患精神病而无民事行为能力人可以主动施救外，对其他人的救济均需尊重其个人意愿而不可强制救济。社会救助被动性的性质体现了对被救助者的尊重。收容遣送是政府主动采取的行为，如果执法部门缺乏依法行政意识，就会出现公权力侵犯外来人员私权利的现象。

4. 从行政职权分工言，社会救助在我国是民政部门管辖范围内的事务，在实施救助中必须充分尊重被救助人的意愿，而不可采取强制性措施；而收容遣送应是公安机关职权之内的事务，在执行中，强制措施的运用不可缺少，这极容易造成对公民权利的侵犯。

（三）公民建议全国人民代表大会常务委员会对行政法规等进行审查的依据及其意义

1. 公民建议全国人民代表大会常务委员会对行政法规等规范性法律文件审查的法律依据主要有两个：

（1）宪法依据。《宪法》第41条规定，中华人民共和国公民对于任何国家机关和国家机关工作人员，有提出批评和建议的权利。建议权是我国公民的宪法权利，主要表现为提出合理化建议，这是一切权力属于人民的宪法原则的体现。

（2）法律依据。《立法法》第90条第2款规定："前款规定以外的其他国家机关和社会团体、企业事业组织以及公民认为行政法规、地方性法规、自治条例和单行条例同宪法或者法律相抵触的，可以向全国人民代表大会常务委员会书面提出进行审查的建议，由常务委员会工作机构进行研究，必要时，送有关的专门委员会进行审查、提出意见。"这是公民建议全国人民代表大会常务委员会对行政法规等进行审查的直接法律依据，它有助于启动全国人民代表大会常务委员会对行政法规等的合宪性与合法性的监督程序，使国家法律体系保持协调性与一致性，也使那些侵犯公民权利的立法得到及时的修正或废除。

2. 公民建议全国人民代表大会常务委员会对行政法规等规范性法律文件审查的意义主要有两个方面：

（1）有助于全国人民代表大会常务委员会及其他国家机关对规范性法律文件审查工作的开展。由于立法主体的多元化，不同机关制定的各种法律不可避免地存在冲突，我国法律确立了这些不同主体制定的法律之间的效力关系，并设计了具体的审查机制，但由于启动程序的缺乏，有权机关包括全国人民代表大会常务委员会并没有实质性开展对行政法规等规范性法律文件的审查工作。《立法法》第90条确立了新型的审查启动机制。虽然《城市流浪乞讨人员收容遣送办法》最终由国务院自己废除，但不可忽视公民的建议对国务院撤销行为的促进作用。

（2）这是我国国家政治生活民主化的一个标志。政治生活民主化是我国民主制度建设的一个重要组成部分，民主制度的实质是使公民最大程度地参与公共政策的形成过程，对与宪法或法律相抵触的行政法规提出审查的建议是公民参与政治决策的具体形式。

但客观而言，在我国现行体制下，此种行为的象征意义要大于实际意义。正如俞江等3位公民所表示的，他们更注重建议行为的尝试性意义。[1] 原因在于：

（1）《立法法》建议审查的对象有限。《立法法》第90条规定，公民能够提起审查建议的，仅限于有可能与宪法和法律相抵触的行政法规、地方性法规、自治条例和单行条例。全国人民代表大会和全国人民代表大会常务委员会制定的法律没有被纳入建议审查的范围之内。在世界各国，法律都是宪法监督的对象，我国宪法也规定，法律不得同宪法相抵触。但公民并不能对可能违宪的法律提出审查的建议。另外，大量的规章也没有被纳入建议审查的范围之内。

（2）《立法法》本身程序性规定的严重缺失使公民的建议难以取得实质性效果。《立法法》只是规定公民提交的建议由全国人民代表大会常务委员会的工作

---

[1] 闵家桥："激活中国违宪审查"，载《南方周末》2003年5月22日，第A3版。

机构进行研究，必要时才送交有关的专门委员会进行审查，而专门委员会审查后也只是向原制定机关提出意见，由原制定机关决定是否修改。所以，公民的建议对全国人民代表大会常务委员会实质性地启动审查程序的影响力是相当小的。在绝大多数时候，公民的建议也就仅仅是建议而已。

（3）即使在法治发达的国家，也鲜有这种制度。其原因在于：这是一种难以对国家立法形成实质性影响的制度。在美国，曾经出现过"纳税人诉讼"，即普通公民以纳税人的身份对法律的合宪性提起司法审查，但联邦最高法院并不承认纳税人的诉讼原告资格。[1] 德国与韩国的宪法诉愿制度允许公民个人对法律的合宪性提出质疑，但必须符合一系列的严格条件。[2] 究其原因，这种制度不可能是有效的制度。

（四）完善我国的宪法监督制度

基于以上分析，可以看出，虽然我国宪法规定全国人民代表大会和全国人民代表大会常务委员会是我国的宪法监督机关，而且《立法法》进一步确立了对行政法规等规范性法律文件审查的程序，但这些制度仍存在相当大的缺陷，尤其是程序制度的缺失使全国人民代表大会常务委员会在实践中难以有效地实现对行政法规等规范性法律文件的审查，最终导致《宪法》和《立法法》所确立的制度被虚设。所以，根本的解决办法是建立符合中国国情的宪法监督制度。但是，宪法监督制度的建立必须通过修宪这一宪法层面的制度变动才能实现，而修宪必须选择一个恰当的时机使修改无损于宪法的权威性。在宪法没有修改之前，可以在现行的宪法制度框架内对《立法法》等相关法律制度进行完善，重点是完善其程序制度，使相关法律所确立的制度能够真正运作起来。在将来修宪时，为建立有效的宪法监督制度，必须建立专门的宪法监督机关，由全国人民代表大会授权其独立行使宪法监督权（具体方案及论证请参见附件）。

附：我国宪法监督制度的完善方案及其论证

总体论证报告

（一）宪法监督制度的基本理论

宪法监督制度是宪法监督机关按照一定程序对国家机关、特定社会组织的行为进行合宪性监督和审查，并对违宪行为进行制裁的制度。宪法监督制度是从制度上保证宪法的根本法属性的基本措施，它对保障宪法正确实施、实现宪

---

[1]〔美〕杰罗姆·巴伦等著，刘瑞祥等译：《美国宪法概论》，中国社会科学出版社1995年版，第29页。

[2] 刘兆兴：《联邦德国宪法法院总论》，法律出版社2000年版，第307页。

法对国家权力和社会生活的规范、维护公民权利有着重大意义。

世界各国基于自己的国情、政治传统和宪政理念普遍建立了自己的宪法监督制度。以宪法监督主体为标准，可将宪法监督模式分为三种：一是以普通法院作为宪法监督机关，这种模式以美国为代表；二是以专门机关（宪法法院或宪法委员会）为宪法监督机关，这种模式以德国和法国为代表；三是以立法机关为宪法监督机关，多数社会主义国家和个别西方国家采取此种模式。所以，从世界范围而言，并不存在一种普适性的宪法监督模式。

（二）我国现行宪法监督制度及其缺陷

我国现行宪法规定了宪法监督制度：

1. 宪法具有最高性。一切法律、行政法规和地方性法规都不得同宪法相抵触（宪法序言、第5条第2款）。

2. 一切违反宪法和法律的行为都必须予以追究（第5条第3款）。

在具体模式上，我国采纳的是立法机关监督制度。宪法规定：全国人民代表大会及其常务委员会享有宪法监督权（第62条第2项、第67条第1项）。为了实现全国人民代表大会和全国人民代表大会常务委员会的宪法监督权，宪法赋予其相应的权力：

1. 全国人民代表大会常务委员会享有宪法解释权（第67条第1项）；

2. 全国人民代表大会享有审查权、批准权、改变权、撤销权和罢免权（第62条第9、10、11项）；

3. 全国人民代表大会常务委员会享有监督权、解释法律权、审查权、批准权、撤销权和罢免权（第67条第4、5、6、7、8、11、12、14项）；

4. 全国人民代表大会各专门委员会协助全国人民代表大会及其常务委员会研究、审议和拟订有关议案（第70条第2款）；

5. 全国人民代表大会及其常务委员会享有特定问题调查权（第71条）；

6. 全国人民代表大会常务委员会享有审查和批准民族自治地方人民代表大会制定的自治条例和单行条例的权力（第116条）。

相对于我国前三部宪法，现行宪法对宪法监督制度的规定更为全面、可行。其特点在于：一是监督方式的多样化，既有事前审查，也有事后审查方式；二是抽象性，无论是事前审查，还是事后审查，都只就法律、法规是否与上级规范相抵触的问题进行审查，而不涉及具体案件的法律适用问题，实现了人大与法院职能的分工与配合。

现行宪法实施20年来的实践证明，目前我国的宪法监督制度存在不少缺陷与不足，突出表现为宪法监督不力，没有及时有效纠正违宪现象，阻滞了社会主义民主政治建设的进程。其原因包括以下几个方面：

1. 没有将宪法监督制度与人民代表大会监督制度分开。我国无论在理论上还是在实践上都没有将这两者分开。事实上，这两者有很大的差别。首先，两者的理论基础不同。前者是基于宪法的根本法地位及其最高法律效力，后者是基于我国的人民代表大会制度，其他国家机关由人民代表大会产生，受其监督。其次，两者主体不同。前者是宪法监督机关，后者是人民代表大会及其常务委员会。虽然目前全国人民代表大会及其常务委员会同时负有这两项职能，但并非必须如此。再次，监督对象不同。人民代表大会只能监督由其产生的国家机关，而前者还可以包括政党和社会组织。最后，监督内容不同。前者主要是对人民代表大会及其常务委员会所制定的规范性文件是否符合宪法予以监督，而后者主要对行政机关的任免事项、具体行使权力的行为和司法机关的司法活动进行监督。另外，两者在监督程序、监督效力等方面也不一致。基于以上分析，在完善我国的宪法监督制度之前，必须将宪法监督制度与人民代表大会监督制度分开，不能将二者混为一谈。只有科学地界定宪法监督特定的主体、对象、程序、依据和效力，才能构建科学的宪法监督制度。

2. 由于全国人民代表大会规模庞大，集会时间少而议程多，代表多为兼职且素质参差不齐，难以承担宪法监督的重任；全国人民代表大会常务委员会虽然比全国人民代表大会组成人数少，易于集中与议决，但也没有能力行使宪法监督的权力。而且，由于全国人民代表大会和全国人民代表大会常务委员会并非持续性集会，宪法监督没有连续性，不能及时有效地处理违宪现象。

3. 宪法监督制度可操作性差。由于缺乏具体的宪法程序规定，宪法监督程序无法有效地展开。谁有权提起宪法监督、提起宪法监督需要什么条件、监督机关按什么程序进行审查、结果如何公布、其效力如何等都没有规定。

(三) 完善我国宪法监督制度的基本原则

我国正处于社会主义现代化建设时期，法治建设需要渐进而行，建设社会主义法治国家必将经历一个较长的过程。完善宪法监督制度亦不例外，在此过程中必须遵循以下原则：

1. 既要坚持宪法监督制度的基本理念，又要立足中国国情。前者要求无论采用何种模式，都必须以实现宪法监督的作用为依归，也就是通过制度的运行，能够使违宪现象得到及时纠正，保障宪法的实施，使宪法真正起到规范国家权力和维护公民权利的作用。后者包括两层含义：一是只能在人民代表大会制度所能提供的制度框架内设计我国的宪法监督制度；二是所设计的宪法监督制度必须符合我国的法律制度特色。宪法监督制度是法律制度的一种，它必须与司法制度等相关制度配套、衔接才能更好地发挥作用。

2. 必须遵循循序渐进、逐步完善的思路设计。西方国家的宪法监督制度无论是美国式的司法审查制度还是德国式的宪法法院制度或是法国式的宪法委员会制度，都经历了一个发展的过程。在此过程中，需要不断地总结其运行经验教训、不断进行调整完善。一方面现行宪法监督制度虽然在我国已存在了20年，但基本上处于闲置之中，没有给我们提供可借鉴的经验。另一方面，由于我国法治建设起步较晚，法治传统薄弱，我国相关的制度建设也仍处于探索之中；党的十大提出了建设社会主义政治文明的口号，而政治文明也刚处于建设的起步阶段。我们的宪法监督制度与相关制度既要做到衔接，也要符合我国政治文明的内涵。这些都决定我国的宪法监督制度不可能一步到位，而应按循序渐进、分阶段进行的思路设计。

3. 注重实效，加强程序制度建设。无论宪法监督制度处于何种阶段，效果是第一位的。必须能够充分保证其运行效果，实现其制度设计的预期目标。要做到这一点，程序是保障。必须详细设计其既有制度运行的程序，加强可操作性。

（四）具体制度设计的相关问题

根据以上原则，我国的宪法监督制度建设将采取分阶段、两步走的方略。不同阶段设计不同的方案，具体制度有所差异，但两阶段方案之间要实现制度的渐进性和延续性，不能转型过大。制度应是逐步推进的，惟有如此，前一阶段制度运行的经验才能为后一阶段制度所用。以下相关制度的说明是在宏观上理解具体方案的前提。

1. 我国宪法监督的主体。与人民代表大会制度这一我国根本政治制度相应，只能在全国人民代表大会之下设置适当的机构作为我国宪法监督机构。全国人民代表大会下新设宪法委员会，其地位与全国人民代表大会常务委员会平行，根据全国人民代表大会的宪法性授权作为监督宪法实施的专门机构。但在初始阶段，可以适当限制它对全国人民代表大会和全国人民代表大会常务委员会制定的法律的合宪性审查的权力。将来逐渐扩大其审查范围，最终使其成为相对独立的宪法监督机构。

2. 监督对象。法律是各国共同的宪法监督对象，也是宪法监督的一个最重要的对象。在国外，除议会立法外，国家元首、法官、司法机关的判决、政党也可以成为宪法监督对象。在联邦制国家，州的立法也会成为宪法监督的对象。在我国，立法体制与西方国家不同。除全国人民代表大会及其常务委员会可以制定法律外，国务院可根据宪法与法律制定行政法规，一定级别的地方人民代表大会及其常务委员会可制定地方性法规，民族自治地方人民代表大会及其常务委员会可制定自治条例和单行条例。这些法律规范都存在违宪或违法的可能。所以，从中国实际情况出发，必须将其纳入审查范围。

具体方案设计及其论证

（一）目标

设置宪法委员会作为宪法监督机构，赋予其相对独立的地位。宪法委员会根据全国人民代表大会的授权行使宪法监督权，具体行使对行政法规、地方性法规、自治条例和单行条例的审查决定权。

对于全国人民代表大会制定的法律，我国的人民代表大会制度和拟设立宪法委员会的地位决定其不可对此作出最终的审查决定，但赋予宪法委员会对此进行初步审查的权力，如认为有违宪可能时应向全国人民代表大会提出议案，由全国人民代表大会进行重新审议。从纯理论研究而言，宪法委员会作为宪法监督机构对全国人民代表大会法律没有违宪审查权，确实是宪法监督制度的不完美之处。但这一问题不应过分夸大，因为一方面我国的宪法监督制度只能在人民代表大会制度的框架范围内进行设计，另一方面，全国人民代表大会虽然是我国的立法机关，但实践中由于全国人民代表大会的集会时间太短，事实上由全国人民代表大会制定的法律数量相当少，违宪的机率也就降低了。

对于全国人民代表大会常务委员会制定的法律，从理论上讲，全国人民代表大会产生的宪法委员会应有权审查其是否合宪，这一点并不与我国的人民代表大会制度相冲突。但为稳妥起见，宪法委员会对其的审查应有一个过渡期，即在初期只对其进行初步审查，然后向全国人民代表大会提交议案；待时机成熟时，赋予宪法委员会对全国人民代表大会常务委员会立法的完整的审查权。

（二）下列各条置于《宪法》第三章"国家机构"第一节"全国人民代表大会"第69条之后

[新增条文]

第七十条　监督宪法实施的权力属于全国人民代表大会。

全国人民代表大会授权宪法委员会监督宪法的实施。

宪法委员会的组织由法律规定。

[新增理由]

我国《宪法》第62条规定，全国人民代表大会监督宪法的实施；第67条规定，全国人民代表大会常务委员会监督宪法的实施。据此，全国人民代表大会和全国人民代表大会常务委员会是我国的宪法监督机构。但全国人民代表大会规模庞大、法定职责众多、集会时间短暂、成员素质各异，无法有效地行使宪法监督权。另一方面，《全国人民代表大会组织法》第37条规定，全国人民代表大会专门委员会审议国务院的行政法规、地方性法规和决议等。但事实上专门委员会并未有效行使这一权力，原因在于：①该法规定专门委员会的职责有5项之多，而审议议案只是其中之一；②专门委员会的委员专业背景各异，社会兼职多，难以真正履行这一职责；③专门委员会只能审议全国人民代表大会主席团或全国人民代表大会常务委员会交付的议案，而不能自行审议。试图通过现有的专门委员会制度启动宪法监督程序是无法实现的。所以全国人民代表大会及其常务委员会自身结构问题以及启动程序的缺失使我国现有的宪法监督制度被虚设。要完善宪法监督制度，首要的一点就是建立专门的宪法监督机构。

本条规定，全国人民代表大会在理论上保留宪法监督权，但自己并不直接行使宪法监督权，而是通过宪法授予宪法委员会监督宪法的实施，使宪法委员会专司此权，能保证宪法监督的连续性；而且，由于宪法委员会人数较少和特有的专业知识，使之能够在较短时间内形成准确的裁决。

就宪法委员会本身而言，它的权力来自于全国人民代表大会的授权，这表明：首先，其地位在全国人民代表大会之下（下条所规定的宪法委员会的产生方式和其职能也证明了这一点）。因此，这并不与全国人民代表大会是我国最高权力机关这一宪法规定相抵触，也不与我国的人民代表大会制度相矛盾；在与人民代表大会关系方面，其性质以及后面规定的其人员产生方式与职权都表明其从属于全国人民代表大会。其次，它是一个与全国人民代表大会常务委员会并行的机构。在理论上，它应有权审查全国人民代表大会常务委员会的立法行为。但为保障过渡的平稳，在宪法委员会创建初期，全国人民代表大会仍保留对全国人民代表大会常务委员会立法的监督权，宪法委员会仅有权向全国人民代表大会提出议案，要求其审议。这样的制度设计，能在人民代表大会制度框架内最大限度内实现宪法监督制度的价值，使人民代表大会制度与宪法监督制度实现较完美的结合。

第3款是一个授权性的规定。由于宪法本身无法对宪法委员会具体组织、运行的程序规则、裁决的效力、裁决的公布等事项作出详细的规定，这些制度应在组织法里得到具体明确。这是保证宪法委员会正常有效运作的前提。

[新增条文]

第七十一条　宪法委员会由15人组成。

宪法委员会委员由中华人民共和国主席提名，全国人民代表大会决定。

有选举权和被选举权的年满40周岁的具备法律知识的中华人民共和国公民可以成为宪法委员会委员。

宪法委员会委员任期15年，每5年更新1/3。

宪法委员会委员除在高等学校担任法律教师以外，不得担任其他职务。

[设置理由]

本条包括5款。第1款规定宪法委员会的人数。15名委员是一个恰当的人数，既有一定的代表性，使多种意见在宪法委员会中得到反映，保证决策的周密，又便于议事，不至于因人数过多在决定时陷入无休止的纷争中，难以形成及时的裁决而造成宪法委员会效率低下。

第2款决定宪法委员会委员的产生方式。宪法委员会委员由国家主席提名，全国人民代表大会决定，表明宪法委员会受命于国家，有利于树立宪法委员会的权威性和宪法监督的尊严。

第3款规定宪法委员会委员的任职资格。由于宪法监督是一项专业性和技术性很强的工作，宪法委员会作为监督宪法实施的机构，要求其成员有科学的宪政理念，对宪法和法律有精确的把握。所以宪法委员会委员在任职前须有较高的知识背景和较强的政治经验。在宪法中明确宪法委员会组成人员须具备法律知识是保证其取得相应知识背景的条件，较大的初始任职年龄是保证其获得丰富政治经验的条件。

第4款规定的是关涉宪法委员会委员任期和职务的保障。为了保障宪法委员会在全国人民代表大会的授权之下，能够理性地行使监督宪法实施的权力，必须保证其独立的地位。因为它有权裁决行政法规以下的法律规范的合宪性与合法性，并有权对全国人民代表大会及其常务委员会的立法予以初步审查。其裁决不可避免地会对各部门、各地方的权力、利益分配造成影响，所以在裁决过程中，可能会有多种不正当的外在势力试图影响宪法委员会。为保障宪法委员会不受这些外在势力的干扰，消除后顾之忧，真正以宪法、法律为依据，独立裁决，必须在制度上为其设置职务保障。此条规定表明，宪法委员会委员的任期比其他国家机关领导人长，为15年。从其任职起始年龄最低为40周岁看，这是一个合适的任职年限。但为保证宪法委员会工作的连续性，需每5年更新1/3，这需要对宪法委员会的第一届成员实行不同的任期，即1/3成员任期为5年，1/3为10年，另1/3为15年，这样就能实现成员每5年更新1/3的目标。另外，"更新"一词意味着成员不可连任。

第5款有关宪法委员会委员的兼职问题。为保证其有充分的时间履行自己的职责，对宪法委员会委员的兼职问题应有严格的要求。在我国，由于立法主体多元化，每年有大量的法律、行政法规、地方性法规、自治条例和单行条例被制定出来，它们都有可能被提交到宪法委员会来审查其合宪性与合法性。为了加强宪法监督工作，保证宪法监督工作的连续性，使其能够合格地独立裁决行政法规等的合宪性与合法性，并使得向全国人民代表大会提交的相关议案中有充分的理由，必须保证委员有足够的时间来履行自己的职责。而要实现这一点，限制其兼职是一重要途径。"不得担任其他职务"意味着这些委员不仅不得担任权力、行政、审判和检察机关的职务，也不得担任人民团体、企业事业组织的职务。禁止委员会委员兼任国家权力机关、行政机关、审判机关、检察机关的职务，有助于使其在审议行政法规、地方性法规、自治条例和单行条例时处于独立的地位，更能保证审议的公正性。

《宪法》第65条规定，全国人民代表大会常务委员会委员不得担任国家行政机关、审判机关和检察机关的职务。这一规定的原意也是保证人民代表大会常务委员会委员有充分的时间来履行其职责。但在实践中，有相当比例的委员虽然没有担任行政、审判和检察机关的职务，但担任了企业或事业单位的领导职务，在客观上限制了其履行职务。所以在宪法委员会委员的兼职方面，必须禁止他们担任除本职以外的其他职务，包括企业、事业单位的职务。

世界上其他国家对宪法监督机构的组成人员的兼职也多有限制。如法国宪法第57条规定，宪法委员会成员不得兼任部长或议员。《宪法委员会组织法》进一步规定这些成员不得兼任经济和社会理事会成员，也不得在某政党或政治团体内担任领导职务。德国《联邦宪法法院法》第3条规定，联邦宪法法院法官不得兼任联邦议会或联邦参议院议员，不得在联邦政府中任职，也不得在州议会或政府中任职。我国宪法委员会虽然不是宪法监督机关，但在协助全国人民代表大会及其常务委员会履行宪法监督方面承担了重要职责，所以限制其兼职完全是必要的。

该条允许宪法委员会成员可以兼任高等学校的法律教师。这一规定不仅不会影响宪法委员会职权的行使（无论从他们的法律意识上还是从审理案件的时间上），而且对实现宪法监督实践和法律理论的结合，在法学理论研究和宪法监督实践方面形成良性互动以及培养法律人才等方面大有裨益。德国和法国均有类似规定。

[新增条文]

方案一

第七十二条 宪法委员会如认为全国人民代表大会制定的法律同宪法相抵触，应向全国人民代表大会的下一次会议提出议案，由全国人民代表大会审议。

宪法委员会如认为全国人民代表大会常务委员会制定的法律同宪法相抵触，或认为全国人民代表大会常务委员会对全国人民代表大会制定的法律进行的部分补充和修改同该法律的基本原则相抵触，应向全国人民代表大会的下一次会议提出议案，由全国人民代表大会审议。

宪法委员会如认为行政法规同宪法或者法律相抵触，应确认无效。

宪法委员会如认为地方性法规同宪法、法律或者行政法规相抵触，应确认无效。

宪法委员会如认为自治条例和单行条例同宪法或者法律的基本原则相抵触，应确认无效。

宪法委员会根据本条第 3 款、第 4 款、第 5 款所作的裁决是最终裁决。

[新增理由]

本条规定宪法委员会的审查范围、方式、标准及效力问题，这是宪法委员会制度的核心所在。

1. 关于宪法委员会的审查范围。根据本条规定，宪法委员会可以审查的对象包括法律、行政法规、地方性法规、自治条例和单行条例。但对不同对象审查方式有所不同。

第 1 款是有关宪法委员会要求全国人民代表大会对自己立法重新审议的规定。宪法具有最高法律效力，一切法律包括全国人民代表大会立法在内都不得与宪法相抵触。《宪法》第 58 条规定，全国人民代表大会和全国人民代表大会常务委员会行使国家立法权。但根据现行法律，没有任何对全国人民代表大会的立法行为予以监督的机制。本款是为全国人民代表大会的立法行为设置一项自我审查制度。当宪法委员会认为全国人民代表大会制定的法律与宪法相抵触时，宪法委员会可以向全国人民代表大会提出议案，详细具体载明有可能违宪的法律条文，要求全国人民代表大会重新审议。这种审查虽是自我审查，但对于保证全国人民代表大会立法行为的合宪性还是有积极意义的。

全国人民代表大会常务委员会是全国人民代表大会的常设机关，它所制定的法律应符合宪法；《宪法》第 67 条规定，全国人民代表大会常务委员会在全国人民代表大会闭会期间可对全国人民代表大会制定的法律进行部分补充和修改，但不得同该法律的基本原则相抵触。《宪法》第 62 条规定，全国人民代表大会有权改变或撤销全国人民代表大会常务委员会不适当的决定。但这一制度存在若干疑问：①此处的"决定"是否包括全国人民代表大会常务委员会制定的法律和对全国人民代表大会制定的法律所进行的修改？②《立法法》第 88 条规定，全国人民代表大会有权改变或撤销全国人民代表大会常务委员会制定的不适当的法律。《宪法》和《立法法》的"不适当"含意为何？是否包括违宪？③《立法法》所指的全国人民代表大会常务委员会制定的法律是否包括其对全国人民代表大会常务委员会制定的法律所进行的修改？这些疑问法律本身并未明确。从理论上分析，宪法中"不适当"的含义应比"违宪"、"违法"更为宽泛，前者理应包括后者。《立法法》第 88 条的规定印证了这一点，而且表明全国人民代表大会可以撤销全国人民代表大会常务委员会的立法。全国人民代表大会常务委员会对全国人民代表大会制定的法律所进行的部分补充和修改如果和该法律的基本原则相抵触，全国人民代表大会也应有权予以改变或撤销。而本条第 2 款即是以以上结论为依据，设计了全国人民代表大会对全国人民代表大会常务委员会立法行为予以监督的启动程序。

本条第3款规定的是对行政法规的宪法监督。《宪法》第89条规定，国务院根据宪法和法律制定行政法规。行政法规不得同宪法或法律相抵触。《宪法》第67条和《立法法》第88条都规定，全国人民代表大会常务委员会有权撤销同宪法、法律相抵触的行政法规。但在宪法委员会设置以后，对行政法规的审查权将转移至宪法委员会。

《宪法》第100条和第115条规定，地方性法规不得同宪法、法律和行政法规相抵触。地方性法规的合法性与合宪性属于宪法监督的范围。宪法委员会应有权对其审查。地方性法规分为省级人民代表大会及其常务委员会制定的地方性法规和一定级别的市级人民代表大会及其常务委员会制定的地方性法规。根据我国现行法律规定，省级人民代表大会制定的地方性法规报全国人民代表大会常务委员会备案，备案不影响生效，但法律并没有有效的审查机制。在宪法委员会建立之后，地方性法规应纳入宪法监督的范围。对于市级人民代表大会制定的地方性法规，根据现行法律规定，在生效之前，应报该所在地的省级人民代表大会常务委员会批准后生效。将这些地方性法规纳入宪法委员会审查的范围，就有一个问题：如何处理现有的批准程序？我们认为，这两者并不矛盾。前者是人民代表大会之间的监督，后者是宪法监督的问题。

《宪法》第116条规定，民族自治地方的人民代表大会有权制定自治条例和单行条例。自治区的自治条例和单行条例报全国人民代表大会常务委员会批准后生效。《立法法》第66条规定，自治条例和单行条例可以对法律和行政法规的规定作出变通，但不得违背法律或者行政法规的基本原则，不得对宪法和民族区域自治法的规定以及其他有关法律、行政法规专门就民族自治地方所作的规定作出变通规定。根据《宪法》和《立法法》的规定，自治区人民代表大会制定的自治条例和单行条例要报全国人民代表大会常务委员会批准后生效。全国人民代表大会常务委员会在批准时，应对此审查。《全国人民代表大会组织法》第37条规定：全国人民代表大会民族委员会审议自治区报请全国人民代表大会常务委员会批准的自治条例和单行条例。但这应是人民代表大会监督的内容。宪法委员会作为宪法监督机构在其生效后仍然有权对其审查。

在宪法委员会对以上法律规范进行审查时，应明确以下几点：①对于已颁布但未实施的法律、行政法规、规章、地方性法规可否审查？有部分法律规范在完成立法程序后到其实施尚有一段时间，此时应允许宪法委员会予以审查。这对于及早发现违宪、违法的法律规范有重要意义。而且此时立法机关的立法行为已告完成，宪法委员会此时行使监督权不会干预立法机关内部的权力运作。②对于已失效的法律、行政法规、规章、地方性法规可否审查？从维护法律关系的稳定性看，应不予审查。③没有完成立法程序的法律规范不可提请审查，即宪法委员会作为宪法监督机关不应干预立法机关自身的立法过程。

另外，需要说明的是关于规章的问题。《立法法》第78条规定，一切规章都不得同宪法相抵触。我国的规章制定主体庞杂。《宪法》第90条规定，国务院各部委有权制定规章。《地方各级人民代表大会和地方各级人民政府组织法》第60条规定，省级人民政府、省、自治区人民政府所在地的市人民政府及经国务院批准的较大的市人民政府可以制定规章。《立法法》进一步对制定规章的主体作了扩充。《立法法》第71条规定，除国务院各部委外，中国人民银行、国务院审计署和具有行政管理职能的直属机构也可以制定规章。《立法法》第63条第4款和第73条规定，经济特别行政区所在地的市人民政府也可以制定规章。虽然《宪法》和《立法法》都没有授权相关行政机关可以根据宪法制定规章，但不可否认在实践中会存在规章与宪法相抵触的情形。而且，规章还有可能与法律、行政法规相抵触。《立法法》第88条第3、5、6项规定了可对规章予以改变或撤销的相应机关。从总体而言，规章是由行政机关制定的，在实行宪法监督和行政诉讼分立的国家，规章都不纳入宪法监督的范围，而是由普通法院在行政诉讼中对其进行审查。我国已建立起了比较完善的行政诉讼制度。根据行政诉讼法的规定，法院在审理行政诉讼案件时，对规章是"参照"适用。此意味着法院虽然不能直接撤销规章，但拥有一定程度的审查权。所以，从长远而言，规章的审查权应由法院来行使，即法院直接对其进行审查，而不应纳入宪法监督的范围。

2. 关于宪法委员会审查的标准问题。《宪法》第62条规定，全国人民代表大会有权改变或撤销全国人民代表大会常务委员会"不适当"的决定。《立法法》第88条规定，全国人民代表大会有权改变或撤销全国人民代表大会常务委员会"不适当"的法律。前文已指出，"不适当"应包括"违宪"、"违法"的含义。从宪法监督原理考虑，宪法委员会只对全国人民代表大会常务委员会立法的"违宪"、"违法"情形予以审议，如存在此种情形才向全国人民代表大会提交议案。宪法委员会向全国人民代表大会提交的议案中，只应涉及法律的"违宪"或"违法"判断。就全国人民代表大会而言，只应对此作出判断，然后按全国人民代表大会的权限对这些法律作出处理。对于行政法规、地方性法规、自治条例和单行条例，宪法委员会独立对其审查，但也只审查其合宪性与合法性。所以，宪法委员会的审查标准是宪法与法律。

宪法监督的依据是宪法和法律，只应考虑受审查对象的合宪性和合法性，而不应考虑政治因素，以维护宪法监督的权威性。它要求：①在行使宪法监督权时，宪法委员会不对法律、行政法规、地方性法规、自治条例和单行条例排除法律因素之外的"适当性"作出判断，不涉及政治判断；②在审查时，不审查具体诉讼案件，只对法律、法规等的合宪性和合法性进行裁决，将宪法监督机构和普通司法机构的职能分开。

从世界各国的宪法监督实践看，宪法监督机关只裁决法律、法规的合宪性与合法性是其履行职责的一个根本原则，这是维护宪法监督的独立性和权威性的重要条件。

不可否认，在具有比较成熟的宪法监督制度国家内，宪法监督机关在裁决时，不可避免地受政治因素的影响，但宪法监督机构本身应尽量避免受其影响。这其中，"政治问题回避规则"是宪法监督机关必须遵循的原则，它表明宪法监督机关不是一个以政治的方式用来解决政治纷争的机关，因为它既不适宜，也无此能力。原因在于：

（1）除由立法机关自己监督宪法实施的国家外，各国的宪法监督机构本身都不是经过民选产生的机关，不具有民意基础。如美国的联邦最高法院法官由总统提名，参议院批准，且无任期限制。法国宪法委员会委员由总统、参议院议长和国民议会议长分别任命。由一个非民选的机构以政治的方式解决政治问题显然并非其所长。

（2）立法机关的法律是世界各国宪法监督的共同对象。法律的制定过程在某种意义上就是一个政治较量的过程，带有政治性。除法律外，选举纠纷、对总统等国家公职人员的罢免、国家机关之间权力的争议等也是宪法监督机关的裁决对象，这些对象都带有政治因素。所以宪法监督机关的裁决过程不可避免地会受到政治因素的影响。但这些纠纷之所以不在议会等民意机关内以政治的方式解决，而由司法机关或专门设置的机关裁决，就是要寻求一条非政治的解决渠道。如果宪法监督机关在裁决时还将政治因素作为自己的考量标准，将有违于宪法监督制度设计的初衷。所以，宪法监督机关在裁决时，只应以宪法和法律为标准，才有可能实现宪法监督的目的。宪法监督机关在裁决这些政治问题时，将以一个中立裁决者的面目出现，以宪法为依据，运用法律的程序和用语进行裁决。这将在相当程度上淡化其裁决的政治色彩，使其裁决能更好地为各方所接受（这也是为什么宪法监督机关不应是民意机构的原因所在）。

在有些国家的宪法监督制度里，"政治问题回避规则"更是从另一侧面证明了这一点。对于那些重大的政治问题，如外交、国防、选举等，宪法监督机关一般予以回避。一旦宪法监督机关陷入社会的重大政治纷争中将会难以自拔，从而最终危及自己在社会中的威信。

（3）设计宪法监督制度的目的是为了及时纠正违宪行为，保证宪法的实施。所以在裁决时，当然应以宪法和法律为依据。而如果过分地考虑政治因素，将会架空宪法，从而使宪法监督机关丧失其本来面目。

3. 关于审查的结论。本条对宪法委员会的审查设计了两种方式：一是向全国人民代表大会提出议案，二是确认审查对象无效。对于全国人民代表大会及其常委会的立法，宪法委员会由于没有最终的判断权，因而审查所形成的结论只是初步的，最后需以议案的形式向全国人民代表大会会议提交。对于行政法规、地方性法规、自治条例和单行条例，宪法委员会如认为其与宪法、法律相抵触，以确认无效的方式裁决。这表明，宪法委员会作为一个宪法监督机构，只是对法律、法规本身的合宪性与合法性作出判断。但宪法委员会不直接撤销或废除法律、法规，因为这是原制定或批准机关的权限。

[新增条文]
方案二

第七十二条　宪法委员会如认为全国人民代表大会制定的法律同宪法相抵触，应向全国人民代表大会的下一次会议提出议案，由全国人民代表大会审议。

宪法委员会如认为全国人民代表大会常务委员会制定的法律同宪法相抵触，或认为全国人民代表大会常务委员会对全国人民代表大会制定的法律进行的部分补充和修改同该法律的基本原则相抵触，应确认无效。

宪法委员会如认为行政法规同宪法或者法律相抵触，应确认无效。

宪法委员会如认为地方性法规同宪法、法律或者行政法规相抵触，应确认无效。

宪法委员会如认为自治条例和单行条例同宪法或者法律的基本原则相抵触，应确认无效。

宪法委员会根据本条第2款、第3款、第4款、第5款所作的裁决是最终裁决。

[增设理由]

该方案与前一方案基本指导思想和立法思路都是相同的，惟一的区别在于赋予宪法委员会对全国人民代表大会常务委员会立法的完整审查权。这是我国宪法委员会制度的理想模式。

[关于上述方案的说明]

如前面所指出的，宪法监督制度本身是一个非常复杂的制度，但宪法本身不能对此作出详细的规定。在宪法中规定的内容只包括三个方面：机构的设置及其性质、机构的组成、机构的职权（这正是本方案的主体内容）。这三个方面为我国的宪法监督制度确立了基本的宪法框架，其他有关宪法委员会的组织及其运作程序应根据宪法的授权由立法机关以法律的形式规定。从宪法委员会根据全国人民代表大会的授权行使宪法监督权而言，宪法委员会的组织及其运作应是全国人民代表大会组织及运作制度的一部分。所以，在宪法修改以后，必须修改《全国人民代表大会组织法》，对宪法委员会作出详细规定。

为了保证宪法委员会能够真正起到宪法监督的作用，在宪法委员会这一专门的宪法监督机构确立以后，最重要的一点就是完善宪法监督程序的启动程序。

如前所述，我国现行宪法并不是没有建立宪法监督制度，但20年来，这一制度并没有有效地投入运作，宪法监督的效果难如人意，根本的缺陷在于两个方面，一是没有专门的宪法监督机构，二是没有完善的启动程序，致使制度无法投入运作。在宪法委员会成立后，现有制度的第一个缺陷已得到克服，所以必须在《全国人民代表大会组织法》里对宪法监督的启动程序作出完善的规定。

2000年颁布的《立法法》试图在有限的范围内完善我国宪法监督制度的启动程序。该法第90条规定，国务院、中央军事委员会、最高人民法院和最高人民检察院和省级人民代表大会常务委员会认为行政法规、地方性法规、自治条例、单行条例与宪法或法律相抵触，可以要求全国人民代表大会常务委员会审查；其他国家机关、社会团体、企业事业组织和公民也可以提出审查的建议。第91条规定了全国人民代表大会常务委员会对这些要求或建议的处理程序。但这些规定的缺陷相当明显。原因在于：①《立法法》第91条的着眼点不在于要求全国人民代表大会常务委员会去行使宪法监督权，而在于通过专门委员会的工作，提醒制定机关自行更正，这是以自我纠错为主、全国人民代表大会常务委员会纠错为辅的机制。所以，权力重心在专门委员会，而不在全国人民代表大会常务委员会。②如前所述，现有的专门委员会并非专司此项工作，而且现有的专门委员会共有9个，它们之间的职责界限并不明确，所以事实上专门委员会也不能经常性地行使权力。③该条对全国人民代表大会常务委员会行使监督权力设置了一系列的前置程序，致使全国人民代表大会常务委员会实质上难以行使宪法赋予的权力。

所以，在宪法委员会建立以后，为使宪法委员会能够投入运作，应尽力完善宪法监督的启动程序，在《全国人民代表大会组织法》里应确立以下两条规定：

1. 国务院、中央军事委员会、最高人民法院、最高人民检察院和各省、自治区、直辖市的人民代表大会常务委员会如认为法律同宪法相抵触，或认为行政法规、地方性法规、自治条例、单行条例同宪法或法律相抵触的，可提请宪法委员会予以审查。宪法委员会审查后作出相应决议。

前款规定以外的其他国家机关、社会团体、企业、事业组织以及公民如认为有前款规定的事由，可以建议宪法委员会予以审查。宪法委员会审查后作出相应决议。

2. 人民法院审理案件时，如认为该案件所依据的法律、行政法规、地方性法规、自治条例和单行条例同宪法或者法律相抵触，应当通过最高人民法院提请宪法委员会审查。宪法委员会审查后作出相应决议。

人民法院审理案件时，当事人如认为该案件所依据的法律、行政法规、地方性法规、自治条例和单行条例同宪法或者法律相抵触的，可以向受诉人民法院提出。

受诉人民法院的提请与诉讼当事人对该法律、行政法规、地方性法规、自治条例和单行条例的质疑无关。

拓展案例

唐福珍自焚案

2009年11月13日早晨，在成都市金牛区天回镇金华村发生一起恶性"拆迁"事件，村民唐福珍反对政府强行拆迁自己所有的房屋，但未能阻止政府强行拆迁。在政府的破拆队伍开始强行拆迁时，她自焚于楼顶，最终身亡。政府部门将其定性为暴力抗法，主张其强行拆迁行为有国务院制定的《城市房屋拆迁管理条例》作为依据。但被拆户控诉政府的行为是暴力拆迁，其所依据的行政法规不符合宪法。唐福珍案发生后，北大五教授联名建议审查《城市房屋拆迁管理条例》，并且其后国务院的态度也明朗起来，开始积极推动修订《拆迁条例》，最终于2012年通过了新的有关拆迁方面的条例。

［问题与思考］

1. 北京大学五教授联名建议全国人大常委会审查《拆迁条例》的法律依据是什么？全国人大常委会应如何处理这一建议？

2. 上述全国人大常委会处理公民立法审查建议的方式有何优点和缺点？应如何完善？

第二节 违宪审查的方式

一、法律、法规的事先审查与事后审查

经典案例

案例一：　　法国法官独立与终身制法案审查案

［基本案情］

1967年1月3日和1970年7月2日，法国议会分别通过了有关法官地位的组织法。根据《法国宪法》第61条的规定，这两部法律属于组织法，必须被提交到宪法委员会进行审查。两部组织法都是由政府总理提交的。宪法委员会经审查后，认为二者皆包含与宪法不符的条款。

案例二：奥巴马医疗改革法案合宪性案

[基本案情]

2008年美国总统大选中，候选人奥巴马即承诺若其当选将改革美国的医疗保险制度，保障绝大多数人将能够被医疗保险所覆盖。这一承诺使其获得了绝大多数低收入美国人的支持。

美国是世界上唯一一个未能实现全民医保的国家。2010年有4990万美国人没有购买医疗保险，占人口总数的16.3%，主要是贫困人口和年轻人。奥巴马当选后，随即向美国国会提出了他的医疗改革法案。根据这一法案，政府提出的医疗改革法案可以把没有参加医疗保险的人纳入到保险计划当中，使保险覆盖率达到95%以上。这个改革通过扩大参加保险的范围，为低收入人群和老人提供福利，同时减少政府的财政负担。法案实施后，所有美国居民都必须购买医疗保险，否则要交纳罚款。同时，政府设立由联邦政府出资的医疗保险公司，以较低廉的保费吸收低收入人群购买保险；政府还将为那些极度贫困的公民免费提供保险。

这一医疗改革法案刚提出即遭到共和党人和美国的白人富裕阶层的强烈反对。但由于国会中民主党人人数占有优势，这一法案于2010年在国会获得通过，3月奥巴马正式签署法案，法案成为法律正式生效。但佛罗里达州等主要由共和党人控制的26个州立即表示要提起诉讼，审查新法的合宪性。案件经过初审、上诉审，终于上诉到了联邦最高法院。联邦最高法院最终于2012年6月作出裁决，判定医疗改革中的主要内容合宪。

[法律问题]

法国式的事先审查方式和美国式的事后审查方式各有何优点和缺点？

[参考结论与法理精析]

违宪审查按审查是在法律生效之前审查还是在生效之后审查分为事先审查和事后审查。事先审查是一种预防性审查，即在法律、法规颁布生效前由专门机关审查其合宪性。发现违宪，立即修正，以避免生效后产生不良的后果，法国宪法委员会采用此种方法。事后审查是一种救济性的审查，是指已经生效的法律、法规，在执行中或在适用过程中，因对它的合宪性产生怀疑而予以审查，或因特定的单位和特定的人就有关的法律、法规是否符合宪法提出审查请求时，才予以审查。世界上多数国家采取事后审查方式，上级权力机关撤销下级机关制定的已经生效的法规即可视为事后审查。

事先审查的优点是在可能违宪的法律法规生效之前对其进行审查，可以防患于未然，防止违宪法律生效后对公民的权利造成实际损害。但它的缺陷在于：①由于法律尚未生效，还没有权利受其影响或损害的当事人，所以提请审查的主体一般是政治性人物。如在法国1958年宪法规定时只有总统、总理和两院议长可以提请宪法委员会对法律进行审查；1974年宪法修改后，60名议员也可以提请。无论是修改前的政治领导人还是修改后的议员，其提请审查的动机有时可能带有一定的政治性。所以，如果该法律的政治争议不大，即使其可能侵犯少数人的权利，也不太可能受到这些政治人物的关注。②一部法律究竟是否有违宪的嫌疑或侵犯人权的可能，在法律生效后可能更容易受到关注，尤其是那些直接受到该部法律影响的当事人。而如果实行事先审查，法律生效受其影响的当事人将丧失提请的机会。这对这些当事人是不公平的，也不利于保障人权。

而事先审查的缺陷恰恰可以在事后审查的模式中得到修正，尤其是在美国式的司法审查模式中。但是，事后审查的缺陷也是明显的。由于事后审查是被动性审查，即只有当事人提请审查时，法院才会启动对法律的合宪性审查。一部事实上违宪的法律可能在实施后的一段时间内都无人在诉讼中提出违宪审查的请求而事实上已损害到很多当事人的利益。而且，即使在以后有当事人提请了司法审查，法院亦判决该部法律确实违宪，仍然有一个如何处理以前类似案件的问题，即个案正义与法秩序的安定性之间存在矛盾。

正是由于事先审查与事后审查各自的优缺点都是明显的，有些国家正尝试将两种方式结合起来。如法国2007年修改宪法，在保留原有的事先审查模式之外，又设置了事后审查的模式。

拓展案例

根据我国宪法和《立法法》等法律的规定，国务院制定的行政法规须报全国人大常委会备案；省级人大及其常委会制定的地方性法规报全国人大常委会备案；市级人大及其常委会制定的地方性法规报该市所属的省级人大常委会批准后生效；自治区人大制定的自治法规报全国人大常委会批准后生效，自治州和自治县制定的自治法规报省级人大常委会批准后生效。

我国香港特别行政区基本法规定，特别行政区立法会制定的法律要报全国人大常委会备案，全国人大常委会如认为特区立法违反基本法中有关中央权力或中央与特区关系的，可以将法律发回，但不作修改。

[问题与思考]
1. 上述法律规定中的"备案"和"批准"分别属于什么类型的审查模式?
2. 为什么针对不同的法规,法律规定适用不同的审查模式?
3. 全国人大常委会对特区立法的备案与对省级地方性法规的备案有何不同?为什么?

二、法律、法规的附带性审查与专门审查

经典案例

日本社会党提起宪法诉讼案

[基本案情]
1950年朝鲜战争爆发后,日本政府根据警察预备队法成立了警察预备队(日本自卫队的前身)。1952年,日本社会党委员长铃木茂三郎向最高法院提起诉讼,认为日本警察预备队的设置及维持存在的一切行为均违反了宪法第9条,要求最高法院确认其无效。原告主张,宪法第81条不仅规定最高法院具有普通法院的性质,还赋予最高法院对法律、命令的合宪性进行抽象审查的权力;作为宪法法院的最高法院拥有宪法审判的一审管辖权。

最高法院大法庭驳回了原告的诉讼请求,其在判决理由中认定,"在现行制度下,我国法院拥有的是司法权,而司法权需要提起具体争讼案件来启动。我国法院不具有在没有具体争讼案件发生的情况下,就预想将来会引发的对有关法律、命令的解释是否合宪的疑问进行抽象裁判的权力。""若最高法院如同原告所主张那样,拥有对法律、命令等进行抽象审查并做无效宣告的权力,那么任何人均可以向最高法院提起宪法诉讼,会频频发生法律、命令等是否合宪、有效的诉讼……总之,在我国现行制度之下,只有在存在特定的当事人基于具体的法律关系的纠纷的情况下,才可以请求法院做法律判断,脱离上述具体案件说法院拥有就法律、命令等的合宪性进行抽象判断之权的主张,不具有任何宪法及法律上的根据。"

[法律问题]
日本最高法院为什么认为自己无权对法律的合宪性进行抽象性审查?

[参考结论与法理精析]
由于在民主性问题上的弱点,美国式的司法审查体制下法院一般会为自己设定一些框架,以使自己谨慎地介入到政治纷争中去,即是说只有在满足一定条件后违宪审查机关才会受理案件、启动违宪审查程序,行使自己的违宪审查权。附带性审查规则是司法审查体制国家中法院进行违宪审查时必须遵循的一

个基本规则,即法院只有在结合个案时才能对法律的合宪性问题作出判断,脱离个案法院是不能进行违宪判断的。但这一原则同样是法院为自身设定的。日本 1947 年新宪法实施后,一些有影响的宪法律师(constitutional lawyers)主张,最高法院具有如同德国或意大利宪法法院的性质,具有违宪审查权。[1]但日本的地方法院和最高法院先后通过判例否定了这一论点。

日本战后由于经济萧条,人民生活困顿,而保守的日本政府所进行的经济改革使国内日益严重的经济危机雪上加霜,引起了人民的强烈不满,各种工会组织了大规模群众游行,反对政府。1948 年,日本福井县发生地震,政府的救灾不力更激起了人民的愤慨。为应对自然灾害由此引起的社会动荡,日本议会通过了战后第一部公安条例《灾害维持公安条例》,试图以该法律压制民众。当人们看到暴力运动无法实现目标时,便拿起了司法审查的武器质疑该条例的合宪性。有 3 名从事灾害救助的人员以该条例是"镇压威吓的非良心、非民主性的恶法"为由,向法院提出诉讼,要求判决该条例违宪无效。福井地方法院驳回了诉讼:"与法规毫无关系的事实、抽象的法规自身存在及与该法规有关的价值乃至法律判断并不能成为诉讼的目的。"其理由是,根据日本宪法第 81 条,法院对一切法律、命令、规则或处分有权进行是否合乎宪法的判断,即拥有法令审查权。但它并不意味着法院可以对与特定权力或有关法律关系争诉无关的、抽象性的法规自身进行是否合宪的判断。只有伴随具体诉讼产生了特定权利或规定法律关系的法律是否合宪的主张或争议问题时,法院才能对其进行是否合宪的法律判断。

本案中,最高法院的判决也认同了地方法院的观点,否定了法院抽象审查的权力。这一判决为战后日本司法机关行使的违宪审查权明确了性质,否认了一些人所主张的根据宪法第 81 条最高法院拥有抽象违宪审查权的论点。由于日本宪法中有关司法审查制的相关规定过于简单,性质也不甚清晰,宪法刚刚实施后引发了学者的诸多讨论。在此情况下,正是公民提出的宪法诉讼直接推动了法院对司法审查制性质的判断,同时促进了司法审查制度的完善。

拓展案例

德国国家民主党违宪案

新华网 2013 年 3 月 5 日报道,德国联邦宪法法院当天宣布,正式驳回具有

---

[1] See Huroyuki Hata, Go Nakagawa, *Constitutional Law of Japan*, Kluwer Law International 1997, p. 78.

新纳粹主义色彩的"德国国家民主党"关于请求最高法院裁决其政党地位合法性的诉求,从而为最终取缔这一极右翼政党扫清了一个司法障碍。

"德国国家民主党"成立于1964年,到2012年底有登记成员6000余人。该党在2009年德国大选中获得约1.5%的选票,远未达到5%的进入联邦议院的门槛。虽然没有获得联邦议席,该党却在两个地方州议会中拥有极少数席位并公开接受社会捐资。由于该党鼓吹种族主义、进行排外宣传并为纳粹罪行辩护,其纲领被德国各州政府普遍视为违宪。

2003年,德国联邦政府曾向宪法法院提出取缔该党的申请,但由于当时宪法法院认定一些证词来源于受联邦政府雇用的证人而缺乏完全独立及客观公正性,使当年的取缔努力未果。

德国16个州的州长2012年年底一致同意向联邦宪法法院提出申请,建议把取缔"德国国家民主党"这一具有极右翼色彩的政党引入司法程序。该党随即向最高法院提起反诉,请求联邦宪法法院裁决其存在本身并不违反德国基本法,同时声称德国各州政府及议会对其采取的行动"侵犯"了其作为独立政党存在的合法权益。德国联邦宪法法院在5日的公告中指出,"德国国家民主党"提请最高法院裁决承认其符合德国联邦宪法的合法性动议缺乏有章可循的法律基础,而各州政府及议会认定该党的极右翼主张有违宪法而对其构成的所谓"权益损害"并不存在。公告同时还回绝了"德国国家民主党"关于制止公开讨论取缔该党的要求,指出可允许社会各界在"客观公正的框架下"就此发表看法。

[问题与思考]

1. 德国宪法法院接受州政府的请求审查政党行为合宪性的依据是什么?

2. 如果这一案件发生在美国,联邦最高法院可以基于联邦政府的请求审查政党行为的合宪性吗?

三、对国家公职人员弹劾制度

经典案例

美国总统克林顿弹劾案

[基本案情]

克林顿弹劾案是指美国第42任总统比尔·克林顿于1998年12月19日被众议院弹劾的一件案件,其罪名包括伪证罪和妨碍司法公正。此外,包括另一个伪证罪和滥用职权在内的另外两个罪名在众议院表决中未获通过。此次弹劾源起于莱文斯基性丑闻和普拉·琼斯的诉讼。

1999年2月12日,参议院对克林顿弹劾案进行宣判,宣判采取2/3多数的表决方式,最终只有45名参议员(在全部100名中)认为克林顿的伪证罪成立,50名参议员表决认为他妨碍司法公正的罪名成立,均未达到2/3多数。因此,参议院宣判克林顿无罪。

[法律问题]

1. 美国宪法是如何规定弹劾制度的?
2. 弹劾制度的宪政价值是什么?

[参考结论与法理精析]

弹劾(impeachment)是指特定国家机关依照法定程序进行控告以剥夺违宪的国家领导人和重要公职人员职务的一种制裁制度,是西方宪政体制中追究国家高级公职人员,如总统、总理、部长、法官等人违反宪法责任的一种重要方式。

在美国立宪以来二百多年的历史中只有十多起弹劾案,在数量上似显偏少,这一方面是因为弹劾作为一种宪法保障制度,在民主宪政体制发达的国家中,总统等政府官员出现弹劾事由的机率不会太高;另一方面,弹劾后果的严重性使得其不可滥用。但并不能因数量的偏少而否定弹劾的价值,弹劾制度本身的威慑作用迫使官员们谨慎行使宪法赋予他们的权力。而且,总统等人在强大的弹劾压力面前有可能选择辞职,这也是弹劾制度的价值体现。1974年,总统尼克松在众议院开展对其的弹劾调查时主动提出辞职即显示了弹劾的宪政价值,因为如果宪法没有规定国会对总统的弹劾权,尼克松显然不会辞职。

弹劾被视为"立法机构手中驾驭政府中行政公仆的缰绳"。[1] 现代宪政体制下,弹劾的实质在于行使立法权的国会对行使行政权、司法权的其它机关的监督和制约,是西方宪政体制发达国家一种重要的违宪责任追究机制。西方国家的弹劾制度具有一定的共性,主要包括如下几点:①弹劾权由立法机关行使。虽然在某些国家,如美国,普通司法机关能够在一定程度上参与弹劾权的行使,但基本的权力主体仍然是立法机关,这也是弹劾制度作为一项政治性违宪责任追究机制的重要原因;②弹劾仅限于剥夺被弹劾人的公职,而不包括对其进行定罪,在当事人被弹劾成功剥夺公职后可由普通司法机关依刑事诉讼程序追究其刑事责任,所以,弹劾本身不是刑事责任或民事责任的追究机制;③弹劾的对象限于总统、法官、部长等国家公职人员;④弹劾制度由宪法确定;⑤弹劾制度的基点是通过政治性的制约机制防止某些公职人员的行为违宪。

由于各国政治制度、文化传统和宪政体制的差异,弹劾制度在具体内容上

---

[1] [美]汉密尔顿等著,程逢如等译:《联邦党人文集》,商务印书馆1982年版,第333页。

亦存在区别。

1. 在弹劾的对象方面。一般而言，弹劾的对象是国家中基于民意基础而产生的政府官员，如总统、副总统、总理、政府部长、州长以及法官等重要官员。美国宪法规定总统、副总统、联邦最高法院法官和一切政府文官都在弹劾的范围之内；韩国宪法规定的弹劾对象是最广泛的，根据宪法第65条第1款的规定，总统、国务总理、国务委员、行政各部的长官、宪法法院法官、法官、中央选举管理委员会委员、监察院长、监察委员或其他法律规定的公务员在履行其职务时违反宪法或法律，将成为受弹劾的对象。

2. 在弹劾权的归属方面。总体上，弹劾权的归属较为分散，一般包括国会、最高法院、宪法法院（宪法委员会）、特别法庭等。但在不同国家里，这些不同的主体所享有的弹劾权的实质性内容是不同的。在美国，宪法规定，弹劾案由众议院提起，由参议院审理，弹劾案的通过需经出席会议议员2/3以上的多数赞同；在弹劾总统时，由联邦最高法院首席法官主持。可以看出，虽然国会两院及最高法院都可参与弹劾权的行使，但实质性权力属于参议院。

3. 关于弹劾的事由。综合各国宪法对弹劾事由的规定，弹劾事由一般限于犯罪，而不包括个人品质等道德问题，这与早期的弹劾制度有别。如美国宪法第2条第4项规定："总统、副总统及合众国一切文官，受叛国罪、贿赂罪或其他重罪轻罪的弹劾及有罪的判决时，应受免职处分。"规定以犯罪行为作为被弹劾的缘由乃西方国家弹劾制度的共同点，但也有少数国家在实践中确认除了对犯罪行为实施弹劾外，还可及于严重失职行为。如韩国宪法对弹劾事由的规定就比较宽泛，只要是总统等弹劾对象在执行公务过程中违反宪法和法律，国会就可对其进行弹劾。但是，在理解犯罪作为弹劾事由的规定时，需要注意的是，弹劾不是追究弹劾对象的刑事责任，而是追究其违宪责任，即强制性地剥夺其公职；对其刑事责任的追究是弹劾成功后普通司法机关的职权；而且，在宪法中规定弹劾的事由为犯罪，表明政府官员遭到弹劾不是简单地因为刑事犯罪，而是首先违反了宪法。

4. 关于弹劾的结果。弹劾案经最终审理机关的审理，其结果无非两种：①弹劾案不通过。即被弹劾者经弹劾审理机关确定其被弹劾行为不存在，或者无充分证据证实其存在的，弹劾案即不予通过，因而不能剥夺其公职，被弹劾者可以继续保有其公职。②弹劾案通过，被弹劾者必须去职。被弹劾人的行为经弹劾审理机关认为构成了宪法上所列弹劾事由，弹劾案即为通过，被弹劾人即被剥夺继续任职的资格。有些国家规定弹劾案通过后，还可由普通司法机关进一步按普通司法程序追究其刑事责任，而有些国家则没有。

拓展案例

案例一：　　　　　　　　韩国总统卢武铉弹劾案

2004年3月，为了在即将到来的2004年4月15日国会议员选举中抢占先机，韩国的执政党和在野党围绕卢武铉总统支持特定政党的发言等有违反选举法嫌疑和亲信腐败等问题，进行了激烈的争论。2004年3月9日，在野党以卢武铉总统违反《选举法》为由提出了对总统的弹劾诉讼案，并在3月12日第246届国会第2次正式会议上以超过271名议员中2/3的193名赞成票通过了总统弹劾诉讼案。根据这一结果，3月13日总统卢武铉被停止行使权力，由国务总理高建代为行使，这是韩国历史上前所未有的事件，不仅惊动了韩国，也引起了全世界的关注。根据宪法，宪法法院在2004年4月12日从诉讼委员处接受诉讼决议书之后，自同年3月30日的第1次公开辩论到2004年4月30日为止，进行7次公开辩论后结束了辩论程序，于5月14日宣告驳回弹劾审判请求的决定。总统卢武铉随之恢复行使职权。

案例二：　　　　　　　　美国法官蔡斯弹劾案

塞谬尔·蔡斯是联邦最高法院的法官，来自马里兰州，一直积极参与地方和国家政治。他曾签署美国独立宣言，是大陆会议成员。但是他并不完全赞成美国宪法。马里兰州议会围绕宪法进行投票表决时，他投了反对票。蔡斯不是一个共和主义者。他不认为美国人应该享有同等的权利。在他眼里，美国公民不应该享有同等的投票权，因为这样做会导致暴民统治；如果普通民众跟受过教育的财产所有者享有同等权利的话，就会后患无穷。杰斐逊总统得知后十分担心，表示："这个法官对宪法理念的攻击难道可以不受惩罚吗？民众会要求国会对他采取必要的行动。"在杰斐逊的建议下，国会专门设立了一个委员会负责调查是不是应该取消蔡斯作为联邦最高法院法官的职位。调查后，委员会认定蔡斯应该接受弹劾。这一意见得到了国会众议院的全体通过。参议院1805年围绕是否应该取消蔡斯职务一事举行弹劾听证会，共花费三个多星期听取证词，然后就蔡斯的8项指控逐一表决。由于没有一项指控得到2/3多数票赞成，弹劾未能成功，蔡斯继续留任联邦最高法院的法官。

[问题与思考]

1. 上述两案中弹劾未能成功的原因是什么？

2. 对公职人员的弹劾和对法律、法规的违宪审查有何区别?

第三节 违宪判断的技术

一、合宪性推定原则

经典案例

案例一: **洛克纳诉纽约州案**
[Lochner v. New York 198 U. S. 45（1905）]

20 世纪初，经过工人阶级的艰苦斗争，纽约州终于通过一项法律，禁止面包房老板让雇工每天工作 10 小时以上。一个叫洛克纳的老板第二次违反这一法律时，法院对他处以 50 美元的罚金。洛克纳不服，最终把这个案件上诉到了联邦最高法院。

洛克纳的辩护律师声称：纽约州的这项立法偏袒工人，损害老板，因此违反了宪法修正案第 14 条中"平等保护条款"；而且，宪法第 5 条修正案也禁止各州不经过正当法律程序剥夺任何人的生命、自由或财产权，而"程序"就是为了保护个人权利而建立的，因此，这一带有偏向的立法剥夺了洛克纳与其工人们签订契约的自由，因而也就等于剥夺了洛克纳处置其财产的权利。最高法院最终支持了洛克纳的主张，判决纽约州法律无效。

案例二: **西岸旅馆诉帕里什案**
（West Coast Hotel Co. v. Parrish 300 U. S. 379）

本案发生于罗斯福新政时期，以劳资报酬为争议焦点拉开序幕。当事人帕里什为华盛顿州西岸旅馆的一名清洁女工，1935 年 5 月被旅馆解雇。由于该州《最低工资法》规定，女工的最低工资是每小时 35 美分，最低周薪是 14 美元 50 美分，而她在旅馆工资是每小时 25 美分，周薪不到 10 美元，因此帕里什认为旅馆老板还欠她工资 216 美元 19 美分。在补足工资的要求遭到老板一口回绝后，帕里什遂把西岸旅馆告上法院，要求雇主为其补足差额。对此，西岸旅馆声称，帕里什的起诉依据，即华盛顿州的《最低工资法》违反宪法，因此没有拘束力。在一审为州地方法院判决败诉后，帕里什又向华盛顿州最高法院提出上诉。这一次，法律的天平倒向了帕里什。西岸旅馆不服华盛顿州最高法院的判决，于是以美国宪法第

14 条修正案的正当程序条款为法律依据向联邦最高法院提出上诉。联邦最高法院在 1937 年 3 月 29 日以 5：4 的表决结果作出支持华盛顿州《最低工资法》合宪的判决。该案成为美国宪政历史上有名的维护劳工权益的转折性案件。

最高法院在正当程序条款所保障的自由是针对危害人们的健康、安全、道德以及福利而有必要在法律上加以保护的社会共同体中的自由。在处理劳资双方的关系中，为了切实地维护人们的健康与安全，保障健全的劳动条件以及免受压抑的自由，以促成和平的、良好的秩序，立法机关可拥有广泛的裁量权。本案中，华盛顿州的州法所支付的最低工资是经过劳方、资方以及公益代表人充分审议而决定的，已考虑到了特定职业中通常的工作情况。如果说保护妇女乃是州行使其权限的一个正当目的，那么，为了维持其生存而允许要求支付经过公正决定的最低工资，则不至于不是为达成上述目的所容许的手段。受雇的妇女大多属于只能得到低薪的阶层，其交涉能力亦相对较弱，而且容易成为可将她们逼入困境的人们的牺牲品。州的立法机关显然有权考虑她们的立场和处境，有权采用相应的措施去除那种仅够吃饭的低薪榨取劳工的所谓"血汗体制"（sweating system）的弊端，有权把最低工资的要件看成是实施劳工保护政策中的重要良策。许多州均采用了同样的要件，这就是根植在这种弊端之存在与对这种弊端的抑制之适当手段这二者之间的深切之确信的明证，而立法机关响应这种确信的措施，不能被认为是一种恣意的或心血来潮的产物。从现实的经验中所明白的另一个无论如何均必须加以考虑的事实是：榨取那些在交涉能力上处于不平等的地位而且连仅够维持生计的工资也相对无力抗拒其诱惑的劳工阶层，不但有害于他们的健康和福利，而且还因为要扶助他们而对社会造成直接的负担，导致纳税人必须补偿这些劳工在工资上的亏损。

案例三： **United States v. Carolene Products Co.** [1]

[基本案情]

1935 年卡罗琳产品公司因违反《加料脱脂乳法案》跨州运销加料脱脂乳"米尔纳特"而被控告。地方法院认为《加料脱脂乳法案》违反宪法。政府的上诉被最高法院于 1938 年 4 月 6 日进行了讨论，并于 1938 年 4 月 25 日作出了决定。斯通在此案提出了著名的"双阶理论"。在他撰写的第四脚注中指出，法院应当针对不同的法律进行不同的审查：①如果法律表面上处于宪法明确禁止的范围之内，主要受到宪法前 10 个修正案的禁止，则"合宪性推定原则"的适用

---

[1] 304 U.S. 144 (1938).

范围有可能受到限缩,当这些修正案所保障的权利被第14修正案所涵盖时,这一要求将扩展到各州;②有关限制政治程序方面权利的立法,如限制选举权、限制政治信息的传播、干预政治组织以及禁止和平集会等方面的法律应受到更为严格的司法审查,因为这些立法本身就堵塞了通过正常的渠道以废除不当立法的可能性;③对于分散和孤立的少数团体(discrete and insular minorities)的歧视可能构成特殊情形,以至通常可被依靠来保护少数团体的政治程序运作受到严重削弱,因而相应要求更为严格的司法审查。

[法律问题]

1. 为什么美国法院对于规范经济活动的立法采用宽松的审查标准?
2. 合宪性推定原则有何宪政价值?

[参考结论与法理精析]

上述三个案例表明了合宪性推定理论是如何在美国发展起来的。合宪性推定原则是违宪审查机关在作出违宪判断时要遵守的一个至关重要的原则。在第一个案件中,联邦最高法院运用实质性正当程序理论,推翻了纽约州规范面包房工人工作的时间;但在第二个案件中,法院改变以前的立场,判决政府干预经济的立法合宪。法院立法转变的答案实际上在第三个案件中。在卡罗琳案中,法院区分了立法的两种形式,一种涉及对少数族群或基本权利的保护,这类立法应接受法院的严格审查;另一种是政府干预经济活动的立法,法院一般会基于对立法机关的尊重,适用"合宪性推定原则",不轻易对法律作出违宪判断。

合宪性推定原则是法官所奉行的司法审查的"绝对必要原则"引申出来的具体原则。"必要性原则"首先是由美国联邦最高法院大法官布兰代斯(Brandies)于1963年在审理阿胥潘达一案中(Ash wander v. TVA 297U. S. 288)提出的。其要旨在于:即使诉讼记录上已被确切提起宪法问题,如果法院有其他理由存在,足以处理该案件时,即使该法律的合宪性有重大怀疑,亦不对法律的合宪性作出判断,更不会宣布立法抵触了宪法。布兰代斯根据最高法院历年来处理宪法问题所积累的经验,将这一原则具体化为7条准则:①最高法院不以友好的态度解释立法案是否符合宪法问题;②在没有出现必须要对某个宪法问题作出决定的情形之前不预作决定;③除针对现实个案解决的需要,不作更广泛宪法意义上的决定;④虽有适当记录可循,但另有其他理由可用不同决定时,不作宪法问题之决定;⑤如有某法律受合宪性质疑,但如果不能证明其所受损害是由该法律而引起的,不对法律作是否有效的决定;⑥最高法院不就某法律中受益者的请求而对该法律是否符合宪法作出判断;⑦应尽量于合理范围内解释法律,避免触及法律是否符合宪法的问题。

违宪判断必要性原则的基本出发点是违宪审查权对立法权的尊重。对立法权的尊重不仅体现在违宪审查机关有权决定在何种情况下介入宪法争议的判断并开始行使违宪审查权，也体现在违宪审查机关在决定行使违宪审查权后，亦不能够轻易地作出违宪判断。

对立法权尊重的根本原因在于违宪审查权的性质。违宪审查权的行使过程中进行违宪判断的实质是，通过对法律所体现的国民意志进行重新评价，从而协调民主价值与宪政价值之间可能存在的冲突，形成良性的宪政体制。它的基础是民主价值与宪政价值的统一性。虽然民主与宪政之间具有基本相同的目标，但其价值结构与具体存在方式并不完全一致，这会导致它们有时处于紧张关系之中，而两者间的较量与保持平衡的平台就是违宪审查制度的具体运用。通过违宪审查制度的运作，可以及时地解决政治利益的合宪基础问题，防止宪法问题的政治化，消除人们对宪法可能产生的怀疑与不确定性信念。但是，这一过程中必须遵循的原则是对立法权保持尊重，不能以民主存在的价值上的缺陷为由轻易地对其予以否定，因为民主的价值是整个宪政体制的价值基础。无论怎样，国家活动的规则框架总是由立法机关来决定的，正如美国联邦最高法院的法官所言："主要责任在于立法者，而非法院。如果司法机构放弃了根本大法所分配给它的职能，而进入立法领域，并以正义、理性或智慧为名，去推翻那些已获得人民代表支持的立法，那么我们政府体制的缺陷就将远大于这类立法所产生的害处。"违宪审查权制度的建立即是基于对民主价值的怀疑，而违宪判断的作出则是在个案中对民主价值的否定。因而，违宪判断应在尽可能尊重民意的前提下谨慎地作出，这就要求考虑民主政治过程中的议会的地位、通过法律所表现的国民的意志与愿望、违宪审查机关自身的局限性、议会与审查机关之间的关系等因素。据此，违宪审查权的行使者应确立自我抑制性原则，除非存在毫无疑问的违宪依据，否则不能轻易地对法律或行为进行违宪的判断。

那么，在司法审查实践中，如何能够尽可能地避免对立法进行违宪判断呢？在违宪审查的技术上，合宪解释即是具体落实和体现违宪审查权对立法权尊重的一个重要原则。所谓"合宪解释"是指当法律有数个解释的可能性时，违宪审查机关必须采用能导致法律合宪结果的解释，即在文义解释、目的解释、体系解释和综合解释的多种因素中，寻找法律合宪性的因素，只要有一种方式能够找出立法符合宪法的依据，即可排除由其他方式可能导出的违宪结果，从而为违宪审查机关的合宪判决寻找正当性依据。

合宪性推定原则最早产生于美国。马歇尔大法官曾指出："在确认法律违反宪法提出一切合理怀疑之前，要推定法律的有效性，这对于制定法律的立法机关的贤明、诚实及爱国心来说，应当得到相当的尊敬。" 1811 年，宾州首席大法官蒂尔曼主张法院有权判决法律违宪，但在特定案件中却拒绝行使该项权力。

他将这项规则解释如下:"出于重要理由,联邦最高法院、本院以及合众国内其他声誉良好的法院都认为宪法解释的原则应该是,议会法案不应被宣布无效,除非违宪是如此显然,以至确定无疑、没有余地。"

合宪解释原则在法律上假定法律是合宪的,如果法律的含义不清晰时,其合宪性是在解释过程中"被找出来"的。所以,这一原则在开始提出时曾受到质疑,因为它与违宪审查的客观性相悖。但是,多数学者仍肯定其具有正当性,理由主要在于以下几个方面:①贯彻"法秩序的一贯性"。法律形成的法秩序应具有一贯性,并服从宪法的规定,因此一个法律必须由宪法的基本理念来检讨及补充;②稳定法律秩序以维持法的连续性;③推定立法者的"宪法忠诚"。[1]法律的合宪解释在各国的违宪审查实践中也得到了遵循。自20世纪60年代起,德国、瑞士、意大利、日本等国已经常援引此原则,形成判定法律解释合宪与否的一种重要方式。在德国,宪法法院在1953年的有关"难民收留法"中难民申请居留权是否违反基本法保障的公民迁徙自由的诉讼中,明确指出:一个法律如果"可能"透过解释而符合宪法的观念,且不失其意义时,即不违宪。[2]在日本,合宪解释原则首先是由最高法院在1969年的都教组案件判决中提出的。[3]当然,合宪解释本身也是有限度的,它不得违背一些基本原则,否则过度的对立法机关的尊重将导致宪法对立法权控制这一现代宪法基本原理落空。

拓展案例

1984年之前,日本实行香烟专卖制度,通常让一些身体残障人员等社会弱者从事香烟零售业经营。但是,1984年废除了香烟专卖制度改采用许可制度。新的许可制对香烟零售商的设定在距离上进行了一定的限制,但规定残障人员、寡妇等社会弱势群体开设的零售店的距离可以缩短至两成。甲是一名残疾人,于1986年向当地财务局长申请香烟零售业营业许可。但是财务局长以法律要求的距离限制为由,做出了不予许可的决定。于是,甲向法院提起诉讼。

一审法院驳回了原告的起诉,认为,"许可制的目的是基于社会经济政策的考虑,是符合公共利益的,香烟零售许可制是为了目的的实现而采用的必要的合理的措施,本条款内容并没有超越立法府的裁量范围,并不违反宪法第22条

---

[1] 陈新民:"立法者的'审慎义务'与释宪者的'填补'任务——由德国联邦宪法法院的'教室十字架案'谈起",载刘孔中、李建良主编:《宪法解释之理论与实务》,中央研究院中山人文社会科学研究所1998年版。

[2] BVerfGE 2, 267.

[3] 韩大元、莫纪宏主编:《外国宪法判例》,中国人民大学出版社2005年版,第23页。

第 1 款。"二审法院基本上肯定了一审法院的认定，认为，"香烟事业法设定香烟零售许可制的理由是当时在全国已经拥有大约 26 万家香烟零售店，其中身体残障人员、寡妇等社会弱者也不在少数，如果让香烟零售业者完全自由，必然会引起社会的混乱，为了防止这种混乱的出现，从社会经济政策出发，对香烟零售店距离的限制是必要的措施，但就其具体的距离限制基准应属于专门的技术性问题，应该委托财务大臣裁量。因此，驳回上诉人的请求。"甲不服，向日本最高法院上诉。最高法院认为，香烟事业法及其相关法规设定的香烟零售营业许可制，是为了更好地实现公共福祉的目的和维护公共利益，而在必要的合理的范围内采取了一定的规制措施。相关法律对香烟零售业正当的配置规制，都是为了公共福祉目的的达成而采用的必要的合理的手段。由于难以认定其是显著的不合理，故其并不违反宪法。

[问题与思考]

上述案件中，日本各级法院的判决是如何体现合宪性推定原则的？

二、政治行为回避理论

经典案例

案例一：　　　　　　美国的贝克诉卡尔案
　　　　　　　　　　　　(Baker v. Carr)

[基本案情]

20 世纪前叶，由于城市化进程加快，美国田纳西州（Tennessee）大量农村人口迁移到城市，造成了各选区选民人数的不均，各议员所代表的选民数相差过大，甚至高达 19 倍。但自 1901 年起，该州的相关机关从未根据人口分布的变化进行过选区的重新划分。该州选民贝克（Baker）将州务卿卡尔（Carr）起诉到地区法院，要求法院宣布州的《选区划分法》（the appointment law）违反宪法，并禁止该州继续依据这一法律进行选举。根据联邦最高法院于 1946 年在科尔格罗弗诉格林一案（Colegrove v. Green）中所作出的判决，地区法院驳回了这一诉讼，其理由是立法机关的选区划分问题属于"政治问题"（Political Question），司法机关不宜作出司法判断。卡尔不服，上诉至联邦最高法院，形成了 1962 年的贝克诉卡尔案。

[法律问题]

1. 什么是政治问题？政治问题为什么可以不接受法院的司法审查？
2. 法院运用司法权对选区划分问题进行裁决是否合适？

[参考结论与法理精析]

本案的最大意义在于大法官布伦南提出了判断"政治问题"的标准，而且肯定了司法可以对选区划分问题进行审查。

联邦最高法院认为，政治问题之所以不受司法审查，主要是因为从根本上来说是基于权力分立机能的考虑。政治问题不受司法审查的根本原因在于某一问题根据宪法已经交付联邦政府的另一个部门来进行处理。

那么，何谓"政治问题"呢？在本案中，布伦南（William J. Brennan）大法官提出了一套为后来法院经常引用来判断诉讼是否涉及"政治问题"的标准。布氏提出，虽然无清楚的标准可循，但是如果争议具备以下的条件就可以认为是"政治问题"：①宪法明确将该问题赋予与法院有同等政治地位的政府的一个分支机构进行处理；②裁判上没有可以据以解决该问题的司法机关可以发现和适用的标准；③在解决该问题之前必须首先作出政策性决定，而该政策性决定不宜由司法部门作出，即必须先经过"非司法的裁量"的政策决定之后法院才可能判断；④在解决该问题时会显示出对其他同等的有关政府部门的不尊重；⑤对于已经作出的政治决定有加以尊重的特殊必要；⑥对于同一个问题，法院和其他部门不一致的决定可能导致混乱和令人尴尬的局面。

对于本案，联邦最高法院认为，案件事实并不具备上述各项条件，所以不构成"政治问题"，法院对此作出裁决并非越权。上诉人有权利就此请求法院作出裁决，并且其所主张的这种权利是受到宪法第 14 条修正案中规定的"平等保护条款"保护的，田州的选区划分法侵犯了公民的这一权利，因而是违反宪法的。

但大法官弗兰克福特（Felix Frankfurter）和哈伦（John M. Harlan）提出了异议。弗兰克福特警告，司法部门卷入政治性的重新分配代表名额问题威胁到联邦最高法院的权威，甚至在它已经牢固确立地位的领域中的权威，因为联邦最高法院的权威建立在公众对其道德约束力的持久信任之上，所以，联邦最高法院应该彻底地退出涉及各种政治力量冲突的政治纠纷，以免最终危及这种公众的信任；对本案而言，解决问题的适当场所是选举程序而不是司法程序，法院不应该因此而陷入到"政治荆棘丛"之中。

案例二：　　　　　　　　　　日本砂川案

[基本案情]

砂川是日本东京都附近的一个军事基地，第二次世界大战后被美国占领军征用，并且得到了后来签署的《日美安全保障条约》的确认。1954 年 3 月，应美国占领军的要求，日本政府征用附近的土地以建设机场，但遭到群众的抵制。

1955年4月，附近民众组成了反对扩建基地同盟，布置纠察线阻止政府派出测量队，但调查厅不顾反对，在武装警察的保护下强行开始土地测量，结果与当地居民、支援组织以及学生之间发生了激烈冲突。日本政府被迫中止测量。

1956年5月，日本政府再次宣布强制征用，并引发了警察和群众的激烈冲突。1957年7月8日，双方再次发生冲突，一部分示威群众冲进基地境内，有7人被逮捕，并受到刑事指控。东京地方法院于1959年3月作出一审判决，认为：根据《日美安全保障条约》而允许美国驻军违反了日本宪法，因为：①虽然美军的驻扎是根据安保条约，但美军并非专门保卫日本的安全，而还需要在维护远东的国际和平和安全的名义下活动，如果美军为此目的从日本基地出动，会把日本卷入没有直接关系的武力纠纷之中，招来战争的惨祸。因而，政府行为具有违宪的嫌疑。②虽然驻扎的是美国军队，但也违反宪法第9条第1款不保持战争力量的规定。日本政府认为这一结果对国家的安全体制影响过大，遂而直接上诉到最高法院。

[法律问题]

1. 《日美安全保障条约》中承认为美军提供基地以及驻军，这是否违反了明确规定"放弃战争"的日本宪法？

2. 什么是统治行为？统治行为为什么可以不接受法院的司法审查？

[参考结论与法理精析]

日本最高法院的判决内容主要包括三点：①《宪法》第9条并没有否定我国作为主权国家固有的自卫权。暂且不论是否禁止我国为自卫而保持战争力量，该条款所禁止的战争力量，是指以我国为主体而可以行使指挥权、管理权的战争力量，外国驻军并不相当于这种战争力量。②安保条约具有高度的政治性，不适合以行使司法功能为使命的司法审查。③美国驻军并非一看就非常明显违宪而无效，所以一审东京地方法院的判决失当。

（一）"政治问题"理论的适用及其争论

上述两个案件分别是在美国和日本产生的。日本在二战后移植了美国的司法审查制度，在司法审查制度运作中，日本法院还借鉴了美国的"政治问题"理论，发展出了具有本土色彩的"统治行为"理论。

无论是美国的"政治问题"理论，还是日本的"统治行为"理论，其基本的内涵是一致的，即司法审查制度中，法院不对政治问题（统治行为）进行司法审查。所以，在理论上，首先我们需要明确："政治问题"的内涵是什么？它包括哪些具体的问题？法院为什么对"政治问题"不予审查？

简单而言，所谓"政治问题"，是指尽管冲突本身可能符合通常的"具体争议"要求，但法院基于维护政府分权原则并尊重民主政府其他部门的基本立场而对其不予审查的问题。

在美国，宪法本身并没有规定这一制度，它是法院在长期的司法实践中发展起来的一项自我约束的原则。美国的宪政体制实行严格的三权分立，强调三权之间的地位平等和相互之间的制衡。汉密尔顿指出："行政部门不仅拥有荣誉、地位的分配权，而且执掌社会的武力。立法机关不仅掌握财权，而且制定公民权利和义务的准则。与此相反，司法部门既无军权，又无财权，不能支配社会的力量与财富，不能采取任何主动的行动。故可正确断言：司法部门既无强制、又无意志，而只有判断；而且为实施其判断亦需借助于行政部门的力量。"所以，"司法机关为分立的三权中最弱的一个。"[1]他认为，法院的完全独立在宪法中尤为重要。如何保障司法机关独立行使职权而不受其他政府机关的干涉就成为美国的立宪者为贯彻司法独立首先要解决的问题。他们首先吸收了在英国早已存在的法官职务终身制等有效的制度。但这些不足以保证司法机关不受其他机关的干涉。汉密尔顿认为，不仅要一般地规定司法官员的待遇和地位，而且要授予司法部门必要的权力以有效地防范和抵御来自其他部门的干涉。其途径就是赋予司法机关司法审查权，即"法院必须有宣布违反宪法明文规定的立法为无效之权"。[2]这样，不但可以有效地解决司法独立问题，也有效地解决了分权和制衡的问题。所以，汉密尔顿等人从防止专制集权、实行分权制衡的角度来定位司法审查的功能，从而把保障司法独立的规定由静态的低层次的法律规范提高到动态的高层次的法律运作。虽然法院的司法审查权并没有写入宪法，但通过1803年的马伯里诉麦迪逊案从实质上确立了司法审查制度。

在确立法院的司法审查权的同时，也不能不令人担心的是，法院是否会凌驾于其他国家机关之上而破坏权力分立原则。为了消除人们的担心，也为了更好地维护法院的独立地位，首席大法官马歇尔在通过马伯里诉麦迪逊案确立司法审查制度的同时也明确提出，有一类案件法院是不能审查的，因为"所涉及的问题是政治性的"。

实际上，美国"政治问题"理论的确立是起源于一种司法智慧。在马伯里诉麦迪逊案中，首席大法官马歇尔一方面不能置马伯里根据《司法法》第13条的诉求于不顾，另一方面又明知如若根据《司法法》向国务院颁发任命马伯里为治安法官的执行令国务院只会置之不理，这样只会损害法院的权威。正是在两难境地之下，马歇尔才宣布一方面法院有司法审查权，另一方面法院不能审查政治问题。由此形成了一种司法审慎，也是一种司法自我约束。虽然政治问题学说似乎植根于宪法第3条，但它的根本基础是在诉讼资格情况下法院的所

---

[1] [美]汉密尔顿等著，程逢如等译：《联邦党人文集》，商务印书馆1997年版，第391页。

[2] [美]汉密尔顿等著，程逢如等译：《联邦党人文集》，商务印书馆1997年版，第392页。

谓审慎考虑，[1]是法院的自律原则之一。而 1954 年发生的南方各州对"布朗诉堪萨斯州托皮卡地方教育委员会案"的判决的大规模抵制更使最高法院认识到司法审慎的必要性，法兰克福特法官恳求最高法院彻底退出涉及各政治力量冲突的政治纠葛，以免危及公众对法院的信任。

当然，完全退出政治纠纷对于美国最高法院而言是不可能的，但对于政治性强烈的争议不予审查，亦不失为最高法院的明智选择。由此产生的问题就是哪些问题属于政治问题而不予审查？由于宪法的政治性，几乎每一个宪法争议从其本质上来说都是属于政治性的。在尼克松诉赫尔顿案（Nixon v. Herndon，1926 年）中，当事人声称由于问题涉及到政党的预选因此是不可审查的，因为这具有政治意义的特征。对此，大法官霍姆斯则指出，"这简直是在说俏皮话"。在贝克诉卡尔案中，联邦最高法院提供了一种判断政治问题的基本方法，对于较为客观地判断何谓政治问题还是有所帮助的。

"政治问题"理论受到的不仅仅都是赞成。"政治问题"理论以及"贝克诉卡尔"案中提出的判断标准都受到不断的批评，如有人直接认为"政治问题"原则并没有宪法依据，该原则是反宪法的，"即使政治问题原则不是背叛宪法，那也可能背叛宪政。在把该原则适用到宪法问题上时，它就意味着司法机构放弃了它作为立宪体制监护者的角色"。"当法院拒绝裁决或审理总统僭越立法权力的诉讼时，它们就是放弃捍卫宪政和我们所达致的二元民主的职责；当它们拒绝审理总统控告国会僭越权力的诉讼时，它们也同样放弃了那个职责。而当它们拒绝受理个人对宪法权利主张的诉讼时，它们也在放弃其主要角色，即保证政府贯彻我们在二百多年前就宣布不证自明的真理：'为了保障这些权利，人们才建立了政府。'"[2]对于贝克诉卡尔案中提出的标准，有人认为不仅没有让人们认清何谓"政治问题"，相反，更造成了混乱。

虽然面临不断的诘难，联邦最高法院及其下级法院还是坚守这一原则，在司法实践中不断援引它以回避对某些问题的审查。在 1972 年的盖利根诉摩根案（Galligan v. Morgan）中，联邦最高法院认为有关治安部队的训练和武器的使用问题属于不可审查的"政治问题"，从而回避了对该案的审理。1997 年，联邦最高法院分别在阿克特佩诉合众国案（Aketepe v. United States）和德克萨斯州诉合众国案（Texas v. United States）中认定军事外交以及稳定政策属于政治问题，应由军事机关和政治机关决定，法院不予受理。

---

[1] [美]杰罗姆·巴伦等著，刘瑞祥等译：《美国宪法概论》，中国社会科学出版社 1995 年版，第 37 页。

[2] [美]路易斯·亨金著，邓正来译：《宪政·民主·对外事务》，三联书店 1996 年版，第 128~129 页。

(二) 选举争议是否是"政治问题"

现代民主政治体制下，选举无疑是政治性的事件，但它是否属于美国司法审查理论中的"政治问题"则是不确定的。所以，选举争议可否接受法院的裁决在美国一直是有争议的问题。在选举争议中，选区划分争议是一个典型的代表。

议员由选举产生是民主政治的基本要求，在直接选举制度下，选区如何划分直接影响到选举结果。所以，各种政治势力都力求对自己最有利的选区划分方式。对于选区划分所产生的纠纷，一般情况下是由立法机关来解决。但如果有某种势力认为立法机关解决不公平时，即有可能被诉诸于法院。那么，选区划分是否属于"政治问题"，法院应否介入这些争议呢？美国联邦最高法院在这方面的立场经过了转变的过程。

1946年，联邦最高法院在科尔格罗弗诉格林案（Colegrove v. Green）一案中认为，选区的划分是具有特殊性质的问题，具有党派相争及利益妥协的色彩，属于立法机关排他的统治事项，不适宜作出司法判断，法院应该拒绝介入。即使选区的划分有不公正的方面，具有重大的危害，也不许法院来予以纠正，否则无异于将公民的政治判断交付法院判断，势必破坏政治秩序；而且依据宪法第1条第4项的规定，立法机关如果认为各州的选区划分不适当，可以运用其立法权加以监察纠正；如果立法机关不采取行动，则只好由人民通过投票权来进行纠正，总之法院是不能进行干涉的。

但是，在此之后的20世纪50年代和60年代，美国的选区划分不公平问题依然存在而且在加剧，引起了全社会的普遍关注。就最高法院而言，由于人事的变动，在沃伦大法官的主持之下，它更愿意接受关于公民权利受到侵害的诉讼。所以，到20世纪60年代，最高法院的立场开始发生改变。作为这一立场转变的标志，最高法院在1962年的贝克尔诉卡尔案中，虽然提出了较为明确的判断"政治问题"的标准，但将选区划分问题排除出"政治问题"的领域之外，指出选民有权利对议会重新分配代表名额提出质疑，并且判决这些问题应该由联邦法院来进行审理。

(三) "政治问题"理论在日本的演变——"统治行为"理论

日本宪法是在二战结束后在美国人的主导下制定的，受到了美国宪法的重大影响。在宪法实施的过程中，美国宪政实践对日本同样产生了这样或那样的影响，美国违宪审查中的"政治问题"理论在日本转化为日本宪法理论和实践中的"统治行为"理论。"统治行为"理论形成可以追溯到1948年的平野诉首相案。当时围绕司法审查权的范围问题形成了两种对立的观点，即统治行为肯定论和统治行为否定论。前者认为法院对于具有高度政治意义的国家行为无权审查，而后者则不承认统治行为的特殊性，但是最终前者的观点得到了多数人的认可，有关法律也对统治行为的范围进行了界定。比如，政府解散议会的行为，首相提名问题，政府对重大外交事务的处理行为，等等。这些行为属于"统治行为"，法院不适宜进行司法审查。

与美国"政治问题"理论类似，日本的"统治行为"是指那些具有高度政治意义的国家行为，对于这种行为法院是不适宜进行司法审查的。在日本，近代民主国家政治上的基本形态就是国民主权主义之下的三权分立，三权相互制衡，合成一个主权的作用，至于其基础则在拥有参政权的主权者——国民。三权之间相互关系的重要特色就是不承认其中的任何一种权力对于其他权力可以实施绝对的制约，国民依照三权分立的原则，将国家事务委托给三权来进行管理，但是仍然有若干不予委托而自行保留以进行直接判断、监督和运用的事项。对此宪法对有些事项作出了明确的规定，比如国民的参政权，但是也有不予明确规定而不适宜归属于三权中任何一权的，因为归于任何一权都将导致对三权分立原则的违背。这样的事项在进行解释的时候应该认为是不属于三权中的任何一权，而是归属于国民保留。"统治行为"就是属于国民予以保留的事项，只能由国民直接参政或交由受国民委托的特别机关来加以判断，或者最后在选举时由国民作出公平的判断。如果将这些事项交由司法机关进行司法审查，那将造成司法权凌驾于其他权力之上，甚至自居于国民主权者地位的状态。还有学者认为，从法治原则上来说，对具有高度政治性的问题进行司法审查，在法律上找不到依据，即根本没有可以用来进行判断的法律准则。还有学者从民主原则来对此进行论述，三权分立体制下，司法独立，法官不负政治责任，法院不具有民意基础，以此来审查政治决定，这是与民主主义相违背的，并将造成政治机关的责任不明确。因此，作为"非民主性"的法院应该对多数国民之代表所作出的决定给予最大的尊重。

与"政治问题"理论在美国的经历一样，"统治行为"理论在日本也在司法实践中和理论上受到了很多批评，有些人甚至对此持否定态度。不过尽管如此，"统治行为论"还是不时地被提出来，在后来的砂川案（1959 年）、苫米地案（1960 年）以及长沼案（1982 年）等具有重大社会影响的诉讼过程中，它或者被政府方提出作为其应诉的理由，或者被法院用来作为结束诉讼的理由。

拓展案例

案例一：　　　　　　　美国古德沃特诉卡特案

1978 年 12 月 15 日，中国与美国政府同时公布建交公报，决定两国将于 1979 年 1 月 1 日正式建立外交关系。美国政府同时宣布，美国将同台湾断交，并将废除

1954年双方签署的《美台共同防御条约》。时任美国总统卡特通知台湾当局，该条约将于1980年1月1日终止。美国政府的这一政策遭到了国会中部分亲台议员的反对。以巴里·古得沃特为首的部分参议员向哥伦比亚特区的联邦地区法院提起诉讼，控告卡特总统。联邦地区法院裁决，这些参议院议员拥有诉讼资格，总统未经过参议院同意，不得终止《美台共同防御条约》。于是，美国政府向哥伦比亚特区上诉法院提出上诉。上诉法院认为，该问题不属于政治问题，因此它有权对这一案件作出裁决。参议院批准条约权不包括它在废除条约方面的作用，总统作为国家的代表有权发出通知来终止条约。古得沃特不服这一判决，上诉到联邦最高法院，从而形成古得沃特诉卡特案（Goldwater v. Carter）。

案例二：　　　　日本的苦米地案件

1952年8月，日本首相吉田茂提请天皇解散了众议院，激起了议员的强烈不满。众议员苦米地等3人认为解散众议员违宪并提起诉讼，要求确认众议员资格并补偿到任期结束的年金，根据是：①根据《日本宪法》第69条，解散众议院必须以提出对内阁的不信任案为前提，但吉田解释解散行为仅仅依据了《宪法》第7条的规定；②通过上述解散众议院的决定缺少符合法律要求的内阁会议。但政府主张，解散众议院并未违反宪法；而且提出解散众议院具有很强的政治性，属于所谓的统治行为，不涉及法院的审查权。一审和二审法院没有采信统治行为论的主张，判决解散是违宪无效的。最高法院否定了法院对解散众议院是否合宪具有审查权的观点，驳回了上诉。

[问题与思考]
1. 外交行为与政府提请国家元首解散众议院的行为是否属于政治行为？
2. 法院对政治问题的回避规则与对立法审查的合宪性推定原则有何不同？

三、违宪判决的各种变通方式

经典案例

案例一：　韩国《道路交通安全法》合宪性争议：限定合宪的判决方式

[基本案情]

提请人于1998年10月11日因违反《道路交通法》在光州地方法院接受审判，审判内容主要是作为司机的提请人在驾驶中肇事后没有向警察申告交通事故的内容，其行为违反了《道路交通法》第50条第2款、第111条第3款的规定，提请人认为《道路交通法》第50条第2款、第111条第3款违反《韩国宪法》第12条第2款的规定，向审理该案的法院提出宪法诉愿审判请求，该法院根据提请人的请求向宪法法院提请违宪与否的审判。

本案的审判对象是《道路交通法》第50条第2款，该款规定：因车辆交通出现伤亡或物体损害（以下称交通事故）时驾驶该车辆的司机等应立即向现场的警察公务员申告，警察公务员不在现场时向附近的警察官署申告事故现场、伤亡者情况、损害物的损害程度及其采取的措施情况等。第111条第3款规定：根据第50条第2款的规定对没有履行申告义务者处以20万元以下罚金或拘役刑。

[法律问题]
韩国宪法法院限定合宪裁决的依据是什么？

案例二：　　　　　德国禁止吸烟案：违宪暂时不失效

[基本案情]
2007年，巴登－符腾堡州（以下简称巴符州）和柏林先后颁布了各自的禁止吸烟法律。其中，巴符州《禁烟法》第7条作出了如下规定：①餐饮场所内禁止吸烟……②但是，如果能提供完全独立的吸烟室，则不受前款约束。不过，迪斯科厅除外……柏林的禁烟法第2条也作了类似的规定。本案有3位诉愿人，其中两位分别是巴符州和柏林的小酒馆主人，他们经营的小酒馆只有一间房屋，另一位是位于巴符州的一家迪斯科厅的老板。两位小酒馆的主人认为，自己的酒馆只有一间房间，无法再开辟出吸烟室。按照法律规定，只能改成无烟酒馆。但是酒馆的生意以回头客为主，而这些客人大多为烟民。一旦不能吸烟，就会有大量客源流失。由此，禁烟法对他们的营业造成严重影响，从而侵犯联邦德国基本法第12条第1款所保障的职业自由权。而迪斯科厅老板的异议则在于，他虽然有能力另外开辟出吸烟室，而法律却不允许这么做。与之相对照，餐饮场所则可以另辟出吸烟室。二者相比，法律对其作了不平等的对待，从而除了侵犯基本法第12条第1款所保障的职业自由权之外，又构成了对基本法第3条第1款所保障的平等权的侵犯。

宪法法院认为，案件涉及的法律与基本法第12条第1款和第3条第1款构成抵触。但是，鉴于该案牵涉的乃是人民的生命健康，乃属至关重要的价值，因此，不能进而宣布法律无效，从而导致在戒烟问题上失去法律规范。宪法法院的要求是，两个州的立法机关应于2009年12月31日前，制定出新的规定。

[法律问题]
宪法法院判决立法机关在某一期限前进行立法是否侵犯了立法机关的自由裁量权？

案例三： 日本邮政人员处罚违宪案：法律适用违宪[1]

[基本案情]

1967年日本众议院议员选举之际，在北海道宗谷郡猿扎村邮电局工作、同时又担任该地区劳动组合协会事务局局长的邮政省在职公务员X，根据上述协会的决定，为了达到支持日本社会党的目的，除了私自在公共场所张贴该党推举的候选人竞选用的邮票6枚之外，还采取其他方法散发上述邮票共计184枚。由于该行为违反了《日本国家公务员法》（以下简称《国家公务员法》）第102条以及《人事院规则》第14-7条，稚内简易法院判处其5000日元的罚金。X认为，由于自己从事的是非管理职务，因此，根本不存在自由裁量的余地，上述竞选活动，都是在工作时间之外进行的，根本没有利用职务之便，因此，以处罚违宪为由，请求作出正式的判决。

旭川地方法院在1968年3月25日作出判决。该法院在判决中认为，首先，在民主社会中，在考虑政治活动自由的同时，也必须考虑对政治活动在法律上最低程度的限制，对公务员在工作时间之外利用国家的设施所从事的行为应当分别情况加以对待。利用国家的设施从事政治活动这样的行为，应当说是受到限制的。其次，法律上禁止实施某些行为是对宪法所保护的公民权利的限制，因此，对实施了法律所禁止实施的行为的人应当给予制裁，这是符合最低程度的限制要求的；超出了法律所规定的制裁范围的制裁，才存在违宪的问题。作为从事非管理职务的现职公务员，在工作时间之外，利用国家的设施来从事政治活动，这种行为依据《人事院规则》第14-7条第6款第13项规定，应当处以刑罚，这种规定属于《国家公务员法》第110条第1款第19项所规定的范围，不能说已经超出了合理的最低程度的限制。结合该法第102条第1款的规定，《人事院规则》第14-7条明确规定其适用于从事一般职务的公务员，因此，没有超出《国家公务员法》第110条第1款第19项所规定的限度。起诉人以违反《宪法》第21条及第31条为理由，认为不适用于被告是没有道理的。

[法律问题]

日本法院为什么采用限定合宪的方式进行裁决？

[参考结论与法理精析]

由于宪法规范的原则性和抽象性，在很多违宪判断的场合，系争的立法或政府行为是否构成违宪并非一个简单而显而易见的问题，此时对违宪判断的必要性以及违宪审查机关自身地位的考虑在很大程度上决定了违宪审查机关是否作出违

---

[1] 韩大元、莫纪宏主编：《外国宪法判例》，中国人民大学出版社2005年出版，第21~22页。

宪判断并追究违宪者的违宪责任。某些时候，某项立法或政府行为纯粹从宪法原理角度判断构成了违宪，但是基于上述其他因素的考虑，违宪审查机关就不会简单地作出违宪或合宪的判断，而是采取界于违宪或合宪之间的判断形式，是违宪判断的变通形式。从各国的违宪审查实践来看，这些变通的形式有：

（一）合宪限定解释原则

这是指在法律的规定存在多种解释可能性的情况下，如果进行广义解释可能导致法律被宣布为违宪时，即应进行狭义的解释，以使之符合宪法。它实际上是对法律中有违宪疑义的部分宣布无效，而对其他部分的判断限定在合宪适用的领域，有条件地对有争议的部分解释为合宪。第一个案件即是这种裁决方式的代表。另外，日本各级法院在宪法司法审查中不同程度地采用了上述判断方法。比如，在侵害自卫队财产而引起的刑事案件中，当涉及到自卫队的合宪性问题时，法院以其他法律为根据判定被告人为无罪，而判决理由中回避了自卫队的合宪性问题。

（二）违宪暂时不失效（违宪定期失效）

这种方式也被称为违宪不宣告，是指违宪审查机关虽然认定系争立法或政府行为已构成了违宪，但基于维护社会关系相对稳定以及出于对立法机关尊重的考虑，不立即决定立法或政府行为无效，而允许其效力仍然维持一定时间，以使立法机关有机会重新制定相应的法律或对违宪的法律进行修改，从而保证当违宪法律失效之时有新的法律能够衔接，避免出现立法真空，以维护社会关系的稳定性。这些裁决方式有的是由国家宪法直接规定的，也的是由该国的违宪审查机关在违宪审查实践中创造出来的，前者如奥地利，后者如韩国。奥地利宪法第140条第5款规定："如果宪法法院裁决该项法律违宪应予废止，联邦总理或有关州政府应立即予以公布。……如果宪法法院对废止令的生效日期未作规定，废止令自公布之日起生效。如另行规定，至迟不得超过1年。"这就表明宪法法院可以裁定法律被宣布违宪但并不立即失效，而且可以在一定时间后再失效。在1989年的国会议员候选人保证金制度的违宪判决中，韩国宪法法院详细论述了采取这种判决方式的必要性。在该案中，宪法法院虽然认定《选举法》有关议员候选人交纳保证金以及保证金国库归属制的规定违宪，但并未宣布其立即失效，而是规定其效力仍可持续到1991年的5月底国会对此作出修改前。作出此种判决的重要原因之一是尊重国会权威以保障其作为国民代表机关的本质功能。因为法律的制定或修改原则上通过国会的立法权行使，为此国会须综合宪法精神和社会现实，修改违反普遍、平等选举制度和参政权本质的法律。国会选举法是一部具有确立与发展国家民主主义的政治关系基本法的性质与特色的法律，相关条款之间具有内在的联系，修改时需要注意相关条款的联系性。因此，选举法的修改应该比其他法律更为慎重。同时，对民主政治基本结构产生重要影响的国会议员选举法应充分考虑民意的需求以及政治、经济、社会的现实条件，以保障国民主权的行使过程遵循宪法精神。[1]

(三) 法律的适用违宪[2]

日本法院的司法审查实践将违宪判断分为两种，即法律的违宪与法律适用的违宪。前者是指法律本身的违宪；后者是指法律本身是合宪的，只是适用到该案件当事人身上是违宪的。法律的适用违宪本质上也是违宪审查机关的一项妥协，它一方面没有对法律的合宪性提出质疑，避免了违宪责任的追究，消除了人们对法律合宪性的怀疑，从而体现了对立法权的尊重；另一方面又使该项法律失去对讼争案件当事人的效力，从而保障了当事人的权利。在日本，法院的法律违宪判决数量极少，但法律的适用违宪判决较为常见，主要包括以下类型：①法律的合宪解释不可能的情形。法律中可合宪适用的部分与可能被违宪适用的部分难以分开时，可适用此种判决方式。如在1968年的猿拂村案件中，北海道猿拂村邮局的职员将众议院人员的竞选海报张贴在公设布告栏上，并到其他地方向民众分发，被指控违反国家公务员法中所确立的公务员必须保持政治中立的规定而被起诉，一审法院（旭川地方法院）认为，从事机械劳动的国家公务员如果在上班时间外以不利于国家设施及其职务的形式进行政治行为都要适用刑事处罚，殊难认定其为必要最小限度，因而，公务员法的相关规定不能够作出"限定合宪解释"的余地，而被判定为适用违宪。②虽然法律的合宪限定解释有可能，但是法律的执行者在合宪限定的场合不作合宪限定解释，而作适用违宪时，法院可判决适用违宪。③虽然法令本身合宪，但是法令的执行人以侵害人权的形式解释适用时，法院可判决执行人的解释适用行为构成违宪。

拓展案例

案例一： 表兄妹禁止结婚案

张刚与王华居住在河南省漯河市郾城区，二人系表兄妹关系。2007年9月，二人到区民政局申请登记结婚，民政局以法律禁止近亲结婚、保证子孙后代健康为由，拒绝他们的结婚申请。二人为顺利结婚，协商后女方到医院做了节育手术。

---

[1] 韩大元："韩国宪法判例分析（一）"，载张庆福主编：《宪政论丛》（第3卷），法律出版社2003年版，第734~735页。

[2] [日] 芦部信喜著，李鸿禧译：《宪法》，台湾元照出版公司2001年版，第343页。

2008年1月，二人再次来到民政局，出具了医院的绝育手术证明，表示以后不会生育，但民政局依然不予登记。2008年5月，二人向鄢城区人民法院提起行政诉讼，要求民政局为其办理结婚登记手续。法院审理后认为，《婚姻法》规定了直系血亲和三代以内旁系血亲禁止结婚，这一规定属于强制性规范，不允许变通适用；原告二人是系表兄妹，属于法律禁止结婚的三代以内旁系血亲，应禁止结婚；虽然二人做了绝育手术，仍应适用《婚姻法》的相关规定，而不能变通法律。

案例二：　　《民事诉讼法》第65条合宪性争议

2004年4月20日，江西省赣县法院执行局因陈某与朱某债务纠纷一案执行的需要，到江西移动有限责任公司赣县分公司调取被执行人的电话通话记录，欲查询被执行人朱某的长子朱乙的手机号码及通话记录。因被执行人朱某在广东东莞，但具体在东莞的什么地方不清楚，案件无法执行。该院执行局遂决定到赣县电信分公司，查询朱乙手机号码及近一段时间以来的通话记录，以确定被执行人在东莞的电话，并最终锁定被执行人的所在地，完成案件执行。

但是移动赣县分公司并未配合调查，相反以《电信条例》第66条规定为由，拒绝协助调查。赣县法院认为，《电信条例》第66条规定，除公安、国家安全和检察机关外，其他任何单位和个人均无权查询电信情况；但《民事诉讼法》第65条赋予了人民法院有调查取证权，并且规定有义务协助调查、执行的单位拒不协助的，人民法院除责令其履行协助义务外，并可以予以罚款。对责任人除罚款外，还可以向有关机关提出纪律处分的司法建议。这就足以说明，人民法院在审判活动中，可以依职权向有关单位和个人调查取证，有关单位和个人应当依法协助。《电信条例》属行政法规，不得与法律相抵触，与法律相抵触者以法律为准。因此，人民法院有权到电信部门依法调查取证。但移动赣县分公司强调，《电信条例》所规定的内容是由宪法第40条规定的，而《民事诉讼法》的规定不得与宪法相抵触，他们有权拒绝配合法院的调查。

案例三：　　德国《难民收留法》合宪性争议

1950年的德国《难民收留法》第1条规定：由苏俄占领区逃难到联邦德国的人，需要向当地警察局申请居留证；如果能够证明逃离的理由是为避免生命及生活遭遇危难则不得拒发居留证。诉愿人主张该规定违反基本法所保障的迁徙自由，但联邦宪法法院对此作出合宪判决，并指出：警察局即使按照难民法拒发居留证，也应当符合基本法关于迁徙自由的规定。且在判决主文第4点明确指出:"如果法律可能通过解释而符合宪法,且不失其意义时,即不违宪。"此后联邦宪法法院在众多案件中大量采纳这种解释方法回避违宪判断:"如果对于法律规范的解释存在多种可能,既有违宪的解释,同时也有合宪的解释,那么必须优先采取符合基本法的解释。"

[问题与思考]

1. 可否适用前述几种违宪变更理论解决我国表兄妹禁止结婚案件和《民事诉讼法》第 65 条合宪性的争议?

2. 相对于直接判断法律违宪,德国宪法法院对《难民收留法》合宪性案件裁决的方式有何优点?